Springer-Lehrbuch

Springer-Verlag Berlin Heidelberg GmbH

Matthias Lehmann

Finanzwirtschaft

Eine marktorientierte Einführung
für Ökonomen und Juristen

Mit 92 Abbildungen

 Springer

Professor Dr. Matthias Lehmann
Universität Trier
Lehrstuhl für Betriebswirtschaftslehre,
insbesondere Betriebswirtschaftliche Steuerlehre
Fachbereich IV: BWL
Universitätsring 15
54286 Trier
lehmann@uni-trier.de

ISBN 978-3-540-00670-1   ISBN 978-3-642-55478-0 (eBook)
DOI 10.1007/978-642-55478-0

Bibliografische Information Der Deutschen Bibliothek
Die Deutsche Bibliothek verzeichnet diese Publikation in der Deutschen Nationalbibliografie; detaillierte bibliografische Daten sind im Internet über <http://dnb.ddb.de> abrufbar.

Dieses Werk ist urheberrechtlich geschützt. Die dadurch begründeten Rechte, insbesondere die der Übersetzung, des Nachdrucks, des Vortrags, der Entnahme von Abbildungen und Tabellen, der Funksendung, der Mikroverfilmung oder der Vervielfältigung auf anderen Wegen und der Speicherung in Datenverarbeitungsanlagen, bleiben, auch bei nur auszugsweiser Verwertung, vorbehalten. Eine Vervielfältigung dieses Werkes oder von Teilen dieses Werkes ist auch im Einzelfall nur in den Grenzen der gesetzlichen Bestimmungen des Urheberrechtsgesetzes der Bundesrepublik Deutschland vom 9. September 1965 in der jeweils geltenden Fassung zulässig. Sie ist grundsätzlich vergütungspflichtig. Zuwiderhandlungen unterliegen den Strafbestimmungen des Urheberrechtsgesetzes.

http://www.springer.de

© Springer-Verlag Berlin Heidelberg 2003
Ursprünglich erschienen bei Springer-Verlag Berlin Heidelberg 2003

Die Wiedergabe von Gebrauchsnamen, Handelsnamen, Warenbezeichnungen usw. in diesem Werk berechtigt auch ohne besondere Kennzeichnung nicht zu der Annahme, dass solche Namen im Sinne der Warenzeichen- und Markenschutz-Gesetzgebung als frei zu betrachten wären und daher von jedermann benutzt werden dürften.

Umschlaggestaltung: Erich Kirchner, Heidelberg
SPIN 10917954   43/3130-5 4 3 2 1 0 – Gedruckt auf säurefreiem Papier

Vorwort

Ein weiteres Buch zur Finanzwirtschaft muss sich durch seine Besonderheiten rechtfertigen. Zumal, wenn es weder ein Beitrag zur Finanzierungstheorie nach derzeitigem Stand noch ein ordnender Überblick über die Literatur sein will.

Eine Einführung wendet sich naheliegenderweise vorab den Grundlagen zu und findet in der Kennzeichnung der „Finanzierung" und der Abgrenzung ihrer Typen eine ergiebige Aufgabe.

Die mit dem Untertitel hervorgehobene Marktorientierung betrifft vor allem die Eigenkapitalfinanzierung der Aktiengesellschaften. Die Handelbarkeit der Aktien hat zur Folge, dass der nicht ausgeschüttete Gewinn zwangsläufig in die Beteiligungsfinanzierung integriert ist. Diese Konsequenz fehlt durchweg in der Literatur. Der „Ertrag der Aktie" auf Seiten der Eigenkapitalgeber bzw. „die Kosten des Eigenkapitals" seitens der Unternehmen lassen sich deshalb nicht auf die Dividende derzeit reduzieren, sondern bedürfen eines Konzepts, das den thesaurierten Gewinn-Anteil umfasst. Deshalb werden die Beziehungen zwischen den möglichen Verfassungen des Kapitalmarkts und der Preisbildung für Aktien mit laufender Selbstfinanzierung einschließlich Besteuerung in den Mittelpunkt gerückt, um Aussagen zum Ertrag der Aktie einerseits und zu den Kosten des börsengehandelten Eigenkapitals andererseits zu gewinnen.

Der Weg der Erträge aus den betrieblichen Investitionen hin zum „Ertrag der Aktie" eines Jahres unterliegt real- und rechenökonomischen Transformationen, rechtlichen Brechungen und steuerlichen Erschwernissen. Deren Gesamt wird durch den Vergleich der Eigenfinanzierung seitens des Einzelunternehmers mit dem Erwerber einer Aktie augenfällig. Zu gern vereinfacht sich die Literatur zur Finanzierungstheorie diese Schwierigkeiten, um sich ihnen andererseits unter der Bezeichnung „Institutionenökonomie" mit Sorgfalt zu widmen.

Ertrag bzw. Kosten des marktgehandelten Eigenkapitals verbinden zu den sogenannten „Marktverfassungen", die mit „vollkommen" und „unvollkommen" seit je (und ungenau) auch für die Kapitalmärkte unterschieden werden. Das vorliegende Buch setzt die jeweils angenommene Marktverfassung in die zugehörig bedingte Finanzierungssituation fort, um so über die Kapitalkosten zum Kalkulationszinssatz zu gelangen. Infolgedessen werden die Investitions- und Finanzierungs-Rechnungen – die die Aufgabe haben, die Vorteilhaftigkeit von Investitionsmöglichkeiten zu ermitteln – nicht von ihren rechentechnischen Vorgehensweisen her behandelt, sondern von Marktverfassung und Finanzierung.

Üblicherweise wird die Investitionsrechnung als eine finanzwirtschaftlich orientierte Vermögensrechnung abgehandelt. Der (Netto-)Kapitalwert wird dementsprechend als Vermögensmehrung bezeichnet – parallel zur Erklärung des Bilanzgewinnes als Reinvermögensmehrung. Dieses Verständnis verkennt, dass die ermittlungsrechnerische Auswertung des Erwerbswirtschaftens auf der Grundlage der Entgeltbeträge für die marktverwerteten Leistungen zu konzipieren ist: die Einzahlungsbeträge werden rechnerisch transformiert zu den Umsatz-Erträgen und an diesen orientiert werden die Aufwände ausgewiesen. Dementsprechend ermitteln die Investitions- und Finanzierungsrechnungen die Vorteilhaftigkeit, d.h. den Erfolg einer Investitionsmöglichkeit als Saldo aus den Erträgen und Kosten des objektgebundenen Kapitals. Weil diese positiven und negativen Rechenelemente nicht auch gleichzeitige Zahlungen sind, ist die Ermittlung des Kapitalwerts nicht ausschließlich eine Vermögensberechnung, sondern zugleich und parallel auch eine reine Erfolgsrechnung.

Die Ausrichtung der Eigenfinanzierung am Marktgeschehen ist nicht nur die Grundlage der Kosten des Eigenkapitals – einschließlich der differenzierenden Besteuerung – für die Unternehmung im Sinne von Bereitschaftskosten, sondern auch der Kosten des im Investitionsobjekt gebundenen Kapitals im Sinne der Inanspruchnahme. Infolgedessen wird in diesem Buch der Nachweis erbracht, dass der Betrag des (Netto-)Kapitalwerts (ebenfalls) eine rein rechnerische Erfolgsgröße unabhängig vom Bezugszeitpunkt des Rechnens ist. Anders formuliert: analog zur „echten Doppik" der Finanzbuchhaltung ist auch die Investitions- und Finanzierungs-Rechnung eine Parallele von Vermögensänderungs- und echter Erfolgsermittlungs-Rechnung.

Die Graphik auf dem Bucheinband der „Absatzwirtschaft" zeigt die einbogige Brücke: Angebot und Nachfrage auf den Leistungsmärkten kommen trotz gegenseitiger Interessen und des damit verbundenen Misstrauens zusammen, getragen vom Gewölbe-Schlussstein der Institution des gegenseitigen Vertrages. Die langgezogene Brücke auf dem Einband der „Finanzwirtschaft" steht für das Dauerrechtsverhältnis der Kapitalfinanzierung. Die beiden ins Bild gebrachten Pfeiler könnten „Versprechen" und „Vertrauen" heißen und ihre Verstärkung zur Strömungsseite will den Unbilden der Zeit trotzen. Der Betrachter bemerkt die Beziehung zum Geld – mit dem die Finanzwirtschaft beginnt –, wenn er einen Fünfzig-Euro-Schein daneben legt.

Die eigenen Mühen der Erkenntnisgewinnung hintangestellt, bleibt der Wunsch, Frau Roswitha Nierhoff für die unerschöpfliche Geduld für die über Jahre sich hinziehende Arbeit an diesem Buch herzlich zu danken. Die – zudem sich ändernde – Technik, eigenwillig gegenüber den ihr zugedachten zahlreichen Textstrukturen, führte zu manchem Absturz der doch so unverzichtbaren Motivation!

Wir hoffen gemeinsam, das wir für unsere Ausdauer die Zustimmung des Lesers gewinnen: Wir häufen nicht Lernstoff an, sondern möchten ihn an der mühsamen und kritischen Gewinnung von Erkenntnis und Verständnis beteiligen.

Matthias Lehmann   Trier, im März 2003

Inhaltsübersicht

Vorwort V

Inhaltsübersicht VII

Inhaltsverzeichnis IX

Teil A: Finanz- und Kapitalwirtschaft 1

    A.10   Einführung 1

    A.20   Die Kapitalwirtschaft: zustandsverbundenes Denken 13

    A.30   Die Finanzwirtschaft: vorgangsverbundenes Denken 18

    A.40   Marktbezogenes finanzwirtschaftliches Entscheiden und Handeln 27

Teil B: Finanzierung 35

    B.10   Kennzeichnungen und Abgrenzungen 39

    B.20   Die Eigenfinanzierung der Personen-Unternehmen 65

    B.30   Die Eigenfinanzierung bei Aktiengesellschaften 82

    B.40   Fremdfinanzierung 133

    B.50   Kapitalstruktur 157

    B.60   Das Konzept der Eigenkapitalkosten 185

Teil C: Investitions- und Finanzierungs-Rechnungen für Real-Investitionen 241

    C.10   Kennzeichnungen und Abgrenzungen 242

    C.20   Die Vorteilhaftigkeit einer Investition bei vorhandenem Kapital 260

    C.30   Die Vorteilhaftigkeit einer Investition bei vollkommenem Kapitalmarkt bzw. bei Einsatz nur einer Kategorie der Kapitalfinanzierung 277

    C.40   Die Problematik der Verknüpfung von Investition und Finanzierung in der Investitions- und Finanzierungsrechnung 308

    C.50   Die Vorteilhaftigkeit einer Investition auf der Grundlage der durchschnittlichen Kapitalkosten 335

    C.60   Zur Problemgeschichte der Finanzwirtschaft und der Investitions- und Finanzierungsrechnung 338

Literaturverzeichnis 361

Stichwortverzeichnis 369

Inhaltsverzeichnis

Vorwort V

Inhaltsübersicht VII

Inhaltsverzeichnis IX

Teil A: Finanz- und Kapitalwirtschaft 1

A.10. Einführung 1

11. Entscheiden und Handeln in und zwischen den Wirtschaftseinheiten. 2

12. Finanzwirtschaft und Kapitalwirtschaft: Vorgänge und Zustände 8

A.20 Die Kapitalwirtschaft: zustandsverbundenes Denken 13

21. Finanzierungen 13
   21.1 „Fremdkapital" 13
   21.2 „Eigenkapital" 14

22. Investitionen 15
   22.1 Finanz-Investitionen 15
   22.2 Potentialfaktor-Investitionen 16
   22.3 Lagerbestands-Investitionen 16
   22.4 Ausbildungs- oder Human-Investitionen 16

23. Zusammenfassende Übersicht 17

A.30 Die Finanzwirtschaft: vorgangsverbundenes Denken 18

31. Die drei Aufgaben des Finanzwirtschaftens 18

32. Die Aufgaben des Leistungswirtschaftens und des Finanzwirtschaftens im Verhältnis zueinander 19

33. Das entscheidungsvorbereitende Rechnen für das finanzwirtschaftliche Entscheiden und Handeln 20

34. Die Einbettung der Investitions- und Finanzierungs-Rechnung (IFR) in die Betriebswirtschaft 24

A.40 Marktbezogenes finanzwirtschaftliches Entscheiden und Handeln 27

Teil B: Finanzierung 35

B.10 Kennzeichnungen und Abgrenzungen 39

11. Einordnung und Übersicht 40

12. Merkmale, Kategorien und Typen der Finanzierung 42

13. Die Kapitalfinanzierungen – Typen [1] und [2] 44

14. Die anderen Typen der Außenfinanzierung 48

   14.1 Stundungen im Leistungs-Entgelt-Verhältnis – Typ [3] 48
   14.2 Subventionsfinanzierung mittels Finanzhilfen - Typ [4] 49
   14.3 Das Moratorium - Typ [5] 51

15. Die Entgeltfinanzierung - Typ [6] 51

16. Die Typen der Innenfinanzierung 52

   16.1 Die Finanzierung durch das Bilden von Rückstellungen - Typ [7] 53
   16.2 Die Finanzierung durch das Verrechnen von Abschreibungen
        – Typ [8] 55
   16.3 Die Finanzierung durch das Bilden stiller Rücklagen - Typ [9] 60
   16.4 Die Finanzierung durch das Bilden offener Rücklagen - Typ [10] 62

17. Begriffe „Finanzierung" 63

B.20 Die Eigenfinanzierung der Personen-Unternehmen 65

21. Eigenfinanzierung 66

22. Die Finanzierung der Einzelunternehmung mit Eigenkapital 67

23. Die Finanzierung des Gesellschaftsvermögens von Personen-
    gesellschaften mit Eigenkapital 68

   23.1 Die Personengesellschaft 68
   23.2 Die Finanzierung des Gesellschaftsvermögens mit Eigenkapital 71

24. Die Verzinsung des Eigenkapitals und die Verteilung von Gewinn bzw.
    Verlust bei Personengesellschaften 76

Inhaltsverzeichnis XI

B.30 Die Eigenfinanzierung bei Aktiengesellschaften **82**

31. Die Struktur der Aktiengesellschaft (AG) 85

32. Die Definition des Gesetzgebers 86

33. Gründungsfinanzierung der AG 89

34. Der Eigenkapitalkostensatz und sein Umfeld 91

35. Ertragswert und Marktpreis für Aktien 93
    35.1 Wert-Determinanten und Preisbildungs-Faktoren 93
    35.2 Der Ertragswert der Aktie nach dem Bewertungsmodell von Gordon .. 98
    35.3 Drei Fall-Konstellationen 104

36. Beteiligungsfinanzierung im Zeitablauf: die Kapitalerhöhung bei der AG 108

37. Das Bezugsrecht als Vehikel der Dividendenpolitik 110

38. Der positive Ankündigungseffekt einer Kapitalerhöhung 115
    38.1 Fall-Beschreibung 115
    38.2 Marktverfassungen: Einteilungen und deren Verwendung .. 116
    38.3 Unterfälle zur Informations-(In)effizienz 119
    38.4 Was heißt „informations-effizienter Kapitalmarkt"? 122
    38.5 Zusammenfassung 124

39. Die Risiken eines möglichen Aktienkaufes 126

B.40 Fremdfinanzierung **133**

41. Aspekte der Fremdfinanzierung 133

42. Fremdkapital-Finanzierung mittels Darlehen 140
    42.1. Darlehens-Hingabe mit festem Zinssatz 140
    42.2. Darlehens-Hingabe mit variablem Zinssatz 141
    42.3 Die Risiken einer möglichen Darlehens-Aufnahme mit variablem Zinssatz 142

43. Fremdkapital-Finanzierung mittels Wertpapieren 149
    43.1. Wertpapier-Fremdkapitalfinanzierung mit festem Zinssatz 149
    43.2. Wertpapier-Fremdkapitalfinanzierung mit variablem Zinssatz ... 154

B.50 Kapitalstruktur 157

51. Grundlagen des Modells von Modigliani und Miller 158

   51.1 Asymmetrische Marktverfassungen 158
   51.2 Die alternativ-substitutive Modell-Grundlage 159
   51.3 Symbolverzeichnis und sechs Beziehungen 161

52. Zusammenstellung der theoretischen Aussagen des Modells von
    Modigliani und Miller 162

   52.1 Das Geschäftsrisiko der betrachteten Unternehmung U_j 162
   52.2 Die Unternehmung U_j ohne Einsatz von Fremdkapital 163
   52.3 Der Ertragssatz r_{EK} der Aktie bei Verschuldung der U_j 167
   52.4 Das Kapitalstrukturrisiko des Aktionärs 168
   52.5 Die Eigenkapitalkosten der verschuldeten Unternehmung 169
   52.6 Die Irrelevanz der Kapitalstruktur 169
   52.7 Die Einbettung des MM-Modells in eine
        bestimmte Marktverfassung 170

53. Die Umsetzung in das Ergebnis des Modells von Modigliani und Miller ... 171

   53.1 Der Ertragssatz r_{EK} der Aktie 171
   53.2 Die Eigenkapitalkosten bei Geschäfts- und Kapitalstrukturrisiko 173

54. Warum steigt das Risiko der Eigenkapital-Geber mit höherem
    Fremdkapital-Anteil? 174

55. Optimale Kapitalstruktur versus Kostenbetrags-Theorie 176

56. Das Modell von Modigliani und Miller als Eigenkapitalkosten-
    Betragsmodell 177

57. Der überflüssige Gang zum Anlageberater 179

B.60 Das Konzept der Eigenkapitalkosten 185

61. Einführung 185

62. Die ökonomische Grundstruktur des Eigenkapital-Kostenkonzepts 188

63. Die Behinderungen des Ertrags aus den Real-Investitionen auf
    dem Weg zum „Ertrag der Aktie" 192

   63.1 Risiken und Informationsunvollkommenheiten 193
   63.2 Handlungsunvollkommenheiten: Steuern 196
   63.3 Integration 198

64. Zweck und Bausteine des Konzepts der Eigenkapitalkosten 201
65. Aktienbewertung und Eigenkapitalkosten im Steuerfall 203
   65.1 Das Beispiel im Nicht-Steuerfall 203
   65.2 Einführung eines Steuersystems 204
   65.3 Die steuerbedingte „extra burden" der Aktienfinanzierung 206
   65.4 Der „Ausgleich" des negativen Kapitalwerts 208
   65.5 Der Preis der Aktie auf der Grundlage der Mindestrendite
         im Steuerfall 209
   65.6 Der Preis der Aktie bei Verzicht auf Selbstfinanzierung 210
66. Ein Beispiel für echtes Wachstum im Steuerfall 213
67. Die Kosten zusätzlichen Beteiligungskapitals 215
68. Die Eigenkapitalkosten verschiedener Besteuerungssysteme 217
69. Finanzwirtschaft und Besteuerung 229
   69.1 Einführung 229
   69.2 Finanzwirtschaftliche Steuerwirkungslehre 230
   69.3 Finanzwirtschaftliche Neutralitäten der Besteuerung 235

Teil C: Investitions- und Finanzierungs-Rechnungen für Real-Investitionen 241

C.10 Kennzeichnungen und Abgrenzungen 242

11. Die Produktionsfaktoren einerseits und die sachlichen
    Potentialfaktoren als Investitionen andererseits 242
12. Sachlich-zeitliche Verknüpfungen bei Real-Investitionen,
    die sachliche Potentialfaktoren sind 249
13. Die Einbettung der Investitions-Entscheidung in das wirtschaftende
    Handeln 250
14. Zur Kennzeichnung der Investitions- und Finanzierungs-Rechnung 252
15. Die Typen-Gliederung der Investitions- und Finanzierungs-Rechnung:
    ein Überblick über die Abschnitte C.20 bis C.50 255

C.20 Die Vorteilhaftigkeit einer Investition bei vorhandenem Kapital..260

21. Die abstrakte und die konkrete Entscheidungssituation..............................261

   21.1 Die Beschreibung der abstrakten Entscheidungssituation 261
   21.2 Die konkrete Entscheidungssituation des Investors in t_o 262

22. Die Endvermögenswert-Rechnung, kurz: Endwert- Rechnung 264

   22.1 Der Vergleich der Alternativen mit Hilfe der Endwert-Rechnung......264
   22.2 Die Aufteilung der Periodenüberschüsse auf Amortisation, Kapitalertrag und Gewinn-Überschuss am Ende............................266

23. Das Rechenverfahren „interner Zinsfuß" und seine Ergänzung zur Endwert-Rechnung 271

   23.1 Kennzeichnung des Verfahrens und das Rechenbeispiel.....................271
   23.2 Kapitalbindung und Kapital-Ertragssatz: das Rechenverfahren zur Ermittlung des internen Zinsfußes einer Investition............................272
   23.3 Die Kapitalerträge als die Struktur des Gesamt-Erfolges 275

C.30 Die Vorteilhaftigkeit einer Investition bei vollkommenem Kapitalmarkt bzw. bei Einsatz nur einer Kategorie der Kapitalfinanzierung 277

31. Die Beschreibung der Marktsituation in t_o 277

32. Das Bewerten des Zeitunterschiedes von Zahlungen gegenüber dem Rechenzeitpunkt t_o als die Begründung für das Abzinsen/Diskontieren 281

33. Die Ermittlung des Ertragswerts und des Kapitalwerts mit dem Kalkulationszinssatz i_m 283

   33.1 Beschreibung der Situation 283
   33.2 Abzinsungsrechnung: das Diskontieren der E_t bzw. der $PÜ_t$..............284
   33.3 Vergleich der Alternativen mit Hilfe der Barwert-Rechnung..............286

34. Die Vorteilhaftigkeit einer Investition bei Finanzierung ausschließlich mit Fremdkapital 289

   34.1 Die Fremdkapitalkosten von A_o gerechnet..289
   34.2 Die Fremdkapitalkosten von $EW_{oi_{FK}}$ gerechnet 291

35. Die Vorteilhaftigkeit einer Investition bei Finanzierung ausschließlich
mit Eigenkapital 292

    35.1 Die Eigenkapitalkosten von A_o gerechnet...292

    35.2 Die Eigenkapitalkosten von $EW_{oi_{EK}}$ gerechnet..................................294

    35.3 Zusammenfassung..299

36. Auswertungen...302

    36.1 Vergleichende Gegenüberstellung 302

    36.2 Probleme-Übersicht..304

    36.3 Quintessenz..306

C.40 Die Problematik der Verknüpfung von Investition und Finanzierung in der Investitions- und Finanzierungsrechnung 308

41. Unvollkommenheit, Unsicherheit und die fallweise Finanzierungssituation als die drei Ursachen 308

    41.1 Der unvollkommene Kapitalmarkt 308

    41.2 Der Kapitalmarkt bei Unsicherheit 309

    41.3 Die jeweilige Finanzierungssituation...311

42. Die Vorteilhaftigkeit einer Investition bei gleichzeitig notwendiger
Kreditaufnahme mit der Folge gemischter Finanzierung 313

43. Die Vorteilhaftigkeit einer Investition bei zurechenbarer gemischter
Finanzierung..315

    43.1 Die Finanzierungssituation mit Kreditaufnahme und gleichzeitiger Kreditverlängerung 316

    43.2 Die rechnerische Lösung des Entscheidungsproblems........................317

    43.3 Kann man bei gemischter Finanzierung abzinsen, um den
Ertragswert und den Kapitalwert der Investition zu errechnen?..........319

    43.4 Bei gemischter Finanzierung und finanzwirtschaftlicher Rechnung
ist die Vorteilsgröße an einen Zeitpunkt gebunden 322

    43.5 Gemischte Finanzierung mit Eigenkapitalkosten, die vom Ertragswert $EW_{oi_{EK}}$ des eingebundenen Eigenkapitals gerechnet werden....325

44. Die Vorteilhaftigkeit einer Investition bei Aufnahme von
Beteiligungskapital gegen Gewinnbeteiligung 329

45. Rückblick..333

C.50 Die Vorteilhaftigkeit einer Investition auf der Grundlage der durchschnittlichen Kapitalkosten **335**

C.60 Zur Problemgeschichte der Finanzwirtschaft und der Investitions- und Finanzierungsrechnung **338**

61. Der Kalkulationszinssatz dient (nur) der Bewertung 340

62. Der Kalkulationszinssatz vertritt die Finanzierung unter der Annahme, dass es nur eine Kategorie der Kapitalfinanzierung gibt 340

63. Der Habenzinssatz als Kalkulationszinssatz 342

64. Der unvollkommene Kapitalmarkt als Ursache des Zählerproblems „Vergleichbarkeit" 343

65. Der unsichere Kapitalmarkt 349

66. Der vollkommene Kapitalmarkt bei Unsicherheit 349

67. Simultane Investitions- und Finanzierungsmodelle 352

68. Die je Zeitpunkt fallweise Investitions- und Finanzierungssituation 353

69. Marktverfassungen und Institutionen infolge unvollkommener Märkte 354

Literaturverzeichnis **361**

Stichwortverzeichnis **369**

Teil A:
Finanz- und Kapitalwirtschaft

Das betriebswirtschaftliche Erwerbswirtschaften wird mit Hilfe des „Betriebsprozesses"/„Realprozesses" erklärt. Dessen fünf Phasen: Finanzierung und Investition (= Finanzprozess) sowie Beschaffung, Produktion und Absatz (= Leistungsprozess) lassen sich von links aufsteigend gestuft darstellen.[1] Auf diese Weise wird zum einen die Verknüpfung zwischen den zugehörigen fünf Arten/Kategorien von Entscheidungen gezeigt und zum anderen der „Sprung" von der verwirklichten Zwecksetzung „Entgelt-Einnahmen" zur Rechengröße „Umsatz-Ertrag" der Finanzbuchhaltung.[2] Er ist der Anknüpfungspunkt, um den Erfolg zu ermitteln, der seinerseits das Ausmaß der Zielverwirklichung anzeigt.

Der vorgeschaltete Teil A möchte das Wechselverhältnis zwischen Investition und Finanzierung verdeutlichen und bedient sich dazu der beiden Betrachtungsweisen „Vorgang" und „Bestand".[3] Diese beiden Elementarkategorien des wirtschaftlichen Denkens lernt der Leser im ersten Semester mit den laufenden „Buchungen auf Bestandskonten" im Verhältnis zu den „Rechenbeständen auf Bilanzkonten" zum Jahresende kennen. Dieses Grundmuster verwenden wir für die Erklärung der finanzwirtschaftlichen Vorgänge und Zustände.

A.10 Einführung

Das wirtschaftliche und damit auch das finanzwirtschaftliche Planen, Entscheiden und Handeln bezieht sich auf Vorgänge entweder ausschließlich in der Unternehmung oder aber am Markt mit einer anderen Wirtschaftseinheit. Diese Zweiteilung des Wirtschaftens verbinden wir mit drei kategorie-verschiedenen Bezugsobjekten des marktverbundenen Entscheidens: Arbeit, Sach- und Dienstleistungen sowie Kapital. Abschnitt A.11 gibt eine gestraffte Übersicht über die Beziehungen zwischen Unternehmen und privaten Haushalten auf den Arbeits-, Leistungs- und Kapitalmärkten.

---

[1] Lehmann (1998) S. 58-61 bzw. (2003) S. 61-66.
[2] Zur Finanzbuchhaltung in Abfolge der Vorgänge der fünf Phasen des erwerbswirtschaftlichen Handelns vgl. Müller (2001) Zweiter Teil (= S. 23-69).
[3] Vgl. dazu Stützel, ZfB 1966.

Abschnitt 12 engt demgegenüber ein auf die finanzwirtschaftlichen Vorgänge in Form von Zahlungen und die sich daran anschließenden Kapital-Zustände.

A.11 Entscheiden und Handeln in und zwischen den Wirtschaftseinheiten

Auch das Wirtschaften ist eine Erfindung der Not: Gleich hinter dem Tore des Paradieses, weil aus der bisherigen mühelosen Fülle plötzlich der bittere Mangel an allem geworden war!

Inzwischen hat sich daraus die unüberschaubare Vielfalt des Wirtschaftens entwickelt, die den Alltag beherrscht und keine staatlichen Grenzen kennt. Naheliegenderweise reduzieren wir für eine Einführung in das finanzwirtschaftliche Denken auf drei Kategorien der Wirtschaftseinheiten:
1) die privaten Haushalte,
2) die Unternehmen und
3) die öffentlichen Haushalte.

Auf die letztgenannten und damit auf das „öffentliche Finanzwirtschaften" gehen wir nicht ein.[4] Einschränkend auf die privaten Haushalte und die Unternehmen wird deren Wirtschaften jeweils in der Wirtschaftseinheit nur mit Stichworten angesprochen, um daran die Marktbeziehungen zwischen ihnen anzuknüpfen.

Die private Haushaltswirtschaft ist jedem Leser von Kindesbeinen an vertraut, denn nicht zuletzt wegen des Nachwuchses existiert sie. Wir unterscheiden vier Betätigungsbereiche, die – in der Regel – in einer Haushaltswirtschaft zusammengefasst sind. Wir beginnen mit der Feststellung, dass die erwachsenen Mitglieder Leistungen erstellen, die entweder eigenen Bedarf der Haushaltsgemeinschaft abdecken oder an Dritte abgegeben werden.

a) Der „**Erwerbsbereich**" fasst die vom Haushalt gegen Entgelt abgegebenen Leistungen zusammen. Derartige erwerbswirtschaftliche Betätigungen verfolgen das

---

[4] Vgl. dazu Dickertmann/Gelbhaar, Finanzwissenschaft. Eine Einführung in die Institutionen, Instrumente und ökonomischen Ziele der öffentlichen Finanzwirtschaft, Herne/Berlin 2000.

A.11 Entscheiden und Handeln

Ziel, einen Überschuss zu erwirtschaften, der rechnerisch quantifiziert als Einkunft und mit seiner Summe als Einkommen bezeichnet wird.

Für unsere vereinfachte Darstellung genügt es, dass wir aus der Beziehung zum Arbeitsmarkt die Arbeitseinkünfte und aus der Beziehung zum Kapitalmarkt die Kapitaleinkünfte ableiten.

b) Der „**Beschaffungsbereich**" fasst die von den Leistungsmärkten gegen Entgelt bezogenen Sachleistungen und Dienstleistungen zusammen. Gebrauchs- und Verbrauchsgüter sowie Dienstleistungen werden in der Haushaltswirtschaft entweder für konsumtive oder für produktive Zwecke verwendet.

c) Der „**Finanzbereich**" betrifft die Einzahlungen aus a) und die Ausgaben aus b) und daraus resultierend die Liquidität und die Bestände an Zahlungsmitteln und weitergehend an Nominalgütern.

d) Folglich bezeichnet der „**Verbrauchsbereich**" die selbst erstellten und die fremd bezogenen Sach- und Dienstleistungen, die zur Befriedigung der konsumtiven Bedürfnisse eingesetzt werden. Diese Art der Verwendung von Leistungen und damit der Verbrauchsbereich kennzeichnet die private Haushaltswirtschaft und unterscheidet sie von der Betriebswirtschaft.

Das Unternehmen/die Unternehmung ist eine Betriebswirtschaft zuzüglich ihrer Rechtsform, die für deren erwerbswirtschaftliche/betriebswirtschaftliche Betätigung erforderlich ist. Die Unternehmung ist über ihre Mitarbeiter (1) den Arbeitsmärkten verbunden und sowohl infolge ihrer Bedarfe als auch infolge ihrer Produktion von Sach- und Dienstleistungen mit (2) den Leistungsmärkten verflochten.

Naheliegenderweise rücken für uns die Beziehungen zwischen der Unternehmung und (3) den Kapitalmärkten in den Mittelpunkt. Auf den sogenannten Primärmärkten beschafft sich das Unternehmen Eigen- bzw. Fremdkapital, während im Gegenzug der jeweilige Kapitalgeber eine Kapitalrechtsposition eingeräumt erhält. Wenn diese mittels „Verbriefung" zum Wertpapier handelbar gemacht wird, dann finden ein sich anschließender Verkauf und Kauf auf dem „Sekundärmarkt" statt. Damit ist nur skizzenhaft angedeutet, was **Gegenstand des kapitalmarkt-bezogenen Entscheidens** ist: Finanzierungsvorgänge und Kapitalzustände werden in dem vorgeschalteten Teil A erklärt, der mit dem marktbezogenen finanzwirtschaftlichen Entscheiden und Handeln abschließt, vgl. A.40.

Das Wirtschaften in und zwischen den Wirtschaftseinheiten können wir auch anschaulich als „interne" und externe" Arbeitsteilung in einer Volkswirtschaft bezeichnen. Die externe Arbeitsteilung ist gleichbedeutend mit den Vorgängen „Leistung (i.w.S.) gegen Entgelt", weshalb wir eine mit Geld und Währung ausgestattete Volkswirtschaft als „Entgeltwirtschaft" bezeichnen. Unter Rückgriff auf Artverschiedenheiten der Leistungsseite unterscheidet man zumindest – wie bereits angesprochen – Arbeitsmärkte, Leistungsmärkte und Kapitalmärkte. Wenn wir bereits in diesem einführenden Abschnitt hinzufügen, dass die Marktvorgänge das Recht der gegenseitigen Verträge benötigen, dann konkretisiert sich das Wirtschaften zwischen den Wirtschaftseinheiten zum Abschließen und Vollziehen von Verträgen.

Nun sind die drei erwähnten Märkte nicht einfach nur die Summe der zugehörigen Verträge. Es müssen Rechtsvorschriften hinzukommen, die von vornherein den möglichst reibungslosen Ablauf des Markgeschehens sicherstellen, d.h. die die Funktionalität und Effektivität des jeweiligen Marktes bewirken. Die gemeinten Zusammenhänge sollen in einer graphischen Struktur anschaulich dargestellt werden. Ihre vier Spalten stehen für die Phasen eines Ablauf-Zusammenhangs:
(1) Wer entscheidet und
(2) handelt vertragsrechtlich
(3) betreffend welchen Gegenstand des Vertrages und damit
(4) am jeweils zugehörigen Markt.

Markthandeln und Marktrecht

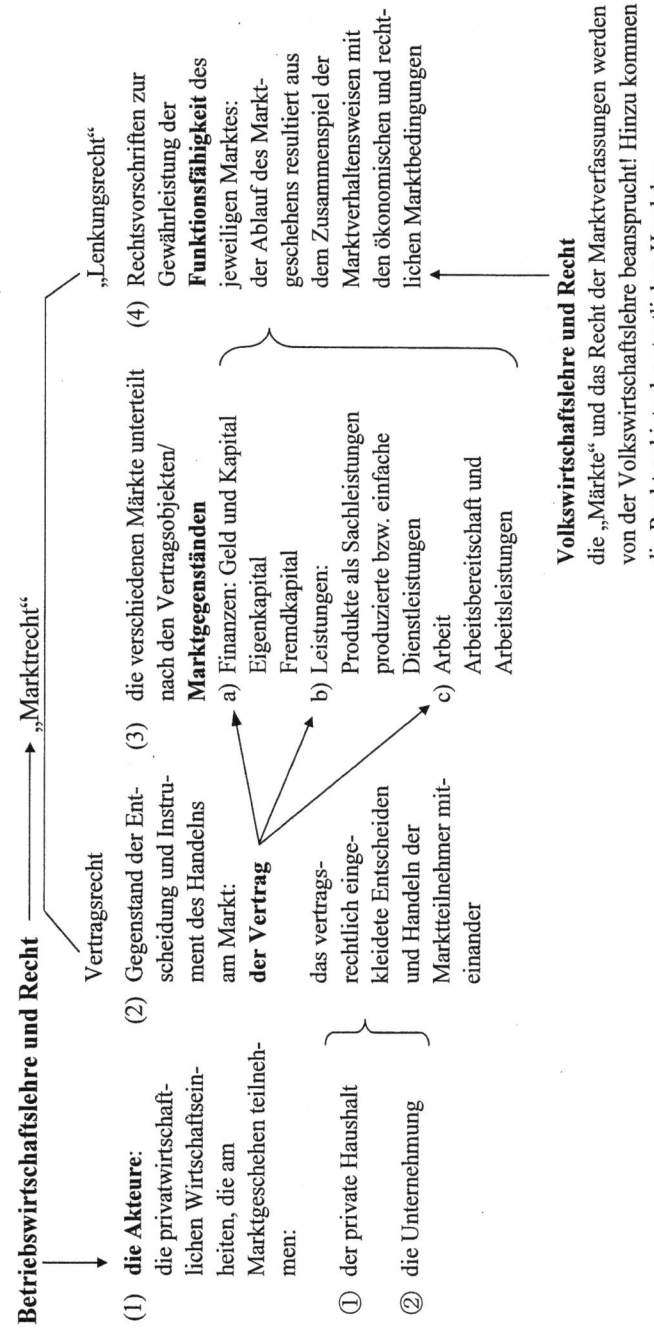

Die zweite Übersicht greift die Überschrift des Abschnitts A.11 auf und spricht knapp das Wirtschaften in den beiden (eingerahmten) Wirtschaftseinheiten an. Von den drei dazwischen geschalteten Märkten gehen jeweils zwei Pfeile aus, um zugehörig sowohl das Vertragsrecht als auch das Funktions-/Lenkungsrecht anzusprechen. Der Übersichtlichkeit wegen verzichten wir auf die Darstellung der wirtschaftlichen Beziehungen zum einen zwischen den privaten Haushalten und zum anderen zwischen den Unternehmen. Die zusammenfassende graphische Struktur möchte nachvollziehbar das Markthandeln der Wirtschaftseinheiten erklären: Unternehmen und Haushalte entscheiden über Vertragsabschlüsse und handeln vertragsgemäß, d.h. sie vollziehen die Verträge auf den hier unterschiedenen drei Märkten.

Im Hinblick auf das Handeln auf den Kapitalmärkten unterscheidet die Übersicht zwischen dem Abschließen von Finanzierungs- und Gesellschaftsverträgen einerseits und Verkaufsverträgen andererseits. Die erstgenannten haben eine Kapitalzahlung betreffend das vereinbarte Fremd- bzw. Eigenkapital zur Folge. Diese verbucht der Finanzbuchhalter bekanntlich erfolgsneutral. Es ist völlig ausgeschlossen, die „Kapitalzahlung" als Kaufpreis[5] oder als Erlös[6] zu bezeichnen, denn beides meint eine "Entgeltzahlung", die erfolgswirksam „an Ertrag" zu verbuchen ist.

Anders formuliert: der Kapitalnehmer, hier: die Unternehmung gleicht den erhaltenen (Kapital-)Geldbetrag nicht durch Verkauf und Übertragung eines Rechts aus. Denn der Verkaufvertrag zielt auf „Austausch" und dann Trennung der Parteien und kennzeichnet das Handeln erst und nur auf den Sekundärmärkten. Der Finanzierungsvertrag hingegen zielt auf die Bindung über die Zeit und realisiert als Dauerrechtsverhältnis seinen ökonomischen Zweck, die Rückzahlung gegen Entgelt (in Form von Gewinnausschüttungen bei Eigenkapital bzw. von Zinsen bei Fremdkapital) zu stunden. Folglich entsteht die Kapitalrechtsposition zugunsten des Kapitalgebers als Substitut über die Zeit für das hingegebene Geld bis zum Erhalt der Rückzahlung; vgl. Abschnitt B.13.

Auf die in der Übersicht skizzierten „Kapitalmärkte" und auf das finanzwirtschaftliche Markthandeln kommen wir im Abschnitt A.40 zurück, nachdem wir in den nachfolgenden Abschnitten die Grundlagen erarbeitet haben.

---

[5] Vgl. so Breuer (1998) S. 9 und S. 17.
[6] Vgl. so Kruschwitz (2002) S. 227.

A.11 Entscheiden und Handeln

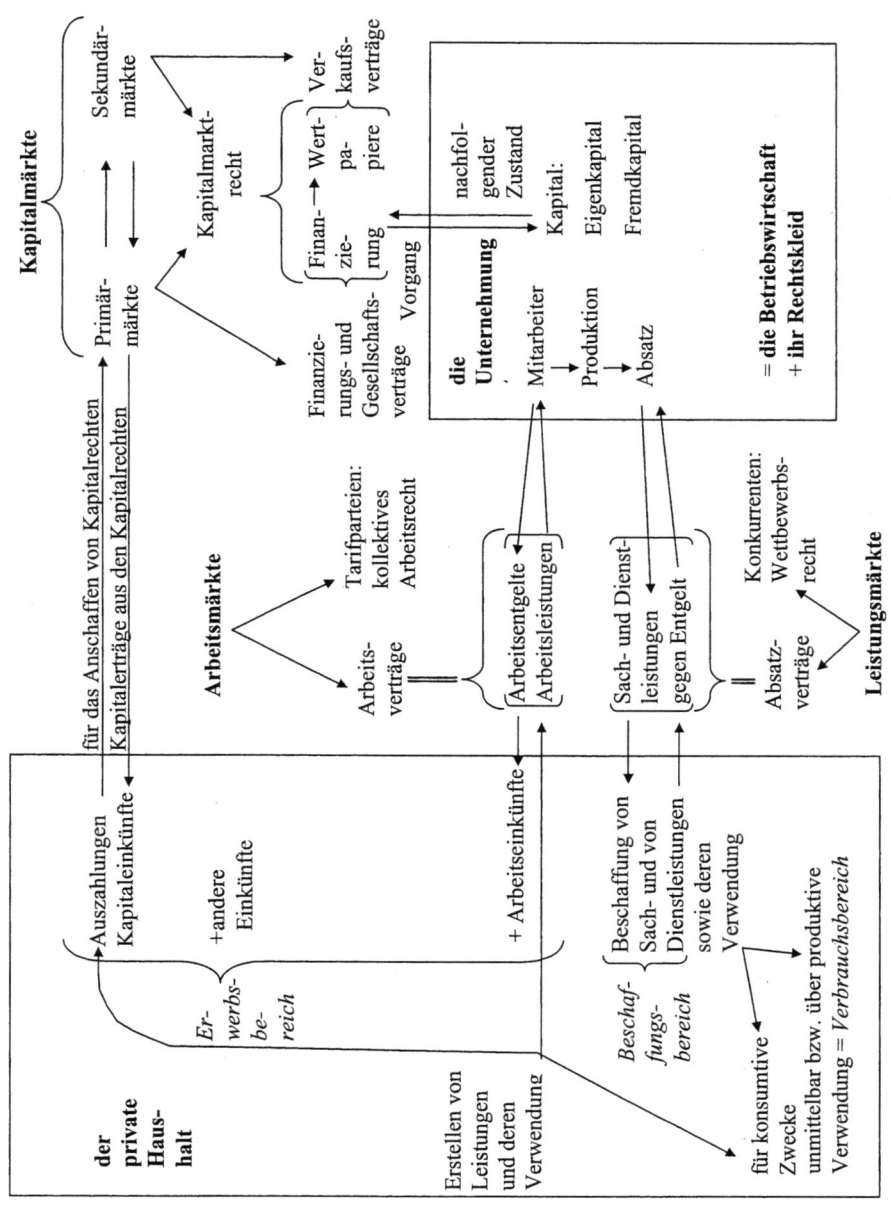

A.12 Finanzwirtschaft und Kapitalwirtschaft: Vorgänge und Zustände

Mit dem Begriff „Finanzwirtschaft" werden Investition, Finanzierung und Liquidität zusammengefasst. Etwas präziser: „Finanzwirtschaft" fasst die Aktivitäten – im Sinne von Entscheidungen und Handlungen – mit den daraus resultierenden Zuständen zusammen, die mit Geld zu tun haben.

Vorgänge, die mit Geld zu tun haben, bezeichnen wir als **Zahlungen**. Ihnen geht jeweils ein Rechtsvorgang voraus, mit welchem entweder die Forderung auf eine Einzahlung begründet wird (= „Einnahme") oder eine Verpflichtung zur Auszahlung eingegangen wird (= „Ausgabe").

Zustände, die mit Geld zu tun haben, knüpfen an eine Zahlung in der Vergangenheit oder in der Zukunft an. Folglich ist ein gewesener (danach) bzw. ein künftiger (vorweg) „**Zahlungsbetrag über die Zeit**" gemeint, den wir kurzerhand mit „Kapital" oder genauer mit „Kapitalbindung" oder „Kapitalzustand" benennen.

Nunmehr bietet es sich von selbst an, dass wir zwischen aktivischer und passivischer Kapitalbindung unterscheiden in Anlehnung an die beiden Seiten der Bilanz – vereinfacht formuliert:

1) bei aktivischer Kapitalbindung erwarten wir eine Einzahlung nachfolgend einer Auszahlung, über die Zeit repräsentiert von einem Vermögensgegenstand,
2) bei passivischer Kapitalbindung erwarten wir eine Auszahlung nachfolgend einer Einzahlung, repräsentiert von einer (auch: noch erst unsicheren) Verpflichtung.[7]

Z.B. erwirbt Nichte Glücklich **eine Aktie** in der Erwartung, sie zu einem höheren Preis verkaufen zu können; vgl. Abschnitt B.39. Mit dem Kauf nimmt sie eine private Finanz-Investition vor. Die aktivische Kapitalbindung wird von dem Wertpapier repräsentiert. Sie wird beendet durch den Verkaufserlös der Aktie. Anschaulich spricht man von „Kapitalfreisetzung" und „Gewinn- (bzw. Verlust-)Verwirklichung".

Umgekehrt nimmt Familie Knippelius **ein Darlehen** auf, um den notwendig gewordenen Erwerb des Eigenheims zu finanzieren; vgl. Abschnitt B.42.3. Die passivische Kapitalbindung wird hier von der Verpflichtung auf Rückzahlung des Darlehens vertreten. Entsprechend den Tilgungszahlungen wird sie verringert.

---

[7] Für die Passivseite so auch Spremann (1996) S. 91, 108: Kapital ist Geld über Zeit gegen Verpflichtung auf Zahlung.

A.12 Finanzwirtschaft und Kapitalwirtschaft

So haben wir mit wenigen Strichen die Grundlagen skizziert:
a) Wenn man bevorzugt die monetär-realen Vorgänge im Auge hat – d.h. die Zahlungen und die darauf bezogenen Rechtsvorgänge -, dann verwendet man für das Gesamt den Ausdruck **„Finanzwirtschaft"**,
b) wenn man hingegen die rechtlich-abstrakten Zustände betonen möchte, dann spricht man von **Kapitalwirtschaft**.

Zu einer Übersicht zusammengestellt:

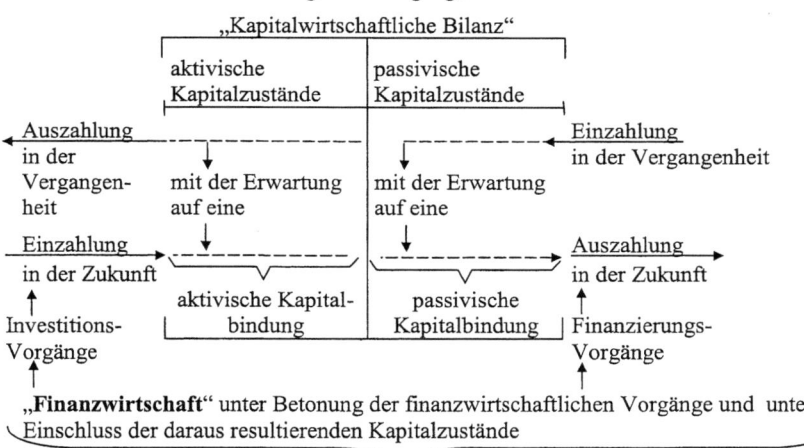

die Finanzwirtschaft

I. sie fasst zusammen:
(1) die Entscheidungen und Handlungen, die mit Geld zu tun haben = Zahlungsvorgänge und
(2) die daraus durch Aufbau bzw. Abbau resultierenden aktivischen respektive passivischen Kapitalzustände wegen der Kapitalerträge und der Kapitalkosten.

II. sie umfasst:

Rechnen	Realökonomie	Recht
Investitions- und Finanzierungs-**Rechnungen**	die mit den Real-Investitionsobjekten verbundenen Zahlungs- und Leistungs**vorgänge** sowie die mit den Kapital**zuständen** verbundenen Ein- und Auszahlungs**vorgänge**	die Kapital**zustände** sowohl als aktivische Eigentums-Rechtspositionen als auch als passivische Kapital- oder Finanzierungs-Dauerrechtsverhältnisse

Das Unterscheiden von Vorgang und Zustand einerseits und von aktivisch und passivisch andererseits hat vier mögliche Inhalte des Begriffs „Finanzieren" zur Folge:

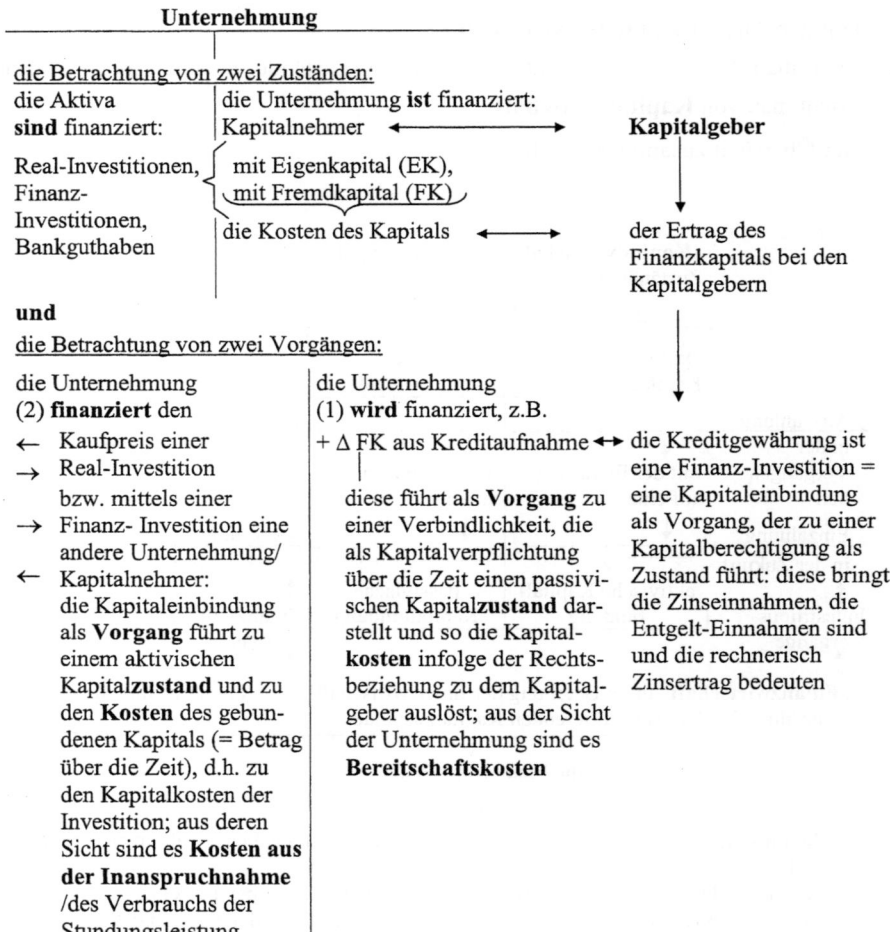

(1) **Die Gegenläufigkeit** des Finanzierungsvorgangs zwischen dem Kapitalgeber (dem Finanz-Investor) und dem Kapitalnehmer (der Unternehmung) einerseits sowie (2) die **Abfolge** von Finanzierung (passivische Kapitalbindung) und Investition (aktivische Kapitaleinbindung) andererseits reflektieren erfolgswirtschaftlich vier Aspekte:

Zu (1) der Kapitalgeber erzielt Kapitalerträge aus seiner Finanz-Investition, was korrespondierend die Kapitalkosten des Unternehmens als Kapitalnehmer sind; zu (2) die investive Kapitalverwendung führt entsprechend der Kapitalbindung (= Betrag über die Zeit) zu Kapitalkosten des Investitionsvorhabens, während mittels der Investition ein Überschuss erhofft/erwartet wird, der als Ertrag des aktivisch gebundenen Kapitals errechnet wird.

Indem wir die Finanz-Investition des Kapitalgebers von der Investition der Unternehmung unterscheiden, sprechen wir zweimal von „Kapitalertrag" mit verschiedenem Bezug: des Kapitalgebers bzw. des Investitionsobjekts. Indem wir die Finanzierung der Unternehmung von der Finanzierung des Investitionsobjektes unterscheiden, reden wir zweimal von „Kapitalkosten" mit verschiedenem Bezug: der Unternehmung bzw. des Investitionsprojekts.

Von rechts nach links gedacht, haben wir eine vierteilige Reihung: „Kapitalerträge des Kapitalgebers – Kapitalkosten der Unternehmung infolge der erlangten Verfügbarkeit/ Bereitschaft – Kapitalkosten infolge der Inanspruchnahme/Bindung durch das Investitionsobjekt – Investitionserträge."[8]

Diese eingangs sicher spröde Differenzierung erweist ihre Zweckmäßigkeit, wenn wir zum einen das Konzept der Eigenkapitalkosten fundieren – vgl. B.60 – und zum anderen die Investitions- und Finanzierungs-Rechnung im Teil C erklären.

---

[8] Vgl. die umgekehrte Abfolge in der Überschrift von B.63 und dem dort behandelten Problem.

Zusammenfassend und zugleich vorgreifend ergibt sich folgende Übersicht:

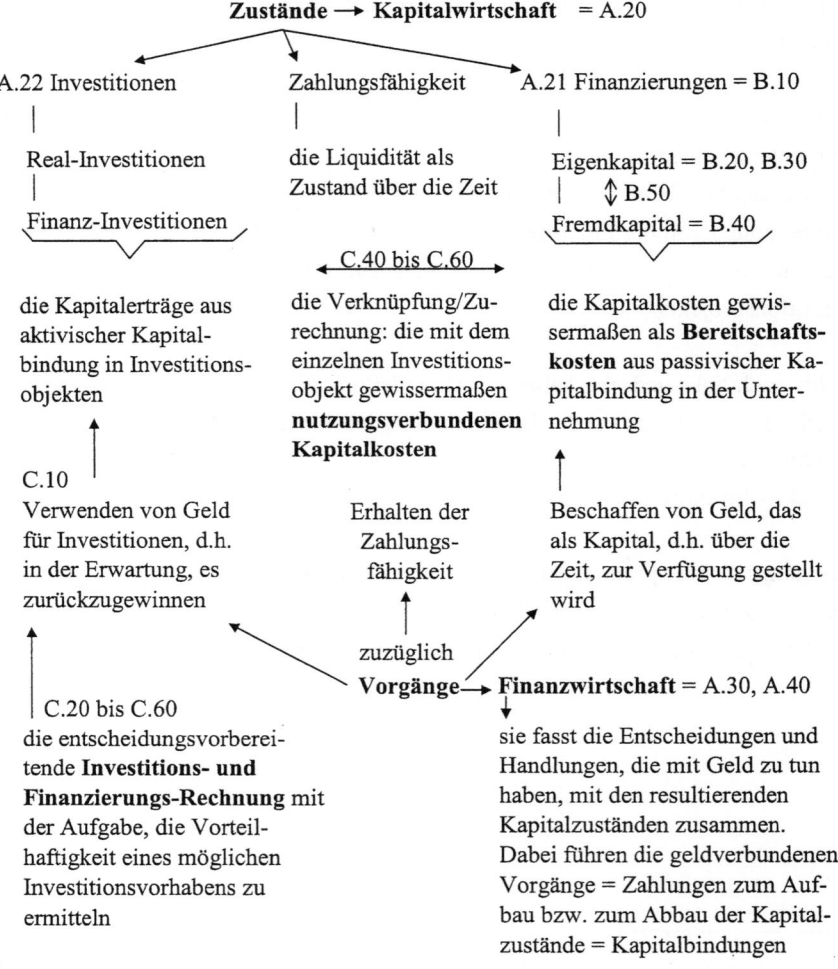

A.20 Die Kapitalwirtschaft: zustandsverbundenes Denken

Wie ausgeführt, liegt bei dieser Sichtweise lediglich die Betonung auf den nachfolgenden Kapitalzuständen, ohne deshalb von den Zahlungsvorgängen abzuschneiden.

Auf diese Weise erklären wir „Finanzierungen" und „Investitionen" im Sinne von verwirklichten/in die Tat umgesetzten Finanzierungs- bzw. Investitions-Entscheidungen. Die daraus resultierenden Bestände sind einerseits Eigen- und Fremdkapital-Positionen und andererseits Finanz-, Real- und Lagerbestands-Investitionen. Für die ordnende Übersicht verwendet man naheliegenderweise das Bilanzkreuz.

A.21 Finanzierungen

Sie sind das Ergebnis vollzogener Finanzierungs-Entscheidungen und werden vorrangig aus der Sicht des Zahlungsempfängers der Vergangenheit und damit des Kapitalnehmers der Gegenwart verstanden. Es ist angesichts der unüberschaubaren Fülle der Typen der Finanzierung (vgl. dazu Abschnitt B.12) hier völlig ausreichend, nur die beiden Kategorien des Eigenkapitals und des Fremdkapitals zu unterscheiden.

21.1 „Fremdkapital"

Der Kapitalnehmer erhält Fremdkapital, weil und wenn er sich mittels Vertrag zur Zurückzahlung eines bestimmten (gleichen oder höheren) Betrages zu festgesetztem Termin an den Kapitalgeber verpflichtet hat. Der Kapitalnehmer schuldet die Rückzahlung, d.h. er ist vertragsrechtlich mit einer künftigen Auszahlung belastet. Aus der Finanzbuchhaltung wissen wir, dass die erhaltene Fremdkapital-Einzahlung
„Konto Bank an Konto Fremdkapital"
erfolgsneutral eingebucht wird. Eine Kapital-Einzahlung ist ersichtlich **artverschieden** von einer Entgelt-Einnahme (bzw. –Einzahlung), die erfolgswirksam
„Konto Forderungen aus Lieferungen und Leistungen an Konto Umsatz-Erträge"
(bzw. „Konto Kasse an Konto Erträge") verbucht wird.

21.2 „Eigenkapital"

Mit der Hereinnahme von „Eigenkapital" beginnt die ökonomische Existenz einer Unternehmung. Im einfachsten Fall zahlen die Gründer der Unternehmung entsprechend den im abgeschlossenen Gesellschaftsvertrag übernommenen **Einlage**-Verpflichtungen ein. „Einlagen" sind Zugänge in die Unternehmung hinein in Form von Geld (= Geldeinlagen) oder von Leistungen (= nach derzeitigem Verständnis eingeengt auf „Sacheinlagen"). Aus der Sicht der Unternehmung beschließen die Gesellschafter „Beiträge". Zutreffenderweise nimmt die Unternehmung bereits die gesellschaftsrechtliche Vereinbarung über (zusätzliches) Eigenkapital zum Anlass und bucht aufgrund des Vertragsabschlusses Konto „Forderungen auf ausstehende Einlagen" an Konto „Eigenkapital". Folglich wird das „Eigenkapital" in den Büchern ausgewiesen, bevor die Einzahlungen bzw. die Sachleistungen an die Unternehmung erfolgen. Kurz: der maßgebende und vorausgehende Buchungssatz stuft den Einlagen-Vorgang zu einem blassen Vollzugs-Vorgang herab; vgl. ausführlich die Abschnitte B.23.2 und B.33.

„Eigenkapital" ist folglich nicht im Zugang von Geld bzw. von Leistungen erkennbar - diese Vorgänge geschehen laufend -, sondern ausschließlich durch den Rückgriff auf die vorausgehende rechtliche Vereinbarung über die Finanzierung (= Hingabe und Hereinnahme) mit Eigenkapital und die entsprechende Verbuchung auf passivischen Bestandskonten (= Eigenkapitalkonten). Die Summe der „Eigenkapital-Guthaben" – sie stehen im Haben! – werden als „Bilanz-Eigenkapital" bezeichnet. Wir ersehen daraus, dass (Bilanz-)Eigenkapital rechtlich gefasste Rechenbestände auf passivischen Bestandskonten bezeichnet. „Eigenkapital" hat weder etwas mit Geld oder Vermögensgegenständen – sie sind auf der Aktivseite eigens rechnerisch abgebildet – zu tun noch lässt es sich „schützen". Die umfangreiche, vor allem juristische Literatur über „Regeln zum Schutze des Eigenkapitals" meint, etwas greifbar Realökonomisches schützen zu können (und zu müssen) und verkennt folglich, dass es sich beim Eigenkapital nur um eine abstrakte, gesellschafts- und bilanzrechtliche Rechenbestandsgröße handelt.

Aus der Sicht der Institution „Unternehmung" weist diese erhaltenes Eigenkapital in der Bilanz „wie Fremdkapital" auf der Passivseite aus. Ökonomisch zutreffend, „schuldet" das Unternehmen das ausgewiesene Eigenkapital als künftige und erfolgsneutrale Auszahlung an die Gesellschafter/Eigenkapitalgeber. Die Rechtsstellung des Gesellschafters einer Personengesellschaft (offene Handelsgesellschaft/OHG, Kommanditgesellschaft/KG) bzw. einer Kapitalgesellschaft (GmbH, AG) lässt sich übereinstimmend mit „Eigenkapital-Rechtsposition" bezeichnen.[9] Demgegenüber schneidet „Finanzkontrakt" von der Gesellschafterstellung ab und „Finanztitel" betont die Handelbarkeit des Kapitalrechts.

A.22 Investitionen

Sie sind analog das Ergebnis vollzogener Investitions-Entscheidungen aus der Sicht desjenigen, der in der Vergangenheit die „Investitionsausgabe" hatte. Diese wird aus der Sicht des Bilanzierens auch Anschaffungsausgabe oder Herstellungsausgaben - z.B. beim selbsterstellten Gebäude - genannt. Damit wird angesprochen, dass der Investor für seine Ausgabe etwas erlangt hat - die Investition/das Investitionsobjekt -, das über die Zeit seine Erwartung und Hoffnung trägt, über künftige Einnahmen bzw. Einnahme-Überschüsse zumindest seine Investitionsausgabe „zurückzubekommen".
Nach der Art des für die Investitionsausgabe Erlangten, nach der Art des erhaltenen „Gegenwerts" unterscheiden wir vier Kategorien von Investitionen:

22.1 Finanz-Investitionen

Finanz-Investitionen beruhen auf der Hingabe von Geld gegen Erhalt einer Kapitalberechtigung. Mit diesem Vorgang wird ein anderes Unternehmen finanziert, d.h. dort entsteht in der Bilanz ein Passivposten für erhaltenes Fremdkapital bzw. Eigenkapital. Aus der Sicht des von uns betrachteten Unternehmens hingegen spricht man von „aktivischer Finanzierung", weil hier in der Bilanz ein Aktivposten für hingegebenes Kapital entsteht. Finanz-Investitionen sind erhaltene Kapitalrechte in Form von
(1) Beteiligungen aus der Hingabe von Geld (bzw. von Sacheinlagen) als Eigenkapital und
(2) Forderungen (Darlehen, Wertpapiere) aus der Hingabe von Geld als Fremdkapital.

---

[9] Franke/Hax (1999) S. 30 f. verwenden hierfür den Begriff „Finanzierungstitel".

22.2 Potentialfaktor-Investitionen

Der „Potentialfaktor" ist ein Sammelbegriff aus der Produktionswirtschaft. Gemeint ist damit ein Bestand an Dispositionsmöglichkeiten: für künftiges Gebrauchen bzw. Nutzen. „Potentialfaktoren" als Investitionen beziehen sich mithin auf das Erlangen von Gebrauchsgütern und Nutzungsgütern zu Eigentum oder per langfristigem Vertrag zur Nutzung und schließen analog die Arbeitsverhältnisse ein:
Sach-Investitionen, Nutzungsrechte, Nutzungsverträge und Arbeitsverträge sind die wichtigsten vier Gruppen; darüber hinaus werden aber auch Forschungs- und Entwicklungs- sowie die betrieblichen Ausbildungs-Investitionen zu den Potentialfaktor-Investitionen gerechnet, obgleich hier nicht ein Investitionsobjekt als solches erworben wird und das „Erlangte" nicht unmittelbar greifbar und zumeist auch rechtlich nicht fassbar ist.

22.3 Lagerbestands-Investitionen

Sie sind (nur) im weiteren Sinne Investitionen und werden betriebswirtschaftlich (einschließlich der entscheidungsbezogenen Rechnung) als Materialwirtschaft behandelt. Die Bestellpolitik und die sich anschließende Lagerhaltungspolitik werden zusammengefasst als Beschaffungspolitik bezeichnet. In ein Zwischenlager wird bspw. „investiert" zum Ausgleich der Beschäftigung in der mehrstufigen Produktionswirtschaft oder zur Verkürzung der Lieferzeit, wenn man den Abschluss des Absatzvertrages abwarten muss, mit dem der Abnehmer seine Wünsche festlegt.[10]

22.4 Ausbildungs- oder Human-Investitionen

Der Gedanke liegt nahe, Ausgaben für die Ausbildung des Menschen für das Arbeitsleben als Investitionen zu verstehen. Derzeit erfasst die Einkommensbesteuerung zwar die Erträge der Ausbildungs-Investition voll, lässt jedoch die von den Eltern oder anderen gehabten Ausbildungsausgaben nicht zum Abzug zu. Die ablehnenden Gründe

---

[10] Vgl. G.R. Wagner (1978) S. 171-186.

sind ebenso vordergründig wie die Weigerung des fiskal orientierten Gesetzgebers offensichtlich ist, einen bedeutenden ökonomischen Zusammenhang auch nur zur Kenntnis zu nehmen.

A.23 Zusammenfassende Übersicht

Investitions-Entscheidungen	Finanzierungs-Entscheidungen
\\ −	\\ +
\ es wird Geld ausgegeben: die Auszahlung infolge einer Anschaffung; und zwar:	\ es wird Geld eingenommen: die Einzahlung infolge einer Kapitalverpflichtung, und zwar:
+	−
▼ Aktiva Bilanz	▼ Passiva
(1) **Finanz**-Investitionen = aktivische Kapitalzustände über die Zeit, dto., Konto „Beteiligung" an Konto „Bank" bzw. Konto „Fremdkapital-Forderung" an Konto „Bank"	(1) **Fremdkapital**-Finanzierung = passivischer Kapitalzustand über die Zeit, weil die Rückzahlung aufgeschoben/gestundet wird → das ist der Zweck einer Kapitalfinanzierung, Konto „Bank" an Konto „Fremdkapital"
(2) **Potentialfaktor**-Investitionen: es wird ein Potentialfaktor (Nutzungs-/Gebrauchsgut, Recht) erworben [oder ein Nutzungsvertrag oder ein Arbeitsvertrag abgeschlossen, der jedoch nicht bilanziert wird]	(2) **Eigenkapital**-Finanzierung = ein ökonomisch (jedoch nicht auch schuldrechtlich) passivischer Kapitalzustand über die Zeit, dto., Konto „Bank" an Konto „Eigenkapital"
(3) **Lagerbestands**-Investitionen: es handelt sich um Real-Investitionen (i.w.S.) in Verbrauchsgüter sowie Halb- und Fertigfabrikate	(3) Rückstellungen für unsichere Verpflichtungen
die Folge aus (1) bis (3) ist jeweils ein (Bilanz-)Posten auf einem aktivischen Bestandskonto, ausgenommen bei den Verträgen	die Folge aus (1) bis (3) ist jeweils ein (Bilanz-)Posten auf einem passivischen Bestandskonto

A.30 Die Finanzwirtschaft: vorgangsverbundenes Denken

Um das Wirtschaften im Sinne von Entscheiden und Handeln hervorzuheben, bieten sich die Wortverbindungen „das Leistungswirtschaften" und „das Finanzwirtschaften" an. Das erstgenannte bezieht sich auf das Beschaffen, Erstellen und Verwenden von Leistungen.

Das „Finanzwirtschaften" hingegen bezieht sich auf den Umgang mit Geld zwecks Investieren, um **Kapitalertrag** zu erzielen. Um diese Zielsetzung zu verwirklichen, muss der Investor die drei Teilaufgaben des Finanzwirtschaftens erledigen: er muss Geld beschaffen, er muss es investiv verwenden und er muss zwischenzeitlich zahlungsfähig bleiben.

A.31 Die drei Aufgaben des Finanzwirtschaftens

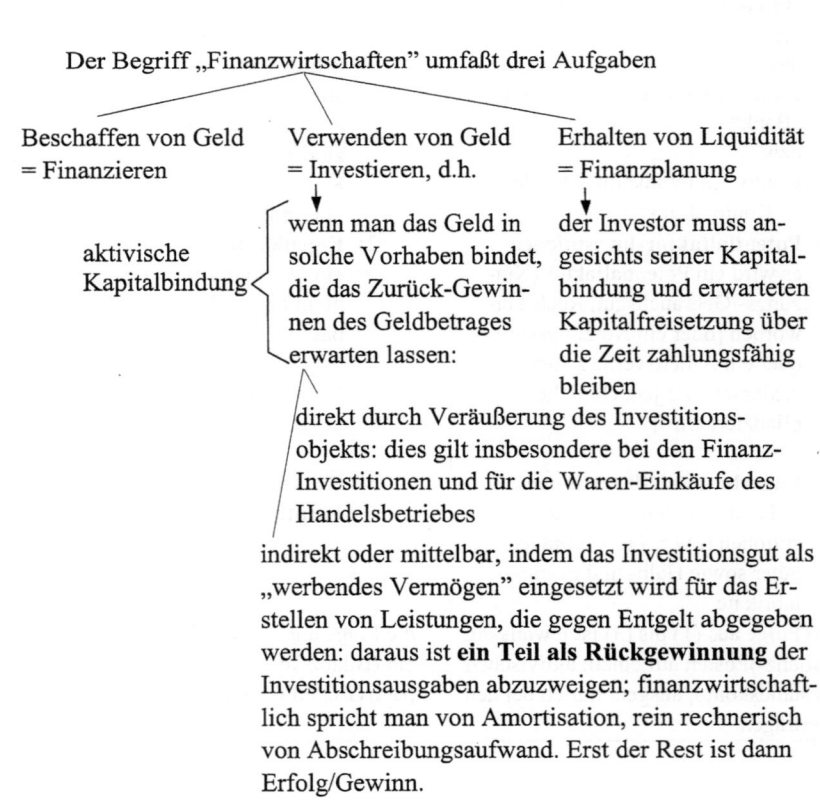

A.32 Die Aufgaben des Leistungswirtschaftens und des Finanzwirtschaftens im Verhältnis zueinander

Die Leistungswirtschaft mit dem Beschaffen, Produzieren und Absetzen von Leistungen ist von der sachlich-zeitlichen Abfolge her gesehen der zweite Teil. Vorausgehen müssen Finanzieren und Investieren. Die erfolgten Finanzierungen und Investierungen – im Sinne der oben beschriebenen Zustände – und das Zahlungsfähig-Bleiben über die Zeit – man spricht auch von „dynamischer Liquidität" – sind dann die Grundlagen der leistungswirtschaftlichen Aktivitäten. Der Finanzwirtschaft ist deshalb in der nachfolgenden Übersicht die untere Hälfte zugewiesen.

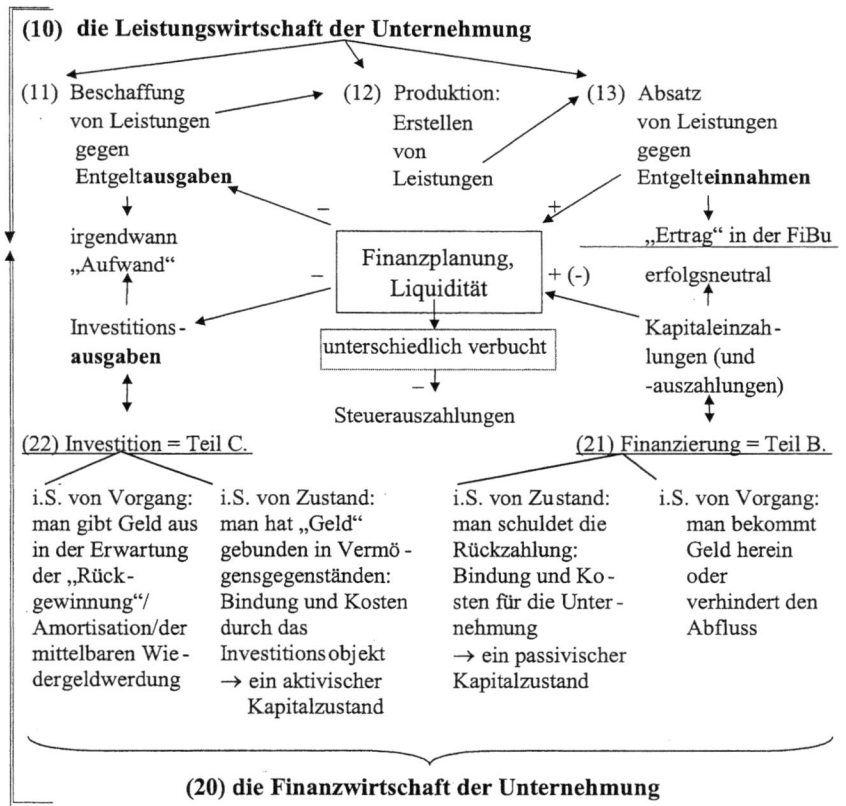

A.33 Das entscheidungsvorbereitende Rechnen für das finanzwirtschaftliche Entscheiden und Handeln

Aus der Sicht einer betrachteten Unternehmung ist dort zum einen zu entscheiden, ob Geld aufgenommen werden soll, und zum anderen, für welche Investitionen es verwendet werden soll. In diesem Sinne sind Investitions- und Finanzierungs-Entscheidungen aus der Sicht der Unternehmung zu treffen.

Das zugehörige, folglich entscheidungsbezogene Rechnen heißt „Investitions- und Finanzierungs-Rechnung" (IFR). Der Schwerpunkt liegt bei der Frage: Lohnt die ins Auge gefasste Investitionsmöglichkeit und was würde sie bringen? Kurz gefasst: ob und wieviel?

Die Frage muss präzisiert werden: Wieviel wird die Investitionsmöglichkeit bringen unter Berücksichtigung der Kapitalkosten? Mit diesem Stichwort richtet sich der Blick auf die Finanzierung der Anschaffungsauszahlung für den Erwerb der betrachteten Investition.

Eine Rechnung, die die Mehrzahl möglicher Investitionen mit einer Mehrzahl von Finanzierungsmöglichkeiten zusammenfasst, bezeichnet man als simultane Investitions- und Finanzierungsrechnung. Als Nebenbedingungen muss sie zum einen die Zahlungsfähigkeit (Liquidität) über die Zeit sichern und zum anderen „zufriedenstellende" Gewinnausschüttungen/ Dividenden an die Eigenkapitalgeber/Gesellschafter vorsehen.

Der Vorteil einer solchen Rechnung, welche die Zusammenhänge zwischen Finanzierung und Investition und deren Handlungsmöglichkeiten in einer gleichzeitigen Rechnung berücksichtigt, ist mit dem Nachteil verbunden, über die erforderlichen Daten für das Rechnen verfügen zu müssen. Die nur ungenauen und zudem unsicheren Daten geraten in Konflikt mit der deshalb nur vermeintlichen Exaktheit der Rechenergebnisse.

Wir reduzieren daher unsere Fragestellung für die einzelne Investitionsmöglichkeit: Wie errechnet man deren Vorteilhaftigkeit unter Berücksichtigung der Kosten des von ihr gebundenen Kapitals? Damit ist der Aufgabenbereich der sogenannten traditionellen Investitionsrechnung angesprochen. Vorausgehend müssen wir klarstellen: Die In-

A.33 Das entscheidungsvorbereitende Rechnen

vestitions- und Finanzierungs-Rechnung ist – ebenso wie die Kosten- und Erlös-Rechnung bzw. wie die Ertrag- und Aufwand-Rechnung – eine Rechnung mit Rechengrößen und nicht mit Zahlungen, wie durchweg zu lesen ist. Die Zahlungen sind Vorgänge des realökonomischen Geschehens, die Beträge der Zahlungen verbinden zum Rechnen. Die Zahlungsbeträge **können** mit dem Zahlungszeitpunkt verrechnet werden, d.h. Zahlungs- und Verrechnungszeitpunkt decken sich, ohne dass deshalb eine Zahlungsrechnung gegeben ist. Die Zahlungsbeträge können anderenfalls abweichend von den Zahlungszeitpunkten verrechnet werden. Ebenso kann man danach unterscheiden, ob die Zahlungsbeträge ungeteilt oder auch aufgeteilt verrechnet werden.

Ein Beispiel soll die Bedeutung der Frage nachweisen. Die verbreitete Meinung, dass die Zahlung zugleich die Rechengröße festlegt, führte für den Handelsbetrieb zu der Argumentation, dass die Kapitalfreisetzung vom Verkaufspreis p her als dem Betrag der Einzahlung zu konzipieren sei. Die traditionelle Rechnung zur Ermittlung der kostenminimierenden Bestellmenge Q_e hingegen setzte nur den Betrag des Einkaufspreises e je verkauftem Stück aus dem Lagerbestand als Kapitalfreisetzung an. Infolge der Konstellation p > e ist die kapitalkostende Kapitalbindung bei der zahlungsgebundenen Rechnung geringer und die sich ergebende kostenminimierende Bestellmenge Q_p ist größer.

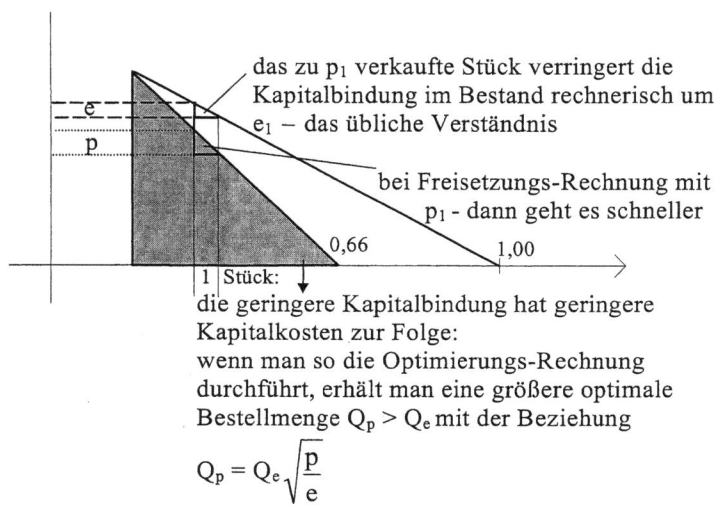

das zu p_1 verkaufte Stück verringert die Kapitalbindung im Bestand rechnerisch um e_1 – das übliche Verständnis

bei Freisetzungs-Rechnung mit p_1 – dann geht es schneller

die geringere Kapitalbindung hat geringere Kapitalkosten zur Folge:
wenn man so die Optimierungs-Rechnung durchführt, erhält man eine größere optimale Bestellmenge $Q_p > Q_e$ mit der Beziehung

$$Q_p = Q_e \sqrt{\frac{p}{e}}$$

Welcher der beiden Optimierungs-Ansätze – die sich nur mit p versus e für die Kapitalfreisetzung durch ein verkauftes Stück unterscheiden – ist nun der richtige? Soll man dem üblichen Verständnis der Investitionsrechnung als einer Zahlungsrechnung folgen und das die Realität abbildende p in die Optimierungsrechnung übernehmen? Oder folgt man der traditionellen Rechnung zur Ermittlung der kostenminimierenden Bestellmenge Q_e, die mit dem Betrag e für die Kapitalfreisetzung eine reine Rechengröße verwendet und nur den Einzahlungszeitpunkt aus dem realen Vorgang für die Rechnung übernimmt?[11]

Nun zurück zu dem grundsätzlichen Problem. Um das Gemeinte zu verdeutlichen: der Betrag einer Zahlung kann gegenüber ihrem Zahlungszeitpunkt auf einen anderen Zeitpunkt abgezinst oder aufgezinst werden – vgl. Abschnitt C.32. Es kann auch mit den derart zeitlich transformierten Beträgen gerechnet werden. Die Rechengrößen selbst jedoch sind zeitpunkt-unabhängig konstant und keiner Auf- oder Abzinsung zugänglich. Wer z.B. eine Kostengröße abzinst, der hat den Unterschied zwischen (abzinsbarer) Zahlungsgröße und (nicht abzinsbarer) Erfolgsgröße/negativem Erfolgsbeitrag nicht erkannt.

Weil wir in dieser Hinsicht konsequent die realen Vorgänge von den Rechengrößen unterschieden, erweisen sich die traditionellen Verfahren der Investitionsrechnung als reine Rechenverfahren zur Ermittlung von Erfolgsgrößen, die zunächst einmal keine über ihren rechenökonomischen Gehalt hinausgehende Bedeutung haben.

Die Rechengrößen, die das betrachtete Investitionsvorhaben beschreiben, „stehen im Zähler", während eine Alternative dazu (C.20) bzw. die Finanzierung und deren Kosten (C.30) „in den Nenner" abtauchen und der Zeitablauf zwischen der Anschaffungsausgabe (A_o) und den erwarteten Rückflüssen/der Kapitalfreisetzung ausdrücklich angesetzt wird.

---

[11] Vgl. dazu Lehmann, ZfB 1978, S. 305-314. Ohne die hier aufbereitete Problemstruktur begriffen zu haben, versucht Vallée (1994) S. 174-232 nachzuweisen, dass die zahlungsgebundene Rechnung mit p zum richtigen Ergebnis führt. Er übersieht dabei, dass dies bereits daraus folgt, dass er die Zinserträge der freigesetzten Mittel saldierend zu den Kosten des im Lagerbestand gebundenen Kapitals einbezieht. Gerade gegen diese „Ergänzungs-Investitionen" in einer Optimierungsrechnung richtete sich mein Beitrag von 1978. Im vorliegenden Buch wird darüber hinausgehend die Berücksichtigung der Ergänzungs-Investitionen auch in der Investitionsrechnung verworfen als Folge des Nichtbeachtens der Finanzierung und der aus ihr folgenden (Bereitschafts-)Kapitalkosten.

Ein einfaches Zahlenbeispiel für die entscheidungsvorbereitende Rechnung: Anschaffungsausgabe A_o = 200,-; im Rechenzeitpunkt t_o erwartete Überschüsse $Ü_t$ jeweils 100,-; bei einem Kapitalkostensatz von i = 0,10 ist wie folgt zu rechnen:

t_o	t_1	t_2	t_3
A_o = – 200,–	+100	+100	+100

Rechenansatz:

$$C_o = -A_o + \frac{100}{1+i} + \frac{100}{(1+i)^2} + \frac{100}{(1+i)^3}$$

$$C_o = -200 + 90{,}90 + 82{,}64 + 75{,}13$$

$$C_o = +48{,}67$$

Der Kapitalkostensatz i = 10% bewertet den Zeitunterschied zwischen A_o in t_o und den Rückflüssen, die sich auf t_1 bis t_3 verteilen. C_o wird als der Kapitalwert der betrachteten Investitionsmöglichkeit bezeichnet. Er gibt den Nettovorteil der Investition als per t_o errechnete Größe an. „Netto" meint dabei: über die Kapitalkosten hinausgehend.

Das kleine Zahlenbeispiel steht für eine Vorteilhaftigkeitsrechnung, für eine Investitionsrechnung im traditionellen Sinn. Weil diese Vorgehensweise „vom übrigen" abschneidet, sprechen wir von einem finanzmathematischen Partialmodell, hier in der rechentechnisch konkretisierten Version, den Kapitalwert C_o zu ermitteln.

Der nachfolgende Teil C: „Investition" behandelt fast ausschließlich die Investitions**rechnung** im hier beschriebenen Sinne von finanzmathematischen Partialmodellen und dem Problem nach, ob und wie zutreffend die Finanzierung und die Kapitalkosten dabei berücksichtigt werden können.

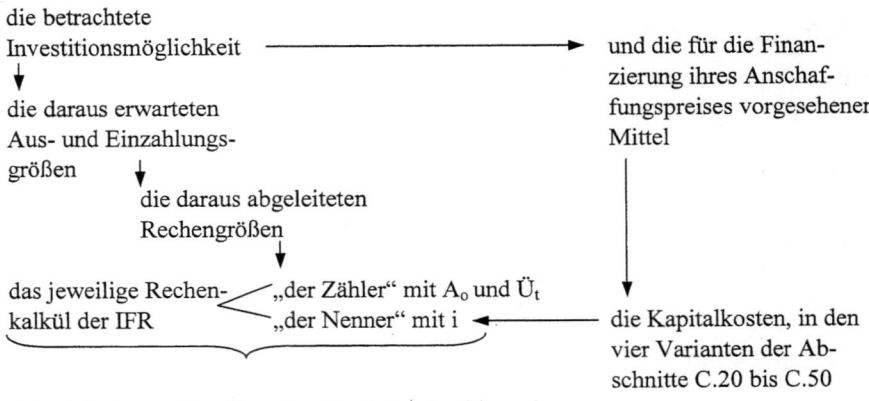

1. Wie viel Vorteil erwartet man, wenn man die betrachtete Investitionsmöglichkeit verwirklicht?
2. Für welche Investitionsmöglichkeit entscheidet man sich, wenn sich mehrere Möglichkeiten anbieten?

Damit ist nur ein erster Einblick in die Investitions- und Finanzierungs-Rechnung gegeben. Nachfolgend soll das Gefüge aus (1) betrieblichen Entscheidungen, (2) Zahlungen – die mit der betrachteten Investitionsmöglichkeit verbunden sind – und (3) Zahlungsbeträgen als Rechengrößen der Investitions- und Finanzierungs-Rechnung erklärt und graphisch strukturiert dargestellt werden.

A.34 Die Einbettung der Investitions- und Finanzierungs-Rechnung (IFR) in die Betriebswirtschaft

Es ist zweckmäßig, die Ebene des Rechnens, Planens und Entscheidens von der Ebene des erwerbswirtschaftlichen Vollzuges zu unterscheiden, mithin von der Ebene des Umsetzens und Verwirklichens des Geplanten um Wege von Handlungen, Maßnahmen und tatsächlichen Abläufen.

Diese zwei Ebenen vorgegeben, gehört die IFR zum entscheidungsvorbereitenden Rechnungswesen, das die Phasen „Finanzieren" und „Investieren" der Planung des betrieblichen Realprozesses rechnerisch vorbereitet. In der nachfolgenden Übersicht sind die fünf Phasen des Betriebsprozesses in aufsteigender Stufung dargestellt.[12] Die fünf Kategorien der zugehörigen Entscheidungen sind als sogenannte Plus-minus-Entscheidungen über jeweils das Plus der vorausgehenden mit dem Minus der nachfolgenden Entscheidung verknüpft: die Verkettung der Entscheidungsbereiche zum Ablauf des Realprozesses ist mit Hilfe dieser graphischen Darstellung sofort zu erkennen. Sie ist, weil wir hier vorbereitendes Rechnen im Rahmen der Investitions- und Finanzierungsplanung behandeln, als künftiger Ablauf infolge heute in t_o betrachteter Investitionsmöglichkeiten zu verstehen.

Die nachfolgende Übersicht verwendet diesen gedanklich-planerischen Ablauf der fünfphasigen Abfolge von Entscheidungen, um nach rechts in die mittlere Spalte diejenigen Entscheidungsfolgen zu sortieren, die eine Zahlung sind. Deren Beträge werden – mittels der gestrichelten Pfeile angezeigt – in die rechte Randspalte als Rechengrößen transformiert. Auf diese Weise soll die IFR für die betrachtete Investitionsmöglichkeit als objektbezogene Vorausrechnung beschrieben werden, die im Prinzip die Beträge von prognostizierten Zahlungen (und -differenzen) verwendet, die ihrerseits „zusätzlich" mit dem betrachteten Investitionsobjekt verbunden sind und sich deshalb zu seiner rechnerischen Kennzeichnung anbieten.

---

[12] Ausführliche Beschreibung und Darstellung bei **Lehmann** (1998) S. 52-61, S. 66-69 bzw. (2003) S. 51-54, S. 58-66.

A.30 Die Finanzwirtschaft

(1) Der gedanklich aufsteigende Ablauf des Betriebsprozesses, (2) die ihm verbundenen Zahlungen und
(3) die Zahlungsbeträge als Rechengrößen der IFR

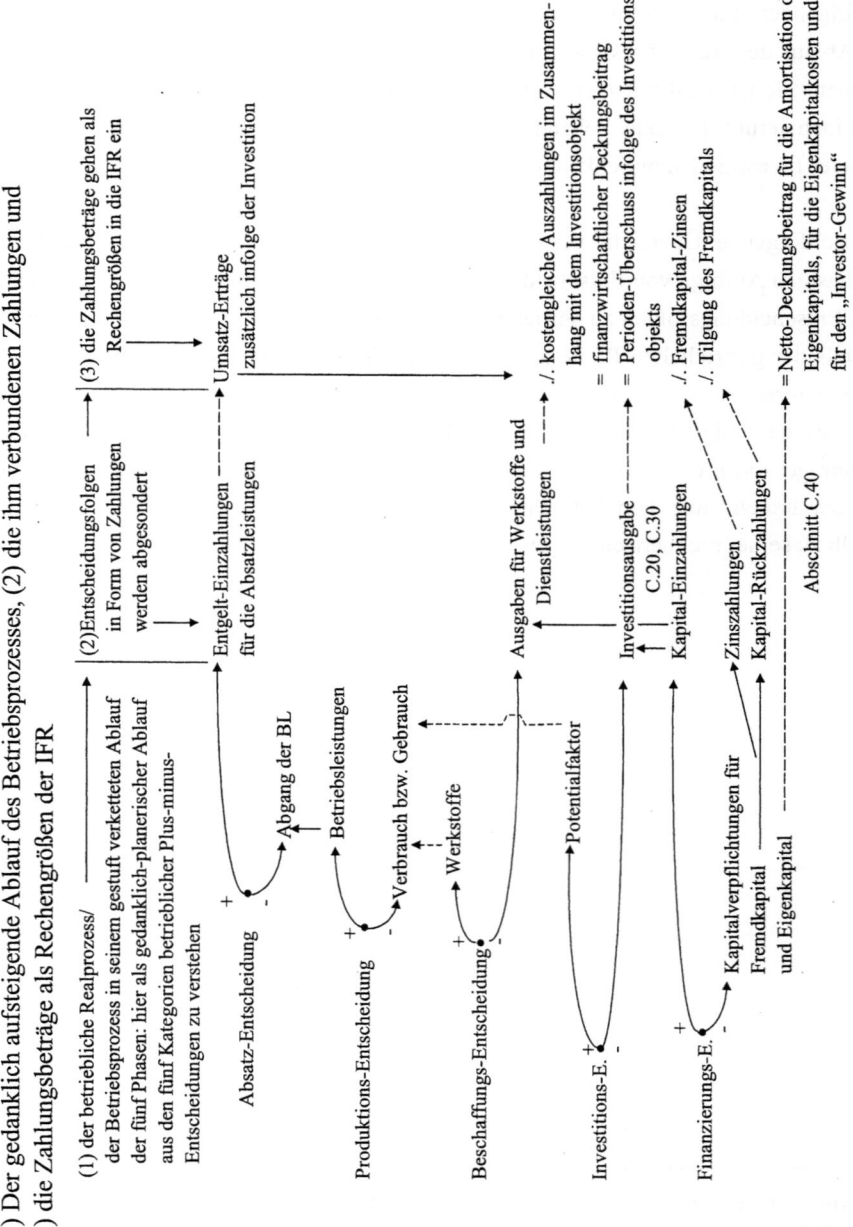

A.40 Marktbezogenes finanzwirtschaftliches Entscheiden und Handeln

Bislang haben wir die Aufgabe der Investitionsrechnung, die Vorteilhaftigkeit einer Investitionsmöglichkeit zu erfassen, mit der Entscheidung der **Geschäftsführung der Unternehmung** verbunden. Ist aus deren Sicht die Finanzierung der Investition häufig gleichbedeutend mit der Beschaffung von Eigen- oder/und Fremdkapital, so ist aus der Sicht der **Kapitalgeber** ihrerseits über die Hingabe ihres Geldes und damit über eine Finanz-Investition zu entscheiden.

Vernachlässigen wir die Entscheidungssituation eines Fremdkapitalgebers, um die Situation eines Eigenkapitalgebers in den Mittelpunkt zu rücken. Für diesen stellt sich ebenfalls die Frage, unter welchen Bedingungen „ es sich lohnt", sein Geld rechtlich eingekleidet als Eigenkapital an eine Unternehmung einzuzahlen.

Die Eigenkapital-Finanzierung ist schon per se und mit den Sichtweisen des EK-Gebers und des EK-Nehmers ein komplexer Problembereich. Das steigert sich bis zur Undurchschaubarkeit, wenn die Eigenkapital-Rechtspositionen als Wertpapiere – Aktien genannt – handelbar gemacht werden.

Die Handelbarkeit von Finanzierungs-Titeln über sowohl vorzugsweise Eigenkapital als auch Fremdkapital hat den „sekundären Kapitalmarkt" zur Folge. Infolgedessen behandelt der Teil B „Finanzierung" sowohl die Vorteilhaftigkeitsrechnung für den (Eigen-)Kapitalgeber als auch die Bedeutung des Kapitalmarktes für Wert, Preis und Kurs von Aktien.

Wegen der unterschiedlichen Gewichtssetzung:
Teil B mit den kapitalmarkt-verbundenen (Eigenkapital-)Finanzierungsfragen und
Teil C mit dem entscheidungsbezogenen Vorteilhaftigkeitsrechnen für Real-Investitionen ist der gemeinsame und einführende Teil A vor den Teilen B und C ausführlich geworden. Seiner Bedeutung wegen haben wir diesen Abschnitt A.40 zum Kapitalmarkt-Handeln angefügt. Damit soll auch darauf hingewiesen werden, dass „**marktorientierte Betriebswirtschaftslehre**" sich nicht im Absatz des einen und der Beschaffung des anderen hinsichtlich erstellter bzw. zu erstellender (Sach- und Dienst-) Leistungen erschöpft, sondern umfassender zu verstehen ist, d.h. zumindest die Finan-

zierung mit (Eigen- und Fremd-) Kapital einschließt. Naheliegenderweise ist ein dritter marktverbundener Bereich der Betriebswirtschaftslehre die Arbeitskraft des Menschen: „Personalwirtschaft und Arbeitsmarkt"; vgl. die zweite Übersicht in A.11.

„Leistungswirtschaften" als das Gesamt entsprechender Aktivitäten bezieht sich auf das Beschaffen, Erstellen und Verwenden von Leistungen. Wir hatten diese Aktivitäten mit der „Arbeitsteilung" in dem Sinne verknüpft, dass das Erstellen von Leistungen einerseits und das Gebrauchen bzw. Verbrauchen von Leistungen andererseits sich auf zwei Zuständigkeiten (Institutionen, Personen) verteilt.[13] Dieses Verständnis der Arbeitsteilung entspricht dem Markthandeln.

In gleicher Weise beschreiben wir nun das **marktorientierte Finanzwirtschaften**. Dieses bezieht sich auf den Umgang mit Geld zwecks Investieren, um Kapitalertrag zu erzielen. Zugrunde liegt die bekannte Situation, dass der eine Geld übrig hat, welches der andere für investive Zwecke benötigt, wenn der von ihm erwartete Kapitalertrag die Kapitalkosten übersteigt.

Folglich ist jetzt nicht „Leistung gegen Entgelt" der zentrale Vorgang, sondern das Übertragen von Geld. Der eine übergibt Geld aus seinem sicheren Eigentum und aus seiner Verfügungsmacht weg an den Kapitalnehmer. Dieser schafft dafür seinerseits das „**Kapitalrecht**" zugunsten des Kapitalgebers. Für diesen ist die erlangte Rechtsposition **der rechtlich gefasste Ersatz** für das übertragene Eigentum am Geld. Zugleich und ökonomisch gesehen repräsentiert sie **die rechtlich gefasste Zukunft**, die sich auf Rückzahlung und Überschusszahlungen – den Kapitalertrag – bezieht. Kurz formuliert: der Kapital**zahlung** an den Kapitalnehmer steht dazu gegenläufig nur das Begründen rechtlich gefasster Kapitalansprüche gegenüber. M.a.W.: Der Zahlung in der Gegenwart stehen lediglich die Ansprüche auf die Zukunft gegenüber. Vorgang und nachfolgender Zustand wird zusammengefasst als „Kapital" bezeichnet und einschließlich seiner rechtlichen Einkleidung als „Kapitalrecht". Dessen Begründen ist der Marktgegenstand auf dem Primärmarkt und dessen Übertragung gegen Zahlung ist der Marktgegenstand auf dem Sekundärmarkt; vgl. die zweite Übersicht in A.11.

---

[13] Lehmann (1998) S. 176 unter (3), S. 326 bzw. (2003) S. 123-127, S. 131 und S. 288.

Bislang haben wir nur erst den **originären** Fall der marktorientierten Finanzierung angesprochen und ergänzen nun um den **derivativen** Fall des Handelns mit den Finanztiteln/Kapitalrechten.

Die Finanzierung mit Eigen- bzw. Fremd-Kapital ist angesichts ihrer zeitlichen Dimension ein sogenanntes **Dauerrechtsverhältnis**. Damit nun der Kapitalgeber nicht bis zur Zurückzahlung gebunden ist und warten muss, lag es nahe, die Kapitalrechtspositionen **handelbar** zu machen. Dazu werden die Kapitalrechte zu Wertpapieren „vergegenständlicht" und das Marktgeschehen wird zum **Kapitalmarkt** organisiert sowie das Handeln von Anbietern/ Verkäufern und Nachfragern/Käufern wird rechtlich geregelt. Das „Kapitalmarkt-**Recht**" steht analog zum marktbezogenen Recht für „Leistung gegen Entgelt".[14] Es hat sich in kurzer Zeit zu einem eigenständigen Rechtsgebiet entwickelt, das insbesondere die Relevanz von Erwartungen und Informationen für das Entscheidungsverhalten der Marktteilnehmer und für die (tägliche bis stündliche) Preisbildung rechtlich werten muss.

Kauf und Verkauf von Wertpapieren sind der abgeleitete und damit der **sekundäre** Fall des marktorientierten Finanzwirtschaftens. Nur die Wertpapier-Emission – also der originäre/primäre Fall – ist ein Finanzierungsvorgang zwischen Kapitalgeber und Kapitalnehmer. Auf dem Sekundärmarkt hingegen wechseln lediglich die Inhaber der Wertpapiere. Ökonomisch gesehen löst der Käufer den Verkäufer in seiner Kapitalrechtsposition ab. Der Verkäufer beendet seine Kapitalbindung – die er rückblickend auf den bezahlten Anschaffungspreis beziehen kann oder gegenwärtig auf den jeweils erzielbaren Veräußerungserlös – infolge des vom Käufer erhaltenen Preises und nicht infolge einer Rückzahlung des Kapitalnehmers (= einer Ent-Finanzierung). Kauf- und Verkaufshandlungen lassen die finanzwirtschaftliche Situation des Kapitalnehmers, also der Unternehmung im Prinzip unberührt. Das Marktgeschehen des Sekundärmarktes erlangt für diese erst Bedeutung, wenn sie im Wege einer Emission weiteres Kapital aufnehmen möchte.

Wir können somit zusammenfassen. Der Kapitalmarkt besteht zum einen aus dem „Primärmarkt" für Finanzierungsvorgänge: der Marktgegenstand sind Kapitalzahlungen und gegenläufig dazu rechtlich gefasste Kapitalansprüche/Kapitalrechtspositionen.

---

[14] Vgl. Lehmann (1998) S. 189-191 bzw. (2003) S. 141-145; vgl. auch die beiden Übersichten in A.11.

Zum anderen besteht er aus dem „Sekundärmarkt" für Kauf und Verkauf derartiger Ansprüche. Auf dieser Grundlage setzen wir das marktbezogene finanzwirtschaftliche Entscheiden und Handeln um in eine strukturierte Kennzeichnung der Finanzmärkte/Kapitalmärkte. Das Vorgehen ist analog zur Beschreibung der verschiedenen Marktverfassungen der Leistungsmärkte. Sie erfolgt mit Hilfe von Merkmalen der Marktstruktur, der Marktbedingungen und der Marktverhaltensweisen und berücksichtigt die Eigenarten der jeweiligen Marktgegenstände.

Die Kennzeichnung der Finanzmärkte im Sinne möglicher Marktverfassungen

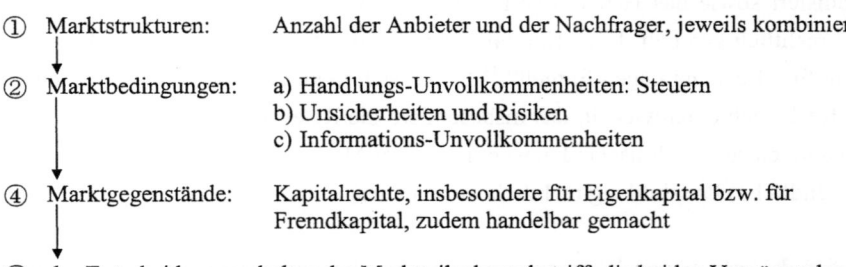

③ das Entscheidungsverhalten der Marktteilnehmer betrifft die beiden Vorgänge der „Finanzierung" bzw. des „Wertpapierhandels":

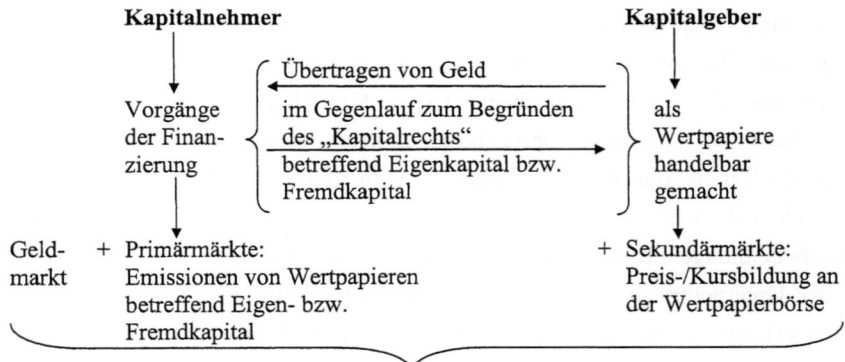

Daran knüpfen wir die nächste Übersicht unmittelbar an. Sie führt die Marktteilnehmer auf und rückt das Kapital-Dauerrechtsverhältnis als den Markt-Gegenstand in den Mittelpunkt. Die hinzugefügte Handelbarkeit der Rechtspositionen der Kapitalgeber erweitert den primären Markt „Finanzierung" um den sekundären Markt „Handel mit Wertpapieren". Die erstrebten und dann verwirklichten „Erträge"/Einkünfte aus dem finanzwirtschaftlichen Handeln leiten zu der Frage über, wie sie von der Einkommensteuer erfasst werden.

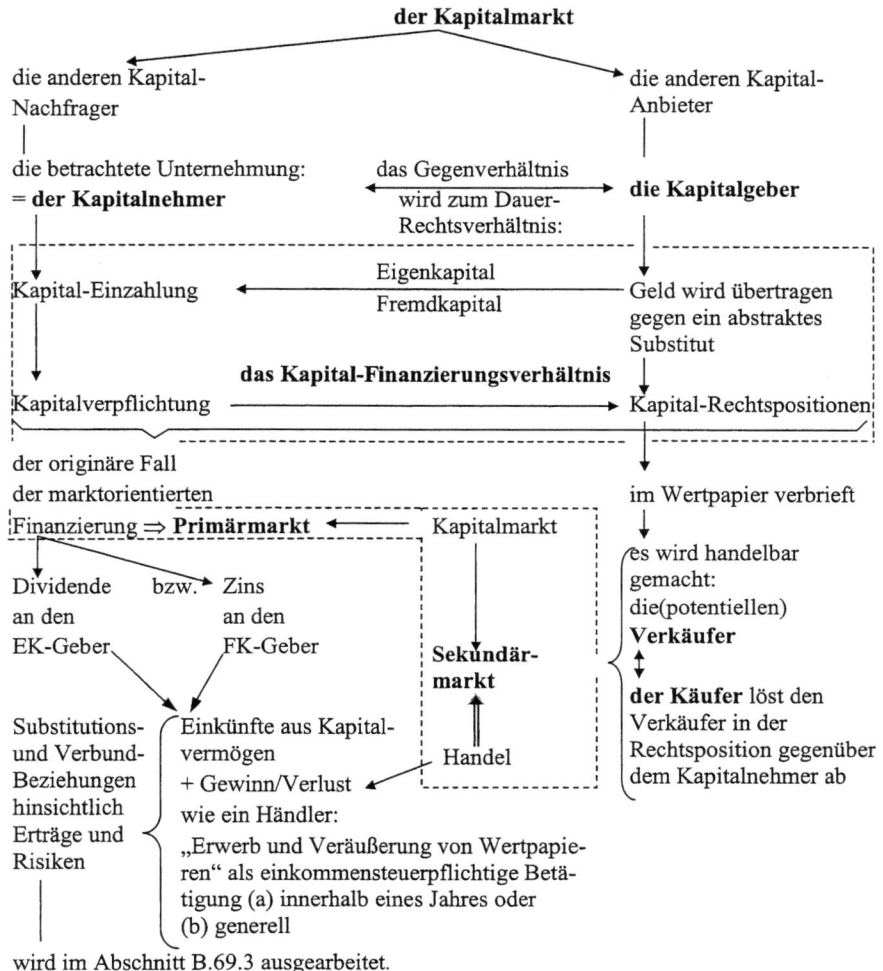

Die betonte Unterscheidung zwischen den Vorgängen der Finanzierung einerseits und des Wertpapierhandels andererseits setzt sich im ermittlungsrechnerischen Bereich von Erfolg und Einkunft fort. Zum einen schließt das (äußere) Kapitalverhältnis über die Zeit das (innere) Leistungsverhältnis ein: gegen die Leistung, die Rückzahlung unter Unsicherheit zu stunden, wird das Entgelt in Form von Zins bei Fremdkapital bzw.

Gewinnausschüttung bei Eigenkapital gewährt.[15] Zum anderen ist die (positive bzw. negative) Differenz zwischen Ankauf und Verkauf – wie bei einem Handelsbetrieb – die Grundlage einer Gewinnermittlung, indem die erwerbswirtschaftlich eingesetzten Vermögensgegenstände (und die entsprechenden Positionen infolge deren Finanzierung) auch ermittlungsrechtlich eingebunden sind und erfolgsrechnerisch ausgewertet werden. Das Einkommensteuerrecht schließt sich dieser Trennung an und unterscheidet die „Einkünfte aus Kapitalvermögen" einerseits von den „Einkünften aus der Veräußerung von Wertpapieren" andererseits. Verkannt wird damit **die substitutive Beziehung** zwischen Kapitalertrag im Zeitablauf und Wertpapier-Preis (als Barwert) heute.[16] Unverstanden bleibt damit auch das zeitlich-sachliche Verhältnis zwischen **Risiken**, Wertpapier-Preis, Kapitalertrag (einschließlich Risikoprämie) und eingetretenem Risiko in Form von realisiertem Kapitalverlust.

Anders formuliert: der ökonomische Verbund aus Kapitalfinanzierung, Innehaben der Kapitalrechtsposition und ihrer Veräußerung wird vom Recht traditionellerweise in „Erwerb", „Nutzung" und „Veräußerung" getrennt. Der Jurist versteht das marktverbundene, finanzwirtschaftende Handeln nicht, indem er es in drei rechtlich selbständige Akte zerlegt,[17] obgleich es sich um **ein** Dauerrechtsverhältnis handelt, dessen Beginn, Bestand und Beendigung dem einen Ziel dient, **einen** Überschuss über den Einsatz zu erwirtschaften.

Im Gegensatz dazu haben wir im Teil A den folgenden Zusammenhang skizziert:
1) Finanzwirtschaftendes Handeln resultiert in Zahlungsvorgängen und in Kapitalzuständen, die miteinander verbunden sind.
2) Die beiden Linien des Erwirtschaftens von Erfolg sind dabei zum einen die Stundungsleistung gegen Entgelt und zum anderen der Ankauf/der Verkauf von Kapitalrechtspositionen mit dem Ergebnis aus der Übernahme von Chance und Risiko.
3) Kapitalertrag und Veräußerungserfolg haben ihre gemeinsame Grundlage in der Kapitalrechtsposition.

---

[15] Ausführlich dazu Abschnitt B.13.
[16] Vgl. Abschnitt B.35.2 zum Ertrag der Aktie bei Gewinn-Thesaurierung und B.43.1 zu den festverzinslichen Wertpapieren.
[17] Der für jedermann ersichtliche Wertpapierhandel wird nicht als gewerbliche Betätigung anerkannt, sondern als zugehörig zur privaten Vermögensverwaltung beurteilt; vgl. die Urteile des Bundesfinanzhofs vom 29.10.1998 – XI R 80/97 – BStBl. II 1999, S. 448 und vom 20.12.2000 – X R 1/97 – BStBl. II 2001, S. 706.

4) Der mit dem Verkauf der Kapitalrechtsposition verwirklichte Gewinn bzw. Verlust repräsentiert die realisierte Chance bzw. das verwirklichte Risiko im Einzelfall der zurückliegend getroffenen Finanzinvestitions-Entscheidung.
5) Zwischen den laufenden Kapitalerträgen und der Preisbildung bei Übertragung der Rechtsposition besteht (teilweise) Substitution.
6) Die getrennte Ermittlung der Einkunft aus Kapitalvermögen (im Sinne seiner Nutzung) und der Einkunft aus der Veräußerung von Kapitalvermögen verkennt den unter 3) bis 5) beschriebenen Erfolgsverbund.
7) Denn nur er entspricht der ökonomischen Vernetzung. Sie besteht aus (a) dem Entgelt für die Stundungsleistung, (b) der laufend erhaltenen Risikoprämie und (c) dem realisierten Gewinn bzw. Verlust bei Beendigung der Kapitalrechtsposition.
8) Zusammengefasst: Beginn, Bestand und Beendigung einer Kapitalrechtsposition bilden als sachlich-zeitlicher Zusammenhang **eine** Grundlage des Erzielens von nur **einer Art** von Einkünften über die Zeit.
9) Anderenfalls müsste man folgerichtig trennen zwischen einerseits dem laufenden Ertrag aus der Stundungsleistung und andererseits aus dem Ertrag der laufend erzielten Risikoprämie sowie dem einmaligen Gewinn/Verlust bei Beendigung der Kapitalbindung. Besteuert man den Ertrag aus den Risikoprämien, dann muss man auch den realisierten Abgangsverlust steuerlich unbeschränkt berücksichtigen.
10) Die Asymmetrie der derzeitigen Einkommensbesteuerung beginnt bereits mit der Erfassung der laufenden Risikoprämie und der nur sehr beschränkten Berücksichtigung von Verlusten zudem nur bei Veräußerung und besteht nicht nur in der ungleichen Erfassung von Veräußerungsgewinnen und -verlusten, vgl. § 23 Abs. 3 Satz 8 EStG. Wie so häufig wird auch hier die fehlende Erkenntnis der wirtschaftlichen Zusammenhänge ersetzt durch den fiskal-juristischen Zugriff.

Die zehn Punkte der Argumentation werden zur nachfolgenden Struktur zusammengefasst.

Ökonomischer Verbund und seine rechtliche Teilung

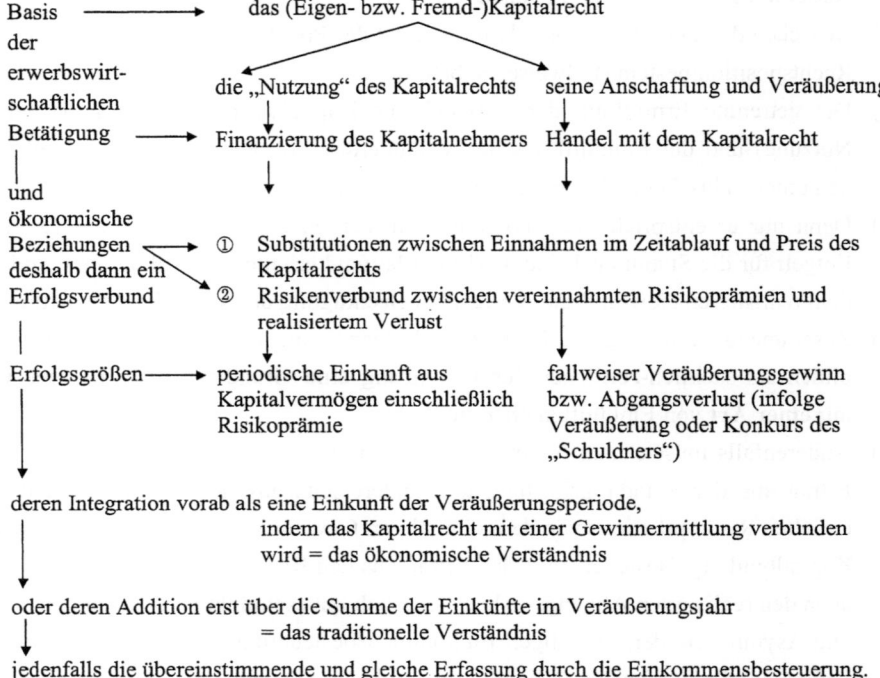

Teil B:
Finanzierung

Wir hatten das Wirtschaften von seinem Kern her erklärt:
1) Ein Lebewesen bemüht sich in bestimmter Art und Weise. Wir hatten dies als „leistungswirtschaftliche Aktivitäten" bezeichnet oder als das Erstellen von Leistungen.
2) Das Ergebnis der erstellten Leistungen ist (auf einen Zeitpunkt und als Überschuss zusammengefasst) das Einkommen (real in Gütern oder in Geld).
3) Das Verwenden des Erarbeiteten dient dem Weiterleben und dem Weitergeben des Lebens.

Das Durchführen des Wirtschaftens kennt bereits in der Ein-Personen-Robinson-Wirtschaft die (Real-)Ersparnis – z.B. das Zurückbehalten des Saatgetreides für das nächste Jahr – und die Investition – z.B. das Herstellen von Handwerkszeugen. Derartige Real-Investitionen gehören zur Leistungswirtschaft: sie dienen dazu, die Ausbringungsmengen der Produktionsprozesse/der Faktorkombinationsprozesse zu steigern. Versteht man das Herstellen vorab von Investitionsgütern und ihren anschließenden Einsatz zwecks ergiebigerer Produktion von Sach- und Dienstleistungen als „Produktionsumweg",[1] dann ist die „Mehrergiebigkeit" oder der Produktivitätsfortschritt nach der Berücksichtigung der Abschreibungskosten ein zusätzliches Brutto-Einkommen, d.h. vor Berücksichtigung der Kosten des Kapitals, das zu den Investitionsgütern korrespondiert.

Die „vorgeleistete Arbeit", die Robinson in das Selbsterstellen eines Spatens investiert, bedeutet den Verzicht auf andere Erträge des Einsatzes seiner Arbeitskraft bzw. auf Muße. In der arbeitsteiligen Wirtschaft wird daraus der Anschaffungspreis, den man bezahlen muss, um die mit dem Spaten/der Real-Investition verbundene Verfügbarkeit zu erhalten. Die Verfügbarkeit über Geld geht infolge der Disposition darüber ab und die Nutzungs-/Gebrauchsmöglichkeit – repräsentiert vom Investitionsobjekt – geht zu. Die im Normalfall gegebene Zweckmäßigkeit dieser Handlungsweise ist mit der Notwendigkeit verbunden, den Geldbetrag des Anschaffungspreises als (aktivisches) Kapital gewissermaßen einzubinden – eine bildliche Vorstellung! – in der Hoffnung und

---

[1] Vgl. Lehmann (1998) S. 218 f. bzw. (2003) S. 182.

Erwartung, ihn über das Erwirtschaften wieder „hereinzuholen"/ihn amortisieren zu können.

In diesem engen Sinne muss **der Anschaffungspreis finanziert** werden. Hingegen allgemein und im üblichen Sinne muss „**die Unternehmung" finanziert** werden. Wer sein Geld – die allgemeinste Form von Verfügbarkeit über Mittel zwecks Wirtschaften – an einen anderen überträgt – der sich seinerseits im Prinzip zur Zurückzahlung verpflichtet –, der finanziert ihn als Kapitalgeber. Für den Zeitraum bis zur Zurückzahlung erwartet der Kapitalgeber ein Entgelt. Entgolten wird die „Stundungsleistung", d.h. das Verfügen-Können über die Zeit mal Betrag seitens des Kapitalnehmers. Weder die Kapital-**Hinzahlung** wird mit der Rückzahlung entgolten **noch der Vorgang des Übertragens** der mit dem Geld verbundenen Verfügbarkeit. Das sind nur die (erfolgsneutralen) Grundlagen, auf denen die „Stundung" als die Leistung aufbaut, für welche Zins- bzw. Gewinnausschüttung als Entgelt an den Fremd- bzw. Eigenkapitalgeber gezahlt wird.

Das „Entgelt an den Kapitalgeber" stieß nicht nur auf Verständnisschwierigkeiten, sondern auch auf vorstellungsbedingte Vorbehalte, wie z.B. das Verbot, Zins zu nehmen, zeigt oder die Aussage von Karl Marx, dass der Kapitalertrag aus dem von den Arbeitern geschaffenen Mehrwert bezahlt werde. Danach erhält das Kapital etwas im Wege der Umverteilung zu Lasten der Arbeit und nicht infolge eines Verdienstes für eine eigene Leistung. Dieser Argumentation liegt die objektive Wertlehre zugrunde mit der Spezifikation, dass nur der Einsatz-Faktor „Arbeit" den (Mehr-)Wert schaffe.

Mit dieser Verknüpfung wird verkannt, dass nicht schon der einzelne Einsatzfaktor, sondern erst und nur die Produktion als solche – im Sinne des gemeinsamen Einsatzes der prozessverbundenen Produktionsfaktoren – zur Entstehung der ökonomischen Werte **beiträgt**, als „Wert-Fundierung" bezeichnet. Jedoch selbst dies ist in einer Wirtschaft mit externer Arbeitsteilung zwischen den Wirtschaftseinheiten nur die eine Seite. Denn andererseits ist das Interesse eines Nachfragers erforderlich, das bis zum Abschluss eines Vertrages gehen muss – als „Wert-Absicherung" benannt. Erst Wert-Fundierung und Wert-Absicherung zusammen führen zum Entstehen ökonomischer Werte in einer arbeitsteiligen Wirtschaft, in der die Produktion einerseits und die

B. Finanzierung

Verwendung der erzeugten Betriebsleistungen andererseits auf zwei Wirtschaftseinheiten/Rechtszuständigkeiten verteilt sind.[2]

Ist es unzutreffend, dass allein der Einsatzfaktor „Arbeit" den Wert schafft, so ist es ein Missverständnis, dass das Arbeits**entgelt** für die Wertschöpfung in der Unternehmung durch den Faktor „Arbeit" steht. Die übliche Lehre von der „Wertschöpfung" und die sogenannte Wertschöpfungsrechnung verwechseln – bzw. identifizieren – den Wert der Arbeitsleistung mit dem Preis für die Arbeitsleistung. Das ist die objektive Wertlehre auf der Faktor-Seite.

Jedoch ist das (passivische) Kapital nach dem üblichen betriebswirtschaftlichen Verständnis nicht als Einsatzfaktor des Produktionsprozesses anerkannt, so dass – zusammenfassend – zwischen Kapital und Wert-Entstehung keine Beziehung erkennbar ist. Erst wenn man zwischen dieser und der Preisbildung unterscheidet, dann wird die zutreffende Fragestellung deutlich: Decken die erzielten Entgelt-Einnahmen auch Entgelt-Auszahlungen an die Fremd- und Eigenkapitalgeber ab? Kapital infolge der Finanzierung einer Investition verdient sein Entgelt aus dem zusätzlichen Brutto-Gewinn, der mittels der Investition erwirtschaftet wird. Dieser Erklärungszusammenhang zwischen Kapital und verdientem Kapitalertrag wurde von Eugen von Böhm-Bawerk erkannt. Der Produktionsumweg – die Investition – erhöht den Brutto-Gewinn (nach Abschreibungen), an welchem der Kapitalgeber beteiligt wird, weil er – nachdem er es der Unternehmung ermöglicht hat, die Investition zu finanzieren – **anschließend die Rückzahlung stundet**. Die Entgeltzahlung dafür wird ökonomisch erst im Zeitablauf aus den Periodenüberschüssen möglich, die mittels der Investition zusätzlich erwirtschaftet werden und die u.a. auch die Amortisation/die Rückgewinnung des Geldbetrages für den Anschaffungspreis einschließen. Das mittels der Stundungsleistung fundierte **Entgelt** an den Kapitalgeber wird dann – wie stets – über die Marktknappheit zum **Preis** für Kapital modifiziert.[3] Der Entgelt-Aspekt folgt aus der gegenläufigen Stundungsleistung, der Preis-Aspekt steht für die marktvermittelte Knappheit für „bindungsbereites Geld" (= Kapital ex ante).

Zusammengefasst: Das Kapital verdient sein Entgelt nicht als Produktionsfaktor in der Phase „Produktion", sondern als Komponente des Betriebsprozesses, um die Zeit

---

[2] Vgl. Lehmann (1998) S. 315-320, zur üblichen Wertschöpfungsrechnung S. 321-324 bzw. (2003) S. 277-286.
[3] Vgl. Lehmann (1998) S. 379-384 bzw. (2003) S. 347-352.

zwischen den Auszahlungen in den Vorphasen „Investition" und „Beschaffung" – die die Betriebsbereitschaft im Sinne der Produktionsbereitschaft schaffen – und den Einzahlungen der Nachphase „Absatz" zu überbrücken. Das auf den Kapitalmarkt bezogene Beschaffen von Kapital – im Sinne von Einzahlung mit nachfolgender Stundung der Auszahlung/Rückzahlung – gehört dem Bereich „(Stundungs-)Leistung gegen Entgelt" zu: es liegt finanzwirtschaftlich überdecktes Leistungswirtschaften vor. Der andere Teil des Kapitalmarktes, den wir als Sekundärmarkt bezeichnet haben – vgl. A.40 –, vollzieht mit seinem Wertpapierhandel lediglich Umverteilungen, die für den einzelnen Marktteilnehmer mit Gewinn bzw. Verlust verbunden sind.

Der Teil B behandelt die erste Phase des Betriebsprozesses aus der Sicht der Unternehmung: Finanzierung als anstehende Entscheidung bedeutet das Eingehen einer „Kapitalverpflichtung", um Geld zu erhalten. Die Verpflichtung – ökonomisch übereinstimmend und rechtlich verschieden als Eigen- bzw. Fremdkapital verfasst – meint den Zustand über die Zeit bis zur Zurückzahlung. Für deren Aufschieben (= Stunden) dem Betrage nach und über die Zeit ist ein Entgelt (i.d. Regel als Prozentsatz ausgedrückt) zu entrichten, das mit der Bezeichnung „Kapitalkosten" verständlich gemacht wird. Der „Kosten-Charakter" ist zum einen (wie beim Mietvertrag) bereits die Folge aus der erlangten Verfügbarkeit über das Geld in Verbindung mit der Engelt-Verpflichtung gegenüber dem Kapitalgeber und resultiert zum anderen erst später mit der tatsächlichen investiven Verwendung/mit der Kapitalbindung im Investitionsobjekt. Kurz: die Kapitalkosten wird man aus der Sicht der Unternehmung als Bereitschaftskosten[4] bezeichnen und als Nutzungskosten erst aus der Sicht des einzelnen Investitionsobjektes entsprechend der Inanspruchnahme (= Bindung im Objekt dem Betrage nach und über die Zeit).

Der **Abschnitt B.10** verfolgt den Zweck, die unerschöpfliche Vielfalt an Typen der Finanzierung zu wenigen Kategorien/Arten zu ordnen mit Hilfe von nur zwei Basismerkmalen! Erst nach deren Erklärung sollen abschließend die beiden Begriffe der Finanzierung die Gewichtsverschiebung von der „unternehmens-orientierten Finanzierung" zur „kapitalmarkt-orientierten Finanzierung der Unternehmung" verdeutlichen im Sinne unserer marktorientierten Betriebswirtschaftslehre.

---

[4] Zutreffender wäre die Bezeichnung „Bereitschaftsaufwand", wenn die Gewinnausschüttung nicht nur als Entgelt an die Eigenkapitalgeber verstanden wird, sondern auch als Aufwand verbucht werden dürfte. Zum Bereitschaftsaufwand vgl. Lehmann/Moog (1996) S. 304-310.

Der **Abschnitt B.20** behandelt die Finanzierung der Einzelunternehmung und des Gesellschaftsvermögens der Personengesellschaften mit Eigenkapital. Dessen Verzinsung und die dem Eigenkapital ex ante verbundenen Risiken der betriebswirtschaftlichen Betätigung leiten über zur Verteilung von Gewinn bzw. Verlust nach ökonomisch begründeten Regeln auf die Personengesellschafter.

Der **Abschnitt B.30** über die Finanzierung der Aktiengesellschaften mit Eigenkapital ist ausführlich geraten. Zum einen sind die Kosten des Eigenkapitals ein undurchsichtiges Problem verglichen mit dem Zins für Fremdkapital. Zum anderen erfordert das Markthandeln mit Aktien Vorstellungen darüber, wie Wert, Preis und Kurs einer Aktie erklärt werden können. Zum dritten verknüpft der Preis einer Aktie zwischen den Eigenkapitalkosten einerseits und der Ausgabe zusätzlicher Aktien zwecks Erhalt weiteren Eigenkapitals über den Markt andererseits. Infolgedessen bilden die Unterabschnitte von B.30 die Knoten eines Problem-Netzes und nicht die Knoten nur eines Fadens!

Die vergleichsweise einfachere Finanzierung mit Fremdkapital folgt mit **Abschnitt B.40** nach, weil sie die Eigenkapitalfinanzierung der Unternehmung voraussetzt. Dafür beschert sie uns mit der sogenannten Kapitalstruktur einen weitreichenden Problembereich im Rahmen der Finanzierung. Allerdings kann der **Abschnitt B.50** nur die theoretische Grundlage dazu behandeln. Das Modell der Autoren Modigliani und Miller von 1958 ist andererseits von einer unerschöpflichen Ergiebigkeit vergleichbar mit dem Preissetzungsmodell von Cournot von 1838. Der **Abschnitt B.60** verbindet die Selbst- und Beteiligungsfinanzierung mit der Besteuerung im Hinblick auf die Kosten des Eigenkapitals.

B.10 Kennzeichnungen und Abgrenzungen

Dieser Abschnitt behandelt die „Unternehmensfinanzierung" im traditionellen Verständnis: aus der Kombination von zwei Basis-Merkmalen der Finanzierung werden drei Kategorien entwickelt und diese in insgesamt zehn Typen der Finanzierung aufgefächert.

Erst dann werden die Überlegungen zu dem Begriff der Unternehmens-Finanzierung zusammengefasst und diesem der Begriff der Kapitalmarkt-Finanzierung gegenübergestellt.

B.11 Einordnung und Übersicht

Ein einfaches Schema soll ① „Finanzierung", ② „Investition", ③ Investitionsrechnung und ④ Investitionsentscheidung (IE) ordnen.

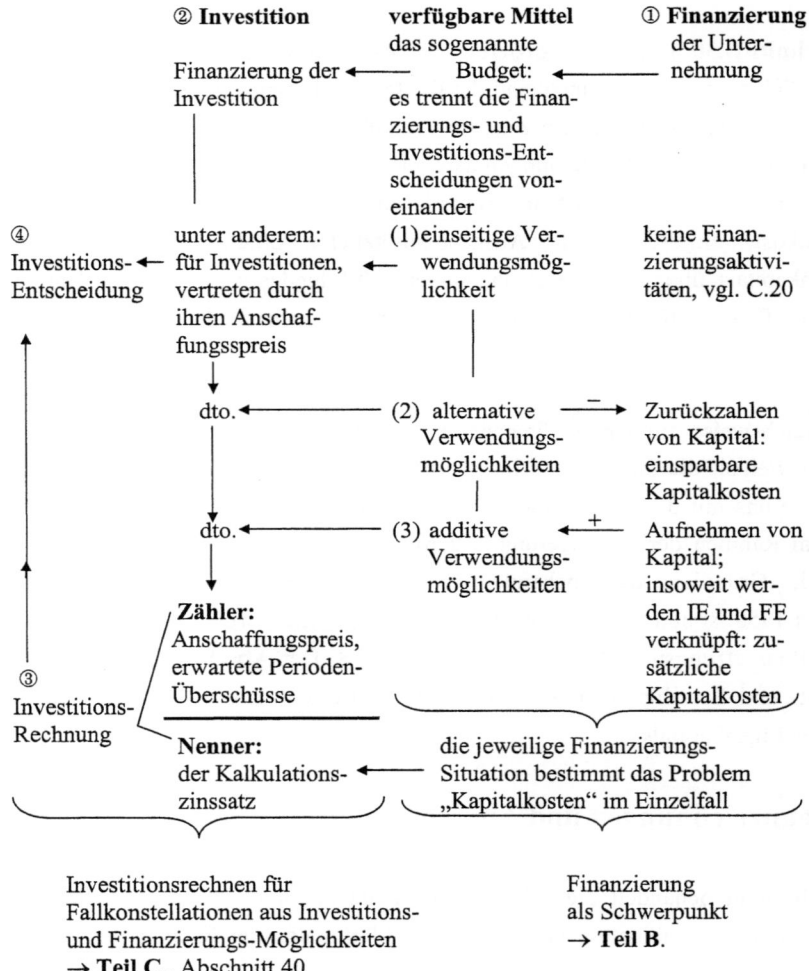

Investitionsrechnen für
Fallkonstellationen aus Investitions-
und Finanzierungs-Möglichkeiten
→ **Teil C.**, Abschnitt 40

Finanzierung
als Schwerpunkt
→ **Teil B**.

Dem soll eine knapp gehaltene Übersicht über Probleme der Finanzierung und deren Determinanten angefügt werden:
1. Über die Bedeutung der Finanzierung als eine Funktion des betriebswirtschaftlichen Handelns und damit des (fünfteiligen) „Betriebsprozesses" besteht kein

Streit. Hingegen ist ihre eigenständige Relevanz höchst strittig:[5] ist die „optimale Finanzierung" ein Kernproblem der Betriebswirtschaftslehre"[6] oder ist die Struktur der Finanzierung der Unternehmung irrelevant?[7]
2. Diese Frage wiederholt sich angesichts der Arten und der Vielzahl von Typen der Finanzierung, über die Abschnitt B.12 einen Überblick gibt. Ist die Vielfalt (nur) die Folge ökonomischer Bestimmungsgrößen oder ist sie die beabsichtigte Folge gestaltender, insbesondere mit Hilfe des Rechts differenzierender Maßnahmen?
3. Verschiedene Arten der Finanzierung ziehen die Frage nach sich, ob Strukturen eine eigene Bedeutung erlangen, so dass ihre Gestaltung zum Ziel entsprechender Entscheidungen und Gestaltungsmaßnahmen wird. Erörtert wird zum einen das Verhältnis von Eigen- und Fremdkapital als Suche nach der optimalen Kapitalstruktur und zum anderen das Verhältnis der Parten des Eigenkapitals, d.h. von (1) Grund- bzw. Stammkapital, (2) offenen Rücklagen in gesetzlich geregelter Unterteilung und (3) gebildete stille Rücklagen.

Lassen sich die drei angeführten Problembereiche unter der Bezeichnung „die Finanzierung der Unternehmung" zusammenfassen oder auch als „Finanzierungslehre" verstehen, so ist nachdrücklich auf die Ausweitung seit dem Aufsatz von Modigliani/ Miller (AER 1958) hinzuweisen. Die damit begonnene „kapitalmarkt-orientierte Finanzierung der Unternehmung" muss sich zwangsläufig mit den – gedanklich – möglichen Marktverfassungen des Kapitalmarktes befassen, und zwar
a) für den Primärmarkt, d.h. für die Vorgänge der Kapitalfinanzierungen (Beteiligungs- und Fremdkapitalfinanzierung), sowie
b) für den Sekundärmarkt, d.h. für den Handel mit Kapitalrechten, die aus vorangegangenen Kapitalfinanzierungsvorgängen hervorgegangen sind.

Daraus erklärt sich der kurz gehaltene Abschnitt B.10 zur Unternehmensfinanzierung im traditionellen Verständnis, während B.30 bis B.60 den Kapitalmarkt einbeziehen.

---

[5] Vgl. Kruschwitz (2002) S. 225 f.
[6] So z.B. Wolfgang Breuer, Finanzierungstheorie, Wiesbaden 1998, S. 1f.
[7] So Franco Modigliani und Merton H. Miller, AER 1958, vgl. B.50.

B.12 Merkmale, Kategorien und Typen der Finanzierung

Wir behandeln nachfolgend:
(1) **zwei Basis-Merkmale** der Finanzierung,
(2) daraus kombiniert **drei Kategorien** A bis C der Finanzierung,
(3) und mit Hilfe weiterer Merkmale **zehn Typen** der Finanzierung, die in drei Gruppen geordnet werden, zugehörig zu den Kategorien A bis C.

(1) Es gibt zwei Basis-Merkmale der Finanzierung:
 1. das Basis-Merkmal „Einzahlung"
 2. das Basis-Merkmal „Stundung" im Sinne einer Zeitdifferenz zwischen erhaltener Einzahlung (allgemeiner: Verfügungs-/Dispositionsmöglichkeit) und der zu erbringenden Rückzahlung zwecks Tilgung der „Verpflichtung" (zumindest im ökonomisch-rechnungstechnischen Sinne), die aus dem Erhalt resultierte.

Die beiden tragenden Merkmale existieren jeweils eigenständig oder im Verbund, was zu den drei Kategorien überleitet.[8]

(2) Es gibt drei Kategorien der Finanzierung und die zehn Typen:
 A. Einzahlung und sich anschließende Stundung der Rückzahlung = Außenfinanzierung
  mit den Typen $\boxed{1}$ bis $\boxed{5}$
 B. nur Einzahlung = Entgeltfinanzierung i.w.S.
  mit dem Typ $\boxed{6}$
 C. nur Stundung = Innenfinanzierung
  mit den Typen $\boxed{7}$ bis $\boxed{10}$ der Finanzierung.

Dieses Ordnungsgefüge fehlt der Literatur zur Finanzierung. In der Kategorie A wird das 2. Merkmal „Stundung" nur dann und auch nur indirekt angesprochen, wenn eine Finanzierungsmaßnahme als ein Zahlungsstrom beschrieben wird, der mit einer Einzahlung (an das Unternehmen) beginnt und in späteren Perioden Auszahlungen nach sich zieht.[9] Die Kategorie B fehlt gänzlich und zur Kategorie C wird das gemeinsame und ausschließliche 2. Merkmal der Finanzierung nicht herausgearbeitet.

---

[8] Im Hinblick auf die beiden tragenden Merkmale der Finanzierung lässt die Literatur die erforderliche Sorgfalt vermissen. Erst das Zeit-Element trägt den Begriff „Kapital", so dass die Gleichsetzung von Geld-Beschaffung und Kapital-Beschaffung fehlgeht – vgl. so z.B. Loitlsberger (1996) S. 133 – und die Innenfinanzierung – Kategorie C – nicht erklärt werden kann.

[9] Vgl. Schneider (1992) S. 20 f.; Schmidt/Terberger (1997) S. 52; Drukarczyk (1999) S. 1.

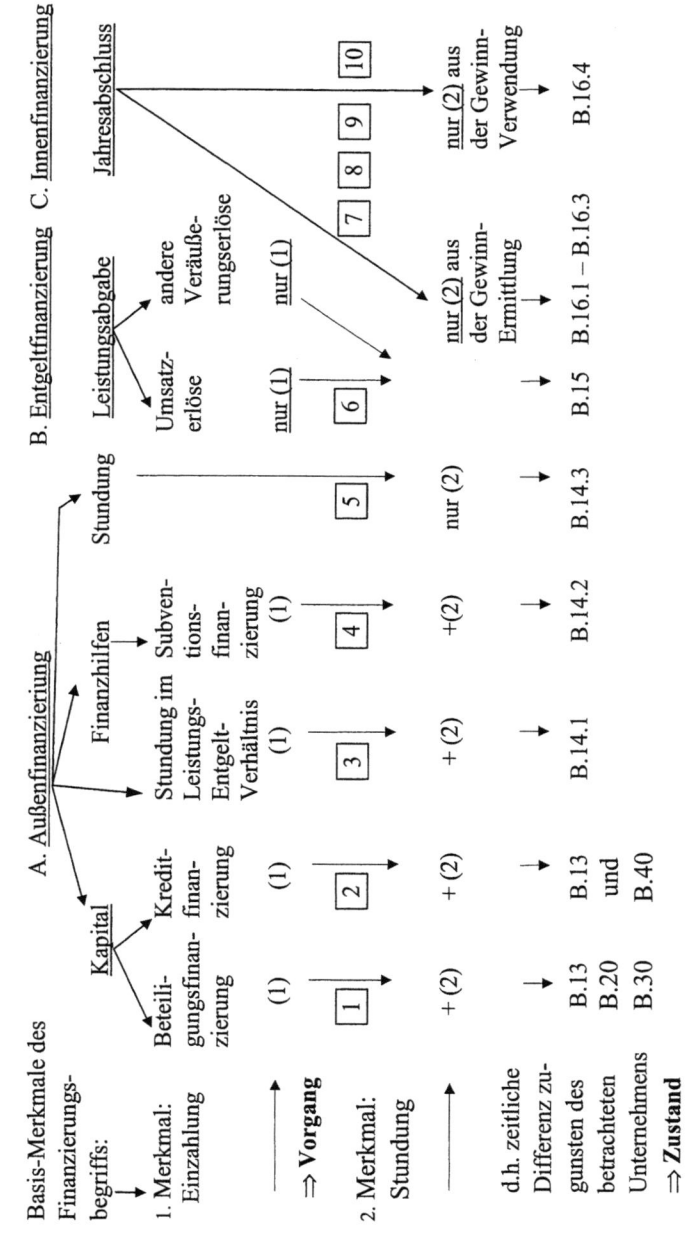

B.13 Die Kapitalfinanzierungen – Typen ⊡ und ⊡

Schon wegen ihrer überragenden Bedeutung im Rahmen der Kategorie A: Außenfinanzierung erhalten die beiden Typen der ⊡ Beteiligungsfinanzierung und der ⊡ Fremdkapital- oder Kreditfinanzierung mit B.20 und B.30 bzw. mit B.40 jeweils einen eigenen Abschnitt. Die Kapitalfinanzierungen kombinieren die beiden Basis-Merkmale, also die „Einzahlung" mit der nachfolgenden „Stundung" der Rückzahlung. Daraus resultiert ein verschachteltes zweiteiliges Dauerrechtsverhältnis. Das „äußere Kapitalverhältnis" wird mit der Kapitaleinzahlung begründet und seitens des Kapitalnehmers mit seiner Kapitalrückzahlung beendet. Es ist die ökonomische und rechtliche Grundlage für das „innere Leistungsverhältnis" mit der Stundungsleistung gegen Entgelt in Form von Gewinnausschüttung bzw. Zinszahlung je Jahr (oder anders).[10]

Da der Jurist die „Zahlung" ebenfalls als Leistung bezeichnet,[11] kann er schon das Darlehen nicht ordnungsgemäß erklären in dem Sinne, wie der Finanzbuchhalter die Kapitalzahlungen erfolgsneutral und die Entgeltzahlungen erfolgswirksam verbucht. Bei der Eigenkapitalfinanzierung kommt hinzu, dass der Jurist die Gewinnausschüttung nicht als – naheliegenderweise unsicheres – Entgelt versteht.

Die „Finanzierung" aus der Sicht des Kapitalnehmers besteht in dem Eingehen der „Kapitalverpflichtung", d.h. der Verpflichtung zur Zurückzahlung später, um jetzt Geld zu erhalten, das infolge der gleichzeitigen Zusage auf Stundung zum Kapital wird. „Verpflichtung" ist zumindest im ökonomischen Sinne zu verstehen, indem auch das Eigenkapital wie eine Verpflichtung als passivischer Bestand auf Konten geführt und in der Bilanz ausgewiesen wird.

Die Kapitalfinanzierung mit der sie vollziehenden Kapitalzahlung gegen Begründung der Kapitalgeber-Rechtsposition ist selbstverständlich **kein Verkauf** eines Rechtes gegen Zahlung des Kaufpreises.[12] Der Buchhalter verbucht an Konto „Eigenkapital" erfolgsneutral und nicht an Konto „Ertrag" erfolgswirksam. Im Gegensatz zu dem **Fi-**

---

[10] Zur Kapitalfinanzierung vgl. ausführlich Lehmann (1991).
[11] Vgl. Lehmann (1998) S. 251 f. bzw. (2003) S. 214-216.
[12] Vgl. so Breuer (1998) S. 9, S. 17.

B.13 Die Kapitalfinanzierungen 45

nanzierungsvorgang zwischen Kapitalgeber und Kapitalnehmer steht der später mögliche **Verkaufsvorgang** zwischen dem Kapitalgeber und seinem Rechtsnachfolger.

Die Kapitalfinanzierung ist eine Symbiose aus Recht und Ökonomie:

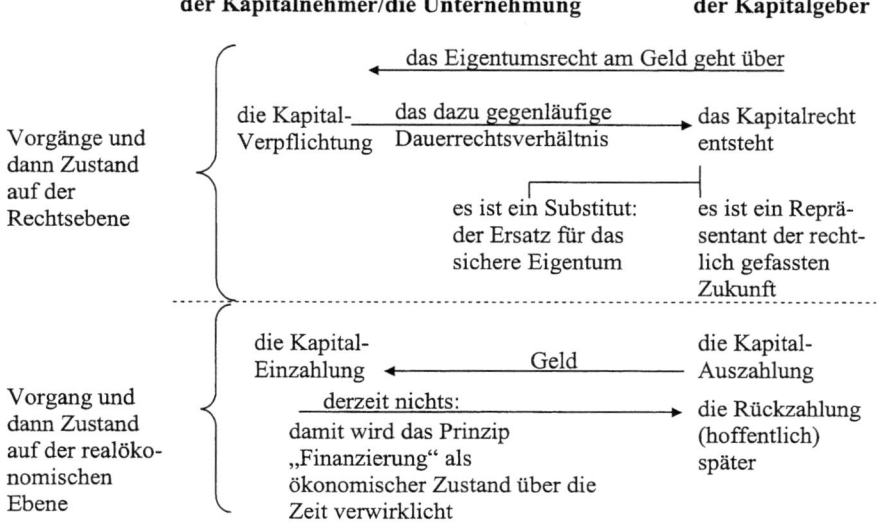

Die Grundstruktur einer Kapitalfinanzierung:

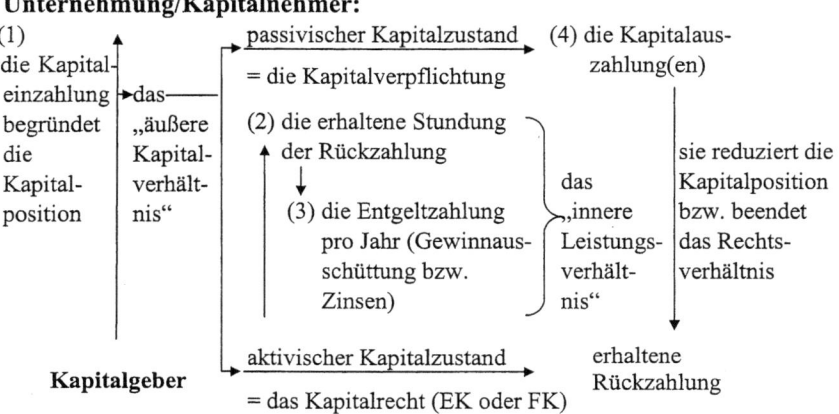

Das Kapital- und das Leistungsverhältnis aus der Sicht des Kapitalnehmers:

Das **äußere** Kapitalverhältnis
es wird rechtlich als Dauerrechtsverhältnis begründet und ökonomisch mit
(1) der Kapital-Einzahlung;
und es wird beendet mit
(4) der Kapital-Auszahlung später;

+ das **innere** Leistungsverhältnis
dieses wird im Fortbestand mit
(2) der fortlaufend erhaltenen Stundungsleistung gegen Auszahlung
(3) des Entgelts (Gewinnausschüttung bzw. Zins) dafür und i.d.R. jährlich vollzogen.

Dementsprechend können wir den Zusammenhang formulieren: Die Dienstleistung der Stundung der Rückzahlung – das Abwarten des Kapitalgebers also – begründet den Zins als den Preis dafür und erklärt seinen Entgelt-Charakter. Erst aus dem existierenden Zins folgt dann die Austauschrelation für zeitpunkt-verschieden verfügbares Geld – und nicht umgekehrt.

Die gegebene Beschreibung der Finanzierung zeigt, dass man sie nicht als Tauschbeziehung bezeichnen kann.[13] In t_o liegt der einseitige Vorgang (1) vor. Die Hinzunahme der Rückzahlung (4) macht daraus keinen Austausch. Der „innere" Leistungsvorgang mit (2) und (3) ist Leistung gegen Entgelt und kein erkennbares Tauschen: die hoffnungsvolle Geduld des Kapitalgebers ist keine Handlung.

Die voranstehende Grundstruktur wird in der nachfolgenden Übersicht ausgearbeitet.

---

[13] Vgl. so Schmidt/Terberger (1997) S. 386, 399, 402.

B.13 Die Kapitalfinanzierungen

Das Grundmodell der Kapitalfinanzierung, d.h. der Außenfinanzierung mit Beteiligungs- bzw. Fremdkapital

Phasen

(1) Beginn: der Finanzierungsvorgang (t_v: Vertragsabschluß)

Verpflichtungsgeschäft, d.h. die wechselseitige Berechtigung und Verpflichtung

Unternehmer / Geldnehmer

Berechtigungen entstehen
1) auf die Einzahlung
2) auf die Stundung der Rückzahlung

Berechtigungen entstehen
4) auf die Rückzahlung
3) auf das Stunden der Rückzahlung

Finanzier / Geldgeber

im Hinblick auf das in t_z hinzugebende Geld ist die in t_v erhaltene Rechtsposition ein Substitut: der rechtlich gefaßte Ersatz für das übertragene Eigentum am Geld

Zahlungsvorgang (t_z: Erfüllungsgeschäft)

Einzahlung ← das Eigentum am Geldbetrag wird übertragen ← Auszahlung

(2) Zustand: der nachfolgende Kapital-Zustand

+ der nachfolgende Kapital-Zustand
schwebendes Finanzierungsgeschäft
= einseitig erfülltes Rechtsgeschäft ab t_z

→ Kapitalnehmer

+ Stundung der Rückzahlung des Kapitalnehmers aus dem Zweck des Finanzierungsgeschäfts
Verpflichtung des Kapitalnehmers auf Rückz.
Kapitalfinanz. als Dauerverhaltnis

Forderungen/Erwartungen auf die Rückzahlung für die hingegebenen Mittel
Forderungen/Erwartungen auf das Entgelt für die Stundung der Rückzahlung

Kapitalgeber

im Hinblick auf das künftig Erwartete ist die in t_v erhaltene Rechtsposition eine Repräsentanz: die rechtlich gefaßte Zukunft für den in t_z hingegebenen Geldbetrag

(3) Beendigung: der Entfinanzierungsvorgang

die Tilgungszahlung beendet
1. den Kapitalzustand, und damit
2. das „äußere Kapitalverhältnis" mit Einzahlung und Auszahlung des Kapitalbetrages sowie
3. das „innere Leistungsverhältnis" mit Stundung gegen Entgelt (i.w.S.)

Kapitalnehmer / Tilgungszahler

„Entfinanzierung" = Auszahlung

die Verpflichtungsposition erlischt

die Berechtigungsposition erlischt

Kapitalgeber / Tilgungsempfänger

das Beziehungsverhältnis zwischen den Vertragsparteien

B.14 Die anderen Typen der Außenfinanzierung

Wir behandeln in diesem Abschnitt die Typen ⟨3⟩ bis ⟨5⟩ der Finanzierung – vgl. die Übersicht in B.12.

14.1 Stundungen im Leistungs-Entgelt-Verhältnis – Typ ⟨3⟩

Dazu gehören zum einen der in Anspruch genommene Lieferantenkredit und zum anderen die erhaltene Anzahlung eines Kunden. Den Lieferantenkredit kennt der Leser zumindest mittelbar aus der Finanzbuchhaltung wegen der beiden Buchungssätze:

1. Konto „Aktivum"
   oder „Aufwand"   an Konto „Verbindlichkeiten aus erhaltenen
                                     Lieferungen und Leistungen"
   und später dann
2. Konto
   „Verbindlichkeiten"   an Konto „Bank".

Der Zeitunterschied zwischen den beiden Vorgängen, die Anlass der Buchungssätze sind, ist seitens des Leistenden die Finanzierung des Lieferantenkreditnehmers.

Der Lieferantenkredit ist eine Nebenleistung zum Absatzgeschäft des Leistenden/des Kreditgebers bzw. zum Beschaffungsgeschäft des potentiellen Kreditnehmers. Dementsprechend sind drei Phasen zu unterscheiden:
a) der **angebotene** Lieferantenkredit als Teil der Offerte/als Bestandteil des Vertragsangebots und ökonomisch in der Funktion eines absatzpolitischen Instruments;
b) der **vereinbarte** Lieferantenkredit ab Vertragsabschluss, womit dem Abnehmer einer (Sach- bzw. Dienst-) Leistung die **Möglichkeit** zugestanden wird, das Entgelt mit Aufschub gegenüber dem Zeitpunkt des Leistungsvorgangs zu bezahlen;
c) der **in Anspruch genommene** Lieferantenkredit, indem der Entgeltverpflichtete nach Erhalt der Leistung Zeit für die Bezahlung verstreichen lässt.

Wenn er über den vereinbarten Zahlungszeitpunkt hinausgehend die Rechnung unbezahlt liegen lässt, dann gerät er „automatisch in Verzug". Seit der sogenannten Schuldrechtsreform muss man nicht nur zwischen Leistungsschulden und Geldschulden unterscheiden, sondern auch zwischen Entgelt-(Geld-)Schulden und anderen Geldschulden, weil der zugehörige Verzug jeweils anders geregelt ist. Damit ist der Begriff „Entgelt" über das Umsatzsteuerrecht hinaus und in das Zivilrecht gelangt und damit auf den Weg, endlich hoffähig zu werden.

Im Unterschied zur Kapitalfinanzierung beginnt die Finanzierung nicht mit dem Erhalt einer Einzahlung, sondern mit dem Zugang der Leistung. An diese ökonomische Voraussetzung knüpft dann der eigentliche Finanzierungseffekt als Stundung, als Aufschub der Auszahlung des Entgelts an.[14] Der Lieferantenkredit ist nicht kostenlos, wenn für seine Nicht-Inanspruchnahme der Abzug von Skonto zugestanden wird.

Zur Übersicht zusammengefasst:

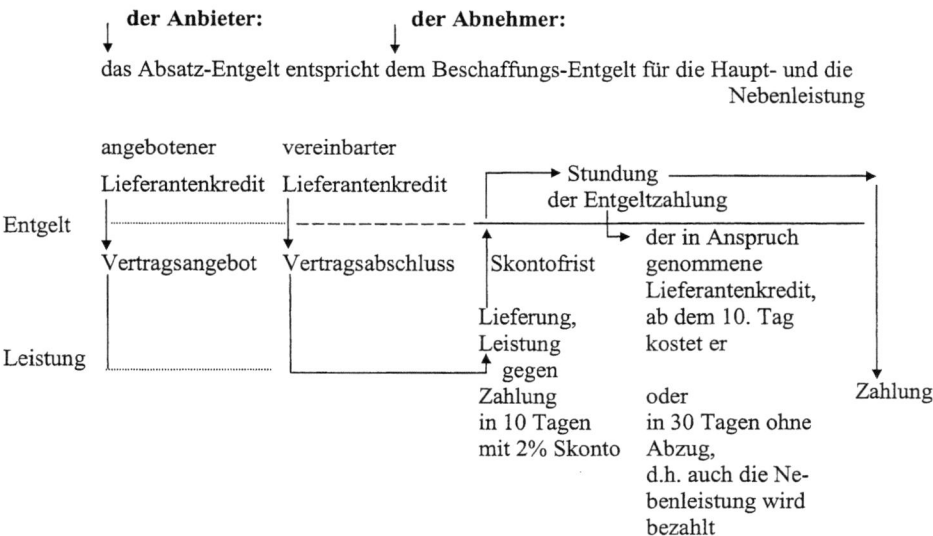

Die Anzahlung bzw. Vorauszahlung durch den Abnehmer finanziert den Leistungsverpflichteten im Rahmen seines Absatzvertrages: die erhaltene (teilweise) Entgelt-Einzahlung liegt zeitlich vor dem Erbringen der eigenen Sach- bzw. Dienst-Leistung.

14.2 Subventionsfinanzierung mittels Finanzhilfen - Typ 4

Die Gewährung von Subventionen seitens des Staates (der Gebietskörperschaften) an Unternehmen erfolgt insbesondere im Wege

---

[14] Zur Kennzeichnung des Lieferantenkredits vgl. Lehmann, ZfbF 1972, S. 555 f.

1. herabgesetzter Entgelte (z.B. „verbilligtes Grundstück" zwecks Ansiedlung),
2. herabgesetzter kommunaler Beiträge (z.B. Erschließungsbeiträge für den Straßen(aus)bau);
3. von Steuervergünstigungen oder
4. durch Gewährung von Finanzhilfen, d.h. Zahlungen.

Dieser 4. Fall verbindet die beiden Merkmale (1) der Einzahlung an die Unternehmung mit (2) der sich daran anschließenden Stundung. Allerdings handelt es sich nur ausnahmsweise um die Stundung der Rückzahlung. Worauf sich die „Stundung" bei der Subventionsfinanzierung mittels Finanzhilfen bezieht, hängt von den weiteren Bedingungen ab, die sich zweckmäßigerweise anhand der Verbuchung der Finanzhilfen zeigen lassen. Auf diese Weise unterscheiden wir:

a) Die Finanzhilfe wird steuerfrei à fonds perdu gezahlt und wird deshalb als Zugang zu den offenen Rücklagen/an „Eigenkapital" verbucht; vgl. Typ $\boxed{1}$ analog.

b) Die Finanzhilfe wird mit bedingter Rückzahlungsverpflichtung gewährt und wird daher als Verbindlichkeit/an „Fremdkapital" verbucht; vgl. Typ $\boxed{2}$ analog.

c) Die Finanzhilfe wird bei Zahlung erfolgsneutral und deshalb an „passivischen Rechnungsabgrenzungsposten" verbucht. Die Auflösung pro rata an „Ertrag" erhöht die Erfolgsteuerzahlungen. Zumindest diese wenn nicht auch entsprechend höhere Gewinnausschüttungen beenden den Stundungseffekt der Finanzhilfe. Da dieser Finanzierungseffekt unentgeltlich eintritt, ist von diesem der Erfolgseffekt der Finanzhilfe infolge der „eingesparten" Zinsausgaben zu unterschieden.

d) Wenn die Finanzhilfe als Zuschuss zu der Anschaffungsausgabe für das Investitionsobjekt gezahlt wird und deshalb das Bilanz-Aktivum herabsetzend verbucht wird, treten die zu c) angeführten Steuer- und gegebenenfalls Gewinnausschüttungszahlungen über den geringeren Abschreibungsaufwand pro Jahr ein.

e) Der Finanzierungseffekt ist am kürzesten, wenn die Finanzhilfe bei Erhalt an „Ertrag" verbucht werden muss.

f) Eine Einzahlung zwecks Sanierung ist zwar i.d.R. eine Eigenkapital-Einzahlung der Gesellschafter (und keine Finanzhilfe des Staates). Wegen der vergleichbaren Verbuchung an „Ertrag" haben wir den Fall hier zugeordnet.

Der Finanzierungseffekt im Fall d) soll anhand eines Beispiels erklärt werden. Der Anschaffungspreis für eine Maschine beträgt 10.000,-, die erwartete Nutzungsdauer $n = 5$ Jahre und die planmäßige Abschreibung sei linear. Eine Finanzhilfe von 20% auf den Anschaffungspreis verringert den Abschreibungsaufwand pro Jahr um 400,- und erhöht den ausgewiesenen Gewinn entsprechend um 400,- p.a. Wenn wir unterstellen, dass diese Differenz jeweils in höheren Erfolgsteuern und Gewinn-Ausschüttungen zu Auszahlungen wird, dann errechnet sich der Finanzierungseffekt aus der Einzahlung von 2000,- Finanzhilfe in t_0 und den Auszahlungen von jeweils 400,- ab t_1 bis t_5. Er errechnet sich mit 15 x 400,- oder 6000,- ein Jahr lang.

Da es ein zinsloser „Kredit" des Staates ist, hat die Finanzhilfe neben dem Finanzierungseffekt auch einen Erfolgseffekt im Sinne eingesparter Zinskosten. Diese Aussage setzt allerdings voraus, dass die Investition auch ohne die Finanzhilfe durchgeführt worden wäre. Folglich wird diese „mitgenommen" und gibt nicht erst den Anstoß zur Investitions-Entscheidung, was ihre Funktion wäre.

14.3 Das Moratorium - Typ 5

Es handelt sich hier um die rechtlich selbständige Vereinbarung, dass eine fällige Kredittilgung (oder auch nur eine fällige Zinszahlung) gestundet wird. Der Aufschub der Auszahlung steht für einen Typ der Finanzierung, der ausschließlich das 2. Basis-Merkmal des Finanzierungsbegriffs einsetzt.

B.15 Die Entgeltfinanzierung - Typ 6

Diese zwischen die Außen- und die Innenfinanzierung eingeschobene eigenständige Kategorie kennt die Literatur nicht.[15] Sie ist jedoch folgerichtig von den Merkmalen „Einzahlung" und „Stundung" her, die zum Begriff der Unternehmensfinanzierung – vgl. B.12 und B.17 – verbunden werden.

Die „Entgeltfinanzierung" existiert allein von dem Merkmal „Einzahlung" her und trägt der Gegenläufigkeit von „Leistung gegen Entgelt" Rechnung, die – je nach Zweck – die Zuordnung dieser Vorgänge zur Leistungswirtschaft bzw. zur Finanzwirtschaft zulässt oder erfordert. Dieser Sachzusammenhang hat zur Folge, den Begriff der Entgelteinzahlung für die Finanzwirtschaft weitherzig zu verstehen: auch die Einzahlungen für abgegebene Nominalgüter sind einzubeziehen. Die Literatur verengt mit der „Finanzierung mittels Veräußerung von Vermögensgegenständen" und hat deshalb die Umsatz-Entgelteinnahmen nicht als Finanzierung erfasst.

---

[15] Stattdessen vermengt sie Entgeltfinanzierung als Desinvestition oder Vermögensumschichtung mit der Innenfinanzierung. D.h. unsere Kategorie B. – nur Einzahlung – und C. – nur Stundung – werden durcheinandergebracht. Anders formuliert: Typ 6 und Typ 8 geraten in einen Topf, vgl. z.B. Schäfer (1997) S. 365 f., Jahrmann (1999) S. 385.

B.16 Die Typen der Innenfinanzierung

Bei ihnen fehlt der Außenvorgang, d.h. die Einzahlung als das 1. Merkmal einer Finanzierung nach üblichem Verständnis. Folglich haben die Typen ⟨7⟩ bis ⟨10⟩ gemeinsam, dass bei ihnen der Finanzierungseffekt ausschließlich auf dem 2. Merkmal der „Stundung" beruht im Sinne der Zeitdifferenz zwischen zwei finanzwirtschaftlichen Geschehenselementen, die ② Beginn und ③ Ende festlegen. Ebenfalls übereinstimmend ist der Innenfinanzierungseffekt an das Zusammenwirken von jeweils einem ① ermittlungsrechtlichen Vorgang im Jahresabschluss und seiner ② finanzwirtschaftlichen Folge/Auswirkung gebunden. Diese besteht im Ergebnis – Beginn und Ende zusammengefasst – in dem Vorverlagern einer Minderung der Steuer- und/oder der Gewinnauszahlungen. Zur graphischen Struktur geordnet:

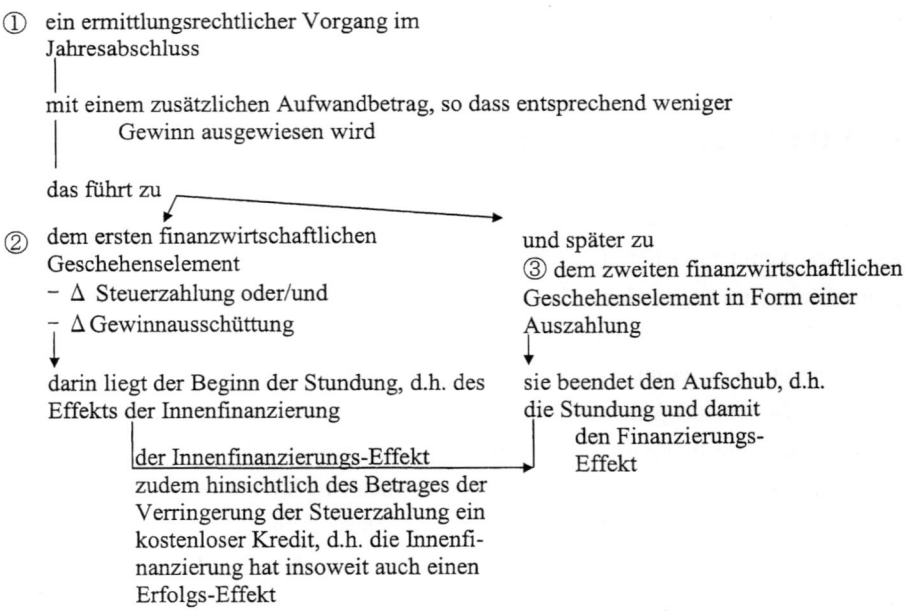

Das Grundmuster der Innenfinanzierung, Typen ⟨7⟩ bis ⟨9⟩

Die recht verwickelten und undurchsichtigen Zusammenhänge bedürfen einer schrittweisen und präzisen Erklärung. Das begründet – nach der zunehmenden Schwierigkeit geordnet - unsere ungewöhnliche Reihenfolge der Typen ⟨7⟩ bis ⟨9⟩, die der Gewinnermittlung zugehören, während Typ ⟨10⟩ in die Gewinnverwendung eingebettet ist.

16.1 Die Finanzierung durch das Bilden von Rückstellungen - Typ ⌐7¬

Voraussetzung dafür ist das Vorliegen eines Rückstellungs-Sachverhalts im Zeitpunkt des Aufstellens des Jahresabschlusses. Für eine befürchtete oder erwartete künftige Auszahlung ist derzeit ihr Verpflichtungsgrund oder ihr Betrag noch nicht rechtlich sicher. Vorsichtshalber soll jedoch bereits im anstehenden Jahresabschluss die mit der künftigen Auszahlung verbundene Erfolgs- und (Bilanz-)Vermögensminderung berücksichtigt werden. Der negativ erfolgswirksame doppelte Buchungssatz lautet dementsprechend:

Konto „Rückstellungsaufwand" an Konto „Rückstellung".

Die Konstellation der beiden Merkmale „Aufwand (lange) vor Auszahlung" kennzeichnet das Bilden einer Rückstellung. Nun ist allerdings das Verrechnen von Aufwand per se ein Vorgang auf dem Papier und die ihm zugrunde liegende Auszahlung ist fern – was hat das also mit einer Finanzierung oder wenigstens mit einem Finanzierungseffekt zu tun?

Vorgänge der Innenfinanzierung, denen kennzeichnenderweise die Einzahlung fehlt, benötigen die Zeitdifferenz zwischen zwei finanzwirtschaftlichen Geschehenselementen. Bei der „Finanzierung durch Rückstellungen" liegt das erste in der finanzwirtschaftlichen Folge/Wirkung des Verrechnens von Aufwand und das zweite in der erst später erfolgenden Auszahlung.

Die Wirkung der Aufwandsverrechnung besteht darin, dass der Rückstellungsaufwand den Gewinn (vor Steuern) mindert. Dieser Gewinnminderung entsprechend sind dann die Steuerzahlungen (mit dem Steuersatz s) und die Gewinnausschüttungszahlungen mit (1-s) geringer. Allerdings ist die geringere Ausschüttung anstelle einer geringeren Zuführung zu den offenen Rücklagen eher unwahrscheinlich; jedoch trägt nur der 1. Fall zum Finanzierungseffekt von Typ ⌐7¬ bei, während der 2. Fall lediglich eine Substitution zu Typ ⌐10¬ wäre. Zusammengefasst: das Verbuchen von 100,- Rückstellungsaufwand wird mit $s \cdot 100{,-}$ Steuerverringerung und $(1-s) \cdot 100{,-}$ Gewinnausschüttungsverringerung verknüpft.

Die so beschriebene Folge des Verrechnens von Aufwand ist zwar eine finanzwirtschaftliche Wirkung in Form des Verhinderns alternativ entstehender Auszahlungen. Ihrerseits ist dies jedoch nur die erste Hälfte der zu erklärenden Innenfinanzierung –

denn anderenfalls wären alle Aufwände der Gewinn- und Verlust-Rechnung zugleich auch Innenfinanzierung! Mit anderen Worten: die erste Hälfte legt nur erst den Beginn der zeitlichen Differenz fest, die den Finanzierungseffekt realisiert.

Das Ende erfolgt mit dem Zeitpunkt der Auszahlung, deren negativer Erfolgs- und (Bilanz-)Vermögensbeitrag mit dem Bilden der Rückstellung vorweggenommen wurde, weshalb die Auszahlung auf den erfolgsneutralen finanzwirtschaftlichen Vorgang reduziert ist. Er stellt die 2. Hälfte des Finanzierungseffekts dar, indem er ihn beendet.

Zusammengefasst: Die Innenfinanzierung infolge des Bildens einer Rückstellung verwirklicht sich mit der zeitlichen Differenz zwischen **einerseits** der Verringerung von Steuer- und Gewinnauszahlungen (als Folge des Verrechnens von Aufwand) und **andererseits** der zeitlich entfernten, zugehörigen Auszahlung (deren negative Erfolgswirksamkeit im Wege des Ausweises als Rückstellungsaufwand vorgezogen wurde).

Der Innenfinanzierungseffekt ist dem Bilden der Rückstellung inhärent und bezogen auf die Situation „keine Rückstellung". Naheliegenderweise bleibt er aus, wenn man das Bilden einer Rückstellung infolge der Zusage für eine betriebliche Altersversorgung auf die Handlungsalternativen bezieht, entweder derzeit höheren Arbeitslohn auszubezahlen oder direkt zu versichern, d.h. laufend die Versicherungsprämien auf einen Lebensversicherungsvertrag zugunsten des Arbeitnehmers zu bezahlen. Die drei miteinander verglichenen Handlungsmöglichkeiten verrechnen übereinstimmend derzeit und laufend Aufwand, so dass weder eine Zeitdifferenz ausgewiesen wird noch ein Finanzierungseffekt.[16] Die Finanzierungswirkung der Rückstellungsbildung folgt auch nicht daraus, dass derzeit geringerer Gewinn und deshalb später höherer Gewinn ausgewiesen wird[17] - vgl. so erst B.16.3.

---

[16] Vgl. Breuer (1998) S. 19 f.
[17] Vgl. Breuer (1998) S. 20.

B.16 Die Typen der Innenfinanzierung 55

Der Sachzusammenhang „Innenfinanzierung infolge des Bildens einer Rückstellung" als Struktur-Übersicht

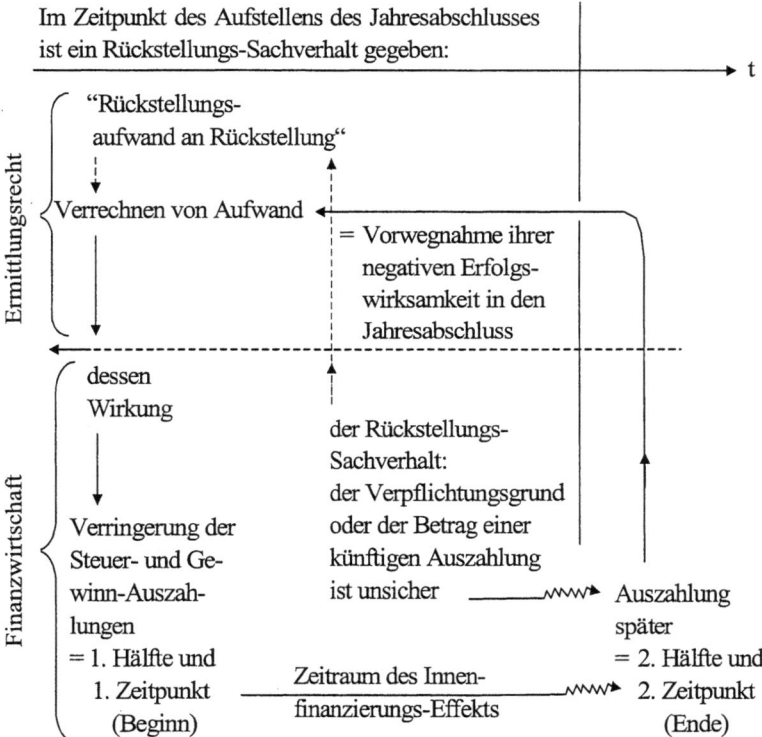

16.2 Die Finanzierung durch das Verrechnen von Abschreibungen – Typ 8

Die Literatur gibt dazu eine übereinstimmende Erklärung, die wir als erstes wiederholen. Daran fügen wir Kritik an, weil die Analyse des Sachverhalts unzureichend ist. Infolgedessen wird anschließend die Innenfinanzierung auf ganz andere Art und Weise erklärt.

Die übliche Argumentation verwendet zwei Varianten. Zum einen beginnt sie damit, dass das Verrechnen von Abschreibungsaufwand den auszuweisenden Gewinn (vor Steuern) mindert mit der Folge, dass sich die an den Gewinnausweis anschließenden Steuer- und Ausschüttungszahlungen verringern. Das erste finanzwirtschaftliche Geschehenselement besteht also in der Verhinderung alternativ eintretender Gewinnverteilungszahlungen.

Zum anderen verbindet sie das Verrechnen von Abschreibungen mit den Umsatz-Einzahlungen und versteht die so festgelegten „Abschreibungswerte" als freigesetztes Kapital. Dieses steht nun bis zur Auszahlung für die Ersatzbeschaffung zur Verfügung, spezifisch für die Anschaffung zusätzlicher gleichartiger Maschinen, woraus der Kapazitätserweiterungseffekt resultiert. Die Vernebelung besteht darin, dass das Geld aus den Umsatz-Einzahlungen im Umfang des Abschreibungsaufwands als (zurückgeflossenes) Kapital abgesondert wird! Zur Bekräftigung wird das als „Vermögensumschichtung" aus der Maschine heraus und in das Bankguthaben hinein beschrieben. Das ist ebenso märchenhaft wie nichtssagend,[18] weshalb wir mit der ersten Argumentation fortfahren.

Insoweit läuft diese auf die Übereinstimmung mit der Finanzierung durch das Bilden von Rückstellungen hinaus. Denn dort ist die Konstellation „Aufwand-Verrechnung **vor** Eintritt der zugehörigen Auszahlung" gegeben, während das Verrechnen von Abschreibungsaufwand der vorangegangenen Anschaffungsauszahlung **nachfolgt**. Um nun das zweite finanzwirtschaftliche Geschehenselement einzubringen, das den Finanzierungseffekt beendet, greift die Literatur auf die Auszahlung für die Wiederbeschaffung/Ersatzbeschaffung des Investitionsobjekts/der vorhandenen Anlage nach deren Verschleiß vor und legt so die Zeitdifferenz für die Innenfinanzierung fest: „Abschreibungsaufwand (aufgrund des Anschaffungspreises für die vorhandene Anlage) jetzt und zeitlich weit vor der Ersatzbeschaffungs-Auszahlung". Es stört die Literatur nicht, dass dies nun sehr vergleichbar mit „Aufwand zeitlich (weit) vor der Rückstellungs-Auszahlung" ist – was auf die Mangelhaftigkeit hinweist.

---

[18] Vgl. so die „Finanzierung aus Abschreibungen" bei Wöhe (2000). Sie wird als Vermögensumschichtung (S. 750, 760) beschrieben und würde so zur Entgeltfinanzierung gehören - Typ 6 . Hingegen hat sie weder etwas mit Desinvestition noch mit Transformation zu tun. Ebenso unbegründet ist die Verknüpfung der „Finanzierung aus Abschreibungen" mit dem Wertverzehr/der Wertminderung der Gebrauchsgüter; vgl. z.B. Jahrmann (1999) S. 385.

B.16 Die Typen der Innenfinanzierung

Stattdessen fügt sie den sogenannten Kapazitätserweiterungseffekt (den Marx/Engels/ Lohmann/Ruchti-Effekt) an: Handelt es sich bei dem Investitionsgegenstand um eine Maschine und sind im Unternehmen davon mehrere vorhanden, dann wächst die Gesamtkapazität an, weil aus den finanzwirtschaftlichen „Abschreibungsgegenwerten" weitere Maschinen angeschafft werden können bevor für den Ausgangsbestand Ersatzbeschaffungen anfallen und finanziert werden müssen.

Zu kritisieren ist, dass das übliche Verständnis von der Vergangenheit abschneidet:
1. Die Anschaffungsauszahlung in der Vergangenheit musste finanziert werden. Von daher bestehen Kapitalverpflichtungen, aus denen Rückzahlungen resultieren.
2. Durchweg werden diese Kapitalrückzahlungen nicht erwähnt und erst recht nicht in den Erklärungszusammenhang „Innenfinanzierung durch das Verrechnen von Abschreibungen" eingebracht.
3. Die nur bisweilen und beiläufig genannte Annahme, dass das Kapital zur Finanzierung der Erst-Ausstattung und damit der Anfangskapazität auf ewig im Unternehmen bleibt, weist den Kapazitätserweiterungseffekt als schlichte Verknüpfung zwischen freigesetztem/amortisiertem Kapital und seiner spezifischen Verwendung für die Anschaffung weiterer Maschinen nach.[19] Diese Verknüpfung ist sachlich unbegründet und wird zum Kaninchen aus dem Hut verwendet.
4. Nunmehr ist unklar, ob die Innenfinanzierung auf dem Nicht-Zurückzahlen des Kapitals der Erstausstattung beruht oder auf der Wirkung des Verrechnens von Abschreibungsaufwand, wobei dann die Varianten der Sofort-Abschreibung, der planmäßigen Abschreibung und der Abschreibung erst bei Ausscheiden des Investionsobjekts von Bedeutung sein könnten.

Darin liegt der Hinweis, dass die Innenfinanzierung aus dem Größenverhältnis von Kapitalrückzahlungsbetrag und Abschreibungsbetrag resultiert! Diese ganz andersartige Erklärung geht auf Spremann[20] zurück. Anhand eines Zahlenbeispiels, das den Abschreibungsaufwand in 3 Varianten angibt, wird der Zusammenhang unmittelbar nachvollziehbar.

---

[19] Vgl. so z.B. die Beschreibung bei Loitlsberger (1996) S. 161; Wöhe (2000) S. 761-765 oder Schäfer (1998) S. 368-374.
[20] Vgl. Spremann, Investition und Finanzierung, 3. Aufl. (1990) S. 302, 321, anders S. 230; knapp, präzise und schlüssig für Eigen- und Fremdkapitalfinanzierung (1996) S. 338 f., auch S. 318 f. im Zusammenhang mit der Kapitalbindung.

Die Grundstruktur der „Finanzierung aus Abschreibungen"

		a)	b)	c)
	Umsatz-Einnahmen/Erträge	300,-		
./.	zugehörige Kosten-Ausgaben/Aufwände	100,-		
=	Periodenüberschuss	200,-		
./.	Abschreibungsaufwand „Maschine", in 3 Varianten	a) 80,-	b) 100,-	c) 120,-
=	Gewinn danach	120,-	100,-	80,-
	infolgedessen			
	Steuerzahlungen und Gewinnausschüttung	120,-	100,-	80,-
	und			
	Rückzahlung an die Kapitalgeber, die den AP der Maschine finanziert hatten	100,-	100,-	100,-
=	Summe der Auszahlungen	220,-	200,-	180,-
→	finanzwirtschaftlicher Saldo	-20,-	0,-	+20,-
		↓		↓
		Nachfinanzierung		Überschuss = Innenfinanzierung

Der Abschreibungsbetrag in der Gewinnrechnung steht für den Betrag der dadurch verhinderten Steuer- und Gewinnauszahlungen in der finanzwirtschaftlichen Rechnung. Diese saldiert nun den Betrag der **verhinderten** Auszahlungen mit dem Betrag der Kapitalrückzahlungen infolge der vorhandenen Investitionen.

Das Verhältnis von Abschreibungsbetrag und Rückzahlungsbetrag entscheidet dann über ± Innenfinanzierung im betrachteten Jahr. Naheliegenderweise kann man auf die Investitionsperiode erweitern und auf dieser Grundlage dann den Abschreibungsverlauf mit dem Kapitalrückzahlungsverlauf vergleichen. Die Innenfinanzierung wird folglich nicht wie üblich mit dem Vorgriff auf die Ersatzbeschaffungsauszahlung (= Zukunft) erklärt, sondern mit Hilfe der Berücksichtigung der Rückzahlung auf die Investitionsfinanzierung in der Vergangenheit.

Als Ergebnis können wir festhalten, dass sich die Innenfinanzierung
1) für ein Bilanzjahr aus der Differenz zwischen dem Abschreibungsbetrag (stellvertretend) und dem geringeren Betrag der Kapitalrückzahlung ergibt und
2) für die Investitionsperiode aus dem Voraus des Abschreibungsverlaufes vor dem Verlauf der Kapitalrückzahlungen.

Der Vorteil ist folglich entsprechend größer, wenn rasch und steuerwirksam abgeschrieben werden kann bzw. je später das Kapital zurückgezahlt werden muss.

Die nachfolgende Struktur hat das Beispiel ausgewertet. Es werden folgerichtig die beiden finanzwirtschaftlichen Geschehenselemente (1) aus der Investition und (2) aus der Finanzierung ihrer Anschaffungsausgabe in der Vergangenheit abgeleitet. Das Aktivum führt zum Abschreibungsbetrag und seine Finanzierung führt zum Betrag der periodischen Kapitalrückzahlung. Für beide Beträge nehmen wir 2 Varianten an, um daraus 4 Fall-Konstellationen zu kombinieren: der jeweilige Saldo gibt den Betrag der Innenfinanzierung der Periode an.

Die sogenannte Finanzierung aus Abschreibungen

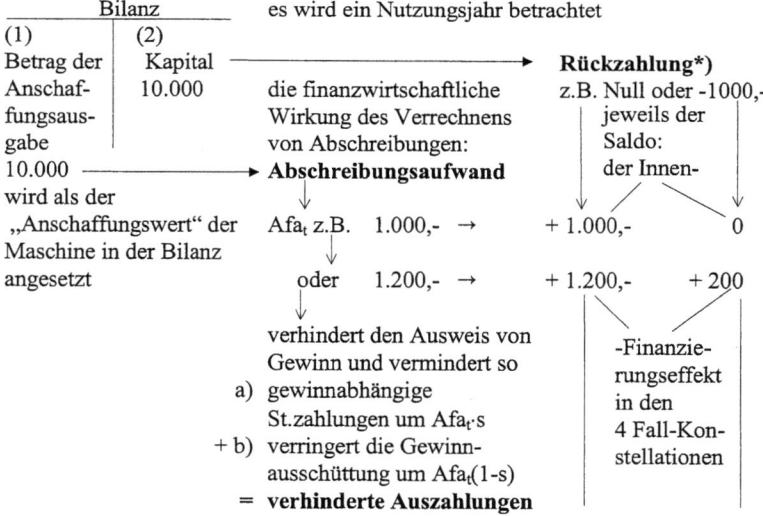

*)Anmerkung zur ersten Variante „keine Kapital-Zurückzahlung": das ist die übliche und ganz selten genannte Annahme der Literatur, wenn sie die Innenfinanzierung deshalb – einseitig und nicht als Saldo – durch das Verrechnen von Abschreibungsaufwand (und zeitlich bezogen auf die Auszahlung für die Ersatzbeschaffung) erklärt. Bezeichnet wird die Innenfinanzierung dann als die Verfügbarkeit über die „Abschreibungsgegenwerte" oder sogar über die „Abschreibungen" – eine bloße Rechengröße der Ertrag-Aufwand-Rechnung![21]

---

[21] Vgl. so z.B. Loitlsberger (1996) S. 161.

Demgegenüber Spremann[22]: der Innenfinanzierungseffekt folgt aus dem Stehenlassen frei gesetzter Mittel bis zur Rückzahlung. Ersichtlich unzutreffend deshalb die Meinung von Schneider[23], dass die Mittel der Innenfinanzierung kapitalkostenlos seien.

16.3 Die Finanzierung durch das Bilden stiller Rücklagen - Typ 9

Auf den ersten Blick hin liegt eine zeitliche Differenz zwischen zwei Zeitpunkten des Verrechnens von Aufwand vor; z.B. wird die Ausgabe für die Beschaffung eines Werkzeugs als Aufwand verbucht, obgleich es über mehrere Jahre genutzt werden wird, weshalb der Betrag der Ausgabe als Aktivum auf einem Bestandskonto verbucht werden könnte. Nicht-Aktivierung, steuerrechtlich zulässige Sonderabschreibungen und Beibehaltung einer nicht-planmäßigen Abschreibung, die sich später als unbegründet erweist – stets geht darum, dass die Verrechnung von Aufwand zeitlich vorgezogen wurde gegenüber dem später liegenden, sachlich begründeten Zeitpunkt des Aufwand-Ausweises. Das Interesse gilt jedoch nicht der Zeitdifferenz beim Aufwand-Ausweis per se, *sondern dem Zeitunterschied zwischen den jeweiligen finanzwirtschaftlichen Wirkungen*: Wird „Bilanzpolitik" mit der Absicht betrieben, den Gewinn derzeit geringer auszuweisen, um zumindest weniger Gewinn auszuschütten (Handelsbilanz) oder sogar weniger Erfolgsteuern zahlen zu müssen (Steuerbilanz), dann wird für den Jahresabschluss vom Bilden stiller Rücklagen gesprochen. Die Innenfinanzierung stellt auf den Zeitraum zwischen den zugehörig zeitlich substitutierten/aufgeschobenen Steuer- und Gewinnauszahlungen ab.

Das nachfolgende Beispiel zeigt den Effekt der Finanzierung im Jahr des Bildens stiller Rücklagen. Es hat drei Durchgänge:

A. keine Bilanzpolitik, d.h. es werden keine stillen Rücklagen gebildet;
B. Bilanzpolitik nur in der Handelsbilanz in Höhe von 50,- Verrechnungsaufwand, d.h. von ökonomisch (noch) nicht begründetem Aufwand: dies führt zum Bilden stiller Rücklagen in Höhe von 50,-;
C. Bilanzpolitik sowohl in der Steuer- als auch in der Handelsbilanz in Höhe von 50,- Verrechnungsaufwand: dies führt zum Bilden stiller Rücklagen deckungsgleich in den beiden Rechenwerken.

Wir gehen in allen drei Fall-Konstellationen von einem Brutto-Gewinn von 100,- aus. Auf diesen rechnen wir 25% Körperschaftsteuer (KSt). Die 25,- KSt werden (nur) in

---

[22] Spremann (1996) S. 339.
[23] Schneider (2002) S. 174, 180, 188.

der Handelsbilanz als Aufwand verrechnet.[24] Für den in den drei Fällen nach KSt und nach Verrechnungsaufwand resultierenden (Netto-)Gewinn in der Handelsbilanz (HB) laut Spalte (5) gibt es jeweils zwei Verwendungsmöglichkeiten: Ausschütten – so Spalte (4) – oder Zuführung in die offenen Rücklagen – so Spalte (6).

Der Innenfinanzierungs-Effekt im Jahr des Bildens stiller Rücklagen

(1)	(2) Steuerbilanz (StB)	(3) KSt	(4) maximale Ausschüttung	(5) Handelsbilanz (HB)	(6) maximale Innenfinanzierung, d.h. Bilden von offenen und stillen Rücklagen (RL)
A. keine Bilanzpolitik	100	./. 25 →		100 ./. 25	
			75	← 75 →	+ Δ offene RL 75
Innenfinanzierung			**0**	bzw.	**75**
B. Bilanzpolitik mit + Δ Aufwand = 50 nur in der HB	100	./. 25 →		100 ./. 25 ./.50 →	+ Δ stille RL 50
			25	← 25 →	+ Δ offene RL 25
Innenfinanzierung			**50**	bzw.	**75**
C. Bilanzpolitik mit + Δ Aufwand = 50 in der StB und in der HB	100 ./.50 50	./. 12,5 →		100 ./. 50 ./. 12,5	+ Δ stille RL 50
			37,5	← 37,5 →	+ Δ offene RL 37,5
Innenfinanzierung			**50**		**87,5**

Vergleicht man die Konstellationen A und B, dann geht der Verrechnungsaufwand von 50 entweder zu Lasten der Ausschüttung (von 75 auf 25 runter) oder es erfolgt nur eine Substitution zwischen dem Bilden offener Rücklagen (- 50) und dem Bilden stiller Rücklagen (+ 50), jeweils in Spalte (6).

Vergleicht man zum anderen die Konstellationen B und C miteinander, dann zeigt sich die Beteiligung des Fiskus mit 25% (KSt-Satz) an dem Betrag von 50 Verrechnungsaufwand auch in der Steuerbilanz. Folglich steigt entweder die Ausschüttung von 25

---

[24] Vgl. dazu Wimmer (1982), Marx (1998) S. 113-120.

auf 37,5 gemäß Spalte (4) oder die Zuführung zu den offenen Rücklagen von 25 auf 37,5 gemäß Spalte (6). Die Konstellation C ist ersichtlich – zu Lasten des Fiskus – für die Unternehmung und ihre Aktionäre besonders erfreulich.

Das Beispiel zeigt, dass die Ergebnisse, d.h. der jeweilige Beitrag zur Innenfinanzierung bestimmt werden

1. von der Frage, ob der Verrechnungsaufwand zu Lasten der Ausschüttung oder zu Lasten der Zuführung zu den offenen Rücklagen geht – daher Spalte (4) versus Spalte (6);
2. von der Rechtsfrage, ob der Verrechnungsaufwand auch in den Jahresabschluss nach Steuerrecht eingebracht werden darf – Vergleich der Konstellationen B und C; und
3. von der Höhe des Satzes der Körperschaftsteuer. Ein höherer Satz von z.B. 40% anstelle der 25% halbiert bei der Konstellation C seine Wirkung auf die Hälfte von 15%, d.h. von differentiell 7,50. Hieraus ersieht der Leser das Wechselverhältnis zwischen hohen Steuersätzen und der Weitherzigkeit der steuerrechtlichen Gewinnermittlungsvorschriften.

Das bereits komplexe Problemgefüge setzt sich mit der Frage fort, wie denn die Unternehmung die über das Bilden (und Fortführen) stiller Rücklagen gewonnenen Mittel verwendet. Und weitergehend: an die Bilanzpolitik – hier im finanzwirtschaftlichen Zusammenhang verstanden – und an die Effektivität der Mittelverwendung sich anschließend kann man über die Auswirkungen auf Stand und Entwicklung des Kurses der Aktie spekulieren.[25] Ersichtlich hat das Bilden stiller Rücklagen (1) einen finanzwirtschaftlichen, (2) einen erfolgswirtschaftlichen und (3) einen informationswirtschaftlichen Aspekt.

16.4 Die Finanzierung durch das Bilden offener Rücklagen - Typ 10

Ebenso gebräuchlich sind die Bezeichnungen „offene Selbstfinanzierung", Gewinn-Einbehaltung oder Gewinn-Thesaurierung.

Stets ist damit gemeint, dass ein Teil des (in der Handelsbilanz) ausgewiesenen Gewinns/Jahresüberschusses nicht ausgeschüttet wird. Dementsprechend wird dieser Teil nicht „an Bank" gebucht, sondern auf dem Konto der Gewinn-Rücklagen zugebucht.

---

[25] Vgl. dazu Wagenhofer/Ewert (2003) S. 237-277.

Dessen Bestand heißt „offene Rücklagen" und ist eine Komponente des Bilanz-Eigenkapitals.
In diesem Sinne wird z.B. der ausgewiesene Gewinn von 500.000,- mit 40% „einbehalten", d.h. auf „offene Rücklagen" umgebucht. Die Innenfinanzierung ergibt sich aus der Nicht-Auszahlung jetzt im Anschluss an das Bilanzjahr zugunsten der möglichen Auszahlung später.

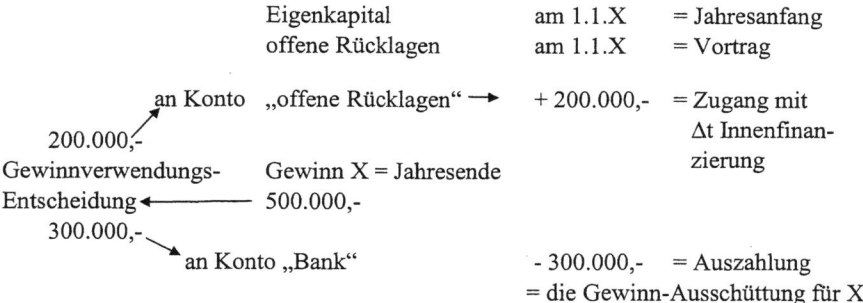

Die Innenfinanzierung besteht in dem Aufschieben der Auszahlung der 200.000,- auf später, dann als das „Auflösen offener Rücklagen zwecks Ausschüttung" bezeichnet.

B.17 Begriffe „Finanzierung"

Wir unterscheiden zwei Begriffe der Finanzierung. Der Begriff der **Unternehmens-Finanzierung** ist aus dessen Sicht und folgerichtig von den beiden Basis-Merkmalen der Finanzierung her konzipiert:
„Eine Finanzierungs-Entscheidung hat (1) eine Einzahlung zur Folge oder/und (2) begründet bzw. verlängert einen Zeitraum zugunsten des Entscheidungsträgers zwischen der erhaltenen Einzahlung (oder Leistung) und der später zu erbringenden Gegen-Auszahlung."
Der Begriff der **Kapitalmarkt-Finanzierung** findet sich in den Büchern, die den Kapitalmarkt in den Mittelpunkt rücken und von hier die Finanz-Investitions-Entscheidungen der Kapitalgeber mit den Finanzierungs-Entscheidungen der Kapitalnehmer koordinieren. Sowenig die Unternehmen identisch mit den Kapitalnehmern sind, so wenig bindet sich die Finanzierung an die Richtung der Zahlung als Einzahlung (= 1. Basis-Merkmal in B.12.). Der beschreibende Begriff lautet:
„Finanzierungs-Entscheidungen sind Entscheidungen über die Versorgung der Unternehmung mit Kapital – i.S. des Kapitalzustands nach Einzahlung und bis zur Rück-

zahlung – und damit über die Beziehungen, insbesondere Zahlungen (hinsichtlich Beträgen, Zeitpunkten und Risiken) zwischen Unternehmung und Kapitalgebern."[26]
Nach diesem auf die drei Beziehungen abstellenden Begriff sind Kapitalrückzahlungen, Dividenden- und Zinszahlungen - also Auszahlungen der Unternehmung - zur Finanzierung gehörend, obgleich sie Vorgänge der Entfinanzierung darstellen! Nicht deutlich wird, dass die Innenfinanzierung der Beteiligungsfinanzierung integriert werden muss.[27] Für die „Entgelt-Finanzierung" als bloße Einzahlung von Seiten des Leistungsempfängers fehlt der Kapitalgeber, so dass sie nicht vom kapitalmarktbezogenen Finanzierungsbegriff erfasst wird. Das Verhältnis der beiden Begriffe wird als unvollständige Deckung in einer Übersicht gezeigt.

Das Verhältnis der beiden Finanzierungsbegriffe zueinander

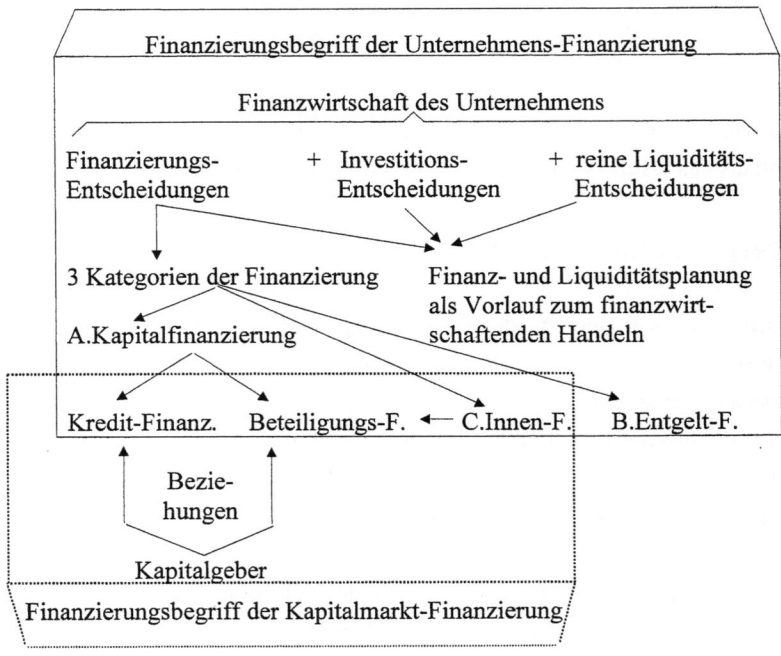

---

[26] Vgl. Swoboda (1971) S.13 bzw. (1992) S.15; R.H Schmidt (1983) S. 20; Drukarczyk (1999) S. 2 f.
[27] Vgl. Lehmann (1991) S. 411 und nachfolgend B.35 und B.36 sowie B.60. Die Abschnitte B.16.1 bis B.16.4 zeigten diese Einbindung anschaulich, zugleich Schneider (1992) S. 18 widersprechend.

B.20 Die Eigenfinanzierung der Personen-Unternehmen

Die Eigenfinanzierung des Einzelunternehmens und des Gesellschaftsvermögens der Personengesellschaften unterscheidet sich, weil der Einzelunternehmung (bislang) keine rechtliche Verselbständigung zugebilligt wird, wenn man von dem – sehr folgerichtigen – Einkommensteuerrecht absieht.[28] Nachfolgend steht die Eigenkapital-Finanzierung, also die Finanzierung von außen im Mittelpunkt. Das Eigenkapital „von innen", d.h. der nicht entnommene Gewinn wird nicht weiter beachtet, zumal er bei den Aktiengesellschaften zum zentralen Problem (der Bewertung der Aktien) wird, vgl. B. 35.

Dem Eigenkapital fehlt der Rechtsanspruch auf ein Entgelt für seine Finanzierungsfunktion über die Zeit, d.h. für die Stundungsleistung (vgl. B.13). Zudem ist es der Träger der Unternehmensrisiken, d.h. ihm fallen die periodisch „realisierten Chancen" gleich Geschäftsgewinn zu wie ihm andererseits die „realisierten Gefahren" gleich Geschäftsverlust angelastet werden. Es liegt deshalb nahe, die Verteilung von Gewinn bzw. Verlust bei Personengesellschaften anzufügen (B.24).

Die betriebswirtschaftliche Literatur trennt diese beiden Aspekte der **Eigenkapitalfinanzierung** nicht von denjenigen Merkmalen, die der Rechtstellung des Eigenkapitalgebers verbunden sind. Mitwirkungs- und Informationsrechte kennzeichnen nicht den Zusammenhang der Zahlungsgrößen, sondern mitbestimmen ihn über Entscheidungen; vgl. den Begriff der Kapitalmarkt-Finanzierung in B.17.

Noch einen Schritt weiter geht das Einkommensteuerrecht: die Merkmale der Rechtstellung werden dazu eingesetzt, den Zahlungszusammenhang hinsichtlich der Art der erwerbswirtschaftlichen Betätigung als betrieblich/gewerblich zu beurteilen und die Qualifizierung zum „Betriebsvermögen" anzufügen mit der Folge, den Gewinn ermitteln zu müssen. Dementsprechend wird der Begriff „Mitunternehmer" für den Gesellschafter einer betrieblich tätigen Personengesellschaft erfunden,[29] obgleich die Aufgabe darin besteht, die erwerbswirtschaftliche Betätigung der Gesellschaft zu beurteilen.[30]

---

[28] Ausführlich dazu Knoth (2003).
[29] Zur kritischen Auseinandersetzung damit vgl. Lehmann, in: Steuer und Studium 1990.
[30] So auch Kirchesch (2002).

B.21 Eigenfinanzierung

Bemüht man sich, die „Eigenfinanzierung" zu erklären, dann zerfällt sie in zwei Teile: der Finanzierungsvorgang ist der tatsächliche, der realökonomische Vorgang, während das vorgesetzte „Eigen" nur rechtlich und abbildend buchhalterisch beschrieben werden kann. Von diesen Vorgängen zu unterscheiden ist das Eigenkapital als Bestandsgröße: es hat keine realökonomische Existenz, sondern nur eine rechtliche und eine buchhalterische Existenz auf Bestandskonten. Der rechtliche Aspekt erschöpft sich für das Einzelunternehmen im Bilanzrecht, während anderenfalls das Personengesellschaftsrecht hinzukommt.

Das „Eigenkapital" wird häufig buntschillernd verstanden:

1) Entweder wird es mit einer realökonomischen Bestandsgröße identifiziert oder es wird eine ihm entsprechende Vermögensgröße (real oder/und bilanziell abbildend) hinzugedacht.

2) Die Erfolgskomponente der erfolgswirksamen doppelten Buchungssätze wird als direkte Änderung des Bilanz-Eigenkapitals und damit als Änderung eines speziellen Bestandskontos erklärt.[31] Das ist nichtssagend hinsichtlich der betriebswirtschaftlichen Betätigung, die einen Überschuss erwirtschaften möchte, der als Gewinn/Erfolg rechnerisch quantifiziert werden muss.[32]

3) Das „Eigenkapital" wird mit der Haftung für die Risiken aus der betriebswirtschaftlichen Betätigung verknüpft, vgl. Abschnitt B.32.

Schon angesichts dieser Unklarheiten und Vermengungen wäre es leichtfertig, verfügbare Definitionen der Eigenfinanzierung und des Eigenkapitals zu erörtern, ohne eine Analyse vorgeschaltet zu haben. Diese hat die Aufgabe, die kennzeichnenden Merkmale zu erarbeiten. Die Bezeichnung „Eigenfinanzierung" umfasst die verschiedenen Quellen, aus denen das – noch nicht definierte – Eigenkapital einer Unternehmung zusammenkommt:

a) Die Eigenkapital-Finanzierung gehört zur Außenfinanzierung der Unternehmung, vgl. die Abschnitte B.12, Typ 1 und B.13.

b) Die Selbstfinanzierung bezeichnet den nicht entnommenen Anteil am Jahresgewinn, der (per Saldo) den Bestand auf dem Bilanz-Eigenkapitalkonto erhöht; vgl. B.12, Typ 10 und B.16.4.

---

[31] Vgl. dazu ausführlich Lehmann (1998) S. 69-116.
[32] Vgl. Lehmann, Stichwort „Erfolgsermittlung", HWU, 4. Aufl. Stuttgart 2002; Lehmann/ Müller (2002) S. 4-15, 133-148, 182-186.

c) Im Gegensatz zu b) vermeidet die Finanzierung durch das Bilden stiller Rücklagen entsprechenden Ausweis von Gewinn und erscheint deshalb nicht als ausgewiesenes Eigenkapital in der Bilanz; vgl. B.12, Typ [9] und B.16.3. Falls der buchhalterische Ausweis auf einem Eigenkapital-Bestandskonto sich als ein unentbehrliches Begriffsmerkmal erweist, dann sind stille Rücklagen kein Eigenkapital. Diese (definitorische) Feststellung steht dem Finanzierungseffekt aus dem Bilden stiller Rücklagen nicht entgegen, wie das Beispiel in B.16.3 zeigte.

B.22 Die Finanzierung der Einzelunternehmung mit Eigenkapital

Der Herr Bernd Becker (privat) beschließt als Bäckermeister (Berufsausbildung) eine Bäckerei zu eröffnen. Er hat deshalb auf seinem (privaten) Bankkonto (I) bei der Sparkasse ein Guthaben von 200.000,- angesammelt.

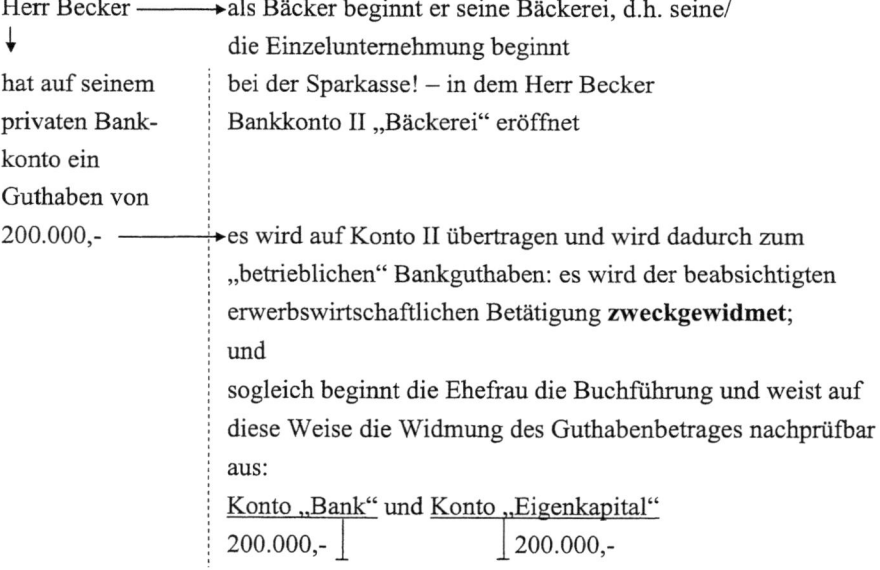

Damit ist die Eigenkapital-Finanzierung der Einzelunternehmung „Bäckerei" abgeschlossen! Wir können das Geschehen mit vier Aspekten kennzeichnen.
Die Eigenkapital-Finanzierung ist
a) aus einkommensteuerrechtlicher Sicht der Widmungsakt von Geld (oder Sachen) auf den Bereich der betrieblichen Erwerbstätigkeit hin zuzüglich dem entsprechenden Ausweis in der Finanzbuchhaltung (die als Pflicht nach Steuerrecht durchzuführen ist);

b) aus der Sicht der Finanzbuchhaltung wird der Vorgang „Geld-Einlage" im doppelten Buchungssatz erfasst und mit
   (α) auf einem aktivischen Bestandskonto – hier „Bank" – eingebucht und mit
   (β) auf dem Bilanz-Eigenkapitalkonto als „Guthaben" des Bäckermeisters Becker gegengebucht.
c) Aus betriebswirtschaftlicher Sicht liegt eine Einzahlung an das Einzelunternehmen vor, die als solche nicht als „Eigenkapital" zu erkennen ist.
d) Aus zivilrechtlicher Sicht liegt nichts vor!
   Nach wie vor ist Herr Becker Inhaber des Guthabens; die Einzelunternehmung existiert für das Zivilrecht nicht. Das wäre anders, wenn Herr Becker mit seiner Ehefrau eine Gesellschaft des bürgerlichen Rechts gegründet hätte, um auf dieser Rechtsgrundlage die betriebswirtschaftliche Betätigung zu vollziehen.

B.23 Die Finanzierung des Gesellschaftsvermögens von Personengesellschaften mit Eigenkapital

Das Bürgerliche Gesetzbuch (BGB) regelt die Grundform, nämlich die „Gesellschaft bürgerlichen Rechts" (GbR) oder BGB-Gesellschaft mit den §§ 705 bis 740 BGB. Das Handelsgesetzbuch (HGB) regelt die Personenhandelsgesellschaften (PHG), d.h. die Offene Handelsgesellschaft (OHG) und die Kommanditgesellschaft (KG).

Wir geben zunächst eine erklärende Beschreibung der Personengesellschaft, die sich nicht – wie üblich – in der Wiederholung der Rechtsvorschriften erschöpft, sondern von der „erwerbswirtschaftlichen Betätigung auf gemeinsame Rechnung" her konzipiert ist.

Die sich anschließende „Finanzierung des Gesellschaftsvermögens mit Eigenkapital" wird als eigenständige Phasenabfolge erläutert und verschwindet nicht – wie üblich – unter dem Stichwort „Gründung der Gesellschaft".

23.1 Die Personengesellschaft

Wir nehmen an, dass die natürlichen Personen A, B und C einen Gesellschaftsvertrag betreffend eine OHG abschließen. Das ist ein zugleich wechselseitiger und gemeinschaftsrechtlicher Vertrag zwischen den Drei mit der Absicht, in der Zuständigkeit der

B.23 Die Finanzierung des Gesellschaftsvermögens

OHG eine erwerbswirtschaftliche Betätigung (= der **Zweck**) zu vollziehen. Auf diese Weise soll das übereinstimmend verfolgte **Ziel** verwirklicht werden, auf gemeinsame Rechnung **Gewinn** zu erwirtschaften und im Wege seiner Verteilung **Einkunft** je Gesellschafter zu erzielen. Mit dieser Beschreibung unterscheiden wir (1) den Zweck – die Betätigung – auf Seiten der Gesellschaft von (2) dem gemeinsamen Ziel – dem Gewinn – der Gesellschafter und dieses von (3) dem Ziel – den Einkünften – eines jeden Gesellschafters. Der Plural soll darauf hinweisen, dass es neben dem Gewinnanteil weitere Einkunftssalden gibt, und zwar je nach den Leistungen des einzelnen Gesellschafters an das Gesellschaftsvermögen und je nach der Verteilungsrechnung, die die Gesellschafter ausgehend von Brutto-Erfolg vereinbaren, vgl. nachfolgend B.24.

Mit dem Abschluss des Vertrages werden A, B und C zu Personengesellschaftern der damit von ihnen gegründeten OHG. Zugleich vereinbaren sie ein Erwerbswirtschaften auf gemeinsame Rechnung in der Rechtszuständigkeit der OHG. Dazu bedarf es des Gesellschaftsvermögens als der Grundlage des Erwerbswirtschaftens. Das Gesellschaftsvermögen umfasst die aus ökonomischer Sicht zweckgewidmeten Vermögens-Gegenstände und die zugehörigen Verpflichtungen, die wir als **die Bestandteile** des Gesellschaftsvermögens bezeichnen. Der Begriff „Gesellschaftsvermögen" benennt folglich **nur das Gesamt**. Den Saldo aus der Summe der bewerteten Vermögensgegenstände – das **Brutto-Vermögen** folglich – und den abzurechnenden Verpflichtungen heißt der „**Netto-Vermögenswert**" des Gesellschaftsvermögens und unter Rückgriff auf die Bilanz das **Bilanz-Eigenkapital**. Der in der Literatur weitverbreitete Mangel, die fünf Hervorhebungen zu unterscheiden, ist seit über hundert Jahren die Quelle von Unklarheiten und endlosem Streit. Denn aus rechtlicher Sicht ist das Erwerbsvermögen der Personengesellschaft nicht nur ermittlungsrechtlich – analog zum Einzelunternehmen – gesondert und abgegrenzt, sondern darüber hinaus auch gesellschaftsrechtlich verselbständigt. Was heißt aber „gesellschaftsrechtlich", wenn dies etwas anderes ist als „zivilrechtlich"?

Damit ist der Kern der umfangreichen Literatur angesprochen, die sich vergeblich bemüht, das Zivilrecht auf das zu strukturierende Gebilde „Personengesellschaft" anzuwenden, das einerseits eine Personenmehrzahl und andererseits eine Vielzahl von Vermögensgegenständen und Verpflichtungen zusammenfasst. Seit je wird im § 124 HGB die Personengesellschaft als die Eigentümerin der Vermögensgegenstände in ihrem Gesellschaftsvermögen angegeben. Aber nicht der personenrechtliche Zusammenschluss von A, B und C zum Personenverband ist deshalb der Eigentümer, denn dann wäre nichts im Gesellschaftsvermögen. Andererseits ist auch dieses nicht der Eigentümer, weil das Gesellschaftsvermögen zwar rechtszuständig für die Gegenstände ist, jedoch nicht handlungsfähig. Ersichtlich ist die übliche zivilrechtliche Sicht und damit die Fragestellung: „wie ist bei den Personengesellschaften das Eigentum an den Gegenständen im Gesellschaftsvermögen zugeordnet" der falsche Ausgangspunkt, der noch jeden Juristen in die Irre geführt hat, der das Gesellschaftsvermögen zu erklären sich deshalb vergeblich bemühte.

Die Antwort ist einfach, wenn man das betriebswirtschaftliche Wirtschaften zum Ausgangspunkt nimmt: **die Dispositionsbefugnis** über die Gegenstände, d.h. die Entscheidungen betreffend Nutzung, Gebrauch bzw. Verbrauch und Veräußerung der Gegenstände ist dem Organ „Geschäftsführung" des Personenverbandes zugeordnet. **Die Rechtsinhaberschaft** an den Gegenständen hingegen ist dem Gesellschaftsvermögen zugeordnet und ist über die Finanzbuchhaltung eingebunden dem Wirtschaften auf gemeinsame Rechnung. Das „Gesellschaftsvermögen" ist mithin ein eigenständiges Rechtskonstrukt, nämlich das rechtlich gesonderte Zweckvermögen als das Gesamt mit sowohl der vermögensrechtlichen als auch der ermittlungsrechtlichen (= „bilanzrechtlichen") Rechtszuständigkeit für die Bestandteile entsprechend dem Wirtschaften auf gemeinsame Rechnung. Letzteres als der gemeinsame Zweck von Gründung und Existenz einer Personengesellschaft ist ohne korrespondierende Rechtszuständigkeiten für das Wirtschaften wie für das Abrechnen darüber gar nicht durchführbar.

Kurz: das Eigentumsrecht „existiert nur pauschal" hinsichtlich der Personengesellschaft als solcher, aber es ist bei genauem Hinsehen quer- und aufgeteilt: der Vermögensverbund ist der Rechtsinhaber und der Personenverband ist der Disponent, der über die Verwendungsmöglichkeiten entscheidet, welche von den Vermögensgegenständen als den Bestandteilen im Gesellschaftsvermögen repräsentiert werden. Bildlich gesprochen wurde das Eigentumsrecht am Vermögensgegenstand geschlachtet: der Kopf ging an die Geschäftsführung, die Substanz an das Gesellschaftsvermögen. Also existiert das Eigentumsrecht als solches bei den Personengesellschaften nicht![33]

---

[33] Vgl. die ausführliche Darstellung bei Lehmann/Müller (2002) S. 92-128, für die Personengesellschaft ab S. 115. Die Vermögensrechtsordnung unterscheidet sich zwischen Personen- und Kapitalgesellschaften nicht. Den Unterschied in der Handlungsrechtsordnung mit Selbstorganschaft versus Fremdorganscahft stellt Bergmann (2002) in Frage.

Damit haben wir zum einen die Personengesellschaft selbst und zum anderen ihren personenrechtlichen Zusammenschluss zum „Personenverband" und die vermögensrechtliche Zusammenfassung zum Gesellschaftsvermögen, d.h. zu einem rechtlichen Vermögensverbund beschrieben. Mit anderen Worten können wir die Personengesellschaft aus rechtlicher Sicht dahingehend erklären: mit ihr ist (α) ein Personenverband/ eine Personenrechtsgemeinschaft (β) zuständig für eine erwerbswirtschaftliche Betätigung (γ) auf der Grundlage ihres gesellschaftsrechtlichen Sondervermögens. Das Gesellschaftsvermögen heißt in dieser Beziehung auch „Gesamthandvermögen" oder „Vermögen zur gesamten Hand". Die Disposition über einen Bestandteil des Gesamthandsvermögens geschieht stets „auf gemeinsame Rechnung". Wenn sie ad personam eines Gesellschafters erfolgt, dann wird sie als „Entnahme" bezeichnet und wird zu Lasten des persönlichen Eigenkapitalkontos dieses Gesamthänders gerechnet und verbucht.[34]

23.2 Die Finanzierung des Gesellschaftsvermögens mit Eigenkapital

An die gegebene gesellschaftsrechtliche Beschreibung schließt sich die Aufgabe an, die Finanzierung des Gesellschaftsvermögens mit Eigenkapital zu erläutern. Mit dem Abschluss des Gesellschaftsvertrages legen die Gesellschafter auch fest, welchen **Beitrag** zugunsten des Gesellschaftsvermögens jeder Gesellschafter zu erbringen hat. Das ist die Verpflichtung des A, des B und des C, Geld oder eine Sache oder ein Recht in das Gesellschaftsvermögen **einzulegen**, d.h. eine „Geldeinlage" bzw. eine „Sacheinlage" zu erbringen. Der einzelne Gesellschafter verpflichtet sich, eine Einlage vorzunehmen. Aus der Sicht der Gesellschaft **beteiligt** er sich und verpflichtet sich zu einem Beitrag. Infolgedessen wird die Eigenkapital-Finanzierung des Gesellschaftsvermögens zur Beteiligungsfinanzierung desselben. Das Gesellschaftsvermögen beginnt mit dem Abschluss des Gesellschaftsvertrages, weil die zu den Beitragspflichten der Gesellschafter korrespondierenden „Forderungen auf ausstehende Einlagen" zugunsten des Gesellschaftsvermögens entstehen. Deren Einbuchung hat (mit der Gegenbuchung) den Ausweis des betragsgleichen Eigenkapitalbetrages zur Folge. Die bisherigen Ausführungen zur Personengesellschaft und das entstandene Gesellschaftsvermögen sind nachfolgend als Struktur dargestellt.

---

[34] Vgl. Lehmann, FR 1990. Hier wird die Erbauseinandersetzung der Miterben über den Nachlass als Ent-Finanzierung des „Sondervermögens zur gesamten Hand" beschrieben.

Die Personengesellschaft und der Beginn ihres Gesellschaftsvermögens

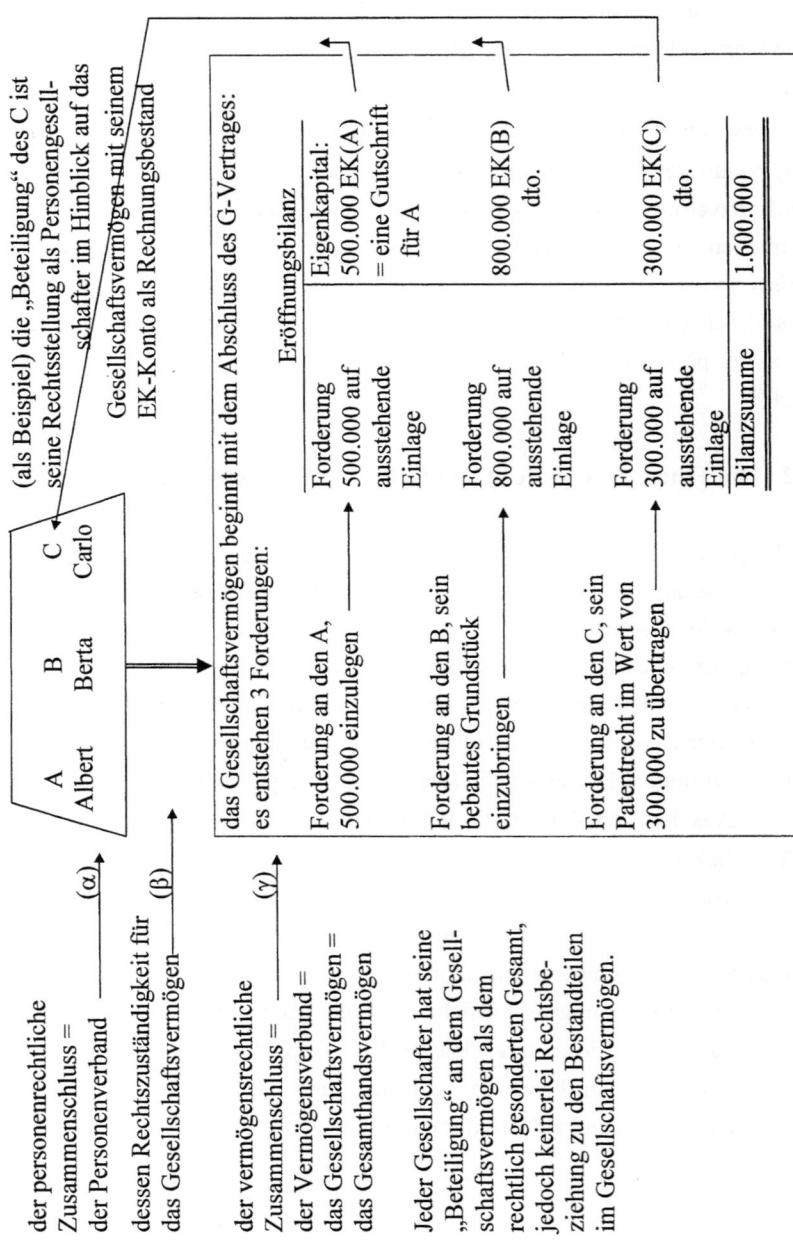

B.23 Die Finanzierung des Gesellschaftsvermögens

Wenn nun nachfolgend die drei Gesellschafter ihren Einlage-Pflichten nachkommen:
A zahlt auf das Bankkonto der Personengesellschaft ein,
B überträgt das Eigentum an dem bebauten Grundstück (Gebäude 300.000 und Boden 500.000) auf die Personengesellschaft, und
C überträgt die Rechtsinhaberschaft über das Patent auf die Personengesellschaft,
dann treten die eingelegten Vermögensgegenstände an die Stelle der jeweiligen Forderung im Gesellschaftsvermögen. Die Verbuchung der drei Einlage-Vorgänge substituiert jeweils die „Forderung auf ausstehende Einlage" durch den Bilanzwert des eingelegten Vermögenswertes. Der Buchhalter spricht vom „Aktivtausch". Folglich bleiben die Eigenkapital-Konten der Gesellschafter davon völlig unberührt; deren Beträge stehen deshalb gewollt zeilen-ungleich zur Aktivseite.

Nachfolgend wird das Gesellschaftsvermögen bei Geschäftseröffnung dargestellt. Wir nehmen an, dass zusätzlich ein Betriebsmittelkredit über 200.000 bei der Sparkasse aufgenommen wurde.

Das Gesellschaftsvermögen bei Geschäftseröffnung

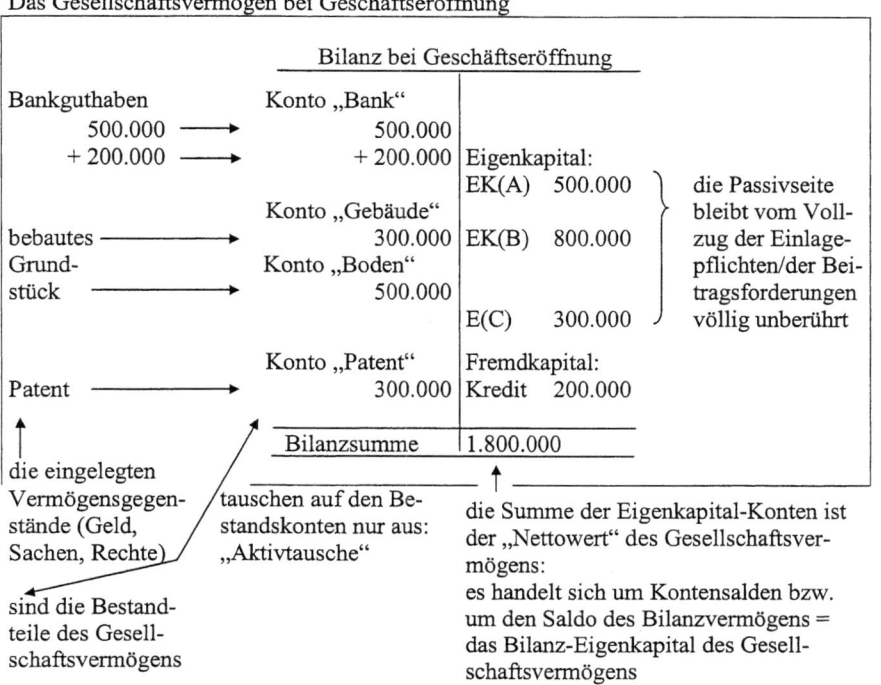

Haben wir im vorangegangenen Abschnitt B.23.1 zur Personengesellschaft das „Eigentumsrecht" gesucht, so fragen wir jetzt zum Gesellschaftsvermögen nach dem Vorgang der Finanzierung mit Eigenkapital.

Dieser Vorgang ist eine vierteilige Phasenabfolge:

a) Das Eigenkapital wird **gesellschaftsrechtlich**/gemeinschaftsrechtlich vereinbart: Der Verpflichtung eines jeden Gesellschafters, seine Einlage zu erbringen, entspricht eine Forderung im Gesellschaftsvermögen. Mit „Schuldrecht" zwischen den Gesellschaftern hat das nichts zu tun, denn der Zweck der Rechtsbeziehung ist die Finanzierung des Gemeinschaftsbereiches „Gesellschaftsvermögen".

b) Entscheidend ist der bloße Vorgang der **Verbuchung**! Die Forderung wird auf Konto „Forderung auf ausstehende Einlage" eingebucht und die entsprechende Verpflichtung des Gesellschafters wird als „Gutschrift" auf seinem persönlichen Bilanz-Eigenkapitalkonto gegengebucht. Mit anderen Worten: Das „Eigen-" des Kapitals wird nur rechenökonomisch in der Finanzbuchhaltung ausgewiesen.

c) Der Vollzug der Einlage ist aus **betriebswirtschaftlicher** Sicht der entscheidende Finanzierungsvorgang, der jedoch nichts zum Merkmal „Eigenkapital" erkennen lässt. Die Geschäftsführung erhält die Dispositionsmöglichkeit über das Eingelegte (= Geld bzw. Grundstück bzw. Patent) im Sinne von Ausgeben bzw. Gebrauchen bzw. Nutzen oder Veräußern.

d) Der Vollzug der Einlage ist aus **zivilrechtlicher** Sicht der Übergang des Eigentumsrechts am Geld bzw. an der Sache bzw. am dinglichen Recht vom Gesellschafter auf die Gesellschaft (vgl. § 124 HGB) bzw. hinsichtlich nur seiner vermögenswerten Substanz auf das Gesellschaftsvermögen. Das Merkmal „Eigen-" der Eigenkapital-Finanzierung ist dabei nicht zu erkennen.

Das Ergebnis der Analyse ist etwas ernüchternd. Der Vorgang der Kapitalfinanzierung ist mit c) ökonomisch und d) zivilrechtlich fassbar ohne Unterschied zur Fremdkapitalfinanzierung. Das kennzeichnende Merkmal für „Eigen"- gegenüber Fremdkapitalfinanzierung ist mit a) die gesellschaftsrechtliche Grundlage **infolge** der Personenmehrzahl und daran anknüpfend mit b) der ermittlungsrechtliche Ausweis in der Finanzbuchhaltung und Bilanz, hier unentbehrlich auch **wegen** der Personenmehrzahl hinsichtlich Gewinn- und Vermögensverteilungen.

Wenn also nicht in der Herkunft, so fragt der Leser zu Recht, worin liegt dann die Bedeutung der Eigenkapitalfinanzierung?

(1) Der Entgelt- oder Vergütungsanspruch[35] des Eigenkapitals für seine (mit dem Fremdkapital übereinstimmende) Finanzierungsfunktion ist abhängig vom erwirtschafteten Gewinn, so dass die Entgelt-Auszahlung als Gewinnausschüttung erfolgsabhängig ist. Dem entspricht, dass der Eigenkapitalgeber eine Rechtsposition vereinbart, die von vornherein mit unsicherem Entgelt für die Stundungsleistung verbunden ist. Das Entgelt-Risiko reicht bis zur Entgeltlosigkeit.

(2) Daran schließt sich das „Eigenkapital-Bestandsrisiko" an: ein Bilanzverlust verringert den Bestand des bislang ausgewiesenen Bilanz-Eigenkapitals. Bei einer Personengesellschaft bezieht sich diese Aussage auf den Anteil des Gesellschafters am Bilanzverlust und auf die Minderung des Bestandes auf seinem persönlichen Bilanz-Eigenkapitalkonto. Das Risiko lässt sich folglich ex ante als die Gefahr beschreiben, dass Bilanzverluste anteilig das im Wege von Einlagen gutgeschriebene bzw. das aus zuvor nicht entnommenen Gewinnanteilen hinzugekomme Eigenkapital „verzehren"/vernichten. Mithin ist die Rechengröße „Verlustanteil" für den Personengesellschafter zugleich ein finanzwirtschaftlicher Nachteil.

Weitergehend verbindet die Literatur mit dem „Eigenkapital" nicht zutreffende Aussagen:

α) Das Eigenkapital haftet nicht. Auch kann die Haftung nicht auf das Eigenkapital beschränkt werden.

β) Denn das Eigenkapital ist keine greifbare Vermögensgröße, die auf der Aktivseite oder im Gesellschaftsvermögen fassbar wäre. Das Bilanz-Eigenkapital als der Nettovermögenswert des Gesellschaftsvermögens ist ein Rechensaldo des Ermittlungsrechts/des Bilanzrechts, dem per se keine reale Existenz entspricht.

γ) Deshalb kann das Eigenkapital durch das Recht weder geschützt noch erhalten noch gesichert werden.

Die umfangreiche Literatur zu diesen drei Stichworten hat des Kaisers neue Kleider nicht erkannt – anderenfalls würde sie zumindest schweigen, d.h. sie würde nicht existieren.

---

[35] Vgl. Swoboda (1985) S. 347.

B.24 Die Verzinsung des Eigenkapitals und die Verteilung von Gewinn bzw. Verlust bei Personengesellschaften

Die Überschrift spricht mit Zins und Risiko die beiden dem Eigenkapital verbundenen ökonomischen Funktionen an. Die Aufgabe dieses Abschnitts besteht darin, eine ökonomisch fundierte Verteilungsrechnung zu konzipieren, die symmetrisch in den Fällen „Gewinn" bzw. „Verlust" angewendet wird. Die Ausgangsgröße bezeichnen wir als „Brutto-Gewinn". Damit ist die Erfolgsgröße aus der erwerbswirtschaftlichen Betätigung gemeint vor Berücksichtigung der „Entgelte" für die von den Gesellschaftern an den Gemeinschaftsbereich/zugunsten des Gesellschaftsvermögens erbrachten Leistungen. Daran knüpfen zwei grundsätzliche Überlegungen an:

α) **Die Leistungen** der Gesellschafter an den gemeinsamen Bereich des Erwerbswirtschaftens sind verschieden und müssen deshalb wenigstens in der Verteilungsrechnung bedacht und zumindest hier und rechnerisch gesondert **entgolten** werden.

β) **Die Risiken und Chancen** der betriebswirtschaftlichen Betätigung sind nicht per se und damit ex ante zu berücksichtigen, sondern **in ihrer periodischen Verwirklichung**. Diese zeigt sich allerdings nicht im Gewinn bzw. Verlust nach (Handels- oder Steuer-)Bilanzrecht, sondern erst nach rechnerischer Berücksichtigung der Entgelte für die Leistungen der Gesellschafter an den Abrechnungsbereich, d.h. in das Gesellschaftsvermögen entsprechend α).

Diese beiden Punkte der ökonomischen Fundierung der Verteilung von Gewinn bzw. Verlust beachtet das Handelsgesetzbuch nicht. Wenn im Gesellschaftsvertrag nicht abweichend davon geregelt worden ist, dann werden Gewinn bzw. Verlust nach § 121 HGB verteilt:

Abs. 1 rechnet 4% Verzinsung vom Eigenkapital eines jeden Gesellschafters vorab.

Abs. 3 verteilt den danach verbleibenden **Rest**gewinn sowie einen Geschäfts**verlust** nach Köpfen.

Dabei ist davon auszugehen, dass die gesetzliche Vorschrift unterstellt, dass die Geschäftsführungstätigkeit gesondert geregelt worden ist, dass das Entgelt dafür als solches ausbezahlt und dementsprechend als Aufwand verbucht worden ist. Der nach HGB zu verteilende Gewinn ist deshalb um das Geschäftsführergehalt geringer bzw. der Verlust höher.

Die Verteilungsregeln des § 121 HGB beachten nicht die wirtschaftlichen Zusammenhänge. Die Gesellschafter können zwar im Gesellschaftsvertrag andere Verteilungsregeln vereinbaren, jedoch hilft das nicht weiter, wenn der nachvollziehbare Ratschlag ausbleibt, wie denn zweckmäßigerweise zu verfahren ist. „Zweckmäßig" bezieht sich auf leistungsgerechte Verteilungsregeln und die ihnen entsprechende folgerichtige Rechnung, die **symmetrisch** im Falle von Gewinn wie Verlust verfährt. Denn eine nicht leistungsgerechte Ergebnis-Verteilung hat zwangsläufig Rückwirkungen und Folgen hinsichtlich der Bereitschaft der Gesellschafter gegenüber ihrer Wirtschaftsgemeinschaft.

Für die hier zu konzipierende ökonomisch fundierte Gewinn-Verteilung übernehmen wir kurzerhand die unveränderten Bestände der Bilanz-Eigenkapitalkonten der drei Gesellschafter und ergänzen um Angaben, damit wir unsere Verteilungsrechnung anhand eines Beispiels durchrechnen können.

Unsere Rechnung verzinst unter (3) das Eigenkapital und bezieht dann unter (5) das Residuum gleichfalls in Prozent auf das Eigenkapital. Die Vorweg-Verzinsung ist infolgedessen hier ohne Bedeutung für die Verteilung. Wir möchten jedoch mit (3) auch einer anderen Verteilung des Residuums vorarbeiten, z.B. seiner Verteilung nach Köpfen.

(1) Der Brutto-Gewinn eines Jahres betrage 400.000
und versteht sich „vor allen Entgelten" an die Gesellschafter
(2) Vorab wird **der Arbeitseinsatz** der geschäftsführenden Gesellschafter berücksichtigt. In der Regel wird dazu ein gesonderter Vertrag neben dem Gesellschaftsvertrag abgeschlossen, der den Aufgabenbereich des Geschäftsführers und das Entgelt an ihn festlegt. Wir nehmen an, dass A der geschäftsführende Gesellschafter ist und mit einer monatlichen Vergütung von 5.000, d.h. Jahresbetrag

./. 60.000 (A).

(3) **Der Einsatz des Eigenkapitals** wird nur hinsichtlich seiner Finanzierungsfunktion berücksichtigt mit deshalb dem marktüblichen Zinssatz für Fremdkapital (i_{FK}). Er möge 8% betragen, so dass verteilt werden

./. 40.000 (A)
./. 64.000 (B)
./. 24.000 (C)

Der Zinssatz für das Eigenkapital muss zumindest dem alternativ erzielbaren Zins-Ertragssatz seitens der Gesellschafter entsprechen, damit diese nicht die Mittel aus dem Gesellschaftsvermögen im Wege von Entnahmen abziehen.

(4) **Die Haftung** wird über zwei Haftungsprämien berücksichtigt:
    a) Die **spezielle** Haftungsprämie beachtet einerseits den unterschiedlichen Haftungshintergrund der persönlich haftenden Gesellschafter, rechnet jedoch andererseits vom Volumen der Gefahr her.
Nehmen wir an, dass (insbesondere) der Gesellschafter B umfangreiches und greifbares privates Vermögen hat, so werden ihm 2% Haftungsprämie vom Kreditvolumen von 200.000 gutgerechnet, mithin

./. 4.000 (B).

    b) Die **prinzipielle** Haftungsprämie wird für alle vollhaftenden Gesellschafter gerechnet mit z.B. 2% von der Bilanzsumme = 2% von 1.800.000 = 36.000 und pro Kopf verteilt, weil jeder von ihnen für das Ganze einzustehen hat, mithin

./. 12.000 (A)
./. 12.000 (B)
./. 12.000 (C)

Diese Verteilungsregel ist naheliegend für Kommanditgesellschaften, weil sie die Kommanditisten von dieser Verteilung ausschließt.

Zusammenfassung:

Brutto-Gewinn	400.000
./. Summe der Vorab-Verteilungen	./. 228.000
wir können diese funktionalen Posten „Entgelte" bzw. „wie Entgelte" oder „Quasi-Entgelte" bezeichnen	
= der Residual-Gewinn	= 172.000

B.24 Die Verzinsung des Eigenkapitals

(5) Der Residual-Gewinn steht für das im Geschäftsjahr realisierte Risiko (hier: positiv). Er wird deshalb auf das Bilanz-Eigenkapital bezogen:

$$\frac{\text{Restgewinn} \quad 172.000}{\text{Bilanz-Eigenkapital} \; 1.600.000} = 10{,}75\%$$

und dementsprechend verteilt:

A	500.000 · 10,75%	=	53.750 (A)
B	800.000 · 10,75%	=	86.000 (B)
C	300.000 · 10,75%	=	32.250 (C)
			172.000.

Zusammenstellung:

		A	B	C	Summe
(2)	Geschäftsführer	60.000	-	-	60.000
(3)	Eigenkapital-Verz.	40.000	64.000	24.000	128.000
(4a)	spezielle Haftung	-	4.000	-	4.000
(4b)	prinzipielle Haftung	12.000	12.000	12.000	36.000
(5)	Restgewinn	53.750	86.000	32.250	172.000
(1)	Brutto-Gewinn	165.750	166.000	68.250	400.000

Das ist in unserem Beispiel die funktionsgerechte Verteilung des Brutto-Gewinns auf die drei Gesellschafter.

Für den Vergleich mit der Gewinnverteilung nach HGB nehmen wir an, dass auch hier die Geschäftsführungs-Tätigkeit gesondert entlohnt wird. Dann ergibt sich die folgende Verteilung:

		A	B	C	Summe
(2)	Geschäftsführer	60.000	-	-	60.000
(3)	4% vom EK	20.000	32.000	12.000	64.000
(5)	je ⅓ vom Rest	92.000	92.000	92.000	276.000
		172.000	124.000	104.000	400.000

Das Ergebnis zeigt insbesondere, dass das HGB den unterschiedlichen Einsatz an Eigenkapital der Gesellschafter B und C nicht angemessen vergütet und infolge der ausgeprägten Verteilung nach der Anzahl der Köpfe den C mit seinem geringeren Eigenkapital begünstigt.

Die von uns konzipierte, ökonomisch fundierte Verteilungsrechnung verfolgt das Prizip, alle Leistungen der Gesellschafter mit „festen Entgelten" abzurechnen, um die sich danach ergebende Restgröße als den zutreffenden Ausdruck der sich im abgerechneten Jahr verwirklichten Chance (im Gewinn-Fall) bzw. der eingetretenen Gefahr (im Verlust-Fall) zu verstehen. Diese Vorgehensweise berücksichtigt folglich die Unsicherheit des Ergebnisses der betriebswirtschaftlichen Betätigung **nicht im Voraus** mittels einer Risikoprämie (α) als Zuschlag zum Zinssatz (i_{FK}) für den Ertragssatz i_{EK} für das Eigenkapital mit der Beziehung $i_{EK} = i_{FK} + \alpha$ für die Gewinn-Verteilung.

Vielmehr erfolgt diese aufgrund der periodischen Verwirklichung der Unsicherheit im abgerechneten Geschäftsjahr.

Folgerichtig wird dieselbe Rechnung im Gewinn-Jahr wie im Verlust-Jahr angewendet. Nehmen wir der Einfachheit halber an, dass der Brutto-Gewinn gerade Null sei. Dann ist eine „zweiseitige Verteilungsrechnung" durchzuführen mit Plus und Minus:

(1) Der Brutto-Gewinn sei angenommen gleich 0

		A	B	C	
(2) Geschäftsführer	+ 60.000			- 60.000
(3) Eigenkapital-Verzinsung	+ 40.000	+ 64.000	+ 24.000	- 128.000
(4) Haftungsprämien a)		+ 4.000		- 4.000
b)	+ 12.000	+ 12.000	+ 12.000	- 36.000
= Summe der gerechneten Entgelte	+ 112.000	+ 80.000	+ 36.000	-228.000
Verlustanteile, s.u.	- 71.250	-114.000	- 42.750	+ 228.000
Salden	+ 40.750	- 34.000	- 6.750 →	0

= Anteile der Gesellschafter (bei einem Brutto-Gewinn von Null).

Der zu verteilende Verlust ist infolge unserer Vorgabe zu (1) hier gleich der Summe der gerechneten Entgelte mit 228.000:

$$\frac{\text{zu verteilender Verlust}}{\text{eingesetztes Eigenkapital}} = \frac{228.000}{1.600.000} = 14{,}25\%.$$

Dieser Prozentsatz wird mit dem Eigenkapital-Betrag eines jeden Gesellschafters multipliziert und ergibt seinen Anteil am Verlust, wie oben eingetragen.

Die Verteilung nach HGB im „Verlustjahr" erfolgt nach Köpfen:

		A	B	C	Summe
(2)	Geschäftsführer	+ 60.000			- 60.000
(5)	je ⅓ vom Rest	- 20.000	- 20.000	- 20.000	+ 60.000
=	Salden (HGB)	+ 40.000	- 20.000	-20.000	→ 0

Infolge der Verteilung nach Köpfen ist der (hohe) Eigenkapitaleinsatz (des B) nicht der Träger des Risikos und damit nicht der Übernehmer des Verlustes zu Lasten des geringer beteiligten Gesellschafters (C).

Verallgemeinernd können wir festhalten, dass das HGB die ökonomischen Unterschiede betreffend die Leistungen der Gesellschafter an das Gesellschaftsvermögen vernachlässigt mit der Folge der Tendenz zur Pro-Kopf-Verteilung.

B.30 Die Eigenfinanzierung bei Aktiengesellschaften

Die Überschrift spricht die beiden zentralen Probleme des Finanzwirtschaftens an: zum einen die Finanzierung der Unternehmung – hier: mit zusätzlichem Eigenkapital – und zum anderen die Handelbarkeit der Kapitalrechtspositionen – hier: Aktien.

Die Verselbständigung der großen Aktiengesellschaften gegenüber „ihren" Aktionären und die Handelbarkeit der Aktien sind Voraussetzung und zugleich Folge im Wechselverhältnis zueinander. Die Handelbarkeit ihrerseits begründet den Sekundärmarkt, den Markt für Aktien als einem Teilmarkt der „Geld- und Kapitalmärkte". Die Markt-Entscheidungen über Kauf und Verkauf von Aktien benötigen Vorstellungen über (Ertrags-)Wert und Preis der Aktie einer Unternehmung. Die Bewertung wiederum ist schon deshalb ein wichtiges Problem, weil im Regelfall nur ein Teil des Jahresgewinnes ausgeschüttet wird: der nicht ausgeschüttete Teil „geht in den Wert der Aktie ein".

Infolgedessen ist der Abschnitt B.30 vernetzt mit drei Schwerpunkten. **Vorab** ist die „Aktiengesellschaft" zu erklären, die mangelhafte Definition des Gesetzes darzustellen und die Gründungsfinanzierung zu erläutern (Abschnitte B.31 bis B.33). **Zum zweiten** sind die Kosten des Eigenkapitals für die Unternehmung zu bestimmen, denen auf der Seite der Aktionäre der „Ertrag der Aktie" entspricht, dessen Bestimmung ein Aktienbewertungsmodell dann erfordert, wenn ein Teil des Jahresgewinnes nicht ausgeschüttet wird (Abschnitte B.34 und B.35). **Zum dritten** wird fallweise zusätzliches Eigenkapital im Wege der Einzahlung gegen Ausgabe „junger" Aktien benötigt: die sogenannte Kapitalerhöhung der börsennotierten Aktiengesellschaft ist einerseits mit der Politik der Gewinnausschüttung verbunden und andererseits mit der Marktverfassung des Aktienmarktes hinsichtlich des Informationsflusses für die Bewertung und Preisbildung der Aktien (Abschnitt B.36 bis B.38).

Bereits im Abschnitt B.21 wurde angesprochen, dass „Eigenfinanzierung" zwei Handlungsmöglichkeiten zusammenfasst, die der Unternehmung zusätzliches Eigenkapital einbringen: durch Beteiligungsfinanzierung und durch Einbehalten von Gewinn.

1. „Beteiligungsfinanzierung" ist die Eigenkapitalfinanzierung im Sinne der Außenfinanzierung (vgl. B.12 und B.13). Es werden zusätzliche Eigenkapitalrechtspositionen in Form von „jungen" Aktien geschaffen und gegen Einzahlung von – des-

halb! – Eigenkapital den Kapitalgebern eingeräumt. Bei der Aktiengesellschaft spricht man von der „Kapitalerhöhung gegen Einzahlung" oder von der Vermehrung der Anzahl der umlaufenden Aktien gegen Einzahlung.

2. Aus der Sicht der Bilanz versteht man den Gewinn eines Jahres als zusätzliches Eigenkapital. Wird ein Teil davon nicht an die Aktionäre ausgeschüttet, bleiben entsprechende Mittel im Verfügungsbereich der Aktiengesellschaft. Ob die Nicht-Ausschüttung auf einer Vorschrift des Gesetzes, einer Regelung in der Satzung der AG oder auf einem Beschluss der Aktionäre in der Hauptversammlung beruht, ist für die nachfolgenden Ausführungen ohne Belang. Maßgebend ist der je Aktie nicht-ausgeschüttete Betrag – er wird auch als „einbehalten" oder „thesauriert" bezeichnet -, ferner die erwartete Rendite r_E, die seine investive Verwendung in der Unternehmung bringen wird und schließlich, wie „der Markt" beides bewertet in dem Sinne des Niederschlags im Preis für die Aktie.

Diese Vorbemerkungen schließen wir mit einer Übersicht ab, die die Verflechtung zwischen den Abschnitten B.31 bis B.38 zeigen soll. In diese gehen die drei Typen der Eigenfinanzierung im Schema im Abschnitt B.12 ein:
Beteiligungsfinanzierung = Eigenkapitalfinanzierung: B.13, erwartete Rendite r_B
Bilden stiller Rücklagen: B.16.3
Bilden offener Rücklagen = Einbehalten von Gewinn: B.16.4, erwartete Rendite r_E.

Übereinstimmend lauten die Fragen: Welcher Gewinn/welche Rendite (r_B bzw. r_E) und damit welcher Kapitalertrag wird aus der investiven Verwendung dieses jeweils zusätzlichen Eigenkapitals erwartet und wie gehen die Erwartungen in den Preis/Kurs der Aktie im Zeitablauf ein unter Berücksichtigung alternativer Mittelverwendung seitens der Eigenkapital-Anbieter, vertreten durch den risiko-vergleichbaren Kapitalertragssatz k. Bei Vernachlässigung der Besteuerung entspricht k dem Eigenkapitalkostensatz i_{EK} aus der Sicht der Unternehmung. Dabei steht k gleich i_{EK} für die Betragsgleichheit der Sätze k = i_{EK} und für deren ökonomische Identität k ≡ i_{EK}, weil der Ertrag des Kapitalgebers die Kosten des Kapitalnehmers sind, vgl. z.B. analog beim Arbeitslohn.

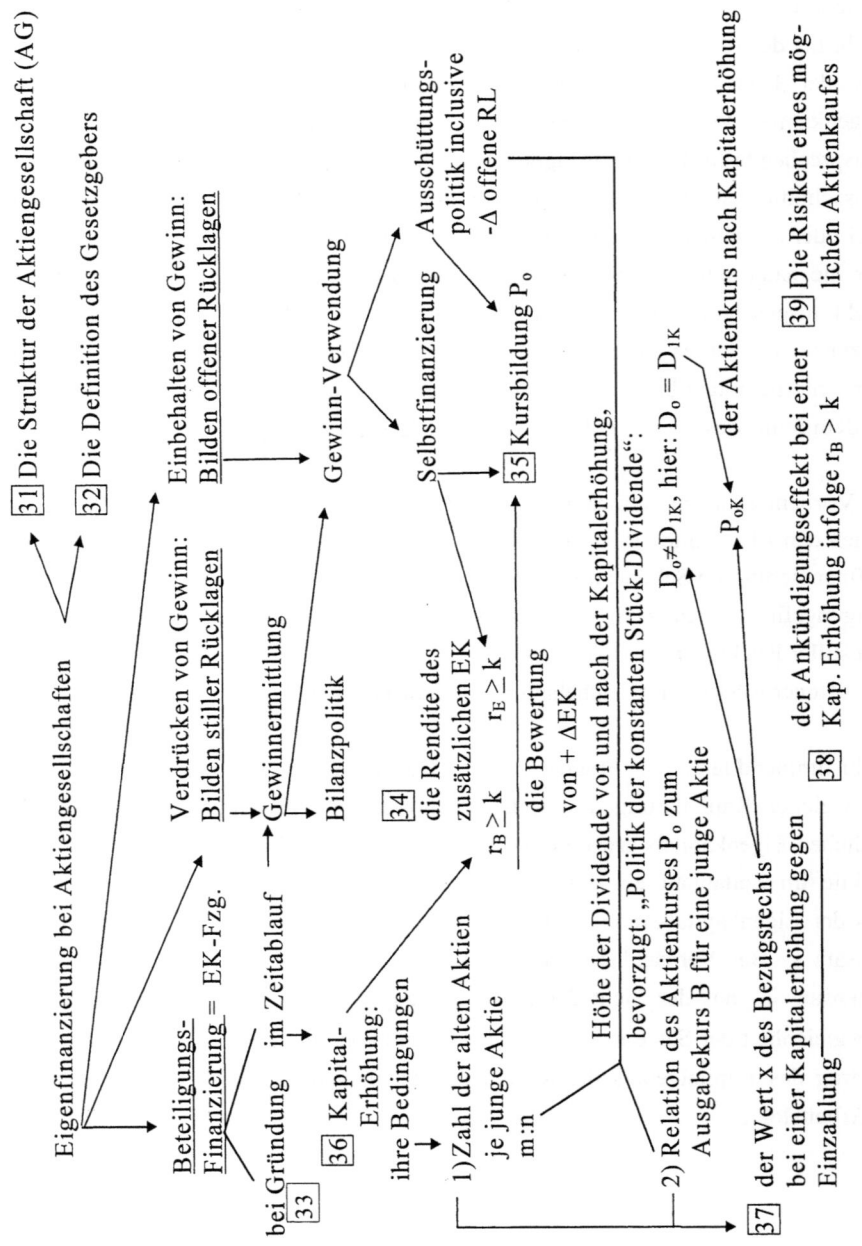

B.31 Die Struktur der Aktiengesellschaft (AG)

Zusammenfassende Definition:
Die Aktiengesellschaft ist ein zur juristischen Person verselbständigter Zusammenschluss von Personen mit dem Zweck, auf gemeinsame Rechnung zu erwerbswirtschaften, wofür Eigenkapital gegen Ausgabe von Aktien eingezahlt wird.
Die Aktie repräsentiert das Eigenkapitalrecht, welches das Stimmrecht und die Auskunftsrechte (in der Hauptversammlung) und die Vermögensrechte (Dividendenrecht, Bezugsrecht) bündelt.

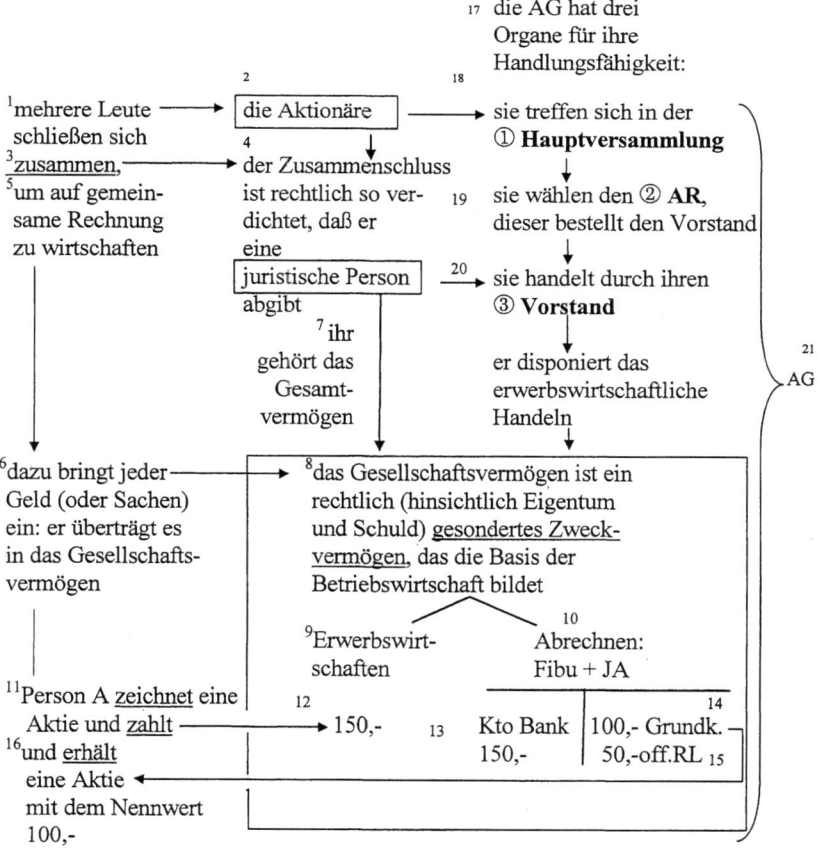

B.32 Die Definition des Gesetzgebers

§ 1 AktG: führt die Überschrift „Wesen der Aktiengesellschaft".
Die AG ist eine handelsrechtliche Gesellschaft

mit eigener Rechtspersönlichkeit,	— das Verhältnis von juristischer Person, Gesellschaft und Aktionären ist unklar
für deren Verbindlichkeiten den Gläubigern lediglich	
das Gesellschaftsvermögen haftet	— ein mehrdeutiger Begriff
	— wer haftet womit wofür?
und die ein in Aktien zerlegtes Grundkapital aufweist.	— Wertpapier, Urkunde
	— Rechengröße in der Bilanz und im Handelsregister eingetragen = Grundkapital ist eine abstrakte Größe

Eigenkapital und Haftung
Im § 272 HGB heißt es:

Gezeichnetes Kapital ist das Kapital, auf das die Haftung der Gesellschafter für die Verbindlichkeiten der Kapitalgesellschaft gegenüber den Gläubigern beschränkt ist.

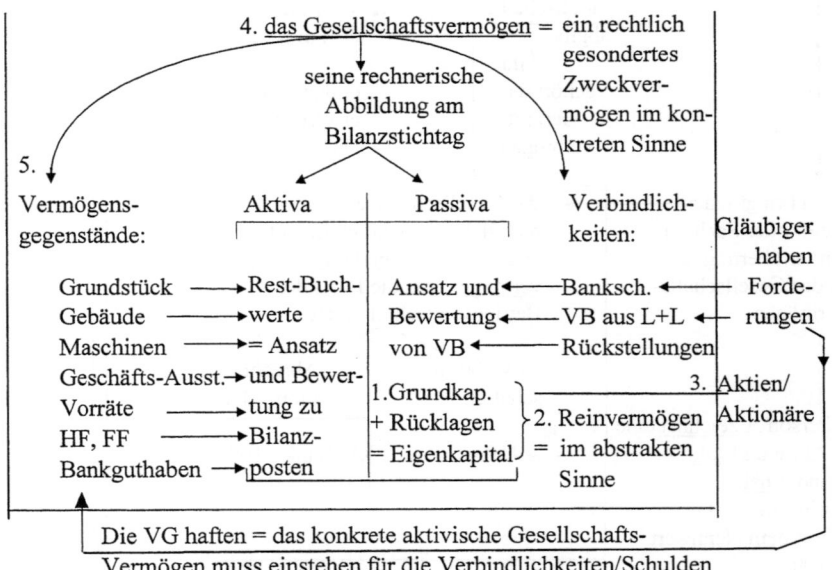

Die gesetzlichen Formulierungen decken das mangelhafte Verständnis auf:
1. Das gezeichnete Kapital/das Grundkapital ist ein passivisches Abstraktum und kann nicht haften, d.h. für etwas einstehen.
2. Das Bilanz-Eigenkapital ist ein rechtlicher Rechenposten, der nicht haften kann.
3. Die Gesellschafter schulden das Einzahlen ihrer Einlage und haften danach überhaupt nicht.[36]
4. Das Gesellschaftsvermögen als das Gesamt der aktivischen und passivischen Bestandteile (= Vermögensgegenstände und Verbindlichkeiten) kann nicht haften.
5. Haften, d.h. Einstehen für die Verbindlichkeiten der AG können nur die konkreten greifbaren Vermögensgegenstände im Gesellschaftsvermögen.

Folglich: Die Gesellschaft mit beschränkter Haftung (= GmbH) haftet **un**beschränkt mit den greifbaren Vermögensgegenständen in ihrem Gesellschaftsvermögen. Die Gesellschafter haften nach Einzahlung in Erfüllung ihrer Einlageverpflichtung gar nicht. D.h. „GmbH" ist begrifflich falsch, weil sich die „beschränkte Haftung" nicht erklären lässt. Da die juristische Person mit ihrem (= Gesellschafts-)Vermögen eigenständig konzipiert ist, kann man auch nicht von einem „Privileg der beschränkten Haftung" sprechen.[37]

Das mangelhafte Verständnis hinsichtlich AG und GmbH hat seine Ursache darin, dass dem Jurist das Prinzip und Konzept des „Wirtschaftens auf gemeinsame Rechnung" auf der Grundlage des rechtlich gesonderten Gesellschaftsvermögens unzugänglich und deshalb unbekannt ist. Dieses Prinzip legt die Haftung aus der erwerbswirtschaftlichen Betätigung auf das gesonderte Vermögen fest: die Rechtsstellung des Kommanditisten (nach Einlage) steht für das Prinzip.[38]

Demgegenüber rückt das juristische Denken das Rechtssubjekt in den Vordergrund und versucht deshalb, den persönlich haftenden Gesellschafter (Komplementär) als das Prinzip zu begründen. Dann aber benötigt man die „juristische Person", die mit ihrem Vermögen unbeschränkt haftet, wenn der Gesellschafter nur „beschränkt mit seiner Einlage" haften soll. So gesehen, hat der Gesetzgeber die „juristische Person" erfun-

---

[36] Unzutreffend ist die übliche Formulierung, dass die Haftung des Aktionärs auf seine Einlage beschränkt ist; vgl. z.B. Breuer (1998) S. 11-15; Drukarczyk (1999) S. 220. Der für den Erwerb einer (jungen) Aktie bezahlte Betrag hat mit der Haftung auf Seiten der Kapitalgesellschaft keinen Zusammenhang, anders Drukarczyk (1999) S. 347.
[37] Vgl. so z.B. Drukarczyk (1999) S. 214.
[38] Vgl. Lehmann, DB 1991, S. 2408 (P.3), S. 2409 f. (jeweils l.Sp.).

den, um diese unbeschränkt haften zu lassen anstelle der natürlichen Personen/ Gesellschafter.

Wendet man diese Argumentation auf die Aktiengesellschaft an, um sie zu kennzeichnen, so ist **ihr spezifisches Merkmal** das Verbriefen der Eigenkapitalgeber-Rechtspositionen in Aktien, um sie auf einem offenen Markt handelbar zu machen. Das **zweite** Merkmal ist bereits schwächer und gilt auch für die GmbH u.a.: es erfolgt ein Erwerbswirtschaften auf gemeinsame Rechnung[39] auf der Grundlage des rechtlich gesonderten (Gesellschafts-)Vermögens in der Rechtszuständigkeit einer juristischen Person.[40] Das **dritte** Merkmal gilt einheitlich für die Personen- und Kapitalgesellschaften: ihre Betriebswirtschaft „schuldet" die (Sach- bzw. Dienst-)Leistungen, während das umfassendere Gesellschaftsvermögen die Auszahlungen schuldet. Die Vermögensgegenstände im Gesellschaftsvermögen haften im Sinne des Einstehen–Müssens für die Schulden des Gesellschaftsvermögens.

---

[39] Zu diesem Konzept vgl. Lehmann, in: Steuer und Studium 1988.
[40] An deren Stelle tritt der personengesellschaftsrechtliche Zusammenschluss mehrerer Personen bei der BGB-Gesellschaft, OHG und KG. Hinsichtlich der Vermögensrechtsordnung und dem Erwerbswirtschaften bestehen keine Unterschiede zwischen den Rechtsformen; vgl. zu dieser Rechtsordnung Lehmann/Müller (2002) S. 115-122.

B.33. Gründungsfinanzierung der AG

```
1. die Gründer der AG         im Rechnungswesen der AG
   verpflichten sich zu       das Verbuchen dieser Verpflichtung ist entscheidend
   Einlagen ─────────▶ Forderung auf
                       ausstehende          an Grundkapital           1,0
   │                   Einlagen    1,5 Mio  und gesetzl. Rücklagen    0,5
   ▼
2. sie zahlen ein ────▶ Bank        1,5     an Forderung auf
                                            ausstehende Einlagen      1,5
```

Der Gründer, der Zeichner einer Aktie gibt Geld weg und erhält dafür ein „Eigenkapitalrecht", d.h. die mit der Aktie als Wertpapier verbrieften Rechte. Wir unterscheiden die Mitgliedschaftsrechte: Auskunftsrechte, Stimmrecht, und die Vermögensrechte: Dividendenrecht, Vermögensposition (mit organisierter Handelbarkeit). Ersichtlich ist die Kapital-Finanzierung ein Vorgang, der das Eigentumsrecht am Geld (bzw. an der Sache) durch die Rechtsstellung des (Eigen- bzw. Fremd-) Kapitalgebers ersetzt.

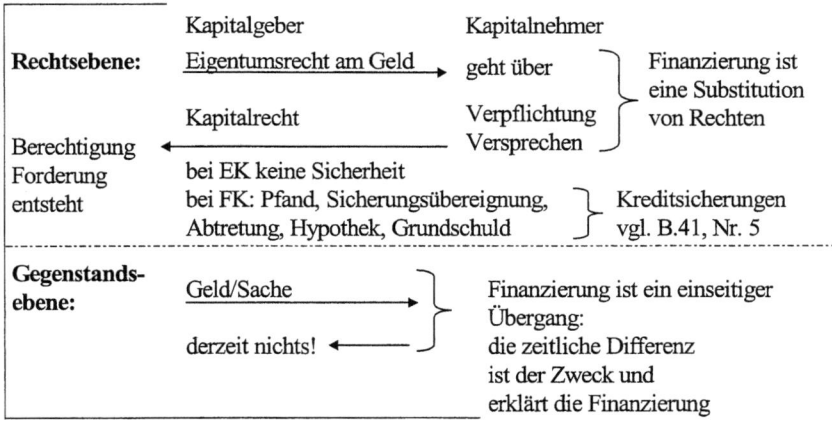

Die Struktur des Bilanz-Eigenkapitals:
die Eigenkapitalstruktur der AG und die Verbindung zur „Aktie"

Passiva (§266 HGB: Gliederung der Bilanz)

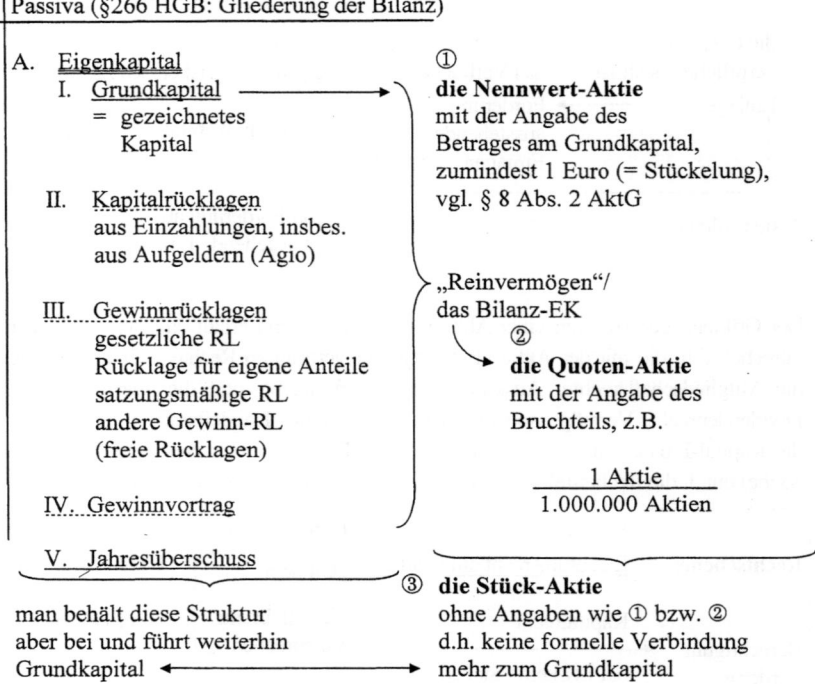

A. Eigenkapital
    I. Grundkapital ⟶ ① **die Nennwert-Aktie**
       = gezeichnetes Kapital
       mit der Angabe des Betrages am Grundkapital, zumindest 1 Euro (= Stückelung), vgl. § 8 Abs. 2 AktG

    II. Kapitalrücklagen
       aus Einzahlungen, insbes. aus Aufgeldern (Agio)

„Reinvermögen"/ das Bilanz-EK
②
die Quoten-Aktie
mit der Angabe des Bruchteils, z.B.

$$\frac{1 \text{ Aktie}}{1.000.000 \text{ Aktien}}$$

    III. Gewinnrücklagen
       gesetzliche RL
       Rücklage für eigene Anteile
       satzungsmäßige RL
       andere Gewinn-RL
       (freie Rücklagen)

    IV. Gewinnvortrag

    V. Jahresüberschuss

③ **die Stück-Aktie**
man behält diese Struktur aber bei und führt weiterhin Grundkapital ⟷ ohne Angaben wie ① bzw. ② d.h. keine formelle Verbindung mehr zum Grundkapital

Man schreibt vor, dass bei einer Kapital-Erhöhung bei Stück-Aktien die Zahl der Aktien und das Grundkap. mit demselben %-satz wachsen! - § 182 Abs. 1 AktG.

Rechenschema:
    IV. Gewinnvortrag vom vorangegangenen Jahr
+ V. Jahresüberschuss des Geschäftsjahres
─────────────────────────────────
   = Verteilungsbetrag
   ./. Zuweisung an die Gewinnrücklagen
   = Bilanzgewinn
   ./. Ausschüttungsbetrag/Dividendensumme
   = Gewinnvortrag auf das nächste Jahr

B.34. Der Eigenkapitalkostensatz und sein Umfeld

Diese etwas eigenartige Überschrift steht für vier Prozentsätze, die als solche und in ihrem Verhältnis zu einander erklärt werden müssen, und zwar der Investitionsertragssatz r_E, die Mindestrendite $\bar{r}_s$ bei Berücksichtigung der Unternehmenssteuern bzw. $\bar{r}$ bei Nicht-Existenz bzw. Nicht-Berücksichtigung der Besteuerung, ferner der Eigenkapitalkostensatz i_{EK} identisch mit dem Ertragssatz k, den der Aktionär bei alternativer Finanz-Investition erzielen kann. Etwas ausführlicher:

r_E ist der Investitionsertragssatz, ist die erwartete Rendite aus der investiven Verwendung der einbehaltenen Gewinn-Anteile im Zeitablauf.

$\bar{r}_E$ verbindet ökonomisch im Nicht-Steuerfall zu dem Kostensatz i_{EK} des Eigenkapitals für die Unternehmung, d.h. Eigenkapital aus Thesaurierung ist nicht etwa kostenlos, wie häufig zu lesen ist; entsprechend ist $\bar{r}_E = i_{EK}$ aus der Sicht der Unternehmensleitung.

$\bar{r}_{Es}$ ist die Mindestrendite im üblichen Fall der Besteuerung, die in der Unternehmung für zusätzlich investiertes Eigenkapital – hier: aus Gewinn-Einbehaltung – erwirtschaftet werden muss, damit der Aktionär keinen Nachteil hat gegenüber der alternativ möglichen Ausschüttung an ihn unter Berücksichtigung der Einkommensbesteuerung; i.d.R. ist $\bar{r}_{Es} > \bar{r}_E$.

k ist der von den Aktionären auf ihr finanzielles Engagement erwartete Ertragssatz; er bezieht sich folglich auf den Marktwert/den Marktpreis der Aktie und nicht etwa auf das Bilanz-Eigenkapital, das „in der Unternehmung arbeitet"; es verbindet $k = i_{EK}$ zwischen dem Aktionär und der Gesellschaft.

k_s ist dementsprechend der Alternativ-Ertragssatz des Aktionärs nach Einkommensteuer; i.d.R. ist $k \geq k_s$.

Wenn es keine Steuern der Unternehmung/der AG gäbe - das sind Gewerbesteuer, Körperschaftsteuer und bis vor einigen Jahren die Vermögensteuer – und keine Einkommensteuer, dann würde sich der Problemzusammenhang zu $\bar{r}_s = \bar{r} = i_{EK} = k = k_s$ vereinfachen.

Die Aktionäre orientieren ihre (ökonomische) Forderung betreffend k an dem bei vergleichbarem Risiko anderweit erzielbaren Ertragssatz. Versteht man das Geschäftsrisiko in dem Zuschlagssatz α erfasst und i als den risikofrei erzielbaren Zinsertragssatz, dann folgt die Beziehung k = i + α; ausführlich dazu B.50 (Kapitalstruktur).

Die Relation $r_E > \bar{r}_E$ (im Nicht-Steuerfall) alimentiert im Umfang der Differenz einen positiven Kapitalwert C_{oEK} aus der Einbehaltung von Gewinn und seiner investiven Verwendung in der Unternehmung mit der erwarteten Rendite r_E.

Das Verhältnis der Prozentsätze baut sich von k her auf mit
(1) dem Alternativ-Ertragssatz k des Marktes aus anderen Aktien
(2) der von den Anlegern deshalb geforderten Rendite k aus Aktien der U_j
(3) dem EK-Kostensatz i_{EK} = k für die Unternehmung infolgedessen
(4) der Mindestrendite $\bar{r}$ der EK-finanzierten Investition bzw. $\bar{r}_s$ einschließlich Steuern, und
(5) der erwarteten bzw. dann tatsächlich erzielten Rendite r mit den Unterfällen r_E aus einbehaltenen Gewinnen und r_B aus neuen Aktien.

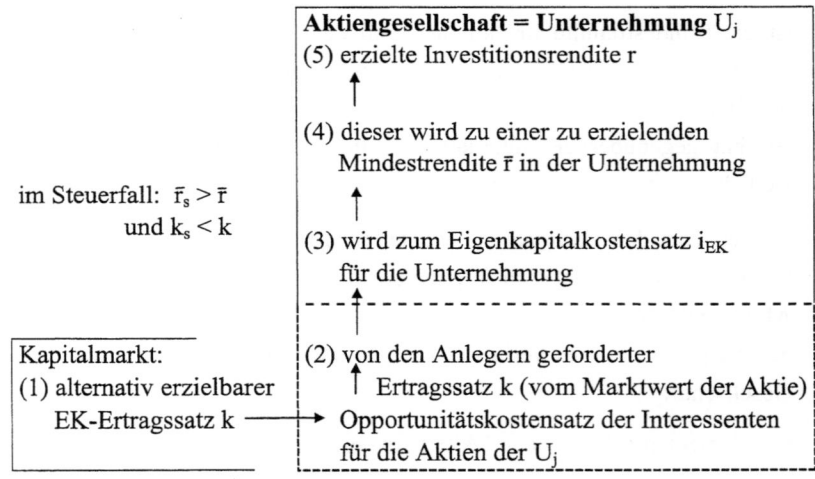

Die Überlegungen zum Kostensatz gelten für zusätzliches Eigenkapital sowohl aus dem Einbehalten von Gewinn als auch aus der Ausgabe neuer (junger) Aktien. Die erwartete Rendite r aus der investiven Verwendung der Mittel wird dann je nach Fall mit r_E bzw. r_B indiziert; ausführlich vgl. B.60 (Eigenkapitalkosten bei Besteuerung).
Im Nicht-Steuerfall haben wir folglich die Verknüpfung: (2) Kapital-Ertragssatz k = (3) Eigenkapital-Kostensatz i_{EK} = (4) Mindestrendite $\bar{r}$ < (5) Investitions-Ertragssatz r.

B.35 Ertragswert und Marktpreis für Aktien

35.1 Wert-Determinanten und Preisbildungs-Faktoren

Der Ertragswert einer Aktie per t_o wird als die Summe der abgezinsten, ab t_1 erwarteten Dividenden ermittelt. Wird ein Teil des Gewinns pro Aktie nicht ausgeschüttet, - d.h. die Thesaurierungsquote b ist $0 < b < 1$ - dann wächst die Dividende im Zeitablauf. Die Wachstumsrate $g = b \cdot r_E$ ist ersichtlich zum anderen von der Rendite r_E abhängig, die aus der investiven Verwendung der nicht ausgeschütteten Gewinnanteile erwartet wird.

Hinsichtlich b und r_E erhalten wir die nachfolgenden Fall-Konstellationen ① bis ③. Wie sich b und r_E auf den Preis der Aktie auswirken, hängt davon ab, welche Marktverfassung für die Preisbildung für Aktien gedanklich/modellmäßig vorgegeben wird. In dieser Hinsicht unterscheiden wir nachfolgend drei mögliche Marktverfassungen a) bis c), die hinsichtlich der Aktie mit Ertrags**wert**, Markt**preis** und Börsen**kurs** kurz bezeichnet werden.

Drei Fall-Konstellationen aus $b \geq 0$ und $r_E \geq \bar{r} = k$:

① $b = 0$ d.h. der ausgewiesene Gewinn wird stets vollständig ausgeschüttet, so dass r_E nicht relevant wird; mit $G_t = D_t$ haben wir das „**stagnierende Unternehmen**."

② $r_E = \bar{r} = k$ in Verbindung mit $b > 0$ gibt an, dass das zusätzliche Eigenkapital jeweils einen Kapitalwert von Null hat.
Die Marktpreisbildung der Aktie bezieht sich auch auf die Bewertung der Zuführungen zu den offenen Rücklagen.
Die Dividende D_t und der Aktienpreis P_t wachsen zwar, es ist jedoch **unechtes Wachstum.**

③ $r_E > \bar{r} = k$ in Verbindung mit $b > 0$ gibt an, dass das zusätzliche Eigenkapital aus der Differenz $(r_E - \bar{r})$ jeweils einen positiven Kapitalwert hat; die Marktpreis-Bildung der Aktie bezieht sich nun auf den Marktwert > Nominalbetrag der Zuführungen zu den offenen Rücklagen im Zeitablauf; Dividende D_t und der Aktienpreis P_t wachsen jetzt ökonomisch echt aus der Differenz $(r_E - \bar{r})$. Also: **echtes Wachstum**: bei konstanter Rate $g = b \cdot r_E$ nimmt der absolute Zuwachs von Jahr zu Jahr zu.

Zusammengefasst:

① ⟵Δb⟶ ② ⟵Δr_E⟶ ③   das sind die drei Fall-Konstellatio-
$b = 0$ $b > 0$ $b > 0$ nen hinsichtlich Stückgewinn und
            $r_E = \bar{r}_E$ $r_E > \bar{r}_E$ Dividende der Aktie

$\boxed{1}$ ↔ $\boxed{2}$ ↔ $\boxed{3}$ das sind die drei Fall-Konstellationen hinsichtlich Wert und Preis der Aktie.

Für die Überlegungen zu Wert, Preis und Kurs der Aktie unterscheiden wir drei Marktverfassungen, die zu drei Sichtweisen a) bis c) führen:

a) **Der Ertragswert der Aktie** wird überwiegend durch endogene Faktoren der Unternehmung bestimmt; nachfolgend berücksichtigt werden

   (1) der per t_1 erwartete Gewinn G_1 je Aktie,

   (2) die Quote b für die Gewinneinbehaltung bzw. $(1 - b)$ für die Ausschüttung je Aktie gleich der Dividende D_1 bzw. D_t

   (3) die erwartete Rendite r_E aus den investiv verwendeten Mitteln, die mit $b \cdot G_t$ je Aktie aus ausgewiesenen Gewinnen G_t nicht ausgeschüttet werden.

   (4) Hinzu kommt der durch k repräsentierte, alternativ seitens des Aktionärs erzielbare Ertragssatz aus Eigenkapital.

   Der damit konzipierte Ertragswert der Aktie wird zum Marktwert weitergedacht.

b) **Der Marktpreis der Aktie** ist gleich ihrem Ertragswert/Marktwert. Dahinter steht die Vorstellung, dass der jeweilige Marktpreis der Aktie den jeweiligen Erwartungen der Marktteilnehmer entsprechend „ertragsgerecht" sei. Ihr „intransic value" gleich ihrem Preis versteht die Preisbildung ausschließlich von den Ertragserwartungen her bestimmt und unterstellt damit ein „rationales Markthandeln", das den Preis als dessen Ergebnis sieht. Ein spekulatives Markthandeln hingegen, das auf den gegenwärtigen Aktienkurs und seine erwartete Entwicklung abstellt, gehört zu c). Die zum „ertragsgerechten Aktienpreis" analoge Vorstellung vom „leistungsgerechten Entgelt" und die zum Preis hin modifizierenden Bestimmungsfaktoren sind anderweit behandelt.[41]

---

[41] Vgl. Lehmann (1998) S. 379-384 bzw. (2003) S. 347-352.

Diese Gleichsetzung von der Wertvorstellung des einzelnen (bzw. von den übereinstimmenden Wertvorstellungen vieler) mit dem Marktpreis als dem Ergebnis aus dem Handeln vieler Marktteilnehmer hat zur Voraussetzung, dass die vier nachfolgenden Punkte **keine eigenständige Bedeutung** für das Bilden der Marktpreise haben:

(1) die Unsicherheit hinsichtlich der zukünftigen Gewinne,
(2) die ungleiche Information zwischen der Geschäftsführung und den aktuellen und potentiellen Aktionären,
(3) der Informationsfluss betreffend den Geschäftsgang der AG und die Erfolgsaussichten von Investitionen,
(4) die Antizipation als die Umsetzung von Erwartungen in das preisbildende Handeln.

Diese vier Punkte sind Aspekte der Informationsökonomie hinsichtlich der Preisbildung. Spricht man ihnen eigenständige Bedeutung dafür ab, dann unterstellt man den informations-**effizienten** Aktienmarkt und kann nun die gedankliche Abfolge bilden: Ertragswert = Marktwert = Marktpreis. Die ökonomische Zukunft ist abgezinst „fully anticipated" per t_0.

Schwächt man die Strenge der Annahmen ab in Richtung „informations**in**effizient", dann kommt der Zeitablauf und der Informationsfluss in die Preisbildung hinein, den vier Punkten verbunden:

Mit der Verkürzung der Zukunft verdichtet sich die Unsicherheit über die erwarteten Gewinne aus den Investitionen im Zeitpunkt t_0. Die ungleiche Information darauf bezogen baut sich ab. Der Informationsfluss lässt den Börsenkurs reagieren, es gibt also Ankündigungseffekte. Diese – und damit der Entscheidungswert der jeweiligen Information – werden allerdings relativiert durch mehr oder weniger vollständige Antizipation (in die jeweils richtige Richtung). Das „**fully anticipated**" im Zeitpunkt t_0 geht über in das „**fully reflected**" zu jedem Zeitpunkt des Ablaufes.[42] Das ist eine ebenso eingängige wie nichtssagende Bezeichnung. Nun wird der Marktpreis der Aktie nicht nur durch die unternehmensinternen Determinanten G_1, b und r_E bestimmt, sondern ebenso durch den Eigenkapitalkostensatz k. Dieser wird vom Aktienmarkt und damit extern festgelegt. Er repräsentiert den risiko-vergleichbaren Ertragssatz von Eigenkapital für den potentiellen Eigenkapital-Investor. Zu dessen Alternativen gehört jedoch auch der

---

[42] Vgl. dazu Schmidt/Terberger (1997) S. 209-218; Wagenhofer/Ewert (2003) S. 104-119.

jeweilige Ertragssatz i für (relativ) sichere Fremdkapital-Hingabe (in Abhängigkeit von der vertraglichen Bindungsdauer bzw. der Laufzeit des Wertpapiers). Es genügt hier der Hinweis, dass k bzw. i sich fortlaufend ändern, was eigenständig auf die jeweilige Preisbildung im Zeitablauf für die Aktie durchschlägt.

Die nachfolgenden Abschnitte verwenden den Spielraum zwischen a) und b), abstrahieren jedoch damit von der Realität, die erst mit c) erreicht wird. Der Bereich von b) „Preisbildung" deckt den „informationseffizienten" bis zum „informationsineffizienten Kapitalmarkt ab. Abschnitt B.38 bildet dazu vier Unterfälle mit Hilfe der Aspekte „Antizipation" und „Reaktion" betreffend den Zeitpunkt der Ankündigung einer Kapitalerhöhung.

c) **Der Kurs/Börsenpreis der Aktie** bildet sich abweichend vom ertragsgerechten Marktpreis nicht nur infolge der informations-ineffizienten Marktverfassung, sondern auch infolge des Einwirkens anderer Kursbestimmungsfaktoren. Die tägliche Kursbildung schwankt folglich zwischen dem ertragsgerechten „Marktpreis" – wenn man diese Konstellation eines gerechten Preises nur wüsste! – auf der einen Seite und Spekulation und Zufall auf der anderen Seite. Die Kursbildung ist kurz bezeichnet mit dem unvollkommenen Markt in jeder Hinsicht verbunden, d.h. insbesondere von der Existenz von Transaktionskosten (vor allem Erfolgsteuern) und von Informations-Unvollkommenheiten (Unsicherheit, Asymmetrie, Informationsfluss) beeinflusst. Ein weiterer Grund für die Änderung des Marktpreises der Aktie – den wir auf c) hin zuordnen – liegt in den übertriebenen Reaktionen des Marktes. Kleine Erwartungsabweichungen zu G_1 oder b oder r_E lösen erfahrungsgemäß eine unverhältnismäßig starke Kursänderung aus. Es bietet sich an, diese Marktverfassung als Quelle eines eigenständigen Risikos bei der Preisbildung für Wertpapiere zu verstehen, das naheliegenderweise als „Kursrisiko" oder „Aktionärsrisiko" bezeichnet wird. Das „Geschäftsrisiko" einer Unternehmung U_j und dessen Transformation über den Verschuldungsgrad zum (zusammengefassten) „Geschäfts- und Kapitalstrukturrisiko" des Eigenkapitalgebers erfährt so eine Erweiterung zum „Geschäfts-, Kapitalstruktur- und Aktienkurs-Risiko" für den Inhaber der marktgehandelten Aktie A_j.

B.35 Ertragswert und Marktpreis für Aktien

Zusammenfassende Übersicht (vgl. auch B.38.2, ferner B.63 und C.69):

Wert und Preis und Kurs einer Aktie werden mit drei möglichen Marktverfassungen verbunden.:

a) der Ertragswert	b) der Marktwert	c) der Kurswert
einer Aktie ist das Ergebnis ihrer „Bewertung" mit Hilfe von G_1, b und r_E sowie k; die Berücksichtigung von Transaktionskosten und insbesondere von Steuern bietet sich an	einer Aktie ist in Anlehnung an ihren Ertragswert der Ausgangspunkt der Preisbildung auf dem informationseffizienten Kapitalmarkt; die Berücksichtigung des Informationsflusses infolge der endogenen Unsicherheit mit Geschäfts- und Kapitalstruktur-Risiken bietet sich an im Hinblick auf Antizipation und Ankündigungseffekte	einer Aktie ist in Anlehnung an ihren Marktpreis der Ausgangspunkt der Kursbildung auf unvollkommenem und informations-ineffizientem Kapitalmarkt angesichts der Unsicherheit, die endogene und exogene Preisbildungsfaktoren über Angebot und Nachfrage eines Tages umfasst
Bereich: vollkommener bis zum handlungs-**un**vollkommenen Markt, jedoch „fully anticipated" in den Ertragswerten	**Bereich:** informations-effizienter bis zum informations-**in**effizienten Markt, vom „fully reflected" in den fortlaufenden Preisen bis zu den Ankündigungseffekten im Zeitablauf	**Bereich:** informations-**in**effizienter Markt bis zum offenen Zusammenwirken der Kursbildungsfaktoren in den fortlaufenden Aktienkursen
Stichwort: „Bewertung" zu einem Zeitpunkt (t_0) vor einer Entscheidung (t_E)	**Stichwort:** „Preisbildung" im Zeitablauf mit Informationsfluss	**Stichwort:** „Kursbildung" zu einem Marktzeitpunkt

35.2 Der Ertragswert der Aktie nach dem Bewertungsmodell von Gordon

Für die Ermittlung des **Ertragswerts** einer Aktie auf der Grundlage der erwarteten Dividenden D_t - die über $b \cdot r_E$ miteinander verkettet sind – verwenden wir das Aktien-**Bewertungsmodell** von Gordon (1957, 1962). Dazu vorab die Symbole und die Zahlenwerte für ein Beispiel:

25,- G_1 = der per t_1 erwartete Gewinn je Aktie

0,40 b = die Thesaurierungsquote, konstant in der Zeit

15,- $D_1 = G_1(1-b)$, die per t_1 erwartete Dividende

var. r_E = die erwartete Rendite aus der investiven Verwendung der einbehaltenen Gewinne $b \cdot G_t$

      $b \cdot r_E$ = die Wachstumsrate für die Gewinne (G), Dividende (D) und Aktienpreis (P)

0,10 $\bar{r}_E$ = die Mindestrendite, die in der Unternehmung für zusätzlich investiertes EK mittels $b \cdot G_t$ erzielt werden muss, damit der Aktionär keinen Nachteil hat, d.h. der Kapitalwert des investierten EK ist bei $\bar{r}_E$ gleich Null

0,10 k = der von den Aktionären erwartete Ertragssatz, gerechnet vom Marktwert ihrer Aktie.

Das Zahlenbeispiel soll dazu dienen, vorweg das Prinzip des Wachstums von Gewinn, Dividende und Wert der Aktie bzw. Preis zu zeigen:

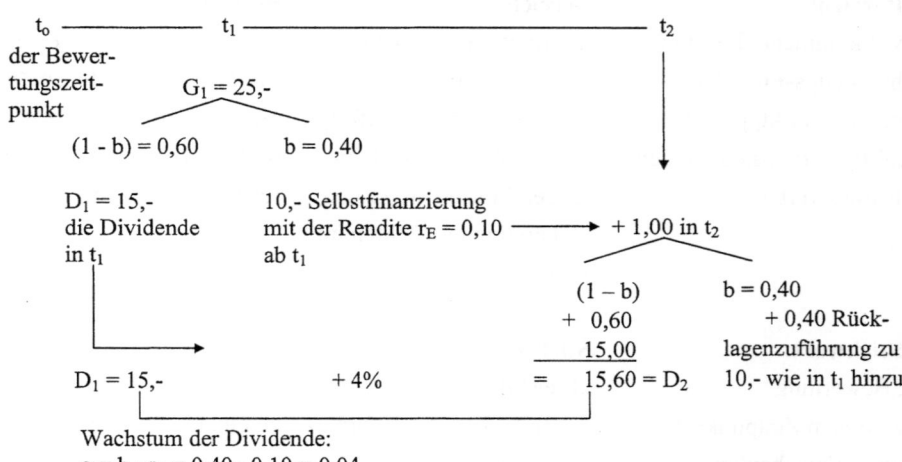

Die Anordnung der Zahlen zeigt eine Zweiteilung:
(a) ab t_1 steht die Dividende $D_1 = 15,-$ repräsentativ für alle weiteren Jahre. Im Sinne einer ewigen Rente beträgt ihr Barwert $15/0,10 = 150,-$ als Beitrag zum Ertragswert und Preis der Aktie;
(b) der in t_1 nicht ausgeschüttete Teil des Gewinnes von $10,-$ steht gleichfalls repräsentativ für die fortlaufende Thesaurierung, denn $b > 0$ gilt für alle Jahre. Jedoch interessiert nicht der Nominalbetrag von $10,-$, sondern die aus seiner investiven Verwendung in der Unternehmung zusätzlich erzielten Gewinne $G_1 \cdot b \cdot r_E$ im Hinblick auf die resultierenden zusätzlichen Dividenden, im Zeitablauf wachsend wegen fortlaufender Gewinneinbehaltung. Für die Ermittlung des Barwerts dieser zusätzlichen Dividenden als Beitrag zum Ertragswert und Preis der Aktie benötigen wir ein Bewertungsmodell. Es wird uns zeigen, dass auf der Basis von $r_E = \bar{r}_E = k$ die Zuführung zu den offenen Rücklagen von $10,-$ je Aktie in t_1 einen Ertragswert von $10,-$ hat. Da sich dies jährlich wiederholt, ist der Beitrag zum Preis der Aktie gleich $10/0,10 = 100,-$.

Wenn wir nachfolgend die Besteuerung der Unternehmung unberücksichtigt lassen, dann vereinfacht sich der Zusammenhang von $\bar{r}_{Es} > \bar{r}_E = k$ zu $\bar{r}_E = k$. Ebenso vereinfachen wir hinsichtlich der unterstellten Marktverfassung: dem Bewertungsmodell liegt a) zugrunde (mit „fully anticipated") und der Preisbildung ein informationseffizienter Aktienmarkt, wie unter b) beschrieben (mit „fully reflected").

Bei dieser Marktverfassung entspricht der Preis der Aktie ihrem Ertragswert. Dafür verfügen wir über zwei Modelle:

(1) $P_0 = \sum_{t=1}^{\infty} \dfrac{D_t}{(1+k)^t}$ vgl. z.B. R.H. Schmidt/E. Terberger, Grundzüge der Investitions- und Finanzierungstheorie, 4. Aufl. 1997, S. 199-207.

Damit kann man jedoch nichts anfangen! – denn die Abfolge der D_t steht unverbunden im Raum.

(2) $P_0 = \dfrac{G_1(1-b)}{k - b \cdot r_E}$ Das Aktienbewertungs- bzw. Aktienpreis-Modell von Myron J. Gordon (1962). Es verknüpft im Zähler den Gewinn je Aktie mit der Dividende und über den Nenner mit $b \cdot r_E$ die Dividenden D_t miteinander im Zeitablauf. Infolgedessen wird ausschließlich dieses zweite Modell verwendet.

Dieses Modell verbindet – an das vorangegangene Zahlenbeispiel anknüpfend – zwei Komponenten:

$P_0 = \dfrac{D_1}{k} + \dfrac{(G_1 - D_1) \cdot r_E \cdot (1-b)}{(k - b \cdot r_E) \cdot k}$. Die zweite Komponente ist der Ertragswert des in t_1 und fortlaufend nicht ausgeschütteten Gewinns unter Berücksichtigung von $b > 0$ konstant im Zeitablauf.

Ein Beispiel mit $r_E > k$ zeigt dies anschaulicher.

Verwenden wir z.B. $r_E = 0,12$ mit den übrigen Zahlen des Beispiels, dann beträgt der Marktwert der Aktie nach

(2) $P_0 = \dfrac{25(1 - 0,40))}{0,10 - 0,40 \cdot 0,12} = \dfrac{15}{0,052} = 288,46$.

Die zuvor beschriebenen Komponenten des Marktwertes ergeben sich nach der aufgeteilten Formel mit $P_0 = 150 + 138,46$.

Von dieser Zweiteilung herkommend, können wir festhalten, dass die Bewertungsformel (2) von Gordon den fortlaufenden ökonomischen Beitrag (= D_1) der **zurückliegenden** Eigenfinanzierung integriert mit dem ökonomischen Beitrag des **zusätzlichen** Eigenkapitals aus der laufenden Gewinn-Einbehaltung ab t_1. Für die Finanzierung hatten wir diese Integration der Selbstfinanzierung in die Beteiligungsfinanzierung bereits im Abschnitt B.17 als kennzeichnende Folge des kapitalmarktorientierten Finanzierungsbegriffs betont.

Aus der Sicht der Unternehmung handelt es sich um Eigenfinanzierung infolge fortlaufender Thesaurierung von Gewinn ($b \cdot G_t$). Aus der Sicht der Aktionäre und des Kapitalmarkts hingegen geht es um die Bewertung und Preisbildung infolgedessen.

B.35 Ertragswert und Marktpreis für Aktien

Die beiden Standpunkte treffen in der Frage zusammen, welchen Ertragssatz ($\bar{r}_E$) die investiv verwendeten Mittel entsprechend $b \cdot G_t$ zumindest bringen müssen, damit der Preis der Aktie genau diesen Betrag reflektiert. Da der Preis sich über den seitens der Aktionäre alternativ erzielbaren Ertragssatz k bildet, erhalten wir zunächst die Konstellation „Mindestertragssatz $\bar{r}_E$ = k dem Eigenkapital-Kostensatz". Dann ist der Betrag des einbehaltenen Gewinns gleich seinem Ertragswert infolge der ab t_2 zusätzlichen (und wachsenden) Dividenden:

$$b \cdot G_1 = \frac{b \cdot G_1 \cdot \bar{r}_E (1-b)}{k - b \cdot \bar{r}_E}, \text{ was für } \bar{r}_E = k \text{ sofort ersichtlich ist.}$$

Wenn wir diese Betragsgleichheit als unternehmensbedingte (Ertrags-)Wertbedingung bezeichnen, dann können wir die zweite Konstellation als Preisbedingung hinzufügen:

$$P_{o(b=o)} = P_{o(b>o, r_E = \bar{r}_E = k)}.$$

Danach ist es ohne Einfluss auf den Preis, ob die Unternehmung den fortlaufend erwirtschafteten Gewinn vollständig ausschüttet – nachfolgend: das stagnierende Unternehmen – oder mit dem Prozentsatz b (konstant) einbehält und zu dem Ertragssatz $\bar{r}_E$ investiv verwendet – nachfolgend: unechtes Wachstum. Eingesetzt sind danach gleich

$$\frac{G_1}{k} = \frac{G_1 (1-b)}{k - b \cdot \bar{r}_E}, \text{ was für } \bar{r}_E = k \text{ sofort ersichtlich ist.}$$

Weder vom alternativen Ertragssatz (k) noch von dessen Bemessungsgrundlage (P_o) her erzielt der Aktionär einen differentiellen Vorteil in t_1 abhängig von b = 0 oder b > 0.

Zusammengefasst: Der Betrag des einbehaltenen Gewinns und der damit in der Unternehmung erwirtschaftete Ertragssatz (r_E) ist angenommen gerade gleich dem zu erwirtschaftenden Mindest-Ertragssatz ($\bar{r}_E$), der seinerseits deshalb gleichbedeutend ist mit dem Eigenkapital-Kostensatz. Dieser wiederum ist identisch mit dem Ertragssatz (k), den der Aktionär bezogen auf den Marktwert/Preis seiner Aktie realisiert.

Warum dieser verwickelte Zusammenhang? Die Lehrbücher zur Finanzierung bzw. zur Finanzierungstheorie lassen klare Aussagen vermissen
1) zu b = 0 oder b > 0,
2) zu $r_E = \bar{r}_E$ oder $r_E > \bar{r}_E$,
3) zu Mindestrendite ($\bar{r}_E$) und Eigenkapitalkostensatz i_{EK}
4) zu Eigenkapitalkostensatz und Ertragsatz (k) der Aktie bei b > 0, und

5) zur Bezugsgrundlage für k seitens der Unternehmung und/oder seitens des Aktionärs, um so oder so die unvollständige Kostensatz-Argumentation zur Kostenbetrags-Version zu vervollständigen. Zum einen ist diese konzipierte Kostenbetrags-Theorie in die Investitionsrechnung einzubringen, vgl. Abschnitt C.35. Zum anderen zerbricht der oben beschriebene, nachvollziehbare Zusammenhang, wenn die Besteuerung berücksichtigt wird. Deren Eingriff resultiert sowohl aus dem Nebeneinander von Körperschaftsteuer der Aktiengesellschaft und Einkommensteuer des Aktionärs als auch aus Steuersätzen, die bei der Unternehmung nach der Verwendung des Gewinns bzw. beim Aktionär nach der Art des Vorteils – Dividende versus Preisdifferenz infolge Gewinn-Thesaurierung – unterscheiden.

Damit wird **das Merkmal b > 0 zum zentralen Moment der Investitions- und Finanzierungstheorie**: die Mindestrendite $\bar{r}_s$ (mit $\bar{r}_{Es}$ bzw. $\bar{r}_{Bs}$) im Steuerfall gleichbedeutend mit den Eigenkapitalkosten unter Berücksichtigung differenzierter Besteuerung einerseits und der Aktienwert/Preis P_{os} sowie der Alternativ-Ertragssatz k_s im Steuerfall andererseits werden in B.60 behandelt.

Dafür müssen wir nachfolgend auf eine weitere Vorfrage eingehen: infolge der fortlaufenden Thesaurierung teilt sich auch der Vorteil aus der Aktie für den Aktionär auf: Dividende und Preisanstieg, d.h. Geldkomponente und Vermögenskomponente werden in der Regel von der Einkommensbesteuerung ungleich erfasst. Diese beiden Bestandteile des periodischen Vorteils aus einer Aktie werden mit Hilfe des Bewertungs-/Preis-Modells von Gordon erklärt. Die mit (2) gegebene Bewertungsformel soll nun erläutert werden:

Ansatz dafür:

Ausschüttungsquote, Wachstumsrate, EK–Kostensatz

$$P_0 = \frac{G_1(1-b)}{1+k} + \frac{G_1(1+b\cdot r_E)(1-b)}{(1+k)^2} + \frac{G_1(1+b\cdot r_E)^2(1-b)}{(1+k)^3} \ldots \rightarrow \text{in } \Delta_t \text{ stets: } \frac{(1+b\cdot r_E)}{(1+k)} \text{ ergibt}$$

zusammengefasst:

$$P_0 = \frac{G_1(1-b)}{k - b\cdot r_E} = \frac{25 \cdot (1-0{,}40)}{0{,}10 - 0{,}40 \cdot 0{,}10} = \frac{15}{0{,}06} = 250{,}-$$

mit den Werten:
k = 0,10
r_E sei gleich $\bar{r}_E$
b = 0,40
$b \cdot r_E$ dann 0,04

Der Ertrag der Aktie und der Ertragssatz k der Aktie ist bei b > 0 wie folgt:

1. Beträge: der Ertrag der Aktie ist per $t_1 \to P_0 \cdot k = 25,-$ aufgeteilt in:

die Geldkomponente	und die Vermögenskomponente
die Dividende	und der Vermögenszuwachs
$G_1(1-b)$	a) $G_1 \cdot b = +\Delta$ offene Rücklagen in der Fibu
25(1-0,40)	$25 \cdot 0,40 = 10,-$ der Nominalbetrag in Geld
15,-	b) sein Ertragswert:
das ist die Geldkomponente des Ertrags der Aktie	bei $r_E = \bar{r}_E = k \to = 10,-$
	bei $r_E > \bar{r}_E = k \to > 10,-$
§ 20 EStG: Einkünfte aus Kapitalvermögen	diese Differenz erzeugt den Kapitalwert des nicht ausgeschütteten Gewinns $b \cdot G_1$ je Aktie; nach b) ergibt sich die Vermögenskomponente des Ertrags der Aktie und gegebenenfalls greift § 23 EStG ein für Spekulationsgewinne, d.h. für innerhalb eines Jahres durch Ankauf und Verkauf realisierte Kursgewinne.

2. Sätze: der Ertragssatz der Aktie ist k = 0,10 aufgeteilt in:

die Börsenkursrendite	und die Wachstumsrate
$k - b \cdot r_E = \dfrac{D_1}{P_0}$	$b \cdot r_E$
$0,10 - 0,40 \cdot 0,10 = 0,06$	$0,40 \cdot 0,10 = 0,04.$

3. Ergebnis:
Die Aktie bringt (erwartet) entsprechend dem Ertragssatz k = 0,10 einen Ertrag von $P_0 \cdot k = 25,-$ in der Struktur von 15,- Dividende und 10,- Anstieg ihres Ertragswerts/Preises aus $P_0(1 + b \cdot r_E) = 250(1 + 0,04) = 260,-$ per t_1 nach Auszahlung der Dividende D_1.
Der Ertragssatz der Aktie mit k = 0,10 teilt sich auf in 6% Börsenkursrendite und in 4% Vermögenszuwachs/Preisanstieg.

Achtung! - dem Beispiel lag zugrunde:

$r_E = \bar{r}_E = k$ d.h. der Kapitalwert der investiv verwendeten einbehaltenen Gewinne $b \cdot G_t$ ist Null! Folglich sind gleich:

$$P_{o(b=0)} = \frac{G_1}{k} = \frac{25}{0{,}10} = 250{,}- \text{ bzw. } P_{o(b>0)} = \frac{15}{0{,}06} = 250{,}-$$

d.h. bei b = 0 und

bei b > 0 wegen $r_E = \bar{r}_E = k$ ($\rightarrow$ unechtes Wachstum) ergibt sich der gleiche Aktienkurs $P_o = 250{,}-$ in t_o.

35.3 Drei Fall-Konstellationen

Wir vergleichen nachfolgend:
- die ① und ② Fall-Konstellation hinsichtlich Stückgewinn und Dividende
- die $\boxed{1}$ und $\boxed{2}$ Fall-Konstellation hinsichtlich Aktienwert/Aktienpreis.

① und ②:
Erste und zweite Fall-Konstellation mit b = 0 bzw. b > 0 und $r_E = \bar{r}$ im Vergleich hinsichtlich G_t und D_t

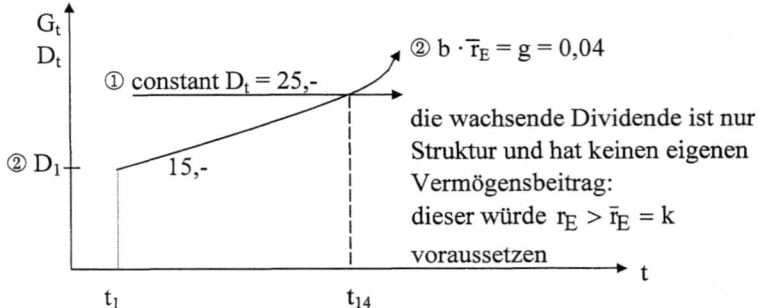

Die Dividende ist in beiden Fällen verschieden:
es ist ① $G_1 = D_1 = D_t$ constant und es ist ② $G_1 > D_1 < D_t$ wegen b> 0.

B.35 Ertragswert und Marktpreis für Aktien

[1] und [2]:
Erste und zweite Fall-Konstellation mit b = 0 bzw. b > 0 und $r_E = \bar{r}_E$ im Vergleich hinsichtlich P_t

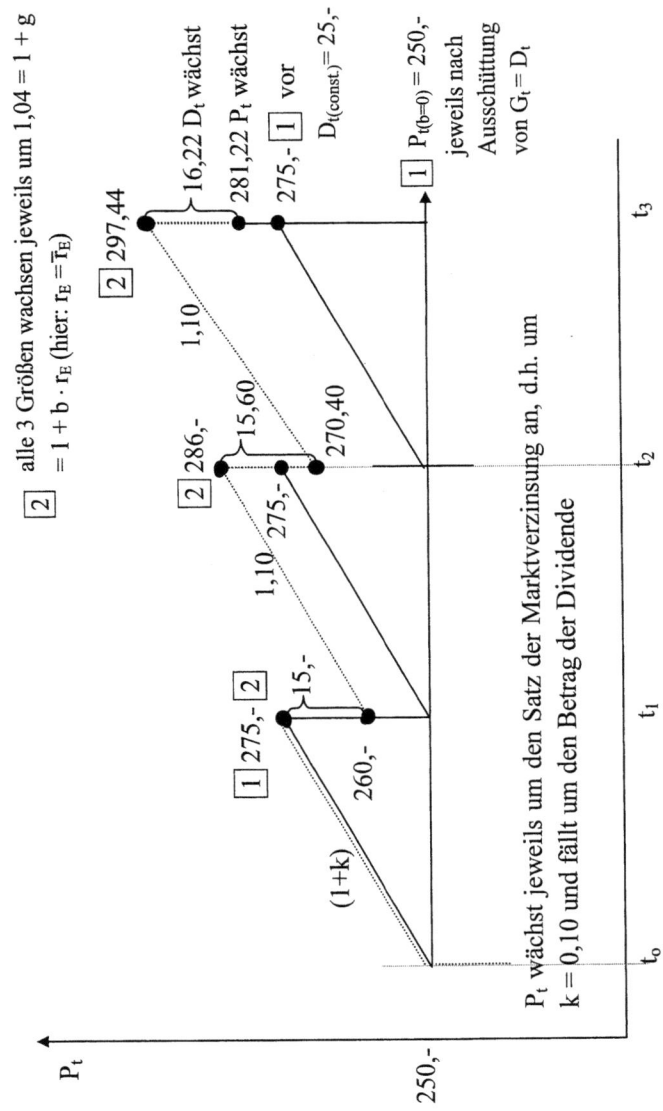

Der Aktienkurs P_o ist in beiden Fällen gleich:

es ist $\boxed{1}\, P_{o(b=0)} = 250,- = P_{o(b>0)(r_E = \bar{r} = k)} = \boxed{2}$ wegen $r_E = \bar{r}_E = k = 0,10$ und

es ist $\boxed{1}\; P_{o(b=0)} = \boxed{1}\; P_{t(b=0)}$ wegen $b = 0$.

Bei $P_{o(b>0)(r_E = \bar{r} = k)}$ spricht man von „unechter Wachstumsaktie":

$P_{t(b>0)(r_E = \bar{r} = k)}$ wächst entsprechend der jeweils betragsgleichen Substitution zwischen $-b \cdot G_t$ und $+\Delta P$.

③ Dritte Fall-Konstellation mit $b > 0$ und $r_E > \bar{r}_E$

Bei einer **echten Wachstumsakte** ist $r_E > \bar{r}_E = k$, z.B. $r_E = 0,12$

$$P_o(b > 0)(r_E > \bar{r} = k) = \frac{G_1(1-b)}{k - b \cdot r_E} = \frac{15}{0,10 - 0,048}$$

in t_o: $\dfrac{15}{0,052} = 288,46 > 250,-$

$$\boxed{3} > \boxed{2}$$

in t_1:
288,46·1,10   = 317,31
./. Dividende   ./. 15,00
P_1 ex $D_1 = P_o \cdot (1 + b \cdot r_E)$ = 302,31
= 288,46·1,048   = 302,31
d.h Kursanstieg   = 13,85

Wichtig: bei echtem Wachstum ist die Summe der Vorteile aus der Aktie mit $15,00 + 13,85 = 28,85$ größer als der erwartete Gewinn G_1 je Aktie. Anders formuliert: der Betrag der Kosten des Eigenkapitals übersteigt den Gewinn.

Ertrag der Aktie in der Struktur von Dividende und Kursanstieg

$$P_{o(b>0)(r_E > \bar{r} = k)} = \underbrace{\frac{G_1(1-b)}{k - b \cdot r_E}}_{0,052} = \frac{15}{0,10 - \underbrace{0,40 \cdot 0,12}_{0,048}} = 288,46$$

$0,052$ $0,048 \rightarrow$ Prozentsätze der Vorteile

$P_o \cdot 0,052$

$\underbrace{P_{o(b>0)(r_E > \bar{r} = k)} \cdot k}_{28,85} = D_1 + P_o \cdot b \cdot r_E$

$= 15 + 288,46 \cdot 0,048$

bei echtem Wachstum $= 15 + 13,85$ bei $r_E > \bar{r}_E = k$
gegenüber unechtem W. $= 15 + 10,00$ bei $r_E = \bar{r}_E = k$
gegenüber Vollausschüttung mit 25 mit $G_1 = D_1$

$\rightarrow$ die Beträge der Vorteile sind wegen r_E verschieden, der Satz k ist jedoch stets gleich

B.35 Ertragswert und Marktpreis für Aktien 107

Wenn wir hier die Relationen $\boxed{2}$ $P_{o(b>0)(r_E=\bar{r})} = 250,-$ und $\boxed{3}$ $P_{o(b>0)(r_E>\bar{r})} = 288,46$ verwenden sowie die Beziehung $P_{1-} = P_{o+}(1+k)$, dann wird deutlich, dass die Vorteile aus $(r_E > \bar{r}_E) \cdot b \cdot G_t$ abgezinst, jedoch vollständig im Preis P_o der Aktie bereits drin sind; im Beispiel zusammengefasst 38,46. Auf den Ertragswert der Aktie gleich Marktpreis P_{o+} und dann jeweils P_{t+} wird immer nur noch der normale Ertragssatz k (in Struktur) erzielt, aber keine Überrenditen. Wir bezeichnen dieses Ergebnis (infolge des angenommen vollkommenen und spezifisch des informations-effizienten Kapitalmarktes) als „fully anticipated". Mit $EW_t = P_t$ für die Preisbildung und -entwicklung sowie mit $P_t \cdot k$ für den Ertrag der Aktie ist das Kurs- und Ertragsrisiko der Aktie aus dem Blickfeld geraten. D.h. die Aktie erscheint nach diesem Modell wie ein Wertpapier, dessen Zinsertrag gemäß k = 0,10 je Termin nur z.T. ausbezahlt wird.

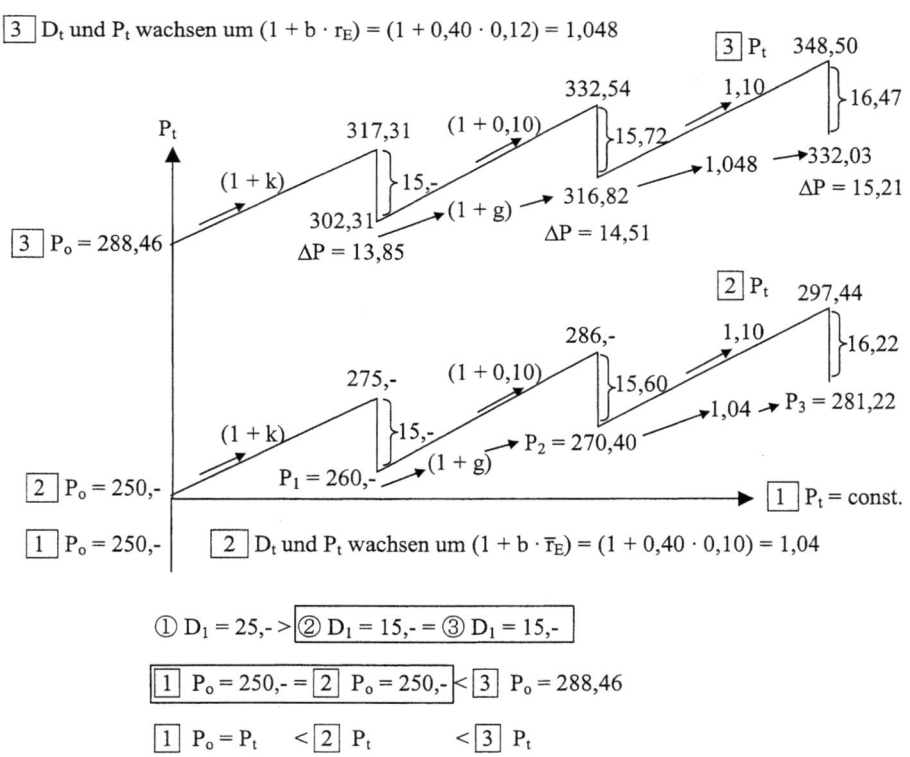

B.36 Beteiligungsfinanzierung im Zeitablauf: die Kapitalerhöhung bei der AG

Sie wird in der Regel als Kapitalerhöhung gegen Bareinzahlung und unter Gewährung von Bezugsrechten durchgeführt

① Bareinzahlung und keine Bezugsrechte =
a) freihändiger Verkauf junger Aktien aus „genehmigtem Kapital" § 202 AktG, u.a. zur Ausgabe von Belegschaftsaktien an die Arbeitnehmer
b) allgemeiner Ausschluss des Bezugsrechts seit 1994 (§186 Abs.3 AktG)[*]
① nur Finanzierung

② Bezugsrechte und keine Bareinzahlung
= Ausgabe von „Gratisaktien" mittels Umbuchung von offenen Rücklagen auf Grundkapital
② nur Dividendenpolitik

③ Bareinzahlung und Bezugsrechte:

m = Zahl der alten Aktien
n = Zahl der jungen Aktien
m:n = das Bezugsverhältnis
B = der einzuzahlende Geldbetrag für die junge Aktie

$$\frac{B}{GK} = \text{Bezugskurs} = \frac{\text{Geldbetrag}}{\text{enthaltene Erhöhung des GK}}$$

ΔP infolge eines Ankündigungseffekts (= Information)

ΔP infolge der Durchführung der Kapitalerhöhung (= Vermögensvorgang)

P_o = Kurs der Aktie **gerade nach Abschlag** der Dividende D_o für das Vorjahr
P_{o+} = Kurs der Aktie dto. und **nach Ankündigung** der Kapitalerhöhung
P_{oK} = Kurs der Aktie gerade **nach der Durchführung** der Kap.Erhöhung in t_o
x = Wert des Bezugsrechts am Tag der Abtrennung

$$x = \frac{P_{o+} - B}{m/n + 1} \quad \text{sei} \quad \frac{260 - 150}{10/1 + 1} = \frac{110}{11} = 10,-$$

[*] Vgl. dazu z.B. Schwark (1997).

Die Abfolge des Preises P der Aktie soll vergrößert und zeitlich gestreckt dargestellt werden:

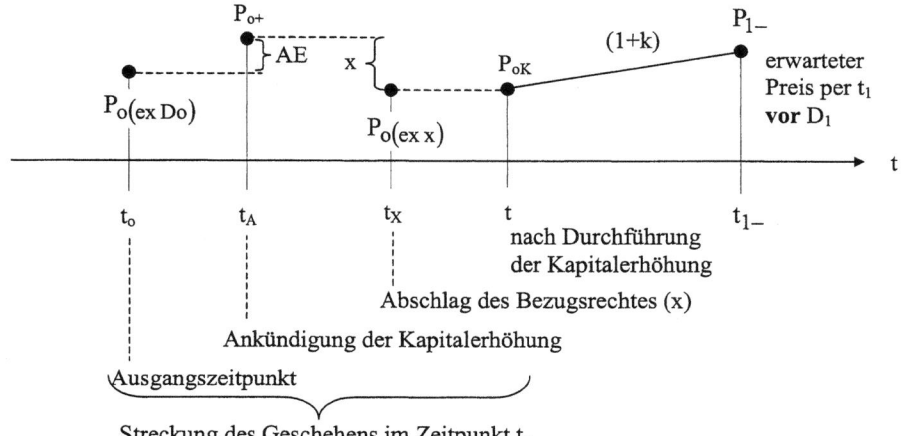

Das Beispiel:
bisher: $D_1 = 15{,}00$
jetzt: $D_o = 15{,}00$ und
$D_1 = 15{,}60$ erwartet ohne Kapitalerhöhung
und $D_{1K} = 15{,}00$ infolge der Kapitalerhöhung in t_o.

Für das vorangegangene Beispiel hatten wir $D_1 = 15{,}-$ angenommen. Jetzt geben wir bereits $D_o = 15{,}-$ vor, so dass ohne Kapital-Erhöhung mit $r_E = \bar{r}_E = k$ – also „unechtes Wachstum" – in t_o per t_1 erwartet wird:

$$D_1 = D_o(1 + b \cdot \bar{r}_E) = 15 \cdot 1{,}04 = 15{,}60$$

und $P_o = \dfrac{15{,}60}{0{,}10 - 0{,}04} = \dfrac{15{,}60}{0{,}06} = 260{,}-$ ist.

Ein Aktionär mit 10 alten Aktien hat Vermögen
1. vor Durchführung der Kapital-Erhöhung von 10 x 260 = 2.600,- Aktienvermögen und 150,- Geldvermögen = 2.750,-
2. nach Abschlag des Bezugsrechts x = 10,- hat er 10 x 250,- + 10 x 10 + 150,- = 2.750,- = die Mischung; und
3. nach Bezug der jungen Aktie hat er insgesamt 11 Aktien à 250,- = 2.750,-.

Die Kapital-Erhöhung änderte die Vermögensstruktur des Aktionärs, aber nicht seine Vermögenssituation. Ein Vermögens-Vorteil für den Aktionär ist aus der Entscheidung der Unternehmensleitung, das Kapital zu erhöhen, vorab nicht zu erkennen!

Der Aktionär mit 10 alten Aktien erhält Dividende
1. vor Durchführung der Kapital-Erhöhung mit $D_o = 15{,}-$ bzw. per t_1 erwartet $D_1 = 15{,}60$, das sind $10 \times 15{,}- = 150{,}-$ bzw. per t_1 erwartet $156{,}-$ bei 4% Wachstum;
2. nach Durchführung der Kapitalerhöhung und bei unveränderter Stück-Dividende $D_o = D_{1K}$ erhält der Aktionär $11 \times 15{,}- = 165{,}-$, d.h. seine Einzahlung von $B = 150{,}-$ würde $15{,}-$ bringen = 10% Barrendite für den jungen Aktionär?

Nein, denn er hat doch mit der Einzahlung $B = 150{,}-$
und mit 10 Bezugsrechten à $10{,}-$ $\quad = 100{,}-$ insgesamt
investiert/gebunden $\quad = 250{,}-$;

d.h. die Rendite ist bei der jungen Aktie nur $15/250 = 6\%$ wie bei den alten Aktien (P_{oK}) nach Durchführung der Kapital-Erhöhung (bzw. 6% ohne Kapital-Erhöhung aus $15{,}60/260 = D_1/P_o$).

Anders argumentiert: **ohne** Kapitalerhöhung hat der Aktionär $156{,}-$ erwartet und erhält **nach** Kapitalerhöhung $165{,}-$. Das sind $9{,}-$ auf die Einzahlung von $150{,}-$ gleich 6%. Ein Dividenden-Vorteil ist aus der Kapital-Erhöhung gleichfalls nicht zu erkennen!

B.37 Das Bezugsrecht als Vehikel der Dividendenpolitik

Der Alt-Aktionär ist unzufrieden: $D_o = 15{,}- = D_{1K}$. Wegen $b = 0{,}40$ und $r_E = \bar{r} = k = 0{,}10$ mit $b \cdot \bar{r}_E = 0{,}04$ müsste jedoch $D_1 = D_o(1 + b \cdot \bar{r}_E) = 15 \cdot 1{,}04 = 15{,}60$ sein entsprechend den Erwartungen vor Ankündigung der Kapital-Erhöhung. Hat der Aktionär sogar einen Dividenden-Nachteil?

Die Unternehmung schaltet in t_o die Kapitalerhöhung mit Bezugsrecht dazwischen und verfolgt die Dividendenpolitik
$D_o = D_{1K} = 15{,}-$ in t_1.
Wo ist der erwartete Zuwachs von 0,60 bei der Dividende geblieben? Dem Alt-Aktionär mit 10 alten Aktien „fehlen" per t_1 $10 \cdot 0{,}60 = 6{,}-$ erwarteter Zuwachs an Ausschüttung wie auch dem Kurs vor Kapital-Erhöhung mit

$$P_o = \frac{D_1}{k - b \cdot \bar{r}_E} = \frac{15,60}{0,06} = 260,- \text{ zugrunde lag.}$$

Auch auf die junge Aktie wird $D_{1K} = 15,-$ bezahlt. Der Einzahlungsbetrag $B = 150,-$ bringt einen zusätzlichen Gewinn von $B \cdot r_B$ mit – hier angenommen – $r_B = \bar{r}_B = k$ d.h. 15,-.

Von diesem Betrag stehen wegen $b = 0,40$ jedoch nur 9,- für die Dividende von 15,- auf die junge Aktie zur Verfügung.

Wenn $D_{1K} = 15,-$ auch auf die junge Aktie bezahlt werden, dann kommen die fehlenden 6,- *zu Lasten der Erhöhung der Dividende auf die alten Aktien von dort her:*

```
              ohne Kap.Erh.:    10 · 15,60     = 156,-
m = 10 <
              mit Kap.Erh.:     10 · 15,00     = 150,-
              und               10 · 0,60      = 6,-  ⎫  D₁ₖ für die junge
n = 1  —  sowie  Eigenbeitrag zur Ausschüttung  = 9,- ⎭  Aktie.
              (aus B · r̄_B · (1 – b) = 150 · 0,10 · 0,60)
```

Bei der Politik der konstanten Stück-Dividende $D_o = D_{1K}$ auch nach der Kapital-Erhöhung wird deutlich, dass die Bedingungen der Kapital-Erhöhung/der Wert des Bezugsrechtes ein Instrument der Ausschüttungspolitik ist.[43] Die Bedingungen haben weder etwas mit den Kosten des neuen Eigenkapitals zu tun – wie die Literatur behauptet, die zudem kurzerhand $b = 0$ unterstellt, weil sie kein Konzept zur Beteiligungsfinanzierung hat – noch etwas mit der Finanzierung/dem Erhalt von neuem EK.

Wir müssen vorab zwei Teilprobleme unterscheiden:

(α) Unseren Überlegungen haben wir die Aktien einer Unternehmung zugrunde gelegt, die wie üblich fortlaufend einen Teil des Gewinnes einbehält und die ihm entsprechenden Mittel investiert mit der Rendite r_E. Das infolgedessen erwartete Wachstum der Dividende ist im Preis der Aktie bereits vorweggenommen. Daran anknüpfend wurde gezeigt, dass das Bezugsrecht lediglich ein technisches Mittel ist, das die ausdrücklich erwartete Erhöhung der Dividende ersetzt durch die mittelbare Erhöhung der Ausschüttung infolge der Vermehrung der Anzahl der Aktien in Verbindung mit $B < P_o$. Die über die Kapitalerhöhung hinweg mit $D_o = D_{1K}$ konstant gehaltene Dividende wird hinsichtlich der Erhöhung der Ausschüttung alimentiert aus den erwirtschafteten zusätzlichen Gewinnen aus den bereits investiv

---

[43] Ausführlich dazu Lehmann (1978) S. 169-177.

verwendeten Gewinn-Thesaurierungen der Vergangenheit. Dieser Aspekt ist der Literatur unbekannt.[44]

(β) Der zweite Teil des Problembereiches – vgl. nachfolgend B.38 – betrifft die Frage, welche Rendite r_B das mit der Kapitalerhöhung eingezahlte zusätzliche Beteiligungskapital erwarten lässt. Die Antizipation bzw. dann die Reaktion infolge der Ankündigung der Kapitalerhöhung betrifft also erst noch zu verwirklichende Investitionen und die ihnen verbundenen erwartet (zusätzlichen) Gewinne. Mit dem Wert des Bezugsrechts, der sich aus der Differenz (P_o – B) und dem Bezugsverhältnis m/n ergibt, hat das nichts zu tun.

Folglich: man muss **die laufende Selbstfinanzierung** und das deshalb erwartete Wachstum der Dividende – vgl. das Aktienbewertungsmodell von Gordon – unterscheiden von der **fallweisen Beteiligungsfinanzierung**, die den Aktienmarkt wenig oder sehr überrascht und deshalb der Informations-Effizienz des Marktes bzw. ihrer Abschwächung auf den Ankündigungs-Effekt hin verbunden ist.

Dieser notwendigen Zusammenschau der beiden Eigenfinanzierungen entzieht sich die Literatur, wenn sie ihre Ausführungen zur Kapitalerhöhung mit Bezugsrecht verbindet mit der Annahme der vollen Gewinnausschüttung, also mit der Vorgabe b = 0. Oder aber es werden (α) und (β) vermengt, wenn man die erwartete und von der Vergangenheit getragene Erhöhung der Dividende aus (α) in die überraschend aus den künftigen Gewinnen zu (β) hinzukommenden Dividenden verdreht, den „Informationsaspekt der Dividendenpolitik" anfügt und so den Ankündigungseffekt der Kapitalerhöhung – Punkt (β) – erklärt.[45]

Wie unzureichend die Zusammenhänge erkannt sind, zeigt sich auch daran, dass nur die Funktionen des Bezugsrechts per se erläutert werden,[46] nämlich die Alt-Aktionäre gegen den Vermögensnachteil aus (P_o – B) zu schützen. Warum aber die Unternehmensleitung bei einer Kapitalerhöhung mit Bezugsrecht diese Differenz (unter Berücksichtigung des Bezugsverhältnisses m/n) festsetzt, wird entweder vorsichtshalber nicht als Frage aufgeworfen oder aber mit der Andeutung abgetan, dass dann der Vollzug der Kapitalerhöhung problemloser verlaufe.

---

[44] Vgl. Bollinger (1999) S. 114-126; auf S. 120 die übliche Annahme b = 0.
[45] Vgl. so Bollinger (1999) S. 121-126.
[46] Vgl. so Drukarczyk (1999) S. 287-289.

Wir haben die Bedingungen der Kapital-Erhöhung als ein (technisches) Instrument der Ausschüttungspolitik erklärt. Das daraus resultierende wertvolle Bezugsrecht – gemessen mit x/P_{oK} – hat deshalb seine Zeit gehabt infolge des Zusammenkommens von zwei Bestimmungsgründen:

(1) Die Unternehmen verfolgten die Politik der konstanten Dividende auch über die Kapitalerhöhung mit ihrer Vermehrung der Anzahl der umlaufenden Aktien hinweg.

Die konstante Dividende wurde auf niedrigem Niveau angesetzt, so dass im guten Jahr eine hohe Zuführung zu den offenen Rücklagen erfolgte, während andererseits im schlechten Jahr der Rückgriff auf die offene Rücklagen vermieden wurde. Das Bemühen, möglichst nicht auf die (hoch versteuerten) offenen Rücklagen zurückzugreifen, um die bisherige Ausschüttung fortzusetzen, hat nachvollziehbare steuerliche Gründe.

(2) Seit 1958 und bis 1977 unterschied die Körperschaftsteuer nach der Verwendung des periodischen Ergebnisses: der ausgeschüttete Gewinn-Anteil wurde mit etwa 24% erheblich niedriger belastet als der thesaurierte Gewinn-Anteil mit über 50%. Entscheidend war, dass die periodische Körperschaftsteuer **endgültig** war. Das spätere Ausschütten der hoch versteuerten Rücklagen führte deshalb zusätzlich zur Belastung mit Einkommensteuer – eine Situation, die unbedingt zu vermeiden war. Konstante Dividende sollte steuerbedingt nicht über die Verringerung der versteuerten Rücklagen, sondern nur über das niedrigere Niveau verwirklicht werden.

Andererseits wuchsen die Gewinne über die Erträge (r_E) aus der investiven Verwendung der laufend einbehaltenen erheblichen Gewinn-Beträge (b · G_t) an. Hier setzte das „wertvolle Bezugsrecht", eine hohe Relation x/P_{oK} als Regulativ an, um zwar nicht die Dividende, wohl aber die Ausschüttung je alte Aktie zu erhöhen – verdeckt über den Betrag des abgehenden Bezugsrechts, wie unser Beispiel erläuterte. So hielt die Siemens-AG die Dividende von 8,- DM konstant von 1960 bis 1982, während die Ausschüttung um durchschnittlich 4,1% p.a. wuchs.

Die Ausgabe von Gratisaktien oder ein Aktiensplit erfüllten naheliegenderweise dieselbe Aufgabe im Rahmen der beschriebenen Dividendenpolitik (konstant) und Ausschüttungspolitik je alte Aktie (schubweise verdeckt erhöht) leicht nachvollziehbar.

Das System der Körperschaftsteuer seit 1977 (bis 2000) änderte die steuerliche Belastung des thesaurierten Gewinns in eine nur vorläufige um: Der Rückgriff auf versteuerte Rücklagen setzte die bezahlte Körperschaftsteuer wieder frei (= „Guthaben-KSt"). Damit entfiel der steuer-ökonomische Grund für das niedrige Niveau und eine Abschwächung der Vorstellung, dass die Dividende konstant über die Zeit sein müsste, kam hinzu: das wertvolle Bezugsrecht verlor seine Bedeutung als Vehikel der Ausschüttungspolitik. Zudem erleichterte der Gesetzgeber 1994 auch noch die Voraussetzungen, das Bezugsrecht für die Altaktionäre von vornherein auszuschließen. Nach 1980 ist festzustellen, dass die Kapitalerhöhung gegen Einzahlung bei gleichzeitig wertvollem Bezugsrecht abgelöst wird durch die Ausgabe neuer Aktien etwas unter dem jeweiligen Börsenkurs.[47]

Die Literatur leitet daraus die Schlussfolgerung ab, dass die Eigenkapitalkosten dadurch niedriger geworden seien – ökonomisch eine Milchmädchen-Rechnung:

bisher: Dividende   =   jetzt: Dividende
        Bezugskurs B für eine   Geldbetrag etwas unter dem
        junge Aktie   <   Börsenkurs
        z.B. 15/150   >   15/237,50 (bei 5% Abschlag)
        EK-Kostensatz danach 0,10 >   0,063.

Das Fehlverständnis des zweiten Falles zeigt sich darin, dass die jungen Aktien nicht zu 237,50 gezeichnet werden, wenn der zu erwartende Ertragssatz nur 0,063 beträgt. Die mit den vermeintlich niedrigen Kapitalkosten von 0,063 identifizierte Mindestrendite $\bar{r}_B$ = 0,063 auf den eingezahlten Betrag alimentiert nicht das hinzukommend erwartete Wachstum der Dividende auch bei den jungen Aktien.[48]

---

[47] Diese Entwicklung hat Bollinger (1999) nicht im Blick, weil gerade die Bezugsrechte weder mit ihrem Betrag noch mit ihrem relativen Wert bezogen auf den Börsenkurs erfasst werden. Der Kern des Zusammenhangs „Kapitalerhöhung mit Bezugsrechten und konstanter Dividendenpolitik $D_o = D_{1K}$" wird also nicht erkannt; vgl. S. 302-305, wo die Verbindung zur Dividendenpolitik fehlt.

[48] Der Ausgabekurs für junge Aktien (bis 5% unter dem Börsenkurs) wird als „günstige Finanzierung" und als „kostengünstige Finanzierung" verstanden, vgl. Schwark (1997) S. 358 f., S. 364, S. 371.

B.38 Der positive Ankündigungseffekt einer Kapitalerhöhung

38.1 Fall-Beschreibung

Wir nehmen an, dass das neue EK in der Unternehmung aus seiner investiven Verwendung eine Rendite $r_B = 0{,}12 > \bar{r}_B = k = 0{,}10$ bringt, dann ist der Kapitalwert (bezogen auf B)

$$C_{oB} = \frac{B \cdot (r_B - k)(1-b)}{k - b \cdot r_E} = \frac{150 \cdot 0{,}02 \cdot 0{,}60}{0{,}10 - 0{,}40 \cdot 0{,}10}$$

mit $r_E = \bar{r}_E = k$ per Annahme

Folglich die Annahme: das mit der Kapitalerhöhung aufgenommene Eigenkapital finanziert eine einmalige Investitionsgelegenheit mit $r_B = 0{,}12 > k = 0{,}10$ wie $r_E = 0{,}10$

$$= \frac{1{,}80}{0{,}06} = 30{,}- \text{ auf jeweils m/n alte Aktien zu beziehen.}$$

Der neue Durchschnittspreis P_{oK} nach Kapital-Erhöhung und nach vollem Niederschlag des anteiligen Kapitalwerts aus C_{oB} im Preis der Aktie ist

$$P_{oK} = \frac{m \cdot P_0 + B + C_{oB}}{m+n} = \frac{10 \cdot 260 + 150 + 30}{11} = \frac{2780}{11} = 252{,}73$$

bzw. als $+\Delta P$ errechnet mit $30 : 11 = 2{,}73$ für jede der $(m + n)$-Aktien. Die infolge der Investition (mit $r_B = 0{,}12$) höhere Dividende in t_1 beträgt $2{,}73 \cdot 0{,}10 \cdot 0{,}60 = 0{,}164$.

Wann kommt der Kapitalwert von 30,- des zusätzlichen Eigenkapitals (B) in den Kurs der m-Aktien bzw. der $(m + n)$-Aktien hinein?
Dazu unterscheiden wir die vier Fälle a) bis d). Sie stellen Fall-Konstellationen dar aus der Zusammenfügung **von Antizipation** bis zum Ankündigungstermin einerseits **und von Reaktion** nach dem Ankündigungstermin andererseits.

Antizipation und Reaktion: der Effekt der erwartungsbedingten Vorwegnahme und dann der einer Ankündigung der Kapitalerhöhung im Prozess der täglichen Preisbildung im Zeitablauf für die Aktie sind ein Beispiel für die Informationsökonomie. Zum einen kennzeichnen sie die unterschiedlichen Marktverfassungen hinsichtlich ihrer Informations-(In)effizienz und zum anderen weisen sie auf die Verteilung preisbildungsverbundener Vorteile (bzw. Nachteile) auf an- und verkaufende Aktionäre hin. Ein starker Ankündigungseffekt wäre ein Hinweis, dass (zumindest) in diesem

Fall der Kapitalmarkt informations-**in**effizient (= informations-**un**vollkommen) gewesen ist. Ein schwacher (bzw. kein) Ankündigungseffekt ist entweder die Folge einer deutlichen (bzw. vollständigen) Antizipation oder umgekehrt traut der Kapitalmarkt den bei der Ankündigung mitgeteilten Ertragsaussichten (noch) nicht. Weder weiß man, welche der beiden Situationen aktuell vorliegt noch kann man auf die Informationsvollkommenheit bzw. –unvollkommenheit zurückschließen. Anstatt zum Wertpapierberater kann man deshalb ebenso gut zu Tante Hedwig gehen, die den Kaffeesatz auswertet anstelle der offenen und der verdeckten/mittelbaren Informationen seitens der Unternehmung U_j.[49] Die vier Fälle betreffen:

a) die vollständige Antizipation, deshalb **keine Reaktion mehr** (= der eine Grenzfall);

b) die **vervollständigende** Reaktion ergänzt die (Nicht-)Antizipation auf den vollen Anteil am Kapitalwert in den Kurs hinein;

c) die **unvollständige** Reaktion, so dass einschließlich (Nicht-)Antizipation bei Abschlag des Bezugsrechtes (x) in t_x noch ein Teil des Kapitalwertes nicht im Kurs enthalten ist;

d) keine Antizipation und **noch keine Reaktion**, so dass erst nach Durchführung der Kapitalerhöhung auch die junge Aktie den anteiligen Kapitalwert realisiert (= der andere Grenzfall).

Vor der weitergehenden Erklärung erscheint es zweckmäßig, eine vergleichende Übersicht zu den bisher behandelten Marktverfassungen zu geben.

38.2 Marktverfassungen: Einteilungen und deren Verwendung

Das Unterscheiden und Abgrenzen der verschiedenen Marktverfassungen ist eine ebenso mühsame wie unumgängliche Aufgabe. Die Behandlung finanzwirtschaftlicher Probleme in Abhängigkeit von den als gegeben angenommenen Marktmerkmalen betrifft (α) die Bewertung und das Bilden der Aktienpreise, (β) den Kalkulationszinssatz als Ausdruck der Finanzierung der Unternehmung und (γ) die Investitions- und Finanzierungs-Rechnung (IFR) zur Ermittlung der Vorteilhaftigkeit von Investitionsmöglichkeiten.

---

[49] Vgl. so bereits Lehmann (1978) S. 147-157, S. 185-196 im Gegensatz zu allen damaligen Effizienz-Anhängern; vgl. nachfolgend B.38.4.

Wenn wir nachfolgend fünf Marktverfassungen kurz kennzeichnen, so berücksichtigt diese Unterteilung bereits die Verbindung zu den drei erwähnten Problembereichen finanzwirtschaftlicher Entscheidungen. Die ebenso elegante wie übliche Zweiteilung in vollkommene und unvollkommene Märkte ist dafür ungeeignet und ist die Ursache für vielfache Vermischungen.

Der nachfolgenden Einteilung fügen wir dann eine Übersicht über die Verwendung der fünf Marktverfassungen in diesem Buch an.

(1) der vollkommene Kapitalmarkt,
(2) der handlungs-unvollkommene Kapitalmarkt mit Transaktionskosten und insbesondere Steuern hinsichtlich der Kosten des Eigenkapitals und der Bewertung der Aktien – vgl. B.60,
(3) der vollkommene Kapitalmarkt bei endogener Unsicherheit, d.h. mit Geschäfts- und Kapitalstrukturrisiko in Verbindung mit vorgegebener Informations-Effizienz – vgl. B.50,
(4) der informations-ineffiziente Kapitalmarkt (nur) im Hinblick auf die Preisbildung im Zeitablauf mit dem Fluss ökonomischer Informationen angesichts der endogenen Unsicherheit wie bei (3) – vgl. B.38,
(5) der sowohl handlungs- als auch informations-unvollkommene Kapitalmarkt unter (offener) Unsicherheit, so dass auch Ereignisse der exogenen Unsicherheit und (rational nicht fassbare) Marktverhaltensweisen auf das fortlaufende Entstehen der Börsenkurse einwirken; dadurch entsteht zusätzlich das „Aktionärsrisiko".

In Spalte ① der nachfolgenden Übersicht ist jeweils eine Marktverfassung die Grundlage für einen der in diesem Buch behandelten vier Problembereiche, auf die in der mittleren Spalte ② verwiesen wird. Diese folglich marktverfassungs-fundierten Fragestellungen prägen ihrerseits die in Spalte ③ beschriebene Wertermittlung bzw. Preisbildung.

Die Vorgehensweise beginnt allerdings mit ②, indem sich eine Problembehandlung ihre Marktverfassung passend definiert und den Rest ausdrücklich oder implizit ausschließt. Dasselbe werden wir zur Investitions- und Finanzierungs-Rechnung feststellen: die jeweilige rechnerische Vorgehensweise definiert sich ihre „Finanzierungs-Realität" passend zurecht.

Anmerkung: Die folgenden drei Probleme sind weder zugeordnet noch in unserem Buch behandelt:

1. Heterogene Informationszustände, Erwartungen und Einkommensteuersätze mit der Folge subjektiv abweichender Ertragswerte und Grenzpreis-Vorstellungen auf Seiten der Teilnehmer am Aktienmarkt.
2. Die Bedeutung der ex ante unsicheren und im Zeitablauf dann schwankenden Entwicklung des Marktzinssatzes i_{mt} für das finanzwirtschaftende Entscheiden.
3. Die Bedeutung der ungleichen Information in Verbindung mit dem Prinzipal-Agenten-Verhältnis zwischen den Kapitalgebern und der Geschäftsführung der Unternehmung.

Übersicht über ① Marktverfassungen, über ② die darauf aufbauenden Problembehandlungen und über ③ die resultierende Wertermittlung bzw. Preisbildung

	① Mögliche Marktverfassungen		② im Buch behandelte Probleme	③ Wertermittlung und Preisbildung
(1)	der (handlungs- und informations-)vollkommene Kapitalmarkt	B.35	die Ertragswert-Bewertung von Aktien: das Modell von Gordon	(a) bis (c) gemäß B.35.1: (a) der Ertragswert der Aktie ist gleich ihrem Preis P_0
(2)	der handlungs-unvollkommene Markt: Transaktionskosten, Steuern	B.60	der Kostensatz des Eigenkapitals infolge der Besteuerung	(a) der Ertragswert im Steuerfall ist gleich dem Preis P_{os} der Aktie
(3)	der vollkommene Markt bei endogener Unsicherheit und angenommener Informations-Effizienz	B.50	die Kosten des Eigenkapitals bzw. der Ertrag der Aktie angesichts der Risiken: das Modell von Modigliani und Miller	(b) Preisbildung angesichts der Geschäfts- und Kapitalstruktur-Risiken zu P_{oEK}
(4)	der informations-unvollkommene Markt bei nur ökonomischer Unsicherheit	B.38	die Kapitalerhöhung gegen Einzahlung: Antizipation und Ankündigungseffekt, vier Unterfälle a) bis d) in B.38.3	(b) tägliche Preisbildung im Zeitablauf infolge des Informationsflusses
(5)	der unvollkommene und exogen mitbestimmte Kapitalmarkt			(c) tägliche Kursbildung: nicht-ökonomische Preisbestimmungsfaktoren wirken sich über Angebot und Nachfrage auf den Kurs der Aktie aus.

38.3 Unterfälle zur Informations-(In)effizienz

Fall a): Der Markt ahnt/erwartet (zutreffend), dann steigt der Kurs der alten Aktie bereits vor Ankündigung der Kapital-Erhöhung auf P_{o-} = 263,-, d.h. der Kapitalwert wurde voll antizipiert (**fully anticipated**) im Kurs der alten Aktien und der Ankündigungseffekt ist Null. Wir haben informations-vollkommenen = effizienten Kapitalmarkt. Das Bezugsrecht ist dann etwas mehr wert:

$$x = \frac{263,- - 150,-}{10+1} = 10,273.$$

Der Einstand für eine junge Aktie ist folglich 10·x + B = 102,73 + 150 = 252,73.

Fall b): Bei gegebener (Nicht-)Antizipation führt erst der Ankündigungseffekt dazu, dass der anteilige Kapitalwert vollständig bis t_x in den Kurs eingeht (= „vervollständigende Reaktion"). Der Kurs P_{o+} erreicht erst vor t_x den Betrag von 263,-. Diese Markt-Situation wird mit **fully reflected** in jedem Zeitpunkt angesichts des Informationsflusses im Zeitablauf bezeichnet.

Fall c): Der Markt ahnt und antizipiert unzureichend, aber er reagiert auch unvollständig nach der Ankündigung, so dass = 260, - < P_{o+} < 263 -, ist, d.h. es bleiben Antizipation und Ankündigung zusammengenommen hinter dem anteiligen Kapitalwert zurück (= semi reflected und „**unvollständige** Reaktion").

Fall d): Bei fehlender Antizipation und auf die Ankündigung hin bleibt der Kurs 260,- und das Bezugsrecht bleibt 10,-.
Der Einstand für eine junge Aktie ist dann nur 10·10 + 150 = 250,-.
Der Kurs P_{oK} ist jedoch später

$$\frac{m \cdot P_{o+} + B + C_{oB}}{11} \quad (C_{oB} \text{ ist der Kapitalwert aus B})$$
$$\frac{10 \cdot 260 + 150 + 30}{11} = 252,72$$

d.h. der junge Aktionär hat am Kapitalwert teil mit 1/11 = 2,72. Wir haben informations-**un**vollkommenen Kapitalmarkt. Diese Kennzeichnung hilft uns im Einzelfall allerdings nicht weiter, denn neue Informationen können (1) Strohfeuer sein oder (2) eine sachliche Relevanz haben. In diesem zweiten Fall kommt hinzu, dass sie noch eine zeitliche Relevanz haben können oder nicht mehr. Ihr erster Unterfall wird durch einen **Ankündigungseffekt** nachgewiesen, der maximal den per t_A **noch nicht antizipierten Teil** des Informationsgehaltes der Nachricht ausmachen kann; vgl. Fall b).

Der Unterschied zwischen dem Ausmaß der Antizipation (bis zur Ankündigung) und dem Ausmaß des Ankündigungseffektes (bis zum Abschlag des Bezugsrechtes) kennzeichnet die Informations-Effizienz des Aktienmarktes. Die beiden Effekte verteilen bis zum Abschlag des Bezugsrechtes nur zwischen den Verkäufern und Käufern der alten Aktien um. Im Grenzfall haben die beiden Effekte bis zum Abschlag des Bezugsrechtes den Kapitalwert C_{oB} voll verarbeitet (Kurs 263,-), so dass der junge Aktionär nicht mehr daran antizipieren kann. D.h. die beiden Effekte zusammengenommen am Tag des Bezugsrechtsabschlags verteilen auch zwischen alten und jungen Aktien um, soweit Bezugsrechte gehandelt werden.

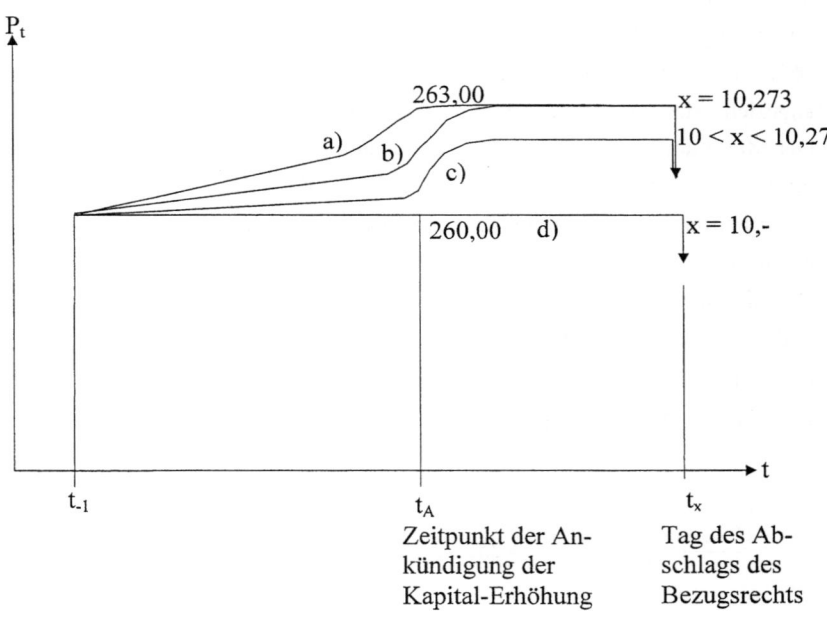

a) „fully anticipated" betreffend die zu erwartenden Dividenden
b) „fully reflected" betreffend den jeweiligen Informationsstand
c) unvollständige Verarbeitung des Entscheidungswertes der Information „Kapitalerhöhung" in den Preis der Aktien
d) ein „verstockter" und informations-ineffizienter Aktienmarkt.

B.38 Der positive Ankündigungseffekt

Zusammenfassende Übersicht:

Der Kapitalwert $C_{oB} = 30,-$ kann unterschiedlich über drei Phasen verteilt in den Aktienkurs von m bzw. von (m + n)Aktien eingehen und kennzeichnet so die Informations-Effizienz des Aktienmarktes:

Informations-Vollkommenheit/ Effizienz	(1) Antizipation bis zur Ankündigung der Kapital-Erhöhung	(2) Ankündigungseffekt bis zum Abschlag des Bezugsrechtes und für m Aktien	(3) Kurswirksamkeit erst nach der Kapital-Erhöhung und für m+n Aktien
a) voll antizipiert	+ 3,- Kurs 263,-	+ 0 Kurs 263,-	+ 0 x = 10,27 P_{oK} = 252,72
b) (1) +(2) gegen (3)	≥ 0	+ > 0 Kurs 263,-	+ 0 x = 10,27 P_{oK} = 252,72
c) teils-teils-teils	≥ 0	+ > 0 Kurs < 263,-	+ > 0
d) volle Ineffizienz	0 Kurs 260,-	+ 0 Kurs 260,-	→ + 2,72 in t x = 10,00 P_{oK} = 250,00

Informations-Unvollkommenheit/In-Effizienz

Die echte Wachstumsaktie: fortlaufende Selbstfinanzierung und fallweise Kapitalerhöhung mit einer Investitionsrendite $r_B > \bar{r}_B = k$.

Eine echte Wachstumsaktie hätte infolge von $r_E > \bar{r}_E = k$ z.B. $r_E = 0,12 > k = 0,10$ mit $D_o = 15,- \rightarrow D_1 = D_o(1+b \cdot r_E) = 15 (1+0,40 \cdot 0,12) = 15 \cdot 1,048$

$D_1 = 15,72$ einen Preis von

$$P_o = \frac{15,72}{0,10 - 0,048} = \frac{15,72}{0,052} = 302,30 \,.$$

Der Kapitalwert aus dem neuen EK ist entsprechend, wenn wir $r_B = 0,12 > \bar{r}_B = k = 0,10$ vorgeben:

$$\frac{B \cdot (r_B - k)(1-b)}{(k - br_E)} = \frac{150(0{,}12 - 0{,}10)0{,}60}{0{,}10 - 0{,}048} = \frac{1{,}80}{0{,}052} = 34{,}52.$$

Dieser Betrag ist **die sachliche Relevanz** der Kapital-Erhöhung insgesamt für m/n Aktien und bezogen auf den Einzahlungsbetrag von B = 150,-.
Der maximal mögliche Vorteil je alte Aktie ergibt sich daraus mit

$$\frac{B(r_B - k)(1-b) \cdot n}{(k - b \cdot r_E) \cdot m},$$ d.h. im Beispiel mit 3,45.

Demgegenüber ist der maximal mögliche Ankündigungseffekt (AE) um den bereits per t_A antizipierten Betrag – der zwischen voll-antizipiert und null-antizipiert möglich ist – geringer. Anders herum: der maximal mögliche AE einer Kapitalerhöhung ist der noch nicht antizipierte Teil des Vorteils je alte Aktie, ist die (noch) per t_A **zeitliche Relevanz** der Ankündigung der Kapital-Erhöhung.

Wenn man – naheliegenderweise - die Bildung der Aktienpreise nicht ausschließlich von den Ertragserwartungen her bestimmt sieht und folglich andere Faktoren zulässt, dann verliert das oben beschriebene informationsbedingte Verteilungsproblem sein Gewicht. Dementsprechend lockert sich die Möglichkeit, einen ökonomischen Zusammenhang zu erklären. Antizipation und Ankündigungseffekt sind Ausdruck erwartungsbedingten, vorwegnehmenden Handelns gegenüber der Verwirklichung des Kapitalwertes im Vollzug der Nutzung der Investition im Zeitablauf. Der Vergleich mit der Vorwegnahme mittels Aktivitäten der Unternehmensplanung liegt nahe und es bietet sich an, das „fully reflected" der Börsenkurstheorie auf die Planungstheorie zu übertragen.

38.4 Was heißt „informations-effizienter Kapitalmarkt"?

Eine häufiger erzählte Geschichte[50] soll uns die Grundlage bieten, um zumindest die Frage zu erörtern. Ein „Kapitalmarkt-Professor" und sein Student gehen über die Straße. Sagt der Student: „Sehen Sie mal, dort liegt ein Hundert-Euro-Schein! Soll ich ihn aufheben?" Darauf antwortet ihm der Professor:
„Bemühen Sie sich nicht! Wenn die Banknote echt wäre, hätte sie schon längst jemand aufgehoben!"

---

[50] Vgl. „Wie kommen eigentlich die Informationen in die Kurse und Preise? – Erich Streißlers Gedanken über Finanzmärkte, dezentrales Wissen und die Voraussetzungen des Handelns", Frankfurter Allgemeine Zeitung Nr. 117 vom 20.05.2000, S. 26.

B.38 Der positive Ankündigungseffekt

Eine Analyse des Sachverhalts ergibt:

anderenfalls:	der Kapitalmarkt-Professor **unterstellt**, dass
α) der Geldschein ist vom Student erstmals entdeckt worden und	a) der Geldschein bereits von anderen zuvor bemerkt wurde und
β) er könnte sich nach Prüfung als echt erweisen	b) nach Prüfung negativ beurteilt worden ist

Zusammengefasst:
„an der Information und an der Sache selbst ist (deshalb) nichts (mehr) dran"

erstmals bemerkt + möglicherweise echt	schon andererseits bemerkt + als unecht befunden

welche der beiden möglichen Situationen liegt nun aber vor?
? gerade dies aber weiß man nicht!

man kann	man kann nichts besser bzw. schneller als andere wissen:
β) etwas besser wissen = sachliche Relevanz einer Information, bzw.	die zugehenden Informationen haben keinen Entscheidungswert (mehr):
α) etwas schneller wissen = zeitliche Relevanz einer Information, und	das ist informations-effizienter Kapitalmarkt.
γ) handelt deshalb, um einen Vorteil zu gewinnen: das ist informations-**in**effizienter Markt	

Wer entscheidet sich wie?

der Student	der Kapitalmarkt-Professor
er bückt sich (trotzdem), weil er davon ausgeht, dass α) er den Geldschein erstmals entdeckt hat und dass β) dieser sich nach Prüfung als echt erweisen könnte	man kann nichts besser bzw. schneller wissen: die Informationen haben keinen Entscheidungswert (mehr)
ex post sei dies der Fall ———→	ja! sagt der Professor, ich muss den informations-**effizienten** Markt präziser beschreiben:
	c) ab und an – aber das weiß man nicht – möge eine Information (noch) einen Entscheidungswert haben **und**
	d) die getroffene Entscheidung könnte deshalb einen Vorteil bringen – **wie im Lotto** – jedoch die Summe der Kosten der erfolglosen Fälle führen zu keinem Netto-Vorteil/Überschuss **insgesamt**.

Fazit: die persönlichen Kosten der Informationsbeschaffung führen nur zufällig zu einem Vorteil. Auch mit dieser Erkenntnis und Präzisierung ist ex ante dem Student nicht weitergeholfen: er steht im konkreten Einzelfall vor der Entscheidung, ob er sich bemüht (bücken und prüfen) oder nicht. Die – wie auch immer definierten – Gegenvermutungen seines Professors nützen ihm nichts!

38.5 Zusammenfassung: Beteiligungsfinanzierung, Selbstfinanzierung, Ausschüttungspolitik und Investitionsrenditen

(a) P_o mit $b = 0$ → keine Selbstfinanzierung, konstante Gewinne = Ausschüttung

(b) P_o mit $b > 0$ und $r_E = \bar{r}_E = k$ → wachsende Dividende bei unechter Wachstumsaktie

(c) P_o mit $b > 0$ und $r_E > k$ → echte Wachstumsaktie bei konstanter Aktienzahl

(d) $P_{o+} = B$ → Ausgabe junger Aktien zum Börsenkurs der alten Aktien nach Ankündigung, d.h. das Bezugsrecht x ist wertlos oder ausgeschlossen; dann sind drei Situationen möglich:

$r_B < k$	oder	$r_B = k$	oder	$r_B > k$
Gewinnanstieg und Kursverlust		Kap.wert $C_{oB} = 0$		Kursanstieg, wieviel je alte Aktie?

(e) $P_{o+} > B$ mit folglich $x > 0$ → wofür relevant? für die Beteiligungsfinanzierung/ihre Kosten? → nein! für die Ausschüttungspolitik? → ja!

(f) $r_B = k$ →   Kapitalwert ist 0, kein Ankündigungseffekt von daher, kann aber höhere Erwartungen enttäuschen

     $r_B > k$ →   der Kapitalwert ist positiv

$$\frac{B \cdot (r_B - k)}{k} \text{ bei } b = 0 \text{ bzw. } \frac{B(r_B - k)(1 - b)}{k - b \cdot r_E} \text{ bei } b > 0$$

und verteilt sich auf m oder (m+n) Aktien!

B.38 Der positive Ankündigungseffekt

(g) mit $D_o = D_{1K}$ wird die Politik der konstanten Stück-Dividende verfolgt: das erwartete Dividendenwachstum geht über die Bezugsrechte in die Dividende der jungen Aktie über: indirekte Erhöhung der Ausschüttung je alte Aktie bei äußerlicher Konstanz - die verdeckte interne Dividendenwachstumsrate g_i ist

$$g_i = \frac{x}{P_{oK}} = \frac{\text{Wert des Bezugsrechts}}{\text{Kurs nach Durchführung der KapErh}} = \frac{10}{250} = 0{,}04 \text{ bei } r_E = \bar{r}_E = k$$

Investitionsertrag in der Unternehmung:
$r_B \cdot B = 0{,}10 \cdot 150{,}- = 15{,}-$
mit $r_B = \bar{r}_B$

Verwendung

Ausschüttung   Thesaurierung
$(1-b) = 0{,}60$ $b = 0{,}40$
$\Rightarrow 9{,}-$ für D_{1K} $\Rightarrow 6{,}-$ einbehaltener Gewinn
$\underline{6{,}-}$ für D_{1K} = der Eigenbeitrag der jungen Aktie
$15{,}-$ = Zuwachs für die 10 alten, auf die junge Aktie übergegangen

Wert auch der jungen Aktie:

$$P_{oK} = \frac{15}{0{,}06} = 250{,}-$$

stattdessen $D_{1K} = 15{,}-$ konstant von t_0 auf t_1

Vermögensumschichtung
auf eine junge Aktie mit dem Wert $P_{oK} = 250{,}-$

$150{,}-$

$\frac{m}{n} \cdot x = 10 \cdot 10$

+ Einkommensumschichtung

$\frac{m}{n} \cdot \frac{x}{P_{oK}} \cdot D_o = 10 \cdot 0{,}04 \cdot 15$
$= 10 \cdot 0{,}60$ erwarteter Zuwachs der Dividende von $t_0 \to t_1$
$15{,}- (15{,}60)$

B.39 Die Risiken eines möglichen Aktienkaufes

Im alltäglichen Gebrauch wird „Risiko" gern mit „Gefahr" gleichgesetzt, also mit einem möglichen künftigen Ereignis, dessen Wirkungen aus heutiger Sicht negativ beurteilt werden. Die ökonomische Theorie hingegen versteht unter „Risiko" die Unsicherheit im Sinne von Abweichungen, die sowohl positiv als auch negativ gegenüber der jeweiligen Bezugsgröße sein können. Hier ist deshalb der Streubereich (plus und minus) von Belang: die Absatzpreise, die Umsätze, der Gewinn sind unsicher im Sinne eines jeweiligen Streubereiches um die „erwartete Größe". Diese bezeichnen wir als *Erwartungswert* im Sinne eines Durchschnitts, der sich aus den möglichen Ergebnissen, gewichtet mit der jeweils hinzugefügten Wahrscheinlichkeit ergibt.

Die Nichte Geraldine Glücklich hat von ihrer Patentante anlässlich des glänzend bestandenen Abiturs € 1.000,- geschenkt erhalten. Als junger Mensch ist sie risikofreudig und hält deshalb nichts von der Handlungsmöglichkeit A(0), das Geld in den Sparstrumpf zu versenken. Auch die Alternative A(2), festverzinsliche Wertpapiere zu 6% Zinsertrag pro Jahr zu erwerben, hakt sie als langweilig ab. Hingegen findet sie die Möglichkeit A(1), Aktien der Aktiengesellschaft Z-AG zu erwerben, äußerst interessant und spannend.

Jeder Leser kann sich die Schwierigkeiten ausmalen, wie man eine Vorstellung darüber gewinnen kann, was aus der Finanz-Investition von heute € 1.000,- in Aktien werden könnte. Aber ohne derartige Erwartungen, d.h. ohne die Vorstellung vom Streubereich der möglichen zukünftigen Kurse (Preise) der Aktie Z würde schon die Erwägung des Kaufes zugunsten von A(0) oder A(2) aufgegeben werden. Ohne folglich das Geheimnis der Erwartungsbildung hier zu vertiefen, nehmen wir an, dass die Nichte infolge ausgiebiger „Informations-Aktivitäten" zu der folgenden Vorstellung des Streubereiches, d.h. zu den von ihr für möglich gehaltenen Kursentwicklungen im Laufe eines Jahres einschließlich Wahrscheinlichkeiten gekommen ist:

t₀

Möglichkeiten vor der Entscheidung in t_E = das Entscheidungsfeld in t₀	mögliche Kurse der Z-Aktie nach einem Jahr	Wahrscheinlichkeit	gewichteter Wert
A(0) = Sparstrumpf			1.000,-
A(2) = Festverzinsliche			1.060,-
A(1) ⇨ Einsatz 1.000,-	2.000	0,05	100,-
	1.400	0,15	210,-
	1.300	0,30	390,-
	1.100	0,20	220,-
	1.000	0,15	150,-
	900	0,10	90,-
	800	0,05	40,-
		1,00	1.200,-

Der Erwartungswert des subjektiven Streubereiches beträgt 1.200,- für den Aktienkurs nach einem Jahr und für den Einsatz von 1.000,-. Folglich sieht die Nichte (vor Kauf der Aktie Z) derzeit eine Chance von 200,-, die mit dem Kauf verbunden ist. Die als möglich angesehenen Erwartungen oberhalb des Erwartungswertes von EW_0=1.200,- bezeichnet die Nichte als „Spekulation" und die für möglich angesehenen Erwartungen unterhalb des Einstands von A_0=1.000,- als „Gefahr", einen Verlust zu erleiden.[51]

Wenn die Nichte nun auch noch äußert: „Wie es kommt, das weiß man nicht! Der Streubereich, d.h. die Unsicherheit hinsichtlich der Kursentwicklung gehört halt zum Kauf von Aktien dazu!", dann brauchen wir uns um die Risikoneigung der Finanz-Investorin nicht zu kümmern: wir stellen fest, *dass sie risikoneutral ist.* Damit ist gemeint, dass sie einen Kursrückgang um 100,-, nicht schwerer gewichtet als einen Kursanstieg um 100,-, bezogen auf den Einsatz von 1.000,-.

---

[51] Es ist üblich, den Streubereich der Ergebnisse mit Hilfe statistischer Maße rechnerisch zu quantifizieren. Zur Ermittlung beispielsweise der Varianz werden die jeweilige Abweichung eines Einzelwertes vom Erwartungswert (EW_0) quadriert und mit der zugehörigen Wahrscheinlichkeit multipliziert; die Produkte werden aufsummiert. Zieht man aus der Varianz die quadratische Wurzel, erhält man das übliche Streuungsmaß der Standardabweichung. Die Varianz beträgt in unserem Beispiel 66.000,- und die Standardabweichung 256,90. Sie besagt (bei unterstellter Normalverteilung), dass der Kurs der Z-Aktie in einem Jahr mit einer Wahrscheinlichkeit von 68% im Bereich von 1.200 ± 256,90 - also zwischen 943,10 und 1.456,90 liegen wird.

Nehmen wir an, dass die Nichte sich angesichts der von ihr gesehenen Chance von 200,- als der positiven Differenz zwischen ihrem Erwartungswert EW_o=1.200,- und ihrem Einsatz A_0=1.000,- für den Kauf der Aktie Z im Zeitpunkt t_E entschieden hat, dann hat sie den geschenkt erhaltenen Geldbetrag umgewandelt in das „Risikopapier" Z-Aktien. Im Gegensatz zu anderen entscheidungsbedingten Festlegungen kann sie allerdings täglich eine Änderung in Form des Verkaufs entscheiden.

Hat sie sich hingegen vorgenommen, genau ein Jahr abzuwarten und dann zu verkaufen, dann gibt es „ex post" im Hinblick auf ihre Entscheidungssituation (in t_o) und ihre Entscheidung (in t_E) drei Konstellationen:

1. Der Verkaufserlös mit z.B. 800,- liegt unter dem Einsatz von 1.000,-. Der realisierte Verlust aus dem Engagement lässt sich nicht (mehr) leugnen. Das Urteil „Pech gehabt" wird zusätzlich getrübt durch die Überlegung, dass sie mit dem festverzinslichen Papier A(2) einen Zinsertrag von 60,- erzielt hätte. Zu dem pagatorischen Verlust (= Verkaufserlös < Einstand) kommt der Opportunitätsnachteil aus dem nicht erzielten Zinsertrag hinzu. Mit der gewählten Handlungsmöglichkeit A(1) steht sie sich ex post und im Vergleich zur nicht gewählten A(2) um 260,- schlechter.
2. Der Verkaufserlös liegt zwischen dem Einstand von 1.000,- und dem Erwartungswert EW_o=1.200,-. In diesem Fall wird die Nichte ihre Entscheidung zu t_E vor einem Jahr mit „okay" kommentieren und die Belege abheften. Der alternativ sichere Zinsertrag von 60,- bei A(2) relativiert allerdings das „okay".
3. Der Verkaufserlös liegt über dem Erwartungswert von 1.200,-. „Glück gehabt" - wird man sagen und den Übergewinn als „Spekulationsgewinn" bezeichnen.

Wie ersichtlich unterscheiden wir vom verwirklichten Verkaufserlös nach einem Jahr her drei Situationen:
1. unter dem Einsatz mit Verlust,
2. zwischen Einsatz und Erwartungswert im Bereich der Chance mit Gewinn, und
3. über dem Erwartungswert mit Spekulationsgewinn.

Mit dem Anschaffungspreis AP_o = 1.000,- und dem Erwartungswert EW_o = 1.200,- haben wir zwei Bezugsgrößen. Infolgedessen müssen wir unterscheiden zwischen der Gewinnaussicht/Verlustgefahr einerseits und der Spekulationshoffnung/Abweichungsgefahr andererseits. Die Unsicherheit betreffend den Verkaufserlös aus den Aktien nach einem Jahr gehört der **Realökonomie** zu. Der Streubereich des möglichen

B.39 Die Risiken eines möglichen Aktienkaufes

Verkaufserlöses beschreibt das mit der Finanz-Investition in t_0 verbundene, subjektiv gesehene „Risiko", das auf den Erwartungswert EW_0 bezogen ist. Ziel der Entscheidung hingegen ist die vom Anschaffungspreis und den Nebenkosten mitbestimmte unsichere Erfolgsgröße (Gewinn bzw. Verlust), weshalb es sich um **die rechenökonomische Unsicherheit eines Erfolgssaldos** handelt. Auch der Erwartungswert EW_0 für den Aktienkurs nach einem Jahr ist eine errechnete Größe, die unsichere Realität betreffend, während die „Chance" erst daran anknüpft und eine unsichere Größe für die Zielverwirklichung errechnet, die als Überschuss bzw. als Unterschuss einen ökonomischen Hintergrund hat.

Mit den Zahlen unseres Beispiels unterscheiden wir:
a) **die Gewinnaussicht** als der Erwartungswert des Gewinns gegenüber dem Anschaffungspreis AP_0 mit $1000 \cdot 0,05 + 400 \cdot 0,15 + 300 \cdot 0,30 + 100 \cdot 0,20 = +220,-$
b) **die Verlustgefahr** als der Erwartungswert des Verlustes gegenüber dem Anschaffungspreis AP_0 mit $100 \cdot 0,10 + 200 \cdot 0,05 = -20,-$
c) **die Chance** aus der Investitionsmöglichkeit als dem Saldo aus $+220 - 20 = +200,-$; sie deckt sich mit der Differenz zwischen dem höheren Erwartungswert EW_0 und dem Anschaffungspreis AP_0 mit $1200 - 1000 = +200,-$
d) **die Spekulationshoffnung** als der Erwartungswert aus den möglichen Verkaufserlösen über dem Erwartungswert EW_0 mit
$800 \cdot 0,05 + 200 \cdot 0,15 + 100 \cdot 0,30 = +100,-$ positiv und
e) **die Abweichungsgefahr** als der Erwartungswert aus den möglichen Einzahlungen unterhalb des Erwartungswertes EW_0 mit
$100 \cdot 0,20 + 200 \cdot 0,15 + 300 \cdot 0,10 + 400 \cdot 0,05 = 100,-$ negativ.
f) Die Erwartungsgrößen für die positiven und für die negativen Abweichungen gegenüber dem Erwartungswert EW_0 aus dem Streubereich gleichen sich zu Null aus.

Mit der eigenständigen Benennung der jeweils beiden (±) Bereiche haben wir den Begriff „Risiko" frei für den jeweils zusammenfassenden Oberbegriff. Das „**Erfolgsrisiko**" – gleichbedeutend mit der „Chance" – bezeichnet die unsichere Erfolgsgröße wie üblich gegenüber dem Einsatz, während das „**Abweichungs-Risiko**" den Streubereich der möglichen realen Ergebnisgrößen bezeichnet, bezogen auf dessen gewogenen Durchschnitt.

Die verwendeten Begriffe stehen in der Einzahl, weil jeder die rechnerische Auswertung eines bestimmten Teilbereiches des Streubereiches der möglichen Einzahlungen/ Verkaufserlöse in einer Größe zusammenfasst.[52]

Zur Übersicht geordnet:

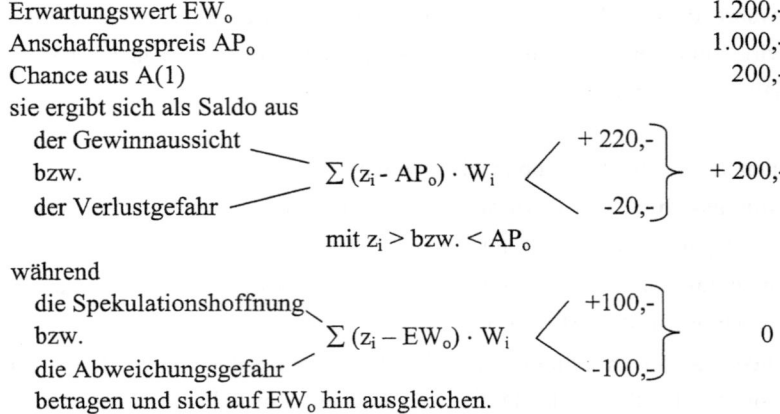

Erwartungswert EW_0 1.200,-
Anschaffungspreis AP_0 1.000,-
Chance aus A(1)   200,-
sie ergibt sich als Saldo aus
    der Gewinnaussicht
    bzw. $\sum (z_i - AP_0) \cdot W_i$ +220,- / -20,-   +200,-
    der Verlustgefahr
    mit $z_i >$ bzw. $< AP_0$
während
    die Spekulationshoffnung
    bzw. $\sum (z_i - EW_0) \cdot W_i$ +100,- / -100,-   0
    die Abweichungsgefahr
betragen und sich auf EW_0 hin ausgleichen.

Diese Übersicht können wir auswerten: In der Entscheidung, die Aktien zu kaufen, verbindet sich die erstrebte Chance, d.h. der Saldo aus den möglichen Gewinnen und Verlusten mit der Inkaufnahme des Streubereiches der möglichen Verkaufserlöse. D.h. der erstrebte Vorteil wird erfolgsrechnerisch von der „Chance" vertreten. Ihr steht entscheidungsverbunden die Unsicherheit ihrer realökonomischen Grundlage gegenüber.

Wird auch die Alternative A(2) in die Abwägung einbezogen, ob man sich für A(1) entscheidet oder nicht, dann werden die 6% sicherer Ertrag gleich 60,- verhindert durch die Entscheidung für A(1) wie umgekehrt die subjektiv gesehene Chance von 200,- durch die Entscheidung für A(2) verhindert werden würde.
Die Alternative A(2) fügt dem unsicheren Ergebnis/Gewinn bei der Wahl von A(1) einen Opportunitätsnachteil hinzu und relativiert die Gewinnaussicht (220,-) um 60,- herab bzw. erhöht die Verlustgefahr (-20,-) um 60,-. Folglich unterscheiden wir zwischen dem **Erfolgsrisiko** bei A(1) und dem **Opportunitätsrisiko** infolge der Beachtung von A(2). Beide Risiken fassen wir mit der Bezeichnung „Entscheidungs-

---

[52] Vgl. den fortlaufenden Wechsel zwischen Einzahl und Mehrzahl einerseits und zwischen den möglichen Zahlungsgrößen und den partiellen rechnerischen Auswertungen daraus andererseits bei Drukarczyk (1999) S. 187-199.

risiken" zusammen: sie werden im Betrachtungszeitpunkt t_0 beurteilt und liegen vor dem Entscheidungszeitpunkt t_E. Damit gehören die „Entscheidungsrisiken" dem gedanklich-rechnerischen Bereich zu. Denn unter der gedanklichen Vorgabe, dass man sich für A(1) den Kauf der Aktien entscheidet, befasst man sich mit dem Streubereich der möglichen Veräußerungserlöse – bezogen auf den Erwartungswert von 1.200,- – einerseits und mit der Unsicherheit des Erfolges (Gewinn bzw. Verlust) – bezogen auf den Einsatz von 1.000,- – andererseits. Diese beiden Aspekte und der Blick auf die Alternative bestimmen mit, ob und wie man sich entscheidet. Die im voraus berechnete Vorteilhaftigkeit und die im voraus beurteilten Entscheidungsrisiken einer Handlungsmöglichkeit haben denselben Bezug zur anstehenden Entscheidung, hier zu A(1). Vorteilhaftigkeit und Entscheidungsrisiken stehen vorerst und nur bzw. nur erst und noch auf dem Papier vor t_E. Es liegt deshalb nahe, die Entscheidungsrisiken als rechenökonomische Risiken zu bezeichnen. Sie existieren (noch) nicht tatsächlich, sondern knüpfen an die Vorgabe/Unterstellung an: „wenn man die betrachtete Alternative verwirklichen würde, dann ...".

Zur Struktur geordnet, erhalten wir die folgende Übersicht:

Gewinn-Erwartungen und Hoffnungen

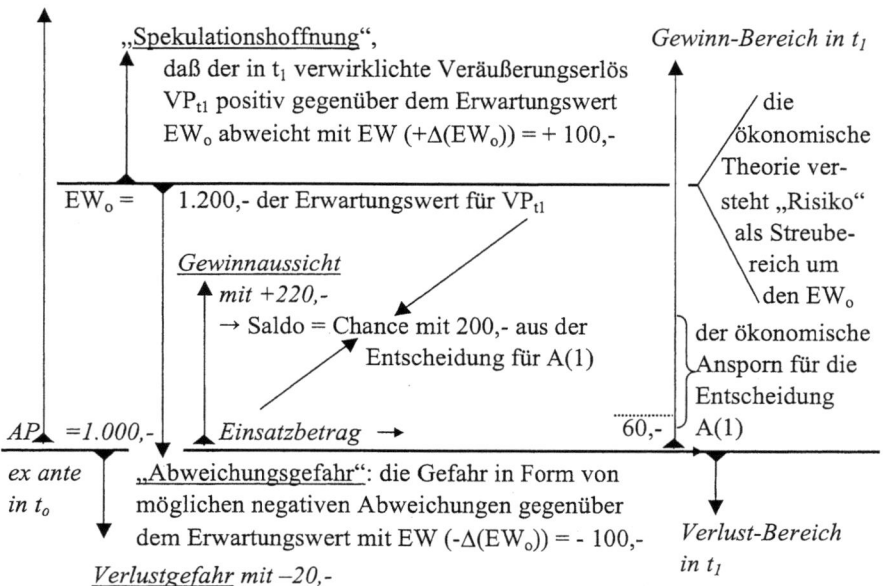

Die zuvor nur möglichen Entscheidungsrisiken wandeln sich mit der Kauf-Entscheidung um in bestehende Risiken, die der entschiedenen Alternative verbunden sind. Kennzeichnend ist, dass der Käufer der Aktie keinen Einfluss auf den weiteren Verlauf hat. Seine ökonomische/leistungswirtschaftliche Aktivität beschränkt sich auf das Innehaben der Eigenkapital-Rechtsposition. Unsicher ist (1) Gewinn/Verlust der Aktiengesellschaft, pro Aktie gerechnet, (2) die Gewinn-Ausschüttung/Dividende (3) der Marktzinssatz i_{mt} und schließlich (4) der Kurs der Aktie als der tägliche Preis an der Börse. Da es nach der Kauf-Entscheidung nur das Abwarten und keinen Handlungsvollzug gibt, passt dieses Beispiel nicht, um die Handlungsrisiken zu erklären, die sich an eine Entscheidung mit Durchführungsaktivitäten anschließen. Wir müssen folglich unterscheiden:

Grundsätzlich ist die Einteilung in drei Spalten mit drei Zeitabschnitten

ab t_0 bis t_E für den Rechen-, Planungs- und Entscheidungsprozess,

ab t_E bis t_V für den Handlungsvollzug der ausgewählten Alternative bis zur Risiko-Verwirklichung, und

ab t_V bis t_{AB} zur Beendigung der Finanz-Investition in t_{AB}.

Mit der Auswahl-Entscheidung für A(1) in t_E wird aus dem Erwartungswert als bisheriger Rechengröße und Entscheidungshilfe die Planvorgabe für den Handlungsvollzug, der sich in unserem Beispiel nach dem Erwerb der Aktien auf einen Ereignisablauf reduziert. Mit der weiteren Entwicklung des Aktienkurses wird sich alsbald das Plan-Abweichungsrisiko verwirklichen. Der Anschaffungspreis A_0 für die Aktien tritt als Rechengröße in den Vordergrund gegenüber dem Erwartungswert, der den Kauf in t_E entscheidend mitbestimmt hatte. Mit dem Verkauf der Aktien ergibt sich dann der realisierte pagatorische Gewinn bzw. Verlust aus dem Engagement in Aktien.

Erklärungen:

1) Vor der Entscheidung in t_E war die Differenz (EW_0 – AP) der betrachteten Handlungsmöglichkeit die mit ihr verbunden gesehene Chance; nach der Entscheidung in t_E war/ist die Differenz der Erwartungswert des Gewinns.

2) Der pagatorische Verlust ist die verwirklichte Differenz (AP – erzielter Geldbetrag) > 0. Der Nachteil/die Enttäuschung ist die Differenz (EW_0 – erzielter Geldbetrag). Die Enttäuschung ist mithin herber als der Verlust!

3) Man kann rückblickend/ex post die in t_E nicht gewählte, nächstbeste Alternative betrachten. Ist deren Verlust größer als der zu 2), dann kann man sich mit der vermiedenen Verlust-Differenz trösten. Ist deren Verlust hingegen kleiner als der zu 2), dann kann man sich ärgern über die verwirklichte/nicht vermiedene Verlustdifferenz.

B.40 Fremdfinanzierung

Wir unterscheiden vorab drei Typen der Fremdfinanzierung und engen dann auf die Fremdkapitalfinanzierung ein. Noch ausgeprägter als bei der Eigenfinanzierung verfolgen wir die Sicht der Kapitalgeber. Deren Position unterscheidet sich danach, ob Handelbarkeit des Fremdkapitaltitels gegeben ist und ob Zinsbindung vereinbart wurde:

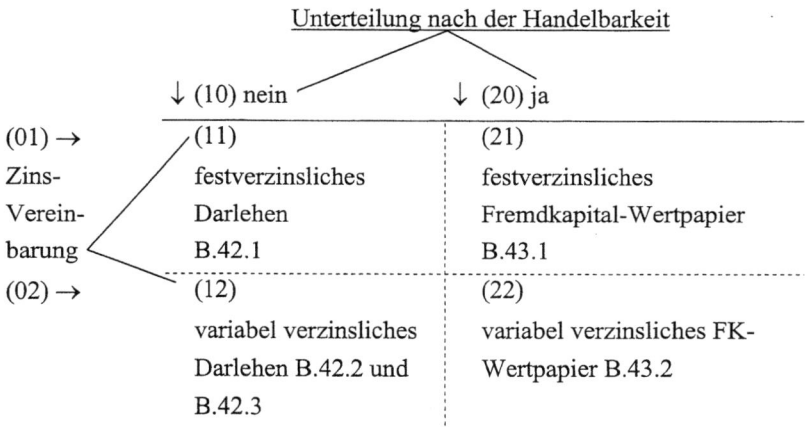

B.41 Aspekte der Fremdfinanzierung

1. Unterteilung der Fremdfinanzierung

„Fremdfinanzierung" ist als der Gegenbegriff zur Eigenfinanzierung ebenfalls ein Sammelbegriff. Die wichtigsten Gruppen sind:

(11) Die **Fremdkapital**finanzierung mittels Übertragung eines Geldbetrages und nachfolgendem Kapitalzustand steht nachfolgend im Mittelpunkt (vgl. auch Abschnitt B.13).

(12) Der in Anspruch genommene Lieferantenkredit beruht auf der Stundung der eigenen Pflicht, das Entgelt zu bezahlen im Verhältnis zur bereits erhaltenen Leistung (vgl. Abschnitt B.14.1).

(13) Das Bilden von Rückstellungen finanziert, weil einerseits das Verrechnen von Aufwand entsprechend geringeren Gewinn ausweist und weniger Erfolgssteuern und/oder weniger Dividenden ausgezahlt werden, während andererseits der mit der Rückstellung gemeinte Zahlungsberechtigte erst später feststeht bzw. der Betrag festgelegt wird. Das Finanzieren mittels Rückstellungen gehört zur Innenfinanzierung (vgl. Abschnitt B.16.1).

2. Unterteilung der Fremdkapitalfinanzierung

Das wichtigste Kriterium ist die Handelbarkeit des Fremdkapitalrechts. Dementsprechend unterteilen wir:

(21) Bei der Darlehensfinanzierung bleibt der rechtlich gefasste Kapitalzustand - das Kapitalrecht - im Prinzip an den Kapitalgeber gebunden (B.42).

(22) Bei der Fremdkapital-Wertpapierfinanzierung hingegen wird das Kapitalrecht verbrieft und handelbar gemacht (B.43).

In beiden Abschnitten wird nach dem zweiten Kriterium unterschieden, ob für die Laufzeit der Fremdkapital-Hingabe ein fester Zinssatz vereinbart wird oder ob die Zinszahlung je Periode am jeweiligen Marktzinssatz orientiert wird.

3. Der Marktzinssatz

Der Marktzinssatz (i_{mt}) ist der zentrale Marktpreis für die Stundung einer Zahlung für ein Jahr. Der Vorstellung nach ist es der Prozentsatz für risikolose Zins- und Kapitalzahlung ein Jahr später bzw. für alle Zahlungen des Kreditvertrages.

(31) Die Dauer des Finanzierungskontrakts ist i.d.R. ein Preisbestimmungsfaktor. Die Zinssatz-Differenz zwischen kurzfristigen und langfristigen Kreditverträgen einerseits und die unterschiedlichen Schwankungsbreiten im Zeitablauf – d.h. die Differenz im Zeitablauf des sich verändernden i_{mt} – andererseits gehören zum Erklärungsbereich der Zinstheorie. Diese ist zwangsläufig der Unsicherheit der Zukunft verbunden und damit auch den Erwartungen hinsichtlich der schleichenden Geldentwertung/Inflation.

(32) Kommt das Bonitätsrisiko des Kreditnehmers hinzu betreffend die Sicherheit der Zins- und Tilgungszahlungen, dann wird dies ex ante zur „Risikoprämie" konzipiert, hier zu einem Zuschlag (α_{FK}) zum Zinssatz (i_{mt}) hinzu, der ausschließlich für die Stundung „unter Sicherheit" gedacht ist.

(33) Nach üblichem Verständnis wird diese Risikoprämie als (1) „Entgelt für die Übernahme von Risiko" durch den Kapitalgeber verstanden, (2) als Ertrag des Kapitals gerechnet und (3) in die Einkommensbesteuerung einbezogen. Diese Sichtweise hat zur Folge, dass das „eingetretene Risiko", also der Schaden steuerlich als „privates Pech" abgetrennt und deshalb nicht berücksichtigt wird. Die Einordnung der Risikoprämie als „Entgelt" für eine gleichzeitige Leistung zerschneidet zwischen Risiko (ex ante) und gegebenenfalls Schaden (ex post) und verkennt damit von vornherein das Prinzip „Versichern".

(34) Nicht erst die Einkommensbesteuerung mit ihrer asymmetrischen Behandlung von Risiko-„Ertrag" und Schaden ist unzutreffend, sondern vorausgehend das Verständnis der Risikoprämie als Entgelt für eine Leistung. Vielmehr ist die Risikoprämie in der Hauptsache (1) ein im voraus gezahlter Beitrag (2) zum Ausgleich der Schäden. Das ergibt sich bei einer Vielzahl von Krediten in der Zuständigkeit des Kreditgebers – z.B. einer Bank – von sich aus.[53]

(35) Bei den Kreditgebern hingegen mit nur einem (wenigen) Fremdkapitalkontrakt(en) – wie sie für die Einkommensbesteuerung typisch sind – bewirkt die Risikoprämie als Zuschlag zum Marktzinssatz nicht den Schadensausgleich: Es gibt nur die Gewinner der Risikoprämie (als Einzahlung) auf der einen Seite und die Schadensbetroffenen ohne Ausgleich auf der anderen Seite. Wegen der geringen Anzahl der Kreditkontrakte erfordert der erstrebte Schadensausgleich den Abschluss eines Versicherungsvertrages.

(36) Die Risikotheorie – betreffend das Objekt ex ante – verbindet und verlängert sich in die Versicherungstheorie mit dem vertraglichen Schadensausgleich – dem Objekt ex post. Die Versicherungswirtschaft hingegen und die von ihr finanzierte Versicherungswissenschaft erklären, dass mit dem Abschluss des Versicherungsvertrages das Risiko auf den Versicherer übergehe und dieser deshalb in Form des „Versicherungsschutzes" eine laufende Leistung gegen die Versicherungsprämie als Entgelt erbringe. Naheliegenderweise kann sie nun die Zahlung zum Ausgleich im Schadensfall nicht mehr einordnen. Der mangelhafte Stand der Risiko- und Versicherungstheorie ist ersichtlich die Folge der entschieden und erfolgreich vertretenen Interessen der Versicherungswirtschaft.

4. Die Bedeutung der Handelbarkeit

Sie erweitert die ökonomischen Fragen im Zusammenhang mit der Fremdkapitalfinanzierung erheblich:

(41) Vorab unterscheidet man nun den Emissionsmarkt/den Primärmarkt mit der Begebung neuer Wertpapiere von dem Zirkulationsmarkt/ dem Sekundärmarkt, auf dem die Wertpapiere zurückliegender Fremdkapital-Aufnahmen gehandelt werden, vgl. A.40.

(42) Die Wertpapier-Bedingungen einer Neu-Emission spiegeln die jeweils aktuellen Marktbedingungen, welche die marktwirksam verarbeiteten Erwartungen

---

[53] Vgl. dazu ausführlich Lehmann (1997).

einschließen. Ihre Differenzen zu den Wertpapier-Bedingungen vorangegangener Emissionen schlagen sich im Börsenkurs dieser Wertpapiere nieder. Ein Wertpapier z.B. mit einem Anspruch auf 100,- Einlösungsbetrag bei Ende der Laufzeit kann zwischenzeitlich einen Kurs/Preis darüber oder darunter haben.

(43) Ex ante ist ein handelbares FK-Wertpapier folglich mit einem Kurs- oder Vermögensrisiko verbunden. Das interessiert den Finanz-Investor dann nicht, wenn er von der Handelbarkeit keinen Gebrauch machen will, sie also und damit ihre Auswirkungen für sich ausschließt und das Wertpapier bis zum Ende der Laufzeit/bis zur Einlösung behalten will. Anders formuliert: das Kursrisiko (im Sinne von Gewinnmöglichkeit und Gefahr) existiert, sobald der Investor einen Verkauf vor Einlösung des Wertpapiers nicht für ausgeschlossen hält.

(44) Die **„Nominalrendite"** ist der dem Wertpapier verbundene Zinssatz, z.B. 7% p.a. Die **„Effektivrendite"** weicht davon ab, wenn der Ausgabekurs (bzw. der Erwerbspreis) unter oder über 100% liegt. Dann muss das „Abgeld"/Disagio bzw. das „Aufgeld"/Agio einerseits als Modifikation des gebundenen Kapitals (= des Nenners) berücksichtigt werden und andererseits als Modifikation des nominellen Zinsertragssatzes für den Kapitalgeber. So ergibt sich bei einem Emissionskurs von 97,2% vorab eine Erhöhung des Zinsertragssatzes auf 7,2% über den geringeren Einsatz und eine Effektivrendite von 7,4% über die Differenz von 2,80 bei Ende der Laufzeit (von angenommenen 10 Jahren) als nachgezahlter Zins.

Die **„Emissionsrendite"** hingegen wird bei unverzinslichen Fremdkapital-Wertpapieren – den sogenannten Zero-Bonds – aus den Bedingungen bei der Emission errechnet und dann im Laufe der Perioden zur Errechnung des steuerpflichtigen Zinsertrages eingesetzt (wenn nicht ein anderes Ermittlungsverfahren anzuwenden ist). Die Effektivrendite errechnet sich bei diesen Papieren ex post als die Differenz zwischen Ankaufs- und Verkaufspreis, bezogen auf die Dauer der Inhaberschaft der Null-Kupon-Anleihe.

5. Risiken bei der Fremdkapitalfinanzierung

Sie sind für den Kapitalgeber hinsichtlich des Kreditnehmers einseitig als Gefahren ausgeprägt und im Hinblick auf die zu erwartenden Änderungen der Bedingungen auf dem Kapitalmarkt sowohl als Chancen als auch als Gefahren.

(51) Schwierigkeiten auf Seiten des Fremdkapitalnehmers können zum Aufschub oder Ausfall der Zinszahlungen führen (= Ertragsrisiko, wird zum Einkunftsrisiko) und noch weitergehend zum Aufschub oder gar Ausfall der Kapital-

rückzahlung (= Tilgungsrisiko), die sich betragsmäßig nicht mit dem eingezahlten Kapitalbetrag bzw. mit dem Anschaffungspreis des Wertpapier-Inhabers decken muss.

(52) Im Verfolg seiner Ansprüche bei Eintritt des Risikos/im Schadensfall hat der Fremdkapitalgeber bzw. der Wertpapier-Inhaber mit Kosten zu rechnen.

(53) Die (beidseitigen) Marktrisiken sind den sich ändernden Marktbedingungen verbunden und hier insbesondere dem Marktzinssatz. Die übliche Redeweise vom „Zinsänderungsrisiko" trifft auf sehr verschiedene Situationen, so dass klargestellt werden muss:

a) geht es um die Sicht des Kreditgebers oder des Kreditnehmers

b) handelt es sich um eine Darlehens- oder um eine Wertpapier-Fremdkapitalfinanzierung,

c) wurde fester Zinssatz oder variable Verzinsung vereinbart,

d) gibt es Zinsanpassungsklauseln,

e) wird bei Wertpapieren das Kursrisiko mitberücksichtigt, und schließlich

f) werden die Unterschiede zwischen den Handlungsmöglichkeiten angesichts sich ändernder Kapitalmarktbedingungen als Opportunitätskosten mit in die Überlegungen einbezogen?

6. Kreditsicherungen[54]

Vor Hingabe von Fremdkapital oder Gewährung von Lieferantenkredit bedenkt der künftige Gläubiger hinsichtlich der Risiken zu (51) und (52), wie er sich vor künftigem Schaden schützen oder einen möglicherweise eintretenden Schaden ausgleichen kann. Diese einen möglichen Schadenseintritt antizipierenden risikopolitischen Entscheidungen lassen sich zu Gruppen zusammenfassen:

(61) Das Investitionsobjekt des Fremdkapitalnehmers/des Schuldners dient der Sicherheit

a) mittels Hypothek bei Erwerb eines Grundstückes oder Schiffes

b) mittels Sicherheitsübereignung des erworben, kreditfinanzierten Investitionsgutes (der Schuldner ist Besitzer)

c) mittels Verpfändung des Investitionsobjektes (der Gläubiger ist Besitzer)

d) mittels Eigentumsvorbehalt beim Lieferantenkredit (der Schuldner wird vorerst nur Besitzer und erst später mit der Bezahlung auch der Eigentümer).

---

[54] Vgl. dazu z.B. das Lehrbuch von Bülow (1997).

(62) Ein anderer Vermögensgegenstand haftet (zusätzlich) für den Kredit mittels Sicherungshypothek, Grundschuld, Forderungsabtretung, Pfandhingabe.

(63) Vereinbarte persönliche Haftung, Bürgschaft oder Schuldbeitritt für einen gewährten Kredit bedeutet das Einstehen eines Dritten für die Kreditschuld des Fremdkapitalnehmers.

(64) Eine ökonomische Vorgehensweise angesichts der Risiken verlangt einen höheren Zinssatz. Die Differenz wird als Risikoprämie bezeichnet und setzt eine Vielzahl von vergleichbaren Kreditgewährungen voraus. Beim gewährten Lieferantenkredit verbinden sich Risikoprämie und Zinskosten in der Höhe des Skontos für die Nicht-Inanspruchnahme. Eine Bank-Unternehmung teilt ihre Kreditnehmer in Risikoklassen ein und differenziert den Fremdkapitalkostensatz nach den Klassen. Man spricht vom kalkulatorischen Ausgleich zwischen den Risikoprämien, die von den braven Schuldnern gezahlt werden, und den Kredit- und Zinsausfällen bei den zahlungsunwilligen bzw. zahlungsunfähigen Schuldnern. In dieser Hinsicht ergibt sich erfahrungsgemäß eine Unterdeckung bei den gewerblichen Kreditnehmern, die mittels der Überdeckung bei den privaten Kreditnehmern ausgeglichen wird. Eine derartige Handhabung bezeichnet man als Quersubventionierung und entzieht sich der Kritik daran mit dem Hinweis auf die Kalkulations- und Preissetzung-Freiheit des Unternehmers, was in der Sache Missbrauch der Marktmacht ist.

(65) Die Risikokosten werden explizit, wenn der Kreditgeber seine Forderungen versichert. Z.B. versichern die Bausparkassen ihre Darlehensforderungen mit einer Risikolebensversicherung auf den Todesfall des Kreditnehmers ab, während andere Risikoursachen - wie Krankheit, Arbeitslosigkeit oder Ehescheidung - durch die Grundschuldbriefe abgedeckt werden. Die Versicherung der Forderungen aus Lieferungen und Leistungen ist bei Exportgeschäften verbreitet und wird gern durch eine staatliche Export-Bürgschaft (mit Selbstbehalt) ersetzt. Auch vertraglich vereinbarte Einschränkungen der Dispositionsfreiheit des Kreditnehmers können der Sicherung des Gläubigers dienen, insbesondere beabsichtigen, eine nachträgliche Verschlechterung seiner Position im Zeitpunkt der Kreditgewährung zu verhindern.

7. Schuld und Haftung

Wir müssen zwischen Schuld, Kreditsicherung und Haftung unterscheiden.

(71) Das „Schulden" ist das Verpflichtetsein auf Geld oder auf eine (Sach- oder Dienst-) Leistung. Eine Geldschuld des Unternehmens besteht vor allem im Kreditverhältnis, d.h. im passivischen Kapitalverhältnis einerseits oder im (noch) schwebenden Beschaffungsverhältnis als Entgeltschuld andererseits oder auch nach öffentlichem Recht einseitig für Steuern und Sozialabgaben.

Eine Leistungsschuld besteht im schwebenden Absatzvertragsverhältnis: das Unternehmen schuldet auf der Grundlage seines Produktivvermögens das Erbringen der Sach- bzw. Dienstleistung an den Abnehmer.

(72) Im Abschnitt B.32 hatten wir bereits unterschieden:
a) Zunächst schuldet der Gesellschafter/Aktionär die gesellschaftsrechtlich vereinbarte Einlage.
b) Nach Einzahlung bzw. nach Eigentumsübertragung bei einer Sacheinlage ist die Einlageschuld getilgt. Haftung für die Schulden der Gesellschaft besteht dem Prinzip nach nicht, wird jedoch vom Gesetzgeber für den Kommanditisten und den Gesellschafter einer GmbH bzw. Aktiengesellschaft als „beschränkte Haftung" konstruiert. Umgekehrt wird die persönliche Haftung des Komplementärs und der Gesellschafter einer OHG festgelegt (§ 128 HGB). Ob diese Haftungsvorschrift nur klarstellt – deklatorische Bedeutung infolge der Verknüpfung des erwerbswirtschaftlichen Handelns mit einem jeden Gesellschafter! – oder ob § 128 HGB die persönliche Haftung erst begründet – konstituierende Bedeutung neben der Haftungszuständigkeit der Vermögensgegenstände im rechtlich gesonderten Gesellschaftsvermögen – ist bei den Juristen naheliegenderweise umstritten.[55]

(73) Die hier mit (61) und (62) angeführten Kreditsicherungen sind Haftungen eines Objekts/Vermögensgegenstands, weshalb wir von „Objekthaftung" sprechen. Sie kennzeichnet „die Haftung des Gesellschaftsvermögens" einer Personen- bzw. Kapitalgesellschaft und rückt die vom HGB geregelte persönliche Haftung eines Personengesellschafters als „Durchgriff" an die zweite Stelle. § 128 HGB ist deshalb logisch eine konstituierende Vorschrift, welche die per-

---

[55] Vgl. dazu Lehmann, DB 1991.

sönliche Haftung des Personengesellschafters erst begründet, während der Kommanditist für das Prinzip steht.

(74) Eine dritte Art von Haftung trifft den Geschäftsführer aus Sorgfaltspflichten[56] sowie die Haftung zugunsten des Gesellschaftsvermögens aus seinem unerlaubten Handeln.

(75) Wie bereits in B.32 ausgeführt, lässt sich das (Bilanz-)Eigenkapital nicht mit der Haftung verbinden.

(76) Der Fiskalstaat hat die Neigung, Haftungstatbestände zu seinen Gunsten zu erfinden, wie die „Bauabzugssteuer" zeigt.[57]

B.42 Fremdkapital-Finanzierung mittels Darlehen

Hierbei handelt es sich um eine vergleichsweise feste Bindung von Kapitalgeber und Kreditnehmer im gegenseitigen Vertrag. Wir unterscheiden danach, ob der Zinssatz fest oder variabel vereinbart wird.

42.1 Darlehens-Hingabe mit festem Zinssatz

Von der Planung her wird die Darlehenshingabe mit der Festlegung der Laufzeit, des Rückzahlungsablaufes und des Zinssatzes verbunden. Im Prinzip trennt eine derartige starre Regelung ab von
a) den Änderungen der marktbestimmten Kreditbedingungen und von
b) Änderungen insbesondere in der Situation des Darlehensnehmers nach dem Vereinbarungszeitpunkt t_0.

---

[56] Insbesondere bei vorsätzlicher oder grob fahrlässiger Verletzung der steuerlichen Pflichten entsteht die persönliche Haftung des Geschäftsführers. Dasselbe hat sich für die „Falschinformation des Kapitalmarkts" zugunsten „dadurch geschädigter Aktionäre" noch nicht durchgesetzt.

[57] Der „Steuerabzug bei Bauleistungen" ist mit den §§ 48 bis 48d im Einkommensteuergesetz geregelt. Die Ausführungen des Bundesfinanzministeriums vom 01.11.2001 umfassen 10 Seiten!, vgl. Bundessteuerblatt I 2001, S. 804-813.

Der erste Punkt wird zu dem vorgeblichen Vorteil umgesetzt, dass der Kreditnehmer mit den sicheren Zins- und Tilgungszahlungen besser planen könne und dass er kein Zinsänderungsrisiko habe. Dieses zweite Argument schneidet von der alternativen Möglichkeit ab, das Darlehen mit variablem Zins zu vereinbaren. Damit verglichen, führt der fest zu vereinbarende Zinssatz zu einem Opportunitätsrisiko. Der fest vereinbarte Zinssatz reduziert zwar das pagatorische Zinsänderungsrisiko auf Null, lässt aber dafür in Umkehrung das Opportunitätsrisiko entstehen. Das zeigt die Entscheidungssituation für den Kreditnehmer in t_o:

(1) der Marktzinssatz i_{mt} könnte steigen, der fest vereinbarte Zinssatz wehrt die nachteilige Differenz ab

(2) der Marktzinssatz i_{mt} könnte fallen, der fest vereinbarte Zinssatz verhindert es, die vorteilhafte Differenz zu erlangen.

Die vertragliche Bindung des Zinssatzes bringt mithin für den Kreditnehmer den vorteilhaften Schutz gegen sich verschlechternde Marktbedingungen und die nachteilige Verhinderung, an sich verbessernden Marktbedingungen teilzuhaben. Dieser beidseitige Ausschluss von sich ändernden Marktbedingungen ist ersichtlich zweischneidig und stellt das Opportunitätsrisiko dar, das der Kreditnehmer in t_o mit der Vereinbarung eines festen Zinssatzes übernimmt, wenn er alternativ einen variablen Zinssatz vereinbaren könnte.

Das sogenannte Zinsänderungsrisiko besteht für den Darlehensnehmer ebenso wie für den Darlehensgeber und die Vereinbarung eines festen oder eines variablen Zinssatzes kehrt nur die Erscheinungsform als pagatorisches Risiko oder als Opportitätsrisiko um. Ökonomisch unbegründet, wird das Zinsänderungsrisiko passend formuliert, um es zum Durchdrücken einer Risikoprämie zugunsten des Kreditgebers einzusetzen.

42.2 Darlehens-Hingabe mit variablem Zinssatz

Im Angebotszeitpunkt t_o sollte die Differenz zwischen dem alternativ angebotenen festen und variablen Zinssatz zum Ausdruck bringen

a) die höheren Verwaltungskosten bei dem Darlehen mit variablem Zinssatz, und

b) die Antizipation der Marktzinssatzentwicklung im angebotenen festen Zinssatz (naheliegenderweise einseitig bei erwartetem Anstieg des Marktzinsssatzes), während

c) das Zinssatzänderungsrisiko bei genauer Betrachtung keinen Beitrag zur Differenz der beiden Zinssätze begründet.

Aus unbekannten unternehmenspolitischen Gründen wird jedoch der variable Zinssatz diskriminierend höher angesetzt als die Gründe zu a) und b) ergeben würden. Damit soll der Kreditnehmer ökonomisch zum Abschluss des festen Zinssatzes gedrängt werden, womit ihm die Möglichkeit genommen wird, sich an Änderungen gegenüber den Bedingungen seiner Entscheidungssituation anzupassen einschließlich der vorzeitigen Kredittilgung, oder aber eine „Vorfälligkeitsentschädigung" an den Darlehensgeber zu zahlen. Auch in dieser Hinsicht wird die Marktmacht missbräuchlich gegenüber den privaten Bankkunden eingesetzt. Die Bank ermittelt einen überhöhten Schaden, der ihr durch die vorzeitige Darlehenszurückzahlung vorgeblich entsteht, indem sie auf eine risiko-arme Alternative für die Wiederanlage der vorzeitig verfügbar gewordenen Mittel abstellt und so eine überzogene Satz-Differenz anwendet für das Errechnen der Vorfälligkeits-Entschädigung.

42.3 Die Risiken einer möglichen Darlehens-Aufnahme mit variablem Zinssatz

Die Familie Knippelius hat sich verdoppelt, weil überraschend Zwillinge eingetroffen sind. Die schon lange latente Überlegung, ein Eigenheim zu erwerben, ist dadurch zur akuten Suche geworden. Für den Erwerb des Objektes bedarf es noch eines Kredits der Sparkasse. Die örtliche Filiale bietet zwei Möglichkeiten an:

A(fest): ein Darlehen über 100.000,-, ohne Abschlag (Disagio) auszuzahlen, Laufzeit 10 Jahre, Tilgung zu jedem Jahresende 10.000,- €, Zinssatz 7% fest über die zehnjährige Laufzeit.

Diese Handlungsmöglichkeit ist mit sicheren Zinszahlungen verbunden. Der Darlehensnehmer „weiß, woran er ist" und kann mit sicheren Auszahlungen rechnen. Im nachfolgenden Vergleich der Kreditkosten weist Zeile (2) die entsprechend der ratenweisen Tilgung gleichmäßig abnehmenden Beträge der Zinsauszahlungen aus, die mit einfacher Summe[58] 38.500,- € und (mit 7%) abgezinst 29.764,- € betragen.

A(var.): ein Darlehen wie oben, jedoch der Zinssatz variabel und dem Kapitalmarktzins des jeweiligen Jahres entsprechend; beginnend mit 6% für das nächste Jahr.
Folglich muss der Kreditnehmer seine Vorstellung gewinnen, wie sich der Zinssatz über die 10 Jahre hinweg entwickeln wird.

---

[58] Wegen der nachschüssigen Zinsrechnung stehen im Durchschnitt 55.000,- als Darlehen über 10 Jahre zu 7% aus mit 3.850,- Zinsen p.a.

Bei dieser Handlungsmöglichkeit ist der Zinssatz je Zinstermin unsicher, und damit streuen ex ante die jährlichen Zinszahlungen, so dass in der Rechnung je Jahr der Erwartungswert steht. Wenn der Kreditnehmer die mit Zeile (6) angegebene ansteigende Entwicklung des Zinssatzes erwartet,[59] dann zahlt er selbst unter Berücksichtigung der ratenweisen Kredittilgung noch eine mit 40.650,- € größere Summe an Zinsen. Erst die - ebenfalls mit 7%[60] - abgezinsten Beträge ergeben die Barwertsumme mit 29.750,- €, die zu der Feststellung führt: so gerechnet, sind beide Handlungsmöglichkeiten gleich. Dabei darf jedoch nicht übersehen werden, dass bei A(var.) mit Zeile (7) unsichere Zinszahlungen als Erwartungswerte angesetzt sind. A(var.) enthält mit dem Zinssatz je Termin und im Zeitablauf eine unsichere Größe mit der Folge, dass die Zinszahlungen ex ante als Ergebnisgrößen je Zinstermin streuen und im Zeitablauf verschieden sein werden.

Vergleich der Kreditkosten:

Zeitpunkte	t_E	t_1	t_2	t_3	t_4	t_5	t_6	t_7	t_8	t_9	t_{10}
(1) A(fest): i_{fix}		7%	7%	7%	7%	7%	7%	7%	7%	7%	7%
(2) Zinskosten		7000	6300	5600	4900	4200	3500	2800	2100	1400	700
(3) Summe: 38.500,-											
(4) jeweils abgezinst		6542	5503	4571	3738	2994	2332	1744	1222	762	356
(5) Barwertsumme: 29.764,-											
(6) A(var.): $i_{erwartet}$		6 %	6,5 %	7 %	7,5 %	8 %	8 %	8 %	7,5 %	7 %	6 %
(7) Zinskosten		6000	5850	5600	5250	4800	4000	3200	2250	1400	600
(8) Summe: 40.650,-											
(9) jeweils abgezinst (7%)		5607	5110	4571	4005	3422	2665	1993	1310	762	305
(10) Barwertsumme: 29.750,-											

Mit der zusätzlichen Annahme, dass diese beiden Aspekte den Kreditnehmer nicht stören, d.h. dass er risikoneutral ist, sind - aus der Entscheidungssituation per t_0 heraus und am Barwert der sicheren bzw. der erwarteten Zinszahlungen gemessen - die

---

[59] Präzise formuliert: es ist die Abfolge der Erwartungswerte für den Zinssatz je Zinstermin. Vereinfachend können wir annehmen, dass der Kreditnehmer je Zinstermin nur den jeweils angegebenen Zinssatz erwartet. Man sagt dazu, dass der Kreditnehmer (nur) einwertige Erwartungen habe.

[60] Die notwendige Vergleichbarkeit unterstellt, dass gedanklich in beiden Fällen die Zinszahlungen durch ihren Barwert - zu 7% festverzinslich in t_E finanziert - abgelöst werden.

beiden Handlungsmöglichkeiten gleichwertig. Diese Beurteilung bleibt unabhängig davon, wie sich der Kreditnehmer in t_E entschieden hat, auch nachfolgend bestehen, solange sich der Kapitalmarkt-Zinssatz wie erwartet entwickelt. Es wäre folglich z.B. in t_5 unbegründet, ex post aus der Differenz zwischen dem mit A(fest) vereinbarten Festzinssatz von 7% und dem mit 8% höherem Marktzinssatz - d.h. für A(var.) eingetreten wie erwartet - irgendeinen Schluss hinsichtlich der in t_E getroffenen Entscheidung zu ziehen. Weder hat sich der Kreditnehmer - ex post von t_5 her gesehen - besonders gut mit A(fest) entschieden bzw. alternativ mit A(var.) rückblickend nachteilig.

Erst Abweichungen gegenüber der in t_0 erwarteten Entwicklung des Zinssatzes (oder z.B. des in t_0 geplanten Tilgungsverlaufes) können Anlass sein, beispielsweise in t_5 Überlegungen anzustellen: *Bei Entscheidung für A(fest)* in t_0 und bei einem Marktzinssatz von 9% in t_5 ist nur *ein* Prozentpunkt Erwartungsabweichung Anlass zur Freude (und nicht zwei Prozentpunkte Differenz in t_5 infolge Vergleichs mit $i_{fix} = 7\%$).

Als Struktur zusammengestellt:

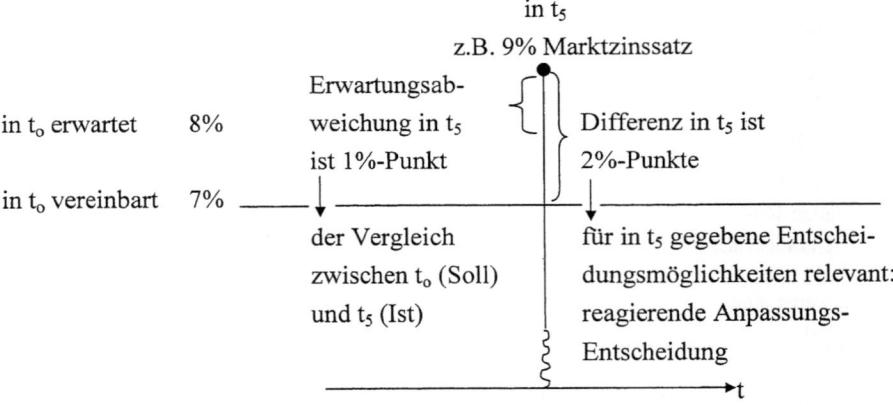

Anderenfalls sind z.B. bei einem Marktzinssatz von 6% in t_5 (anstatt 8% erwartet) zwei Prozentpunkte Erwartungsabweichung Anlass zum Ärger und nicht nur ein Prozentpunkt Situations-Differenz infolge Vergleichs mit $i_{fix} = 7\%$. Dieser eine Prozentpunkt Differenz hingegen ist auch maßgebend für die Anpassungssituation in t_5: mit welcher Extra-Zahlung - der sogenannten Vorfälligkeits-Entschädigung - könnte der Kreditnehmer den Darlehensvertrag zu 7% fest vorzeitig beenden und durch einen neuen festverzinslichen Darlehensvertrag mit geringerem Zinssatz als 7% ersetzen.

B.42 Fremdkapital-Finanzierung mittels Darlehen

Bei Entscheidung für A(var.) hingegen und einem Marktzinssatz von 9% in t_5 ist umgekehrt nur ein Prozentpunkt Anlass zum Ärger (und nicht zwei), während bei einem Marktzinssatz von 6% in t_5 (anstatt 8% erwartet) zwei Prozentpunkte Anlass zur Freude geben (und nicht nur ein Prozentpunkt).

Eine Zusammenstellung zeigt den Unterschied zwischen Erwartungsabweichung und entscheidungsrelevanter Zinssatz-Differenz in t_5 anschaulicher:

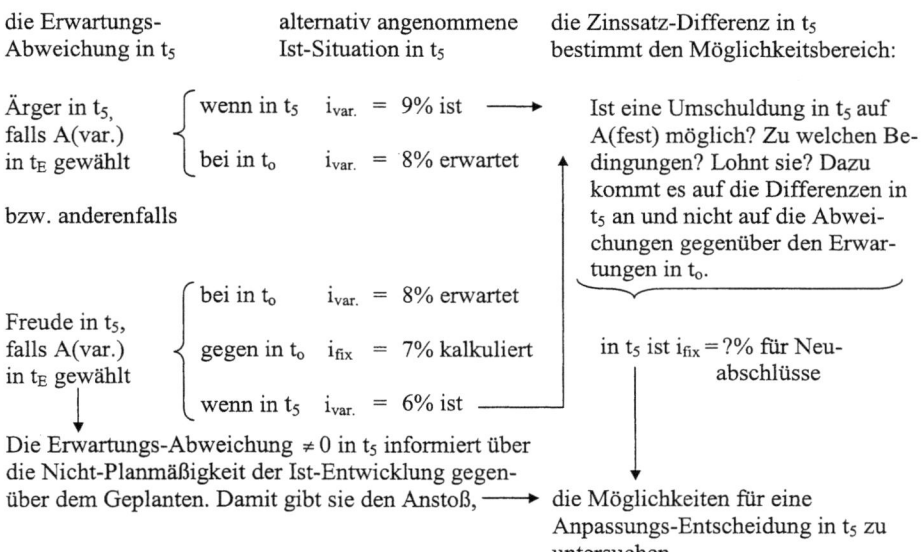

Die in t_0 per t_5 kalkulierte Differenz (zwischen i_{fix} = 7% und $i_{var.}(t_5)$ erwartet = 8%) und die in t_5 festgestellte Erwartungs-Abweichung ($i_{var.}(t_5)$ = 9% gegen 8%) werden in einer rückblickenden Betrachtung in t_5 zu einer (irreführenden) Zinssatz-Differenz von 2%-Punkten zusammengefasst: eine gedankliche Wiederholung der damaligen Entscheidungssituation in t_5 mit der Frage „Wie stände ich heute (in t_5) da, wenn ich mich damals (in t_E) für A(fix) anstatt für A(var.) entschieden hätte?" Derartige vergangenheits-bezogene Opportunitäts-Überlegungen trägt der Steuerpflichtige dem Finanzamt vor, um eine „Fehlmaßnahme" zu begründen, die das Verrechnen von außerordentlichem Aufwand – und damit eine Minderung des auszuweisenden Gewinns – rechtfertigen soll.[61]

---

[61] Obgleich in t_E bewusst die risiko-verbundene Alternative A(var.) gewählt wurde, werden in t_5 sowohl die ex ante kalkulierte Abweichung zwischen den Zinssätzen als auch die per t_5 hinzugekommene Erwartungsabweichung zum Anlass genommen, das Verrechnen von außerordentlichem Aufwand zu fordern; ausführlich dazu Lehmann (DB 1990).

Für die ganz andere Frage, ob in t_5 angesichts der Entscheidungssituation für Neu-Kredite eine Anpassungs-Entscheidung für den Handlungsvollzug seit t_E möglich ist, gilt vorab i_{fix} in t_5 und dann die Antworten auf die drei Fragen rechts in der Übersicht. Sie lauten zusammengefasst: Welche Verringerung der künftigen Zinsausgaben ließe sich mit Hilfe einer Umschuldung in t_5 erreichen abzüglich der Kosten dieser Anpassungs-Entscheidung?

Zum einen haben wir das spiegelbildliche Verhältnis von Freude und Ärger je nach der in t_o gewählten Handlungsmöglichkeit. Zum anderen ergibt sich das nachträgliche Urteil für beide Fälle der Entscheidung (in t_E) aus der Erwartungsabweichung bei A(var.) in t_5 verglichen mit t_o und nicht aus der Situations-Differenz in t_5 mittels Vergleich der beiden t_o-Entscheidungsmöglichkeiten! Die Ermittlung der Erwartungsabweichungen muss naheliegenderweise auf die Erwartungen abstellen - das ist Zeile (6) - und auf das entsprechend Errechnete - das ist Zeile (10) mit den Zwischenschritten (7) und (9). Die Literatur unterscheidet häufig nicht zwischen der zeitablaufbezogenen Erwartungsabweichung und der situationsbedingten Differenz ex post und spricht zudem von „Fehlmaßnahmen" wenn nicht gar von „Irrtum" auch dann, wenn in t_o nur die künftige Entwicklung nicht zutreffend aus der Sicht der zwangsläufig besseren nachträglichen Kenntnis eingeschätzt worden ist.

Fassen wir zusammen:

Das festverzinsliche Darlehen hat sichere Zinsauszahlungen/Ergebnisgrößen. Mit dieser Handlungsmöglichkeit A(fest) ist deshalb *kein Ergebnis*risiko verbunden. Es sind darüber hinaus zwischen ex ante und ex post keine (negativ beurteilten) Erwartungs-Abweichungen/Plan-Abweichungen möglich: es gibt ebenfalls *kein Plan-Abwechungs*risiko im Zeitablauf für die gewählte A(fest). Vergleicht man darüber hinaus A(fest) mit A(var.), dann folgt aus den möglichen Plan-Abweichungen bei A(var.) *ein Opportunitäts*risiko für A(fest) wie oben beschrieben.

Demgegenüber ist das Darlehen mit variabel vereinbarter Verzinsung mit einem Streubereich für die Beträge der Zinszahlungen/mit Ergebnis-Unsicherheit verbunden.[62] Entscheidet sich der Kreditnehmer für A(var.), dann können im Zeitablauf Erwartungs-Abweichungen/Plan-Abweichungen auftreten. Die möglichen Erwartungs-Abweichungen bedeuten, dass ex ante in t_o zudem ein Opportunitätsrisiko mit A(var.) verbunden ist bezogen auf A(fest). Zu einer Übersicht zusammengefasst:

---

[62] Zum Ergebnis-Risiko vgl. dann B.54.

B.42 Fremdkapital-Finanzierung mittels Darlehen

Die jeweils vierteilige Risiko-Situation für zwei Handlungsmöglichkeiten mit wechselseitiger Bezugnahme und das vor und nach der Entscheidung[63]

		(20) Entscheidungsrisiken vor t_E	(30) Handlungsrisiken nach t_E
A(fest)	(21)	kein Ergebnisrisiko: sichere Zinsausgaben	(31) kein Plan-Abweichungsrisiko
	(22)	Opportunitätsrisiko gegeben bei Vergleich mit A(var.), weil dort positive Erwartungs-Abweichungen eintreten können, die für A(fest) einen entgehenden Vorteil bedeuten	(32) Bindungsrisiko gegeben in Abhängigkeit von der Möglichkeit und den Bedingungen einer Umschuldung auf die günstiger gewordenen Marktbedingungen hin.
A(var.)	(21)	Ergebnisrisiko gegeben: unsichere Zinsausgaben	(31) Plan-Abweichungsrisiko gegeben
	(22)	Opportunitätsrisiko gegeben bei Vergleich mit A(fest), weil bei A(var.) negative Erwartungs-Abweichungen eintreten können, die für A(var.) einen nicht vermiedenen Nachteil bedeuten.	(32) Bindungsrisiko gegeben, indem man aus den ungünstiger gewordenen Marktbedingungen nicht entkommen kann.

Die Übersicht zeigt, dass bei der Vereinbarung eines festen Zinssatzes für die Laufzeit des Darlehens das Risiko für den Kreditnehmer wesentlich geringer ist. Indessen hat die Sparkasse dafür mit i_{fix} = 7% einen höheren Zinssatz angesetzt als der Marktzinssatz für variable Verzinsung mit $i_{var.}$ = 6% in t_o beträgt. Zum anderen drückt diese Zinssatz-Differenz auch die Antizipation des Einnahme-Nachteils aus, den sich die Sparkasse aus dem erwarteten Ansteigen des Marktzinssatzes i_{mt} errechnet.

Auf der Grundlage seiner persönlichen Erwartungen hinsichtlich der Entwicklung des Marktzinssatzes stellt der mögliche Kreditnehmer in unserem Beispiel anhand der Barwerte der Zinszahlungen fest, dass beide Vereinbarungen insoweit gleich sind. Hinzu bekommt er die Garantie des festen Zinssatzes (von 7%) - aus seiner Sicht - gratis. Die Sparkasse könnte umgekehrt die Zinssatz-Differenz in ihrem Angebot mit dem garantierten Zinssatz begründen. Sie möchte ein (differentielles) Entgelt dafür, dass sie bei A(fest) das sogenannte Zins-Änderungsrisiko trägt. Das hört sich ebenso überzeugend an wie es nichts besagt: in der Zinssatz-Differenz für A(fest) stecken sowohl die Be-

---

[63] Hier nicht berücksichtigt, werden unter (10) die sogenannten Existenzrisiken/Schadensgefahren registriert. Zur Lokalisierung der verschiedenen Risiken in der erwerbswirtschaftlichen Betätigung vgl. Lehmann (1998) S. 117-151 bzw. (2003) S. 70-97.

lohnung für die Übernahme des Zins-Änderungsrisikos als auch die Vorwegnahme der erwarteten Entwicklung des Marktzinssatzes i_{mt}.

Ein zunächst interessantes Entscheidungsproblem führt zu ernüchternden Erkenntnissen:

1. Der vertraglich fest vereinbarte Zinssatz ist ein Schutz für den Kreditnehmer, wenn der Marktzinssatz sich später erhöht. Dieser Schutz wird ökonomisch vom Kreditgeber ausgehöhlt über die Höhe des geforderten Zinssatzes, mit dem er den in t_E erwarteten Anstieg des Zinssatzes für festverzinsliche Darlehen in Abhängigkeit von der Laufzeit vorwegnimmt.
2. Der vertraglich fest vereinbarte Zinssatz wird umgekehrt zu einer nachteiligen Bindung, wenn der Marktzinssatz später fällt. Der verständliche Wunsch, das Darlehen im Wege einer Umfinanzierung vorzeitig zurückzuzahlen, verliert seinen beabsichtigten Vorteil infolge der vom Kreditgeber verlangten Vorfälligkeitsentschädigung, wenn er der vorzeitigen Vertragsauflösung zustimmen soll.
3. Aus ökonomischer Sicht liegt es deshalb nahe, eine variable Verzinsung, d.h. den jeweiligen Marktzinssatz für eine Periode zu vereinbaren. Diesen Vorteil zieht die Bank an sich, indem sie das variabel verzinsliche Darlehen zu einem erstjährigen Zinssatz anbietet, der weit über dem Marktzinssatz für einjährige Kapitalnahme liegt. Interessenten für die variable Verzinsung können zudem abgeschreckt werden, wenn ihnen laufende „Verwaltungsgebühren" abverlangt werden, die mit höheren „Verwaltungskosten" vorgeblich begründet werden.
4. Hat die Bank über die Angebotsbedingungen zu Nr. 3 die Kunden auf die Vereinbarung fester Zinssätze konzentriert, so verdient sie zusätzlich an dem Zinsänderungsrisiko, das im Wege einer Risikoprämie in den geforderten Zinssatz für festverzinsliches Kapital einkalkuliert wird. Worin das Risiko bestehen soll angesichts möglicher Abweichungen nach beiden Seiten, bleibt im Dunkeln.
5. Angesichts der normierten Angebotsbedingungen – „generelle Offerten" – ist der einzelne Kunde machtlos. Es bleibt ihm nur die Hoffnung, dass der Wettbewerb unter den Anbietern die dem Nachfrager abverlangten Bedingungen etwas mäßigt.

B.43 Fremdkapital-Finanzierung mittels Wertpapieren

Wo es einen geschäftlichen Vorteil zu verwirklichen gilt, findet sich auch ein Weg: um den Nachteil der festen Bindung für den privaten Kapitalgeber zu beseitigen und so die Kapitalhergabe anzuregen, hat man sein Kapitalrecht handelbar gemacht. Aus welchen Gründen auch immer, kann so der Kapitalgeber jederzeit seine Kapitalbindung im Wege der Veräußerung beenden, während der Käufer das Finanzierungsverhältnis mit dem Kreditnehmer fortsetzt.

43.1 Wertpapier-Fremdkapitalfinanzierung mit festem Zinssatz

Die seitens des Kapitalnehmers geplante Fremdkapitalaufnahme möge für das Rechtsverhältnis die folgenden Bedingungen vorsehen: Kapitalbetrag $A_o = 1000,-$, Laufzeit $n = 10$ Jahre, Rückzahlung en bloc in t_{10} mit $1000,-$, Zinssatz $i_{mo} = 8\%$ p.a. nachschüssig.

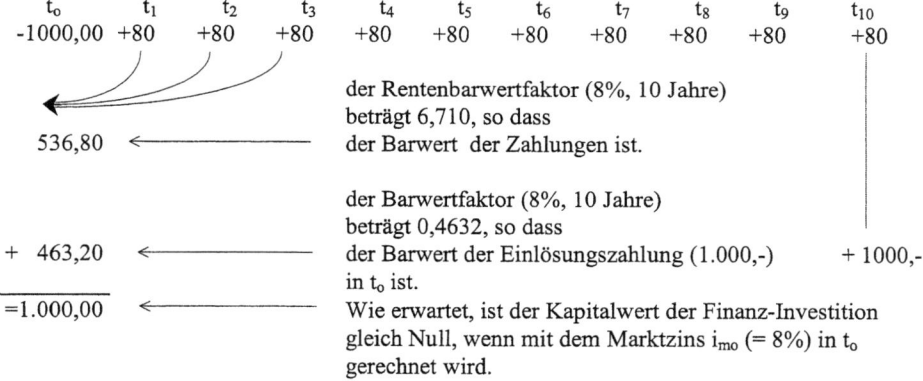

Fügen wir nun dem Rückzahlungsanspruch per t_{10} und den Zinszahlungsansprüchen über zehn Jahre die Handelbarkeit des Fremdkapitalrechts hinzu, dann ist im Emissionszeitpunkt t_o der Marktpreis des Wertpapiers/der Ertragswert EW_o des Kapitalrechts gleich dem gezahlten Fremdkapitalbetrag $A_o = 1000,-$.

Zeitp.	t_0	t_1	t_2	t_3	t_4	t_5	t_6	t_7	t_8	t_9	t_{10}
Zahlungen	-1000	+80	+80	+80	+80	+80	+80	+80	+80	+80	+80 +1000
i_{mt}	8%	8,5%	9%	9%	8%	7,5%	7%	6,5%	7%	7%	
Kurs	1000,00	970,03	944,66	949,67	1000,00	1020,50	1033,88	1038,76	1018,08	1009,35	1080,00

Die Verknüpfung „festverzinsliches Wertpapier" bedeutet zum einen „feste Zinsen" im Sinne von (pagatorisch) risikolosen Einnahmen, die beim Gläubiger als Ertrag und beim Schuldner als Aufwand zu verrechnen sind. Zum anderen kommt das Vermögensrisiko hinzu im Sinne des von der Änderung der Marktbedingungen abhängigen Preises für das Fremdkapitalrecht.

Verbinden wir den Zeitablauf, die Zahlungsabfolge und eine unterstellte Entwicklung des Marktzinssatzes i_{mt}, um die zugehörige Entwicklung des Wertpapier-Kurses als Anknüpfungspunkt für weitere Überlegungen zu erhalten. Dieser ist in der oben gezeigten Zusammenstellung stets nach Abgang der (nachschüssigen) Zinszahlung zu t_j errechnet per t_j als die Summe der Barwerte der künftigen Einzahlungen ab t_{j+1}.

Mit steigendem Marktzins $i_{mt} > i_{mo}$ sinkt der Wertpapierkurs unter den Einsatz von A_o = 1000,-. Wer nicht verkaufen muss, hat daraus keinen Nachteil: wie im Entscheidungszeitpunkt t_o geplant, werden je Periodenende 80,- als Zinsertrag vereinnahmt und in t_{10} der Rückzahlungsbetrag gleich dem Einsatz. D.h. die der Entscheidung in t_o zugrunde liegenden Daten verwirklichen sich. Entgegen der eingefahrenen Bilanzlehre gibt es deshalb keinen Grund, jeweils auf den niedrigeren Jahresschlusskurs hinab abzuschreiben, also „a.o. Aufwand an Wertpapier" zu buchen. Noch weniger ist es begründet, den mit 944,66 in t_2 erreichten niedrigsten Stand einzufrieren und die so entstehenden stillen Rücklagen erst bei Veräußerung bzw. bei Einlösung in t_{10} als Beitrag zum Jahresgewinn auszuweisen. Diese Vorgehensweise wird als „Niederstwertprinzip" im Bilanzrecht verankert, das als Ausdruck des „Vorsichtsprinzips" den Ausweis von nicht realisierten Verlusten verlangen würde. Ein solcher liegt angesichts des planmäßigen Verlaufes der Entscheidung in t_o gar nicht vor.

Geändert hat sich per t_1 bzw. per t_2 der Marktzinssatz, so dass nunmehr die Finanz-Investition zu höherem Ertragszinssatz durchgeführt werden könnte, wenn sie nicht in t_o schon (zu 8%) durchgeführt worden wäre. Aber was haben die Bedingungen der am Bilanzstichtag - z.B. t_2 - nur möglichen Entscheidungssituation mit der erfolgsrechnerischen Abrechnung der Entscheidung in t_o zu tun? Infolge der Handelbarkeit des Wertpapiers ändert sich der Kurs bei Änderung des Marktzinssatzes $i_{mt} \neq i_{mo}$. Auch das war in t_o bekannt und als Folge des Vorteils der jederzeitigen Liquidisierbarkeit der Finanz-Investition in Kauf genommen.

Erst im Falle der tatsächlichen Veräußerung - z.B. per t_3 - kann der Verkäufer von einem Verlust von 50,33 sprechen. Der Käufer realisiert dem Marktzinssatz i_{mt_3} entsprechend eine Rendite von 9%. Seine Barrendite beträgt zwar nur 80/949,67 = 8,424%. Hinzu kommt jedoch der (steuerfreie) Vermögensgewinn von 50,33 in t_{10} bei Einlösung. Daraus errechnet sich eine Annuität (für 7 Jahre bei 9%) von 5,47. Der Gesamtvorteil eines Jahres von 85,47 ergibt mit 85,47/949,67 = 9% Rendite = i_{mt_3}.

Der Wertpapier-Berater hingegen erklärt der Großmutter in t_3: „Sie haben 10 Stück Altläufer (je nominal von 1.000,-) zu 8% im Depot, die bringen Ihnen gerade 800,- Einkommen p.a. Ich empfehle Ihnen den Verkauf - der Kurs ist 949,67 - und den Kauf von 9%-tern aus einer laufenden Neu-Emission, dann erzielen Sie 854,70 Einkommen." Wie alle sparsamen Menschen unterscheidet die Großmutter scharf zwischen

Apfel und Baumstamm, d.h. zwischen verwendbarem Einkommen und unantastbarem Vermögen. Sie folgt daher dem Ratschlag.

Mit dem Verkauf hat sie einen Vermögensverlust - gegenüber t_0 und t_{10} - von 503,30 verwirklicht, der bei der Einkommensteuer unberücksichtigt bleibt, während sieben Jahre lang 54,70 zusätzliche Zinseinnahmen steuerpflichtig sind.
Analog erzielt ein Käufer in t_7 mit seinem Einsatz von 1.038,76 eine Rendite von $80/1.038,76 = 7,7\% > 6,5\% \equiv i_{mt_7}$. Bei einem Einlösungsbetrag von nur 1.000,- in t_{10} muss er jedoch die 38,76 auf drei Jahre verteilt (= 12,12 p.a.) kürzen. Somit beträgt seine Nettorendite nur $(80,00-12,12)/1.038,76 = 6,5\%$. Während der Käufer-Investor drei Jahre lang 80,- als Einnahmen aus Kapitalvermögen zur Einkommensbesteuerung erklären muss, bleiben die 38,76 als Kürzungsposten unberücksichtigt!

Mit der Transformation zwischen ΔVermögen und ΔKapitalertrag haben das Einkommensteuerrecht, der Wertpapierberater und der private Kapitalgeber ihre Schwierigkeiten!

Das festverzinsliche Wertpapier mit seinem nominellen Zinsertrag $i_{mo} = 8\%$, seinem Einsatz von $A_o = 1000,-$, dem sich ändernden Marktzinssatz i_{mt} und der davon ausgelösten Entwicklung des Wertpapierkurses EW_t lassen sich graphisch zusammenstellen:

B.43 Fremdkapital-Finanzierung mittels Wertpapieren

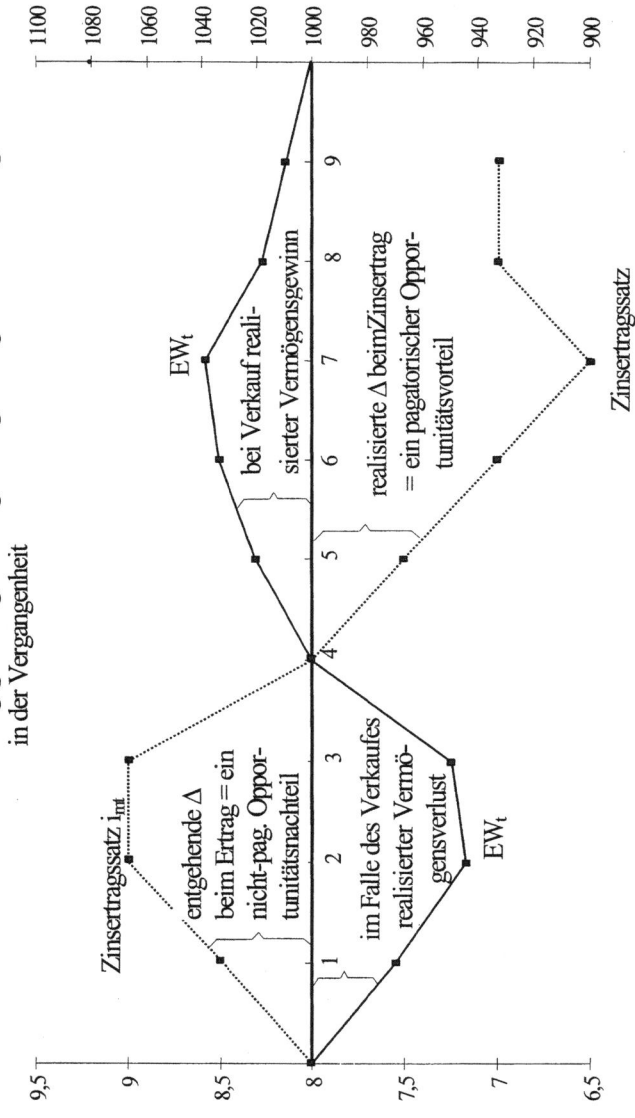

Infolge des festvereinbarten Zinssatzes verlaufen die Entwicklung des Marktzinssatzes i_{mt} und des Wertpapierpreises EW_t gegenläufig. Aus der Sicht der Finanz-Investitions-Entscheidung in t_o besteht kein (pagatorisches) Einkommensrisiko. Falls es die Alternative gibt, variable Verzinsung zu vereinbaren, ließe sich bezüglich der möglichen Entwicklung des Marktzinssatzes von einem Opportunitätsrisiko sprechen: entgehende Differenz bzw. realisierte Differenz beim festen Zinsertrag. Das ist ersichtlich nur eine andere Beschreibung von möglichem Nachteil bzw. möglichem Vorteil, wenn der Zinssatz fest und damit angeblich risikolos vereinbart wird.

Zum anderen entsteht aus dieser Vereinbarung das Risiko des veränderlichen Wertpapierpreises. Die Gefahr des Kursrückgangs infolge von $i_{mt} > i_{mo}$ ist dabei von der Wahrscheinlichkeit abhängig, das Wertpapier in dieser Situation mit $A_o > EW_t$ verkaufen zu müssen.

Wir können zusammenstellen:
(1) Die Vereinbarung eines festen Zinssatzes schließt das pagatorische Einkommensrisiko aus und lässt dafür das Opportunitätsrisiko aus der Bindung entstehen.
(2) Die Vereinbarung der Handelbarkeit des Kapitalrechts schafft den Vorteil der jederzeitigen Liquidisierbarkeit der Finanz-Investition (um einer anderweitig eingetretenen Plan-Abweichung zu begegnen) und lässt das Kursrisiko entstehen in Verbindung mit der Voraussetzung, das Wertpapier zu veräußern.

Es deutet sich an, dass das Risiko nur seine Erscheinungsform ändert, jedoch insgesamt nicht geringer wird.

43.2 Wertpapier-Fremdkapitalfinanzierung mit variablem Zinssatz

Mit dieser Vereinbarung übernimmt der Finanz-Investor bewusst das pagatorische Zinsänderungsrisiko (= Einkommensrisiko). Im Vergleich mit der festverzinslichen Alternative kann er vom Opportunitätsrisiko sprechen mit umgekehrtem Vorzeichen: $i_{mt} < i_{mo}$ ist ein nicht vermeidbarer Nachteil und $i_{mt} > i_{mo}$ ist ein erlangter Vorteil infolge der Vereinbarung in t_o von i_{mt} als Zinssatz anstelle von i_{mo}. Andererseits folgt aus der Vereinbarung der variablen Verzinsung, dass das Kursrisiko nicht existiert. Stets bleibt $EW_t = A_o$.

Zusammengestellt:

„fest" vereinbarter Zins	„variabel" vereinbarter Zins	zum Vergleich: Aktie
kein Einkommensrisiko	Einkommensrisiko	Einkommensrisiko
Opportunitätsrisiko	Opportunitätsrisiko	Opportunitätsrisiko
Kursrisiko	kein Kursrisiko	Kursrisiko

Fazit:

Der Wertpapierberater ist überflüssig. Der Kapitalmarkt reguliert je nach „fest" bzw. „variabel" Kurswert bzw. Zinsertrag. Das Risiko aus sich ändernden Kapitalmarktbedingungen ist lediglich transformierbar zwischen Einkommensrisiko versus Vermögensrisiko, jedoch – naheliegenderweise - nicht vermeidbar. Auch ist die Frage, ob eine Neu-Emission oder ein Altläufer mit langer oder kurzer Restlaufzeit erworben werden soll, ein Scheinproblem ebenso wie die Frage, ob man bei veränderten Marktbedingungen Fortsetzen oder Umtauschen soll. Erst Unvollkommenheiten - vor allem sachlich unrichtige steuerliche Regelungen - führen zu echten Entscheidungsproblemen!

Welche Bedeutung man dem in die Überlegungen eingebrachten Opportunitätsrisiko für das Entscheiden einräumt, sei an seinen zwei Varianten aufgegriffen:

(1) Das „vergangenheits-bezogene Opportunitätsrisiko"
Anschaulich: Der Jüngling, der sich in t_E zwischen Eva und Erna entscheiden konnte und sich für Eva entschied, kann das später als Anlass (11) zur Freude oder zum (12) Bedauern nehmen. Die Differenz zwischen dem Entscheidungszeitpunkt t_E und später beruht auf der inzwischen „besseren Erkenntnis". Das gehört zum Stichwort „Informations-Ineffizienz".

(2) Das „gegenwarts-verbundene Opportunitätsrisiko"
Wiederum: Mangels Auswahl oder aus anderen Gründen hatte sich der junge Mann in t_E für Eva auch standesamtlich entschieden. Daraus resultiert eine Bindung im Hinblick auf später und das Hinzukommen von Erna. Ohne die damalige Entscheidung für Eva wäre Erna eine Entscheidungsmöglichkeit heute. Die Differenz zwischen t_E und später beruht hier auf der Unsicherheit der Zukunft. Das gehört zum Stichwort „Entscheiden unter Unsicherheit".

Die beiden Konstellationen mögen unerschöpflich sein für das Schreiben von Romanen. Der Ökonom hingegen kann ihnen wenig abgewinnen. Trotzdem und anders die Literatur zum Bilanzieren: Die eine Konstellation (12) wird mit dem Stichwort „Fehlmaßnahme" belegt und die andere Konstellation (2) mit dem Stichwort „Niederstwertprinzip". In beiden Fällen soll eine nicht-planmäßige Abschreibung begründet werden: für die erste Konstellation eine außerplanmäßige Abschreibung, für die zweite eine Abwertungsabschreibung (= Abschreibung auf den niedrigeren Teilwert der Steuerbilanz).[64]

Davon abgesehen, ist die Bedingtheit des Opportunitätsgedankens zu berücksichtigen: fehlt die Alternative in t_E bei (1) bzw. später bei (2) oder gibt es eine Mehrzahl von Möglichkeiten, fehlt der feste Bezugspunkt.

Auswertend bleibt auch hier nur die bescheidene Erkenntnis: das sorgfältige Erforschen und Abwägen der Entscheidungsmöglichkeiten heute und das Bedenken weiterer Alternativen im Zeitablauf ändert nichts an der Entscheidungsnotwendigkeit, die bereits der Student (in B.38.4) seinem „Kapitalmarkt-Professor" entgegensetzte.

---

[64] Vgl. Lehmann/Müller (2002) S. 250-256.

B.50 Kapitalstruktur

Entgegengesetzte Entwicklungen

(10) Die **deutschsprachige** Literatur erörterte
(11) zum einen das Entscheidungskalkül des Investors
(i.S. des Einzelunternehmers), der die Verwendung von Geld auch für Konsumausgaben im Zeitablauf berücksichtigt[54] - als ob es keinen Kapitalmarkt gäbe -, und

(12) zum anderen die Entscheidungssituation in der Unternehmung
als ein bekanntes simultanes Entscheidungsprogramm für Investitions- und Finanzierungsmöglichkeiten - als ob es keinen Kapitalmarkt gäbe.

(20) Die **angloamerikanische** Literatur erörterte
(21) zum einen die Entscheidung des privaten Kapital-Anlegers,
Aktien und Festverzinsliche zu erwerben und sie zum optimalen Wertpapier-Portefeuille zu mischen, weil es den Kapitalmarkt gibt, und

(22) zum anderen die Entscheidung der Unternehmensleitung,
Eigen- und Fremdkapital aufzunehmen und zur optimalen Kapitalstruktur zu mischen, weil es den Kapitalmarkt gibt.[55]

---

[54] Lehmann, Zwei Probleme der Kapitaltheorie: intertemporale Nutzenfunktionen und Kapitalkosten bei vollkommenem Kapitalmarkt, ZfbF 1975, S. 40-59.
[55] Modigliani, Franco/Miller, Merton H., The cost of capital, corporation finance, and the theory of Investment, AER Vol. 48, 1958, S. 261-297, Übersetzung in: H. Hax/H. Laux (Hrsg.), Die Finanzierung der Unternehmung, 1975, S. 86-119; Swoboda (1991) S. 92-109; Schmidt/Terberger (1997) Abschnitt 6.4 (S. 252-270); Breuer (1998) S. 61-88; Kruschwitz (2002) Kapitel 7 (S. 225-256).

B.51 Grundlagen des Modells von Modigliani und Miller

Die **ökonomische** Grundlage besteht in der Annahme ungleicher Marktverfassungen: unvollkommene Güter-/Leistungsmärkte für die unternehmerische erwerbswirtschaftliche Betätigung neben vollkommenen – jedoch gleichfalls unsicheren – Kapitalmärkten.

Die **modelltheoretische** Grundlage kennzeichnen wir in B. 51.2 als die alternativ-substitutive Betrachtungsweise. Das Modell der beiden Autoren argumentiert dementsprechend mit der **Kapitalstruktur**, d.h. mit der (alternativ variierten) Relation von Fremdkapital zu Eigenkapital bei gegebenem Gesamtkapital und nicht mit dem Verschuldungsgrad, d.h. mit der Relation von Fremdkapital zu Gesamtkapital. Die gedankliche Vorstellung alternativer Situationen ist z.B. als Erklärung der Preis-Absatzmengen-Funktion des Angebotsmonopolisten bekannt und schließt sukzessive Änderungen mit Anpassungsprozessen als die ganz andersartige Betrachtungsweise aus. Das Argument etwa, dass „die Eigenkapitalgeber verzögert auf die zunehmende Verschuldung reagieren" – um die Existenz einer optimalen Kapitalstruktur zu stützen - verkennt die modelltheoretische Grundlegung bei Modigliani und Miller.

Ihr fügen wir mit B.51.3 ein Verzeichnis der Symbole an, in das **sechs Modellbeziehungen** als die Bausteine des Modells eingearbeitet sind.

51.1 Asymmetrische Marktverfassungen

Die Autoren argumentierten mit Hilfe ihres Modells, dass die Kapitalstruktur der Unternehmung **irrelevant** sei für das Gesamt ihrer Kapitalkosten und für den Gesamt-Marktwert der Unternehmung. Das Modell verbindet also die Kapitalstruktur mit den Kapitalkosten und mit dem Gesamtwert: jede Schlussfolgerung ist in diesen Modellzusammenhang eingebettet.

Die Modellbasis sind asymmetrische Marktverfassungen und zwar „unvollkommen" für die Leistungsmärkte einerseits und „vollkommen" für die Kapitalmärkte andererseits.

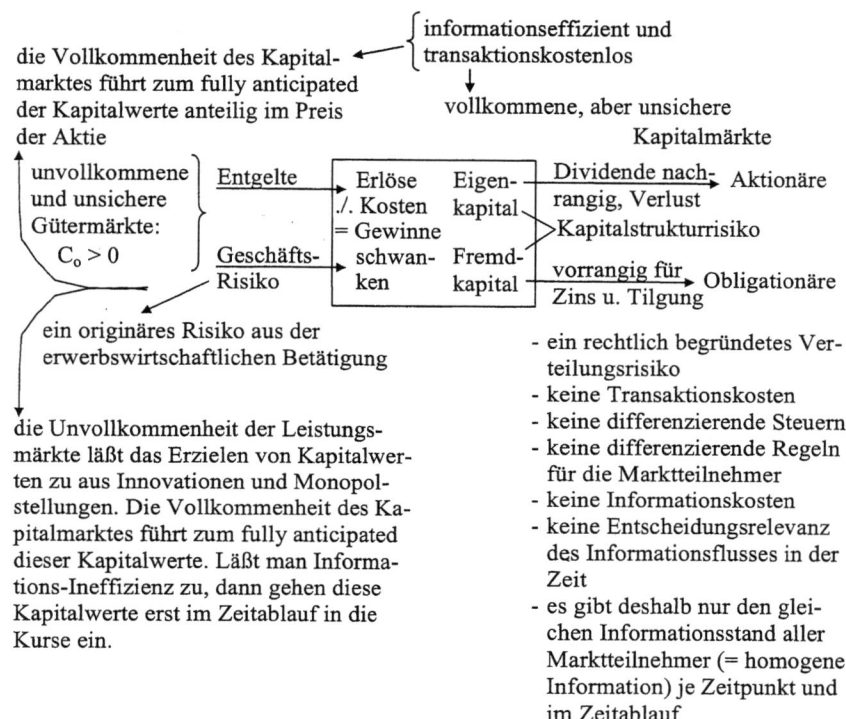

51.2 Die alternativ-substitutive Modell-Grundlage

Die Überschrift verknüpft zwei von vier Merkmalen zu einer Kombination, die dem Modell von Modigliani und Miller (AER 1958) zugrunde liegt.

Aus der Preistheorie ist der Unterschied zwischen der alternativen Preissetzung – z.B. des Angebotsmonopolisten – und der sukzessiven Preisänderung – z.B. angesichts der Verhaltensweisen der Konkurrenten im Oligopol – bekannt. In der Produktionstheorie wird sorgfältig danach unterschieden, ob wir die Substitution zwischen Einsatzfaktoren erörtern oder die Wirkung der zusätzlich hinzukommenden Einsatzmenge eines Faktors.

Ersichtlich ist die **alternative** oder die sukzessive Betrachtungsweise einerseits und die **substitutive** oder die additive Betrachtungsweise andererseits zu unterscheiden.[56] Dem Modell von Modigliani und Miller liegt die Verknüpfung der alternativen mit der substitutiven Betrachtungsweise zugrunde.

Die beiden Autoren erörtern das Problem der Verteilung des (gegebenen) Geschäftsrisikos unter Einbezug der **alternativ** unterschiedlichen Kapitalstruktur. Diese wird mit dem Verhältnis der Marktwerte des Fremdkapitals zum Eigenkapital – also mit FK/EK – gemessen. Die angegebene Modellgrundlage schließt sowohl sukzessive als auch additive Vorgänge aus: es gibt deshalb weder Finanzierungs-Vorgänge noch Investitions-Entscheidungen. Im derart abgesteckten Modellrahmen wird folglich für eine gegebene und unveränderte Aktivseite (lediglich) erörtert, wie eine alternativ unterschiedliche Kapitalstruktur die Kosten (als Beträge) für das Eigenkapital einerseits und für das Fremdkapital andererseits bestimmt. Da die Marktpreise dieser beiden Kapitalparten – und nicht irgendwelche Nominalgrößen oder Bilanzgrößen – Bestandteile des Modells sind, enthält dieses das jeweilige Gegenverhältnis von Kapitalkostensatz und Bemessungsgrundlage für den Kostensatz; vgl. analog Abschnitt B.43.1 für Fremdkapital-Wertpapiere.

Sieht man sowohl den Kapitalkostensatz als auch seine Bemessungsgrundlage als abhängig von der gedanklich alternativ verschiedenen Kapitalstruktur, dann ist schon intuitiv einsichtig, dass keiner der Beteiligten einen zusätzlichen „unverdienten" Vorteil aus einer substituierenden Variation der Kapitalstruktur ziehen kann. Das Modell von Modigliani und Miller erklärt mit Hilfe des einbezogenen Kapitalmarktes, dass eine andere als die risikogerechte Verteilung des Kapitalertrages $\widetilde{E}(K)_t$ nicht zustande kommen kann.

Dieses Ergebnis ist die Folge des vollständigen Modellzusammenhangs – was die Literatur nicht hervorhebt – und nicht der Prämissen des Modells – an denen die Literatur meint ansetzen zu können.

---

[56] Vgl. Lehmann (1978) S. 16-20.

51.3 Symbolverzeichnis und sechs Beziehungen

i_t der Zinssatz für risikoloses Fremdkapital, konstant im Hinblick auf die Kapitalstruktur der betrachteten Unternehmung U_j und abhängig von Angebot und Nachfrage auf dem Kapitalmarkt im Zeitablauf

α_j Risikoprämie im Ertragssatz der Aktie enthalten für die erwerbswirtschaftlichen, d.h. leistungswirtschaftlich bedingten Risiken der Unternehmung U_j

k_{jt} der Kostensatz für Eigenkapital der Unternehmung U_j, wenn sie ausschließlich mit Eigenkapital finanziert wäre,

(1) mit der Beziehung $k_{jt} = i_t + \alpha_j$.

k steht zugleich für den Ertragssatz der Aktie bei diesem Sonderfall

k_{EKjt} der Eigenkapitalkostensatz für U_j bei Einsatz auch von Fremdkapital,

(2) mit der Beziehung $k_{EKjt} = k_{jt} + (k_{jt} - i_t) \dfrac{FK_{jt}}{EK_{jt}}$

wobei sowohl das Fremdkapital als auch insbesondere das Eigenkapital zu Marktwerten (und nicht zu ihren Nominalbeträgen) anzusetzen ist.

$k_{\varnothing jt}$ der gewogene durchschnittliche Kostensatz für das Gesamtkapital (EK_{jt} + FK_{jt}) zu Marktpreisen,

(3) mit der Beziehung $k_{\varnothing jt} = k_{jt}$. Sie gibt die zentrale Aussage wieder, dass mit Hilfe des Einsatzes von FK anstelle von EK trotz $i_t < k_{jt}$ keine Verringerung der Gesamt-Kapitalkosten erreicht werden kann.

r_{EKjt} der in t erwartete Ertragssatz per t + 1 aus der Aktie zum Preis P_{jt} der Unternehmung U_j,

(4) mit der Beziehung $r_{EKjt} = k_{jt} + (k_{jt} - i_t) \dfrac{FK_{jt}}{EK_{jt}}$.

Der erwartete Ertragssatz der Aktie aus der Sicht der Aktionäre entspricht – die Besteuerung unbeachtet gelassen – also dem Eigenkapitalkostensatz k_{EKjt} der U_j einschließlich dem Grenzfall $FK_{jt} = 0$;

r_{EKjt} deckt mithin i_t und die Risikoprämie α_j für die leistungswirtschaftlichen Risiken sowie die Risikoprämie aus dem finanzwirtschaftlichen Risiko infolge der Kapitalstruktur FK_{jt}/Ek_{jt} ab.

$\widetilde{E}(K)_{j(t+1)}$ der per (t+1) erwartete Kapitalertrag: das ist der Restbetrag eines Jahres, der für die Entgelte – an die Fremdkapitalgeber in Form von Zinszahlungen und an die Eigenkapitalgeber in Form von Gewinnauszahlungen – zur Verfügung steht.

$\widetilde{G}_j$ der erwartete Gewinn; das Modell unterstellt die volle Ausschüttung des Gewinns (also b = 0), so dass $\widetilde{G}_j = \widetilde{D}_j$ ist; infolge des konstanten Eigenkapitals wird kein Wachstum erwartet.

P_j der Marktpreis der Aktien der Unternehmung U_j; in das Bewertungs-/Preismodell geht stets der nächstjährig erwartete Gewinn ein

(5) mit der Beziehung $P_{jt} = \tilde{G}_{j(t+1)}/r_{EKjt}$.

GK_{jt} das Gesamtkapital ($EK_{jt} + FK_{jt}$) zu Marktwerten,

(6) mit der Beziehung $GK_{jt_o} = \tilde{E}(K)_{j(t+1)} / k_{jt_o}$ und $k_{jt_o} = k_{\varnothing jt_o}$.

Der nachfolgende Text führt die Indices j und t nur, wenn es vom Sachzusammenhang her erforderlich ist. Der Betrachtungs- und Argumentationszeitpunkt ist t_o. Auf P_o bezogen, sind die Kapitalkosten- bzw. die Ertragssätze in t_o per t_1 realisiert erwartet.

B.52 Zusammenstellung der theoretischen Aussagen des Modells von Modigliani und Miller

Ein Autor, der ein komplexes Problem behandeln möchte, steht vor der Wahl zweier Wege:

1. Er kann schrittweise und aufbauend vorgehen, um den Leser gleichsam durch den Irrgarten führend an der erleuchtenden Ergebnis-Übersicht teilhaben zu lassen - nach vielen Mühen und Zweifeln an Sinn und Zweck des Weges wird der Leser mit der überraschenden Gipfelsicht belohnt.
2. Im anderen Fall bemüht der Autor sich um eine Übersicht, um dem Leser im ersten Durchgang eine Vorstellung vom Ganzen zu geben. Er weiß, dass der Leser nicht alles erschöpfend verstehen kann, aber er möchte den Gesamteindruck vermitteln, dass er ein Ordnungsgefüge mitzuteilen hat und nicht über einen Gemüsekorb berichtet. Der Leser gewinnt so die Vorahnung, wohin die Reise geht und versteht die Ausführungen erschöpfend erst beim zweiten Durchlesen, weil er nun die Einordnung und Bedeutung der Details bereits kennt.

Im Sinne des zweites Weges werden Beschreibung und Ergebnis-Aussagen als Übersicht und zugleich als Zusammenfassung abgehandelt.

52.1 Das Geschäftsrisiko der betrachteten Unternehmung U_j

Von den Absatzmärkten her wird das sogenannte Geschäftsrisiko der betrachteten Unternehmung U_j konzipiert. Unsichere Absatzmengen und Absatzpreise und das sich ändernde Absatzleistungsprogramm haben unsichere Umsatz-Erlöse (= Summe der Entgelt-Einnahmen) zur Folge. Rechnerisch sind das unsichere Umsatz-Erträge und gekürzt um die Zweck-Aufwände - ausgenommen Zinsaufwand - resultiert der unsichere Kapitalertrag $\widetilde{E}(K)_t$. Diese periodische Brutto-Erfolgsgröße bedient vorab die Zinsen für das Fremdkapital und mit dem verbleibenden Rest, dem Gewinn $\widetilde{G}_t$ das Eigenkapital.

Von dem Betrachtungspunkt t_0 aus sind der Kapitalertrag $\widetilde{E}(K)$ und der Gewinn $\widetilde{G}$ in zweifacher Hinsicht Erwartungswerte. Zum einen steht $\widetilde{E}(K)_t$ bzw. $\widetilde{G}_t$ als Erwartungswert der jeweiligen Periodengröße. Zum anderen verändert sich $\widetilde{E}(K)_t$ bzw. $\widetilde{G}_t$ von Periode zu Periode. Diese Änderung des jeweiligen Erwartungswertes im Zeitablauf drückt insbesondere den erwarteten Konjunkturverlauf aus. Wir bezeichnen diese erwartete Entwicklung der Erwartungswerte – also die Abfolge der zeitpunktbezogenen Erwartungswerte – als Trend im Zeitablauf. Das entspricht analog der unsicheren Entwicklung des Marktzinssatzes i_{mt}, wie im Abschnitt B.42.3 beschrieben.

Ohne die Berücksichtigung des Trends von $\widetilde{E}(K)_t$ im Zeitablauf ließe sich das für das Eigenkapital hinzukommende finanzwirtschaftliche Risiko aus dem Einsatz von Fremdkapital nicht vollständig erklären.

52.2 Die Unternehmung U_j ohne Einsatz von Fremdkapital

Ist die Unternehmung U_j ausschließlich mit Eigenkapital finanziert, dann ist der Kapitalertrag $\widetilde{E}(K)_t$ betragsgleich mit dem Gewinn $\widetilde{G}_t$. Es kommt die Annahme hinzu, dass der Gewinn stets vollständig ausgeschüttet wird, so dass die sachliche Gleichsetzung

$\widetilde{E}(K)_t = \widetilde{G}_t = \widetilde{D}_t$ gilt.

Im Preisbildungsmodell $P_o = \widetilde{G}_1 / r_{EKt_o}$ repräsentiert $\widetilde{G}_1$ auch die Unsicherheit und Streuung der Größe $\widetilde{G}_t$ im Zeitablauf.

Die Frage, welche Rangfolge zwischen den drei Komponenten besteht, beantworten wir entschieden und eindeutig[57]:

---

[57] Anders Schmidt/Terberger (1997) S. 259-261.

a) Der Ertragssatz r_{EK} wird von den Teilnehmern am Kapitalmarkt gefordert aufgrund ihrer Alternativen (= Opportunitätskonzept) in t_o.

b) Der Gewinn $\tilde{G}_1$ wird in t_o erwartet in Abhängigkeit von dem Anteil des Fremdkapitals am Gesamtkapital, hier in B.52.2 gleich Null.

c) Der Preis der Aktie P_o bildet sich resultierend in t_o und ist die regulierende Variable im Zeitablauf mit P_t.

Aus der Sicht der betrachteten Unternehmung

1. sind im Zeitpunkt t_o die Kapitalkostensätze i für Fremdkapital und k_{EK} für Eigenkapital gegebene Größen,

2. sind der Kapitalertrag $\tilde{E}(K)_{(t+1)}$ und $\tilde{G}_{(t+1)}$ jeweils erwartete Größen und

3. ist bei gegebenem Fremdkapitalvolumen der Marktpreis des Eigenkapitals/der Aktien die resultierende Größe mit P_o.

Der Vorteil dieser Abfolge-Ordnung soll bereits hier aufgezeigt werden: Ist die geforderte Rendite r_{EK} der Aktie nicht risikogerecht - z.B. zu niedrig -, dann ist der Aktienpreis resultierend zu hoch, jedoch das Produkt $r_{EK} \cdot P_o$ ist stets $\tilde{G}_{t+1}$. Eine Fehleinschätzung beim Satz korrigiert sich über seine korrespondierend abweichende Bezugsgrundlage- hier: der Preis der Aktie - stets zum richtigen Betrag, dem Erwartungswert des Gewinns $\tilde{G}_{t+1}$.

Indem die Literatur zum Modell von Modigliani und Miller weder zwischen Satz und Betrag - hinsichtlich Ertrag für den Aktionär bzw. hinsichtlich Kapitalkosten für die Unternehmung - unterscheidet[58] noch (infolgedessen) konsequent mit dem Marktpreis der Aktie verbindet, fehlt ihr die Folgerichtigkeit und Geschlossenheit der Abhandlung des MM-Modells.

Nun zurück zu der ersten der drei Komponenten. Der Ertragssatz k der Aktie der ausschließlich mit Eigenkapital finanzierten Unternehmung bezeichnet zugleich den Kostensatz für das Eigenkapital aus der Sicht dieser Unternehmung. In beiderlei Hinsicht bezieht sich der Satz k auf den Marktpreis P_o der Aktie, so dass das Produkt $k \cdot P_o$ aus der Sicht von t_o sowohl den per t_1 erwarteten Einkommensbeitrag der Aktie für den

---

[58] Vgl. Schmidt/Terberger (1997) S. 240 ff. Stets ist „Kapitalkosten" als Kapitalkostensatz zu lesen; ebenso bei Kruschwitz (2002) S. 236-238.

Aktionär als auch den Betrag der Eigenkapitalkosten (ex ante) für die Unternehmung angibt unter der für den Steuerfall wichtigen Annahme, dass der Gewinn vollständig ausgeschüttet wird.

Der von den Aktionären bei ausschließlicher Eigenfinanzierung geforderte Ertragssatz k setzt sich aus zwei Entgelt-Äquivalenten bei alternativer Geldverwendung (vor Kauf bzw. nach Verkauf der Aktie zu P_{jt_o}) zusammen in der Beziehung $k_j = i + \alpha_j$, d.h. aus dem Fremdkapital-Zinssatz und dem Zuschlag für das Geschäftsrisiko.

Der Zinssatz i ist der Entgelt-Prozentsatz für die „Stundungsleistung"/für die eigentliche Finanzierungsleistung/für den bewilligten Aufschub der Kapitalzurückzahlung (= Tilgung). Es ist der Ertragssatz für „sichere" Fremdkapitalhingabe, d.h. eine Kapitalhingabe mit sicheren Zins- und Tilgungszahlungen. Das schließt jedoch darüber hinausgehend *nicht auch noch ein, dass der Satz i im Zeitablauf konstant ist*[59]. Präzise wäre deshalb stets i_o bzw. i_t zu schreiben.

Das Modell von Modigliani und Miller verwendet eine zweiteilig - asymmetrische Marktverfassung, nämlich unsichere und **un**vollkommene Absatzleistungsmärkte auf der aktivischen und unsichere und **voll**kommenen Kapitalmarkt auf der passivischen Seite (vgl. B. 51). Man würde einen der wichtigsten Bausteine des Modells beseitigen, wenn man die Markt-Unsicherheit mit der Annahme aufhebt, dass der Marktzinssatz i in der Zeit konstant und damit „sicher" auch gegenüber dem Markt ist. Es genügt, das „sicher" auf die Zahlungen des Schuldners zu beschränken. Der im Zeitablauf marktunsichere reine Verzinsungssatz $\tilde{i}_t$ setzt sich in $\tilde{k}_t$ bzw. $\tilde{r}_{EK_t}$ und $\tilde{P}_t$ fort.

Das bedarf einer präzisen Erklärung. Im Betrachtungszeitpunkt t_o besteht zum einen ein bestimmter Marktzinssatz i_o für risikofreies Fremdkapital sowie zum anderen für die betrachtete Unternehmung U_j der Eigenkapitalkostensatz k_j bei reiner Eigenfinanzierung bzw. k_{EK_j} bei gemischter Finanzierung. Setzt man den Betrachtungszeitpunkt (zu t_o) in eine Entscheidungssituation um, dann sind i, k_j bzw. k_{EK_j} und P_j die entscheidungsrelevanten Größen.

---

[59] So jedoch Schmidt/Terberger (1997) S. 239, 254, 258. Zur Annahme von im Zeitablauf konstanter Erwartungswerte vgl. auch Swoboda (1991) S. 100.

Die Unsicherheit dieser Größen wird jeweils als ihr Erwartungswert per einem künftigen Zeitpunkt gedacht und mit einer Tilde (~) versehen. Die Möglichkeit, dass sich dieser Erwartungswert im Zeitablauf ändert, wird mit dem Index (t) ausgedrückt. Folglich bezeichnet $\tilde{i}_t$ sowohl den Streubereich des Zinssatzes, zum Erwartungswert je Zeitpunkt zusammengefasst, als auch die Veränderbarkeit in der Abfolge der Erwartungswerte im Zeitablauf.

Der von den Aktionären (der ausschließlich eigenfinanziert gedachten Unternehmung) im Zeitpunkt t_o geforderte Ertragssatz aus der Aktie ist $k_j = i + \alpha_j$.

Er wird mit dem je Aktie per $(t + 1)$ erwarteten Gewinn $\tilde{G}_{j(t+1)}$ verbunden, um den Marktpreis der Aktie P_o als die resultierende Variable zu ergeben.

Dazu müssen wir unterscheiden:
1) Der Ertragssatz der Aktie und zugleich der Kapitalkostensatz bei reiner Eigenfinanzierung $k_j = i + \alpha_j$ wird mit seinen Komponenten von den alternativen Finanzinvestitionsmöglichkeiten der Kapitalmarktteilnehmer in t_o her bestimmt. Solange sich diese Determinanten nicht ändern, bleibt k konstant im Zeitablauf.
2) In t_o wird der Erwartungswert (in zweierlei Hinsicht) des Gewinns mit k_j verbunden und zum Marktpreis P_o für die Aktie verarbeitet. Unter der sehr vereinfachenden Annahme, dass keine Gewinneinbehaltungen erfolgen, gilt bei ausschließlicher Beteiligungsfinanzierung die Beziehung

$$P_o = \frac{\tilde{G}_1(t_o)}{k(t_o)}$$

3) In Umkehrung sind $P_o \cdot k(t_o)$ die Eigenkapitalkosten dem Betrage nach und ex ante aus der Sicht von t_o.
    Anders formuliert: diese Relation in t_o und damit ex ante schöpft die erwartete unsichere Perioden-Gewinngröße (trotzdem) vollständig als Eigenkapitalkosten aus: Der erwartete Gewinn entspricht einerseits den erwarteten Eigenkapitalkosten aus der Sicht der Unternehmung und andererseits dem erwarteten Ertrag der Aktie aus der Sicht des Aktienmarktes. Diese Beziehung gilt nur in dem obigen einfachen Modell und nicht bei Gewinn-Thesaurierung mit echtem Wachstum, denn dort ist der nächstjährige Gewinn kleiner als der Ertrag der Aktie bzw. als der

Betrag der Eigenkapitalkosten (gerechnet vom Preis der Aktie); vgl. B.35.3 für echtes Wachstum. Naheliegenderweise weichen auch die Eigenkapitalkosten ex post jeweils in (t + 1) dem Betrage nach ab von ex ante in t. Der per t_1 erzielte und ausgewiesene Gewinn $G_1 \neq \widetilde{G}_1(t_o)$ lässt jedoch keinen Rückschluss etwa dahingehend zu, dass mit der Differenz $(G_1 - \widetilde{G}_1(t_o)) > 0$ ein funktionsloser Restgewinn erzielt worden wäre oder dass mit $(\widetilde{G}_1(t_o) - G_1) > 0$ eine Ersparnis an Eigenkapitalkosten realisiert worden sei. Derartige Aussagen beruhen auf dem Herausschneiden einer Periode aus dem langfristigen Erwartungszusammenhang und sind deshalb Fehlschlüsse wie so vieles, was zum Wirtschaften geschrieben wird. Das Abschneiden und Isolieren von der langfristigen Einbindung eines Entscheidungsproblems haben wir hinsichtlich des Rechnens nachdrücklich kritisiert.[60] Gleicherweise führt das Nichtberücksichtigen des Aktienpreises als der regulierenden Variablen zu unbrauchbaren Aussagen im Zusammenhang mit der Beteiligungsfinanzierung.[61]

4) Fazit: Die Differenz $(\widetilde{G}_1(t_o) - G_1) \neq 0$ besagt nichts zu den tatsächlichen Eigenkapitalkosten in bezug auf die in t_o aufgrund der Erwartungsgrößen getroffenen Entscheidung einer Beteiligungsfinanzierungsmaßnahme. G_1 ist von der zurückliegenden Entscheidung her gesehen das Element eines umfassenden Erwartungszusammenhangs und deshalb keiner isolierten und eigenständigen Deutung zugänglich. Das MM-Modell stellt mit dem Geschäfts- und mit dem Kapitalstruktur-Risiko auf die langfristigen Zusammenhänge ab und berücksichtigt deren preiswirksamen Niederschlag im Marktpreis P_o als der über den Zeitablauf hinweg rückblickend korrigierenden und vorwärtsblickend regulierenden Variablen. Auf diese Weise ist infolgedessen der jeweils ausgewiesene Periodengewinn ex post das Glied der Kette der unsicheren Eigenkapitalkosten aus dem Erwartungszusammenhang eines vorangegangenen Entscheidungszusammenhangs heraus.

52.3 Der Ertragssatz r_{EK} der Aktie bei Verschuldung der U_j

Die Risikotheorie hinsichtlich der Geschäftsrisiken der Unternehmen (aus unvollkommenen Leistungsmärkten) führt auf vollkommenem Kapitalmarkt unter Unsicherheit dazu, dass das Eigenkapital eine Risikoprämie α für die Übernahme des Ge-

---

[60] Vgl. Lehmann/Moog (1996) S. 445-461.
[61] Lehmann (1978) S. 112.

schäftsrisikos erhält, die dann über die Relation des eingesetzten Fremdkapitals zum Eigenkapital ansteigt.[62] Aus den Beziehungen k > i und k = i + α$_j$ wird der Ertragssatz r$_{EK}$ des Eigenkapitals bei Verschuldung abgeleitet. Er fasst in einem Prozentsatz das Entgelt für die Stundungsleistung (i) einerseits und für das Geschäftsrisiko α$_j$ und seine Gewichtung mit der Kapitalstruktur andererseits zusammen:

$$r_{EK} = k + (k - i)\frac{FK}{EK} \text{ oder auch}$$

$$r_{EK} = i + \alpha_j(1 + FK/EK).$$

D.h. der Ertragssatz r$_{EK}$ der Aktie - bezogen auf ihren Ertragswert = Marktpreis - steigt proportional in Abhängigkeit von der Kapitalstruktur FK/EK der Unternehmung. Die Parten FK und EK sind als Marktwerte zu verstehen und addieren sich zum Gesamtwert der Unternehmung U$_j$, der konstant und unabhängig von der Kapitalstruktur ist. Die Kapitalstruktur FK/EK konzentriert lediglich die Auswirkung des Geschäftsrisikos über den Kapitalertrag auf die Eigenkapitalparte im Sinne einer (Um-) Verteilung, was jedoch naheliegenderweise zu keiner Änderung des Ertragswertes des Gesamtkapitals/des Unternehmens für Fremd- und Eigenkapitalgeber zusammengerechnet führt; vgl. dann B.53.

52.4 Das Kapitalstrukturrisiko des Aktionärs

Die Differenz (k - i) ist als Risikoprämie-Satz ein Entgelt[63] und kein bloßer Vorteil des Eigenkapitals. Dementsprechend umfasst r$_{EK}$ als Ertragssatz der Aktie die beiden Entgeltkomponenten für Zins und Risiko. Der mit der Kapitalstruktur FK/EK (proportional) ansteigende Satz bringt als Entgelt in Prozent das steigende Risiko zum Ausdruck: das gegebene Geschäftsrisiko - in der Streuung von $\tilde{E}(K)$ gemessen - fällt mit steigender FK/EK-Relation auf eine kleiner werdende Eigenkapitalparte (vgl. B.54).

---

[62] Das Kapitalstruktur-Risiko ist ausschließlich eine Folge der Verteilung des unsicheren Kapitalertrages auf das EK wegen des substitutiven Einsatzes von FK mit rechtlich gesichertem Zinsanspruch. Die Rückzahlungsansprüche des FK haben – entgegen Breuer (1998) S. 72-74 – damit nichts zu tun und die Rückzahlungspflicht trägt angesichts der beschriebenen Marktverfassung nichts zur Risikotheorie von Modigliani und Miller bei.

[63] Entschiedene Zweifel an dieser traditionellen Einordnung ergeben sich daraus, dass (auch) Versicherungsprämien kein Entgelt sind, sondern Beiträge zu den Schadensausgleichszahlungen an die Schadensbetroffenen; vgl. B.41 Nr. 3 und ausführlich Lehmann u.a. (1997).

Der Aktionär kann über eine höhere Kapitalstruktur aus (k > i) nichts gewinnen: die dem kleineren Kreis der Aktionäre aus dem „billigeren" Fremdkapital zuwachsende Differenz ist kein Vorteil, sondern zuwachsendes Entgelt für Risikoübernahme. Kurz: der Aktionär wird für höheres Kapitalstrukturrisiko entlohnt, aber er gewinnt nichts umsonst.

52.5 Die Eigenkapitalkosten der verschuldeten Unternehmung

Umgekehrt kann die Unternehmung Uj über einen höheren Verschuldungsgrad mit i < k keine Kapitalkosten einsparen. Die Zweigesichtigkeit mit Kapitalkosten und Kapitalertrag einerseits und die bloße Umverteilung von Risiko und Entgelt dafür von der Fremdkapitalparte auf die Eigenkapitalgeber andererseits hat zur Folge, dass der durchschnittliche Kostensatz ($k_\varnothing$) für das Gesamtkapital konstant ist und unabhängig von der Kapitalstruktur (als dem Verhältnis von FK/EK zu Marktwerten). Demnach gilt $k_\varnothing = k_j = \tilde{E}(K)_{j(t+1)} / (EK_{jt} + FK_{jt})$.

52.6 Die Irrelevanz der Kapitalstruktur

Die Überschrift fasst die Quintessenz zum Schlagwort zusammen! Die Substitution von „teurem" Eigenkapital durch „billigeres" Fremdkapital
- bringt den Aktionären (in jeweils geringerer Anzahl) keinen Ertragsvorteil,
- bringt der Unternehmung keinen Kapitalkostenvorteil,
- verändert den Marktwert der Unternehmung als Summe von EK und FK (zu Marktwerten) nicht,
- beeinflusst den durchschnittlichen Gesamtkapital-Kostensatz nicht,
- lässt jede alternative Kapitalstruktur gleich gut sein.

Es gibt deshalb keine optimale/kapitalkosten-minimierende Kapitalstruktur, vgl. B.55.

52.7 Die Einbettung des MM-Modells in eine bestimmte Marktverfassung

Das Modell basiert auf der Annahme des vollkommenen Kapitalmarktes unter Unsicherheit mit seinen zwei Aspekten:
a) keine Transaktionskosten, insbesondere keine (differenzierenden) Erfolgsteuern, und
b) gegebene Informations-Effizienz: Informations-Unsicherheit, Informations-Asymmetrie und Informationsfluss haben (per Annahme) keine Bedeutung für das Bilden der Marktpreise für Aktien.

Diese so beschriebene Marktverfassung kann zu dem Marktmechanismus konkretisiert werden, dass der Erwartungswert des Ertragswerts der Aktie gleich ihrem Marktpreis ist. Auf diese Weise ist das Geschäftsrisiko, seine Steigerung um die Kapitalstruktur (FK/EK) und die Kapitalmarkt-Unsicherheit über den Zinssatz $\tilde{i}_t$ im Zeitablauf in Form von Erwartungswerten berücksichtigt, jedoch sind andererseits eigenständige Aktienpreis- = Aktienkurs-Bestimmungsgrößen ausgeschlossen, die außerhalb der ökonomischen Erklärungsmöglichkeiten liegen. Im Zwischenbereich liegt die Abschwächung der Informations-Effizienz zur In-Effizienz, um informationsbedingte Aktienpreis-Änderungen zu erörtern. Weil die unvollkommenen Leistungsmärkte das Erwirtschaften von Kapitalwerten ermöglichen, ist infolge ihrer (zeitverteilten) Antizipation durch das Handeln am Aktienmarkt der Marktpreis der Aktie höher als das Bilanz-Eigenkapital je Aktie[64]. Bei voller Informations-Effizienz gilt hinsichtlich der Kapitalwerte „fully anticipated" im Aktienpreis, bei abgeschwächter Effizienz wachsen die Kapitalwerte der Investitionen erst im Zeitablauf in die Aktienpreise hinein.[65] Es gibt - als das kennzeichnende Stichwort - Ankündigungseffekte. Das sind informationsbedingte Preisänderungen. Indem das Modell von MM sowohl für den Ertrag der Aktie als auch für die Kosten des Eigenkapitals (aus der Sicht der investierenden Unternehmung) auf den (Ertragswert =)Marktpreis der Aktie abstellt, ist der sowohl je Zeitpunkt als auch im Zeitablauf unsichere Gewinn doch jeweils über den Aktienpreis als die regulierende Variable funktional jeweils ex ante voll ausgeschöpft im Sinne der Betragsgleichheit mit den Eigenkapitalkosten.

---

[64] Der Ertragswert = Marktpreis des Eigenkapitals verglichen mit dem bilanzierten Eigenkapital beschreibt den Kapitalwert des Eigenkapitals der Unternehmung, weil die investive Verwendung der Mittel zu den Anschaffungspreisen der Investitionsobjekte (und nicht zu deren Objekt-Ertragswerten) bilanziert und fortgeschrieben wird.
[65] Vgl. ausführlich dazu B.38.3.

B.53 Die Umsetzung in das Ergebnis des Modells von Modigliani und Miller

53.1 Der Ertragssatz r_{EK} der Aktie

Aus dem Symbolverzeichnis in B.51.3 übernehmen wir für für ein Zahlenbeispiel: $i = 0{,}08$ und $k = 0{,}12$;

(4) $r_{EK} = k + (k - i)\dfrac{FK}{EK} = 0{,}12 + 0{,}04 \cdot \dfrac{FK}{EK}$ für FK: EK in alternativer Substitution;

$\tilde{E}(K)_{t_1} = 240{,}-$ Erwartungswert per t_1 aus der Sicht von t_0;

(6) $GK_0 = \dfrac{\tilde{E}(K)}{k_{t_0}} = \dfrac{240}{0{,}12} = 2000{,}-$.

Der Marktwert des Gesamtkapitals ist unabhängig von der Kapitalstruktur. Diese wird im Beispiel alternativ variiert im Wege der Substitution zwischen den beiden Kapitalparten:

$M_W(FK)$	0	200	400	600	800	1000	1200	1400
$M_W(EK)$	2000	1800	1600	1400	1200	1000	800	600
Zinsen	0	16	32	48	64	80	96	112
Gewinn $\tilde{G}_1$	240	224	208	192	176	160	144	128
r_{EK}	12%	12,44	13,0	13,714	14,666	16,0	18,0	21,33 %
Risiko-„Entgelt" jeweils:		4%·0,25				4%	4%·1,5	4%·2,333 = 9,33%

gemäß der Beziehung (4) $r_{EK} = k + (k - i) \cdot FK/EK$

Der Ertragssatz r_{EK} der Aktie U_j ist abhängig von dem (risikolosen) Verzinsungssatz i, vom Geschäftsrisikosatz $\alpha = (k - i)$ und von der Kapitalstruktur FK/EK zu Marktwerten. Der vermeintliche Zugewinn (r_{EK} - k) bei alternativ höherem Verschuldungsgrad FK/EK ist Risikoprämie, so dass die Modellaussage den bekannten Satz bestätigt, dass nichts umsonst ist. Dies allerdings behauptet die traditionelle Sicht, indem sie eine optimale Kapitalstruktur beschreibt; vgl. B.55.

Steigender Verschuldungsgrad und EK-Rendite r_{EK}

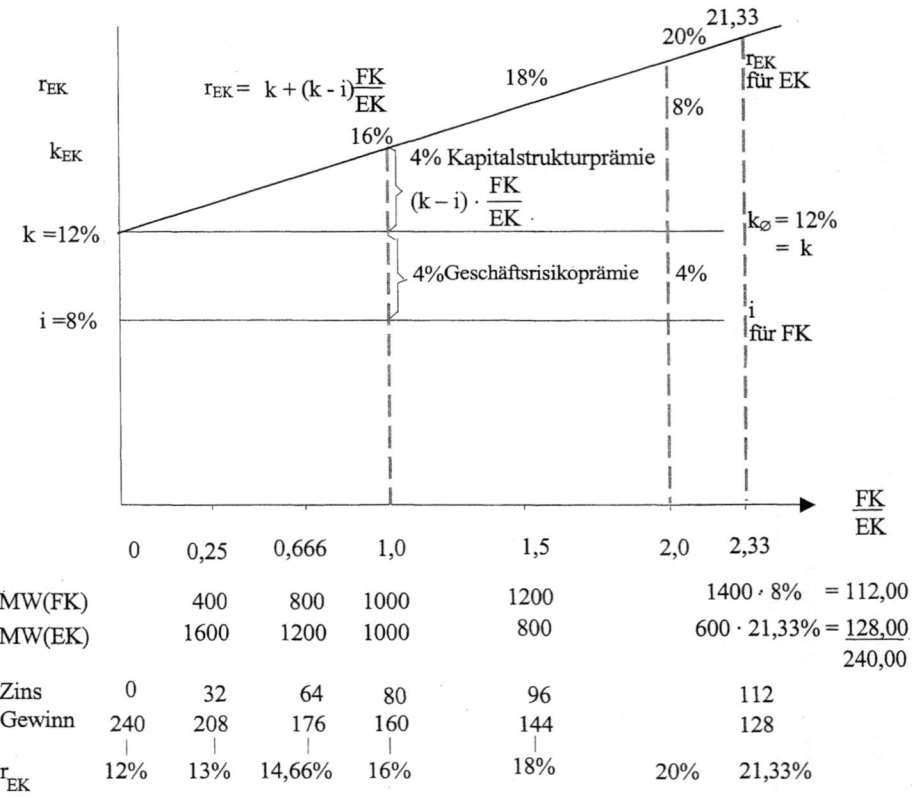

53.2 Die Eigenkapitalkosten bei Geschäfts- und Kapitalstrukturrisiko

Für die Unternehmung ohne Fremdkapital haben wir den Ertragssatz der Aktie und den Kostensatz für das Eigenkapital mit demselben Symbol k_{jt} bezeichnet, um diese ökonomische Identität (im Nicht-Steuerfall) anzusprechen. Sie wird erst bei Einsatz von Fremdkapital mit r_{EK} bzw. k_{EK} unterschiedlich ausgewiesen. Der Zusammenhang zwischen Satz und Kapitalstruktur bleibt davon – wenn man von der Besteuerung absieht – unberührt; vgl. die Beziehungen (2) und (4) im Symbolverzeichnis in B.51.

Der Ertragssatz r_{EKj} des Eigenkapitals entspricht dem Geschäftsrisiko und dem Kapitalstrukturrisiko der betrachteten Unternehmung U_j mit der Schlussfolgerung, dass die Aktionäre nichts gewinnen können mit ersatzweisem Einsatz des billigeren Fremdkapitals; umgekehrt kann die Unternehmung auf diese Weise nichts einsparen.

Im Hinblick auf den Satz enthält die Theorie eine erste Aussage über den Risikozuschlag (α) zum Finanzierungskostensatz (i) wegen des Geschäftsrisikos und eine zweite Aussage über den Risikozuschlag zum Eigenkapitalsatz k wegen des Kapitalstrukturrisikos im Sinne bloßer Umverteilung.

Die betragsmäßige Gleichsetzung von r_{EK} und k_{EK} entsprechend ihrer ökonomischen Identität enthält die (dritte) Aussage, dass ex ante der unsichere Gewinn $\tilde{G}(t+1)$ funktional vollständig ausschöpfend Entgelt für das Eigenkapital ist und in Umkehrung deshalb die Kosten des Eigenkapitals darstellt. Jedoch wird beides nicht auf historische Eigenkapital-Einzahlungen bezogen, sondern auf den jeweiligen Marktwert P_t des Eigenkapitals.

Das leitet über zu der vierten Aussage, dass Modigliani und Miller mit $k_{EKt} \cdot P_t$ eine Eigenkapitalkosten-**Betrags**theorie konzipiert haben. Kostensatz und Bemessungsgrundlage bedeuten Vollständigkeit und der Marktwert des Eigenkapitals als Bemessungsgrundlage führt zum Konzept für die Eigenkapitalkosten. Auf diese Weise wird ein – wenn nicht das – zentrale Problem des marktverbundenen Finanzwirtschaftens strukturiert.

B.54 Warum steigt das Risiko der Eigenkapital-Geber mit höherem Fremdkapital-Anteil?

Der Kapitalertrag ist infolge des Geschäftsrisikos eine unsichere/streuende Größe $\widetilde{E}(K)$. Die FK-Zinsen sind hingegen eine feststehende Größe, die den jeweils erzielten Kapitalertrag vorab kürzt. Die Streuung der Ergebnisgrößen - hier: Gewinne - nimmt zu, weil mit steigendem Fremdkapital der fixe FK-Zinsbetrag zunimmt

i=8%

	FK=0 $\widetilde{E}(K)=240$		FK=200 ./. 16,- Zins		FK=400 ./. 32,- Zins		FK=1000 ./. 80,- Zins	FK=1200 ./. 96,- Zins		FK=1400 ./.112,- Zins	
Wk	$\widetilde{G}$ streut		$\widetilde{G}$ streut		$\widetilde{G}$ streut		$\widetilde{G}$ streut	$\widetilde{G}$ streut		$\widetilde{G}$ streut	
0,1	140 7%	14,0	124 6,8%	12,4	108 6,75%	10,8	60 6,0%	44	4,4	28,- 4,6%	2,8
0,2	200 10%	40,0	184	36,8	168	33,6	120 12,0%	104	20,8	88,- 14,6%	17,6
0,4	240 12%	96,0	224	89,6	208	83,2	160 16,0%	144	57,6	128,- 21,3%	51,2
0,3	300 15%	90,0 240,0	284	85,2 224,0	268	80,4 208,0	220 22,0%	204	61,2 144,0	188,- 31,3%	6,4 128,0
	∅12%	$\widetilde{G}$	∅12,4%	$\widetilde{G}$	∅13%	$\widetilde{G}$	∅16%	∅18%	$\widetilde{G}$	∅21,3%	$\widetilde{G}$

Spreiz | $\frac{140}{300}$ = 2,14 → ein sehr einfaches Risikomaß ← Spreiz | $\frac{28,-}{188,-}$ = 6,75

üblich ist die Varianz: $\sigma^2 = \sum_{j=1}^{n}(x_j - \bar{x})^2 \cdot W_j$

bzw. die Standardabweichung σ

für die absoluten Größen	für die EK-Rendite	für die absoluten Größen	für die EK-Rendite
$100^2 \cdot 0,10 = 1.000$	$(5\%)^2 \cdot 0,10 = 2,5$	$100^2 \cdot 0,10 = 1.000$	$16,6^2 \cdot 0,1 = 27,7$
$40^2 \cdot 0,20 = 320$	$(2\%)^2 \cdot 0,20 = 0,8$	$40^2 \cdot 0,20 = 320$	$6,6^2 \cdot 0,2 = 8,8$
0	0	0	0
$60^2 \cdot 0,30 = 1.080$	$(3\%)^2 \cdot 0,30 = 2,7$	$60^2 \cdot 0,30 = 1.080$	$10^2 \cdot 0,3 = 30$
$\sigma^2 = \Sigma\, 2.400$	$\sigma^2 = \Sigma\, 6\%$	$\sigma^2 = \Sigma\, 2.400$	$\sigma^2 = \Sigma\, 66,6$
$\sigma = 48,99$	$\sigma = 2,449$	$\sigma = 48,99$	$\sigma = 8,165$
bezogen auf 240,- = 0,204	bezogen auf 12%= 0,204	bez. auf 128,- = 0,3827	bez. auf 21,33% = 0,3827

↓ relative Streuung → Variationskoeffizient

→ dieses Risikomaß eignet sich für die absoluten Größen und für die EK-Rendite mit demselben Ergebnis[66]

---

[66] Für die Standardabweichung der Eigenkapitalrendite gilt die Beziehung $\sigma_{rEK} = \sigma_k(1+FK/EK)$, vgl. Breuer (1998, S. 72); im Beispiel 8,165 = 2,449 (1+1400/600).

B.54 Warum steigt das Risiko

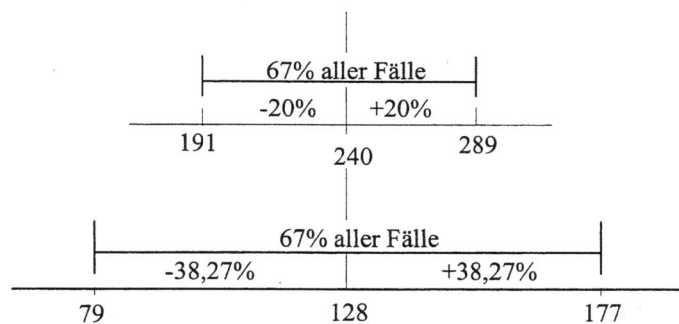

Das übliche Risikomaß bezieht die Standardabweichung σ auf den Erwartungswert. Bei der Unternehmung ohne Fremdkapital ergibt sich 48,99/240 = 0,204 und bei einem Verschuldungsgrad von 2,33 folgt 48,99/128 = 0,3827. D.h. der Streubereich, um 67% aller Fälle abzudecken, hat sich von 20,4% bei FK = 0 auf 38,27% bei FK = 1400 fast verdoppelt. Der Streubereich der Ergebnisse – hier für die möglichen Beträge des Gewinns (bzw. der Eigenkapitalrendite) – gilt als Maß für das Ergebnis-Risiko/für die Ergebnis-Unsicherheit.

B.55 Optimale Kapitalstruktur versus Kostenbetrags-Theorie

Die Lehre von der Existenz einer optimalen Kapitalstruktur behauptet sich weiterhin in den Lehrbüchern. Um sie zu erörtern, greifen wir auf unser Beispiel zurück. Danach ist bei FK/EK = 1:1 der EK-Kostensatz = die EK-Rendite = 16% = r_{EK} Ertragssatz der Aktie zum Marktwert.

Nehmen wir einmal an, dass der Kapitalmarkt auf die Verschuldung (von 1000 FK/1000 EK) hin nur die geforderte Rendite von 14,66% verlange anstatt 16% (vgl. B.53.1),

dann sind FK·i = 1000·0,08 = 80,-
+ EK · r_{EK} 1000·0,146 = 146,66
                                 ―――――
                                 226,66.

Gegenüber den Kapitalkosten so gerechnet sind 13,33 übrig, d.h. ein Teil des Gewinns ist nicht EK-Kosten, sondern ein funktionsloser Rest (= residualer Gewinn).

Mit dem EK-Kostensatz von 14,66% wird daraus ein um 90,90 höherer Kurs entsprechend 13,33/0,1466, so dass

FK =   1000 ·0,08   = 80,-
+ EK = 1090 ·0,146   = 160,-
                       ―――――
                        240,-

die höhere EK-Be-   der zu niedrige
messungsgrundlage   EK-Satz (anstatt 16%)
(anstatt nur 1000)

Die EK-Kosten als Betrag sind gleich, obwohl der Kostensatz nicht adäquat ist. D.h. nur die Struktur von Satz und Bemessungsgrundlage ist anders, das Produkt jedoch – Ertrag bzw. die Kosten des Eigenkapitals – entspricht den ökonomischen Gegebenheiten, vorausgesetzt, man bezieht die Aktienpreisbildung mit ein.

Angesichts des unzutreffenden Satzes von 14,66% ist trotzdem „nichts zu holen", während die Literatur die Gegenthese der „kostenminimalen Kapitalstruktur" darauf aufbaut.

Wenn die EK-Geber bei geringem Schuldenstand keine höhere Rendite verlangen, dann folgt

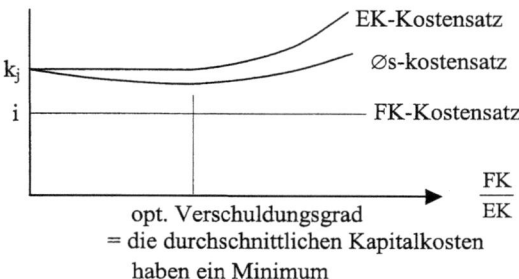

D.h. die Literatur erörtert mithin einen Koste**nsatz**-Zusammenhang, **ohne** die Bezugsgrundlage zu berücksichtigen – d.h. es fehlt die 2. Hälfte! Die liebevolle Darstellung der traditionellen These von der kapitalkostenminimierenden/optimalen Kapitalstruktur fällt in sich zusammen, weil der (verhaltensbestimmte) Eigenkapitalkostensatz nicht mit dem zugehörigen Aktienpreis verbunden wird.[67]

B.56 Das Modell von Modigliani und Miller als Eigenkapitalkosten-Betragsmodell

Das MM-Modell hingegen ist aber beides! - d.h. eine Theorie zum Kostensatz und zur Kostenbemessungsgrundlage, mithin ein Kostenbetrags-Modell. Wir kennzeichnen es in zehn Punkten:

1. Die Literatur erörtert nur den Kostensatz-Zusammenhang. Es fehlt die Berücksichtigung der Kapitalkostenbemessungsgrundlage. Es wird mithin ein unvollständiges/ein abgeschnittenes Problem erörtert. Die Ausführungen und Schlussfolgerungen zur Existenz einer optimalen Kapitalstruktur sind schlicht unbrauchbar.

---

[67] Vgl. Schmidt/Terberger (1997) S. 245-252, insbesondere das Beispiel S. 249; der Aktienkurs wird erst auf S. 266 erwähnt. Die traditionelle optimale Kapitalstruktur wurde zunächst mit dem Risikoverhalten der Eigenkapitalgeber verteidigt, dann kamen differenzierende Steuern und Konkurskosten hinzu, vgl. Swoboda (1991) S. 102 f. Weiterführend werden Aspekte der Informationsökonomie eingebracht, vgl. z.B. Breuer (WiSt 1997) und ders. (1998) S. 118. Seine „Finanzierungstheorie" ist in der Abfolge der Markt-Annahmen aufgebaut, die den Irrelevanz-Beweis von Modigliani und Miller begründen.

2. Das MM-Modell umfasst (1) eine Kostensatz-Theorie und (2) eine Theorie der Kostenbemessungsgrundlage. Das MM-Modell ist mithin ein vollständiges Kapitalkostenbetrags-Modell.

3. Danach sind die Kapitalkosten einer Unternehmung ex ante (in t) insgesamt gleich dem Erwartungswert des unsicheren Kapitalertrages per (t + 1) infolge des Geschäftsrisikos.

4. Die Eigenkapitalkosten sind ex ante gleich dem Erwartungswert des Produkts aus (1) EK-Kostensatz und (2) EK-Kostenbemessungsgrundlage, also gleich $r_{EK} \cdot P_o$.

5. Damit enthält das MM-Modell die Aussage, dass der schwankende Gewinn $\tilde{G}_{(t+1)}$ jeweils ex ante in t voll ausgeschöpft wird als Kosten des Eigenkapitals des Jahres. D.h. der Gewinn wird ex ante voll funktional erklärt als Kosten des Eigenkapitals unter Unsicherheit und im Ablauf vieler Jahre, die zum Erwartungswert des Gewinns $\tilde{G}_{(t+1)}$ komprimiert sind. Folglich sind der realisierte periodische Gewinn gleich den periodischen Ist-EK-Kosten als Element des Erwartungswertes beider Größen anzusehen. Wie aus der Planung bekannt, informiert eine Abweichung zwischen erwarteter Größe und der Ist-Größe zunächst und vorab und ist dann gegebenenfalls der Anlass einer Anpassungsentscheidung.[68]

6. Die regulierende Variable in diesem Zusammenhang ist der Marktpreis des Eigenkapitals. Von der Vergangenheit her erfolgte die Anpassung per t_o, so dass P_o das Ergebnis der Funktion der Regulierung ist. Andererseits vollzog sich die Anpassung so, dass das Produkt aus dem Eigenkapitalkostensatz r_{EK} und dem Marktpreis P_o gleich ist dem Erwartungswert des Stückgewinns $\tilde{G}_{(t+1)}$.

7. Diese Beschreibung des Ergebnisses aus dem von Modigliani und Miller zum Modell gefassten Zusammenhang ist nur auf den ersten Blick trivial. Sobald wir eine Entscheidungssituation anknüpfen, gewinnt das Ergebnis seine Bedeutung.

---

[68] Vgl. dazu Lehmann/Moog (1996) S. 465-472.

8. Der Zusammenhang $P_o = \tilde{G}_{(t+1)}/r_{EK}$ betrifft infolge der Annahme, dass keine Selbstfinanzierung erfolgt – also b = 0 –, nur die Bewertung von vorhandenen Eigenkapitalrechtspositionen, ohne die mit ihnen verbundenen nominalen Eigenkapitalbeträge der Vergangenheit zu kennen.

9. Fügen wir nun **die Entscheidungssituation hinzu**, dass eine Kapitalerhöhung erfolgen soll, also „junge" Aktien ausgegeben werden sollen, dann folgt: Bei einem Ausgabekurs gleich dem Börsenkurs P_{o+} nach Ankündigung muss der zusätzliche Eigenkapital-Betrag über seine investive Verwendung in der Unternehmung zumindest die Rendite r_{EK} erwirtschaften. *Der obige Erklärungzusammenhang für die alten Aktien wird zum entscheidungsrelevanten Zusammenhang für die jungen Aktien*, und jeweils gilt die ökonomische Identität von Ertrag und Kosten, für die Sätze mit $r_{EK} = k_{EK}$ in t_o angezeigt.

10. Erst das Einführen von Unvollkommenheiten auf dem Kapitalmarkt – wie es im Abschnitt B.60 mit der Besteuerung erfolgt – beweist die beiden Notwendigkeiten, einerseits zwischen dem Mindestertragssatz des zusätzlichen Eigenkapitals im Unternehmen (gleich dem Eigenkapitalkostensatz) und dem Ertragssatz der Aktie aus der Sicht des Aktionärs zu unterscheiden und andererseits den Preis der Aktie als die regulierende Variable und zugleich die Satz-Bemessungsgrundlage zusammenzufügen.

B.57 Der überflüssige Gang zum Anlageberater

Sie werden um Mithilfe gebeten bei der Beantwortung der Frage, welche Schlussfolgerungen sich für den Erwerb von Wertpapieren ergeben, wenn wir den Autoren Modigliani und Miller folgen.

Frau Marlies Momi, deren Vater aus Livorno stammt, hat mit großem Eifer Ökonomie studiert und bereitet sich nun auf die Examensklausur in ihrem Schwerpunkt-Fach „Finanzökonomie" vor. Sie befasst sich gerade mit dem Aufgabentext aus einem vorausgegangenen Klausurtermin. Ihr „Kapitalmarkt-Professor" hatte ihn wie folgt formuliert:

Sie kennen die Beziehung für den Ertragssatz r_{EK_j} einer Aktie der Unternehmung U_j mit

$$r_{EK_j} = k_j + (k_j - i_{FK}) \cdot \frac{FK_j}{EK_j}.$$

Dabei bedeuten:

k_j = der Ertragssatz der Aktie, wenn die Unternehmung ausschließlich mit Eigenkapitalfinanziert wäre;

i_{FK} = der Ertragssatz aus risikolosen Fremdkapital-Wertpapieren;

FK_j = das Fremdkapital der Aktiengesellschaft U_j, in fest verzinslichen Wertpapieren/Obligationen an der Börse gehandelt;

Ek_j = das Eigenkapital der U_j, in Aktien an der Börse gehandelt.

Aufgaben:

1. Erklären Sie bitte, was die resultierende Größe r_{EK_j} bedeutet.

2. Nehmen wir die folgenden Werte an:
   k_j = 0,12; EK_j = 8 Mio Marktwerte
   i_{FK} = 0,08; FK_j = 4 Mio Marktwerte.

   Nehmen wir weiterhin an, dass die uns bekannte Nichte Glücklich nunmehr von ihrer Patentante 100.000,- in Geld geerbt habe. Sie geht deshalb mit ihrer Freundin Frau Schlau zur Anlage-Beratung einer Großbank.
   Die Nichte möchte für jeweils 50.000,- Obligationen und Aktien erwerben, die von der ins Auge gefassten Aktiengesellschaft U_j emittiert wurden.
   a) Welches Zins-Einkommen und welches Dividenden-Einkommen würde die Nichte dabei erzielen?
   b) Falls die Antwort Annahmen erfordert, geben Sie diese an!
   c) Ergeben sich aus der Einkommensbesteuerung Unterschiede?

3. Die Freundin Schlau meint, dass die Nichte Glücklich das Geld naheliegenderweise so anlegen soll, dass ihr Einkommen maximiert wird.
   a) Wie wäre unter dieser Vorgabe zu investieren?
   b) Taugt der Vorschlag aus ökonomischer Sicht?
   c) Wenn Sie b) verneinen, können Sie dann die Einkommensbesteuerung zu 2.c) beurteilen?

4. Die Nichte Glücklich antwortet: maximales Einkommen hin und die Risiken her – die vergleichsweise geringe Verschuldung der U_j mit 4:8 müsse doch einen Vorteil ergeben!
    a) Gibt es diesen? Und falls ja: wo steckt er?
    b) Ist er ein Grund für die Mischung des Portefeuilles mit jeweils 50% Anteil der beiden Kapital-Arten?

5. Was hätten Sie denn als Anlageberater(in) der Nichte Glücklich vorgeschlagen?

Gleich der Examens-Kandidatin sollten Sie sich um die Antworten bemühen! – und die nachfolgenden Antworten erst zwecks Kontrolle lesen. –

Antworten:

Zu 1. Die Größe r_{EK_j} gibt den (erwarteten) Ertragssatz für die Aktie der Unternehmung U_j für den Zeitraum t_0 bis t_1 an und bezogen auf den Preis der Aktie $P_j(t_o)$. U_j ist z.T. mit Fremdkapital finanziert, so dass der Ertragssatz r_{EK_j} das sogenannte Geschäftsrisiko mit $\alpha_j = (k_j - i_{FK})$ und das Kapitalstrukturrisiko mit $\alpha_j \cdot FK_j / EK_j$ additiv zusammenfasst, wie die Formel angibt.

Das Kapitalstrukturrisiko folgt lediglich aus der Umverteilung des Geschäftsrisikos α_j, wenn gedanklich-alternativ Eigenkapital abnehmend durch Fremdkapital zunehmend ersetzt wird. Unter Verwendung der Zahlen des Beispiels ist

$r_{EK_j} = 0,12 + (0,12 - 0,08) \cdot 4/8 = 0,12 + 0,04 \cdot 0,5$

$r_{EK_j} = 0,14$.

Zu 2.a) Zins-Einkommen $50.000 \cdot 0,08 = 4.000,-$
         + Dividenden-Einkommen $50.000 \cdot 0,14 = 7.000,-$.

Das Gesamt-Einkommen – die Einkünfte aus Kapitalvermögen – betragen (vor Einkommensteuer) 11.000,-.

Zu 2.b) Die erste erforderliche Annahme geht dahin, dass die U_j keine Selbstfinanzierung betreibt, so dass r_{EK_j} auch betragsgleich die Dividendenrendite der Aktie bezeichnet. Die zweite notwendige Annahme betrifft die Marktverfassung des Kapitalmarkts: vollkommener Markt hinsichtlich des Fehlens von Transaktionskosten und differenzierender Besteuerung einerseits und des Gegebenseins der Informations-Effizienz andererseits. Die Unsicherheit wirkt sich infolgedessen ausschließlich über die Leistungsmärkte, auf denen die Unternehmung U_j tätig ist, als das Geschäftsrisiko α_j der U_j aus. Da die Gütermärkte als unvollkommen hinsichtlich der Innovationen und der Marktstrukturen angesehen werden, bieten sie Chancen, d.h. die Aussicht, positive Kapitalwerte aus Investitions-Entscheidungen zu realisieren.

Zu 2.c) Die Einkommensbesteuerung erfasst die Kapitaleinkunft aus Zinsen mit dem normalen Satz, der sich aus dem zu versteuernden Einkommen ergibt. Die Kapitaleinkunft aus Dividenden wird wegen der Vorbelastung durch Körperschaftsteuer nur zur Hälfte angesetzt. Anders gedacht: sie wird nur mit dem halben normalen Satz erfasst. Dieses Faktum widerspricht ersichtlich der 2. Annahme zu 2.b).

Die beiden Annahmen zu 2.b) schließen den Anstieg des Preises P_{jt} als Reflex des Einbehaltens von Gewinn aus und damit die substitutive Beziehung zwischen Dividende und Vermögenswert hinsichtlich der einkommensteuerlichen Erfassung realisierter Kursgewinne. Folglich verbleiben realisierte Kursänderungen infolge des Geschäftsrisikos α_j und infolge der Änderung des Marktzinssatzes i_{FK} im Zeitablauf, die als Kursgewinne – sachlich nicht begründet – (ebenfalls) halbiert belastet werden.

Zu 3.a) So verfahren, würde Glücklich nur Aktien erwerben, um 14.000,- als Einnahmen zu erzielen. Diese sind zudem nur zur Hälfte einkommensteuerpflichtig.

Zu 3.b) Aus ökonomischer Sicht geht der Vorschlag fehl. Zwar wird nach üblichem Verständnis die Dividende gleich dem Ertrag der Aktie gesetzt und folglich als Beitrag zur Einkunft aus Kapitalvermögen verstanden. Dabei wird jedoch übersehen, dass nur (i_{FK} =) 8% = 8.000,- Entgelt für die Stundungsleistung im Wege der Hingabe von Kapital sind, während für die Übernahme des Geschäftsrisikos 4% und des Kapitalstrukturrisikos weitere 2% gezahlt werden.

Zusammen 6% bzw. die 6.000,- stehen folglich für die Übernahme von zwei miteinander verbundenen Risiken. Wenn man nun einerseits die erhaltene Risikoprämie als eine Entgelt-Einnahme versteht, dann muss man folgerichtig die realisierten Risiken ebenfalls als Beiträge zum Einkommen ansehen, also sowohl Veräußerungsgewinn als auch verwirklichte Vermögensverluste gleicherweise einbeziehen; vgl. B.69.3.

Kurz: die von der Zielsetzung der Einkommensmaximierung her für relevant angesehene Differenz von $r_{EK_j} > i_{FK}$ und im Beispiel 14.000,- > 8.000,- beachtet nur den Vorteil ex ante und schneidet vom weiteren Schicksal der Inhaberschaft der Eigenkapital-Rechtsposition ab. Erst vom Ende her und damit rückblickend lässt sich im Einzelfall beurteilen, ob die zusätzlichen 6.000,- von t_o bis t_1 usw. nur einen späteren Verlust ausgleichen oder einen Zugewinn gegenüber dem Anschaffungspreis darstellen.

In der Sprache der Ermittlung des Jahreserfolges ist der Ertrag korrespondierend zur vereinnahmten Risikoprämie nur erst vorläufig und bedürfte einer entsprechenden Korrektur. Aber selbst das Bilanzrecht kennt keine periodenabgrenzende Rückstellung, um nur erst vorläufige Ertragsteile auf später hin zu transferieren.[69] Auch das Bilanzrecht ist dem Stichtags-Denken der Bewertung verhaftet als Ausfluss des juristischen Zerstückelns von ökonomischen Planungs-, Entscheidungs- und Handlungszusammenhängen. Dementsprechend hat die Bewertung der Aktien in der Bilanz des Aktionärs nichts mit der Periodenabgrenzung der von ihm vereinnahmten Risikoprämien zu tun.

Die Bezeichnung der Risikoprämien von zusammen 6% im Beispiel und damit des erhaltenen Einnahme-Teilbetrages von 6.000,- per t_1 usw. als „Selbstversicherung" hilft nicht weiter, solange nicht die Auszahlungsfolgen verhindert werden können, die sich an die Einordnung des Betrages als Ertrag des Kapitals und damit als Beitrag zur Einkunft anschließen.

Zu 3.c) Wenn die Einkommensbesteuerung wie derzeit die als Einzahlung (im Betrag der Dividende enthaltene) Risikoprämie zur steuerpflichtigen Einkunft aus Kapitalvermögen weiterrechnet, dann müssen – entgegen der derzeitigen Handhabung mit § 23 EStG – Veräußerungsgewinne wie realisierte Vermögensverluste gleichseitig und mit den Einkünften aus Kapitalvermögen gleichartig einbezogen werden. Die rechtliche Trennung zwischen „laufend" und ex ante (mit § 20 EStG) einerseits sowie „fallweise" und ex post (mit § 23 EStG) andererseits verkennt den vom Risiko getragenen ökonomischen Zusammenhang über die Zeit.

Zu 4.a) Das sogenannte traditionelle Verständnis, das die Existenzmöglichkeit des optimalen Verschuldungsgrades bejaht, sieht den Vorteil im retardierten Verlauf von

---

[69] Vgl. zu diesem Problem Lehmann/Moog (1996) S. 359-364, S. 360 unter (5).

r_{EK_j} gegenüber dem linearen Anstieg von r_{EK_j} im Modellzusammenhang von Modigliani und Miller; vgl. B.53. Aus der Sicht der Unternehmung ist mit dem verzögerten Anstieg von r_{EK_j} der Satz der Eigenkapitalkosten niedriger als der risikogerechte Satz aus dem MM-Modell. Infolgedessen sieht die traditionelle Meinung einen funktionslosen Übergewinn auf Seiten der Unternehmung bei niedrigen bis üblichen Relationen von FK zu EK.

Ein Übergewinn aus dem Nichts? – zutreffender formuliert: aus der Unterschätzung der Risiken? Der funktionsfähige Aktienmarkt hätte den „Übergewinn" im Wege eines entsprechend „zu hohen Preises" der Aktie alsbald in ein funktionsgerechtes Entgelt für Eigenkapital umgewandelt! Das im Satz nicht zum Ausdruck gekommene Risiko findet sich im Risiko des überhöhten Aktienkurses wieder!

Der punktfixierte traditionelle Blick macht einen Vorteil bei niedrigen Verschuldungsgraden aus, der sich bei umfassender Sicht als bloße ökonomische Transformation erweist.

Zu 4.b) Handelt es sich nur um einen scheinbaren Vorteil bei niedrigem Verschuldungsgrad, so bleibt auch die Mischung aus FK_j und EK_j zu Marktwerten im privaten Portefeuille ohne einen das Ergebnis verbessernden Beitrag.

Zu 5. Nach alledem verbleibt dem Anlageberater nur, mit fachkundigen Ausführungen zu überspielen, dass er auch nicht weiß, wie es kommen wird. Die Nichte Glücklich sollte sich deshalb den Besuch bei dem Anlageberater einsparen und statt dessen mit Frau Schlotterbeck eine Tasse Kaffee trinken, zwischen sich die berühmte Glaskugel und zur Seite den Wastl. Die Unternehmensleitung hingegen sollte vom fehlenden Gewinnbeitrag her „auf die Idee kommen, dass man die überflüssigen **Finanzmanager** ebenso gut entlassen kann".[70]

---

[70] Kruschwitz (2002) S. 226.

B.60 Das Konzept der Eigenkapitalkosten

Wir greifen den Gedanken auf, dass finanzwirtschaftendes Handeln nicht nur mit Finanzierung und Investition aus der Sicht der Unternehmung zu tun hat, sondern zugleich ein marktbezogenes Agieren ist, das infolgedessen auch Marktdaten einbezieht. Konkret: das finanzwirtschaftende Handeln ist eng mit dem Kapitalmarkt verbunden und übernimmt von dort die Preisbildung für die (insbesondere Eigen-)Kapitalrechte P_{jt} und für den Marktzinssatz (i_t) sowie für die Risiken (α_j). Diese drei marktbestimmten Größen bestimmen ihrerseits in der zu konzipierenden Verknüpfung die Kosten des Eigenkapitals.

B.61 Einführung

Die Eigenkapitalkosten ergeben sich jeweils als das Produkt aus Kostensatz und seiner Bezugsgrundlage. Das vom Eigenkapitalgeber her entwickelte Konzept beginnt deshalb mit dem „Ertrag der Aktie" als dem Produkt aus Ertragssatz und Aktienpreis in t und nachschüssig gerechnet per t + 1 realisiert.

Im Rahmen der Finanzwirtschaft werden die Eigenkapitalkosten für Bewertungen zwecks Entscheidungen benötigt:

(10) Die Ertragsbewertung der Aktien eines Unternehmens geht voraus
    (11) der Finanzierungsentscheidung betreffend die Aufnahme von zusätzlichem Eigenkapital im Wege der Ausgabe weiterer („junger") Aktien, und
    (12) der Entscheidung am Sekundärmarkt betreffend Kauf, Behalten oder Verkauf der Aktie.

(20) Die Ertragsbewertung des Eigenkapitalbetrages, der zur Finanzierung einer Investition verwendet werden soll, geht der Investitions-Entscheidung voraus.
    (21) Es wird mithin Zurechnung zwischen Mittelherkunft und Mittelverwendung unterstellt – anderenfalls muss auf „die durchschnittlichen Kapitalkosten" abgestellt werden, vgl. C.50.
    (22) Zum anderen schließt die Objekt-Bewertungsrechnung die Freisetzungsrechnung über das anfangs gebundene Eigenkapital ein.

(30) Aus dem periodisch erwirtschafteten Gewinn wird fortlaufend ein Teil nicht ausgeschüttet.
    (31) Die Bewertung dieser Vorgehensweise ist in die Bewertung zu (10) einbezogen.

(32) Stellt man auf die Entscheidung zur Selbstfinanzierung ab, dann geht ihr die Frage nach den Kosten dieses zusätzlichen Eigenkapitals voraus.

Die „Kosten des Eigenkapitals" wären ein nur den Risiken der erwerbswirtschaftlichen Betätigung verbundenes Thema, wenn die Situation des Einzelunternehmers auch die des Aktionärs wäre. Demnach gewinnt es seine „Anreicherung" zum undurchschaubaren Problembereich aus dem Hinzukommen der „Problemfaktoren" (1) bis (6), die zudem miteinander verkettet sind:

(1) Die Rechtsinstitution „Aktiengesellschaft" als eigenständige Zuständigkeit des Wirtschaftens führt zur Doppelung in den konkreten Realbereich der AG und in den abstrakten Eigenkapitalbereich des Aktionärs.

(2) Die Verfahren zur Ermittlung von Gewinn/Erfolg sowie Einkunft sind rechnerische Transformationen des erwirtschafteten Überschusses einer Periode.

(3) Die Entscheidung über die Einbehaltung eines Teiles des erwirtschafteten Gewinns liegt bei der AG.

(4) Die Handelbarkeit der Aktien öffnet den Marktteilnehmern Opportunitäten, die das Konzept der Eigenkapitalkosten hinsichtlich Satz und Bezugsgrundlage fundieren.

(5) Der Markt seinerseits mit seinen gedachten bzw. tatsächlichen Merkmalen der möglichen Marktverfassungen erweitert zum fortlaufenden Prozess der Preisbildung unter Unsicherheit und Informations-Unvollkommenheiten.

(6) Die Besteuerung versteht die Kapitalgesellschaften seit langem als die Steuerpflichtigen der ihnen eigens zugedachten „Einkommensbesteuerung" mittels der Körperschaftsteuer. Infolge der im Laufe von hundert Jahren angestiegenen Steuersätze hat sich das Nebeneinander von KSt und ESt zuzüglich ihrer gegebenenfalls nach der Gewinnverwendung differenzierten Steuersätze zum bedeutendsten Einflussfaktor auf die „Eigenkapitalkosten" entwickelt.

In diesem Abschnitt B.60 rücken wir deshalb die Besteuerungssysteme mit ihrem variantenreichen Nebeneinander von KSt und ESt in den Mittelpunkt. Wir gehen davon aus, dass nicht schon die Besteuerung per se, sondern ihre diskriminierende Ausgestaltung die Eigenkapitalkosten erhöht, weil sie – aus nicht fassbaren Gründen – die Finanzierung mit Eigenkapital i.d.R. stärker belastet als die Finanzierung mit Fremdkapital. Trotz des fortlaufenden Wortgebrauches „Kapital**kosten**" ist nicht die Unternehmung der Bezugspunkt. Soweit die Literatur darauf abstellt, lässt sie zum einen die

Einkommensbesteuerung weg[71] und schneidet zum anderen von den Besonderheiten der Finanzierung durch die Ausgabe marktgehandelter Eigenkapitalrechte ab.

Das Konzept der Kapitalkosten ist folgerichtig von den Kapitalgebern her zu entwickeln und dies gleicherweise für Beteiligungs-, Selbst- und Fremdfinanzierung. Damit wird auch die Voraussetzung geschaffen, die „Finanzierungsneutralität der Besteuerung" festzulegen[72] wie umgekehrt den Verstoß dagegen als „extra burden" der Aktien-Eigenkapital-Finanzierung zu quantifizieren.[73]

Auf informations-effizientem Kapitalmarkt wird die Einführung bzw. die Änderung **einer besteuerungsbedingten Diskriminierung** sofort als deren Barwert preiswirksam. Infolgedessen kann die im Eigenkapitalkostensatz je Periode ausgewiesene „extra burden" andererseits abgezinst zusammengezogen als Änderung des Aktienpreises erfasst werden. Eine derartige Vorwegnahme künftiger periodischer Mehr-Belastung (bzw. Entlastung) in den Rückgang (bzw. Anstieg) des Aktienpreises bei Vornahme der Belastungsänderung bezeichnet die finanzwissenschaftliche Literatur als „Steueramortisation" im Rahmen ihrer Lehre von der Überwälzung der Steuern. Im Umfang des Preisrückgangs liegt eine Nicht-Überwälzung vor! – während im Normalfall die Nicht-Preiserhöhung zur Nicht-Überwälzung weitergedacht wird.

Anhand eines Beispiels errechnen wir den Ertragswert/Marktpreis der Aktie im Nicht-Steuerfall (B.65.1). Dann nehmen wir an, dass ein Besteuerungssystem mit KSt und ESt mit jeweils nach der Gewinnverwendung differenzierten Steuersätzen eingeführt wird. Der Rückgang des Aktienpreises wird anschließend zerlegt auf seine drei Gründe hin: die „extra burden" ist z.T. der Bruttogewinn-Parte für die Ausschüttung, z.T. der Parte für die Selbstfinanzierung und z.T. dem Ertrag der Aktie aus der investiven Verwendung der thesaurierten Mittel verbunden. Auf diese Weise kann der jeweilige Einfluss unterschiedlicher Besteuerungssysteme auf den Kostensatz des Eigenkapitals als das (zerlegbare) Ergebnis des Zusammenwirkens der vier Steuersätze erklärt werden.

---

[71] Vgl. so z.B. Hachmeister (1995) S. 133 und zuletzt Schneider (2002) S. 200 f.: „Die Einkommensteuer spielt bei der Mindestrendite keine Rolle".
[72] Zur Finanzierungsneutralität vgl. bereits Lausberg (1970). Im übrigen fehlt es an fundierter Literatur, während die Investitionsneutralität – obgleich davon abhängig! – und die allgemeinere „Entscheidungsneutralität der Besteuerung" wiederholt behandelt wurden; vgl. Treisch (Steuer und Studium 2000).
[73] Zur „extra burden" aus dem Nebeneinander von KSt und ESt vgl. Holland (1962). Sie entspricht der Verletzung der Kapitalkosten-Neutralität durch die Besteuerung; zu diesem Begriff vgl. Schneider (2002) S. 173.

Die erhaltene allgemeine Formel für den Eigenkapitalkostensatz ist vielseitig verwendbar:

a) für den Vergleich länder- oder zeitverschiedener Besteuerungssysteme (B.68),
b) für die Quantifizierung der Wirkung einer Änderung eines Steuersatzes, oder
c) dasselbe hinsichtlich einer Änderung der Ausschüttungsquote.

Der Leser ersieht daraus, dass der Abschnitt B.60 ein Beitrag zur finanzwirtschaftlichen Steuerwirkungslehre ist. Folglich liegt es nahe, im letzten Abschnitt B.69 einen kurzen Überblick über diese und damit eine Einordnung des Abschnitts B.60 in den Bereich „Finanzwirtschaft und Besteuerung" zu geben.

B.62 Die ökonomische Grundstruktur des Eigenkapital-Kostenkonzepts

Die ökonomische Grundlage beginnt mit der gleich eingangs formulierten und schlichten Erkenntnis, dass „der eine einen anderen finanziert und dieser investiert". Um zu präzisieren und zugleich einzuschränken, hatten wir die Rolle der Kapitalgeber mit natürlichen Personen als den Teilnehmern am Kapitalmarkt gleichgesetzt und die Rolle der Kapitalnehmer – von B.20 abgesehen – mit erwerbswirtschaftlich tätigen Aktiengesellschaften, deren Aktien an der Börse gehandelt werden. Dies ist nur ein zudem abstrakter Ausschnitt aus der vielfältigen Realität.

Bereits der Abschnitt A.12 beschrieb, dass „Finanzieren" und „Investieren" nicht eindeutig mit dem „Kapitalgeber" bzw. dem „Kapitalnehmer" verbunden sind. Wir nehmen deshalb nachfolgend den Betrachtungsstandpunkt der Unternehmung ein, um mit den Zählungen (10) bis (30) drei Kategorien von Entscheidungen festzulegen, die dann zu einer Übersicht zusammengefasst werden. Diese Entscheidungen betreffen Eigenkapitalvorgänge, weshalb sie von den Kosten des sich anschließenden jeweiligen Eigenkapitalzustands mitbestimmt werden.

(10) Die Eigenkapital-Finanzierungsentscheidung in t_0

Wir haben sie als Außenfinanzierung in B.13 und als Beteiligungsfinanzierung in B.36 bis B.38 beschrieben im Sinne der Hereinnahme von (deshalb Eigen-)Kapital gegen Ausgabe von Aktien. Auf Seiten der Eigenkapitalgeber korrespondieren dazu deren Finanz-Investitionsentscheidungen.

B.62 Die ökonomische Grundstruktur 189

Legen wir dafür auf den Entscheidungszeigpunkt t_o fest, so können wir die Entscheidungssituation aus der Sicht der Unternehmung beschreiben:

(11) Die Eigenkapitalkosten von zusätzlichem Beteiligungskapital in t_o werden je Aktie gerechnet mit dem Satz k_{EKt_o} vom Betrag P_o bei Ausgabe zum Börsenkurs **in t_o**.

Ihnen stehen gegenüber:

(12) Die erwarteten Erträge der Aktie **im Zeitablauf**, gerechnet mit dem Satz r_{EKt} vom jeweiligen Betrag P_t und dies aus der Sicht der Erwerber der zusätzlichen Aktien.

(20) Die Investitionsentscheidung in t_o

Aus der Sicht der Unternehmung entscheidet sie – unter Vernachlässigung tatsächlicher Zeitdifferenzen – gleichfalls in t_o über die Verwendung der Mittel für Investitionen:

(21) Das einzelne Investitionsobjekt möge zurechenbar vollständig – vgl. C.35 – oder teilweise – vgl. C.43 – mit eigenen Mitteln finanziert werden. Entsprechend werden die Eigenkapitalkosten des Objekts **in t_o** gerechnet mit dem Satz k_{EKt_o} vom Ertragswert EW_{EKt_o} (und fortlaufend EW_{EKt}) des Eigenkapitalbetrages.

Diesen Kosten stehen gegenüber:

(22) Die in t_o erwarteten Soll-Erträge des Investitionsobjekts **im Zeitablauf**, gerechnet mit dem Satz k_{EKt_o} vom jeweiligen zu EW_{EKt} fortgerechneten Betrag. Der jeweilige Betrag geht in die Gewinn- und Verlust-Rechnung des Jahres ein.

Aus diesen und anderen Quellen ergibt sich der Gewinn G_t je Aktie. Mit seiner Aufteilung in die Dividende D_t und den Rest ist die Gewinn-Thesaurierung verbunden.

(30) Die fortlaufende Selbstfinanzierung

Die Literatur behandelt sie als fallweise Entscheidung eines Jahres: zusätzliches Eigenkapital „von innen", verbunden mit der Frage, was es kostet.

Dieser Sichtweise haben wir uns nicht angeschlossen: die Unternehmensleitung hat statt dessen einmal und generell entschieden, fortlaufend zu thesaurieren, vgl. B.35. Damit berücksichtigen wir, dass die Bewertung und Preisbildung von Aktien zum einen von der gegenwärtigen Dividende ausgeht – d.h. es wird die

Verringerung um $b \cdot G_t$ im Zähler berücksichtigt – und dass sie zum anderen das infolge von $b \cdot G_t$ erwartete Wachstum der Dividende veranschlagt – d.h. dieses wird als Verringerung von k_{EKt_0} um $b \cdot r_E$ im Nenner berücksichtigt.

Die im Modell von Gordon für die Bewertung der Aktie zusammengefasste Verbindung der umlaufenden Aktien – den Repräsentanten vergangener Beteiligungsfinanzierungen – mit der fortlaufenden Selbstfinanzierung ist ein unentbehrlicher Baustein sowohl für das Konzept der Eigenkapitalkosten als auch für das Konzept des Ertrags der Aktie.

(31) Die Kosten der Selbstfinanzierung, also des zusätzlichen Eigenkapitals „von innen" weisen mit dem Satz k_{EKt} gerechnet von dem Ertragswert $EW_t(b \cdot G_t)$ keinen prinzipiellen Unterschied zu (11) auf. Das Bewertungsmodell, das auf t_0 abstellt, rechnet mit der Konstanz von $k_{EKt_0} = k_{EKt}$ über die Zeit. Das nachfolgende Beispiel gibt für (31) den Nachweis.

Den Kosten des thesaurierten Kapitals stehen gegenüber:

(32) Der erwartete Ertrag aus der investiven Verwendung des jeweils nicht ausgeschütteten Gewinns $b \cdot G_t$. Für ihn haben wir bereits in B.35.3 zwei Fälle unterschieden:

a) Die erwartet erwirtschaftete Rendite r_E ist gerade gleich der Mindestrendite $\bar{r}_E$ gleich dem Eigenkapitalkostensatz k. Diese „kapitalwertlose Konstellation" $r_E = \bar{r}_E = k$ beschrieb das „unechte Wachstum" in B.35.3 und sie gewinnt ihre Bedeutung bei Berücksichtigung der Besteuerung.

b) Die erwartet erwirtschaftete Rendite $r_E > \bar{r}_E = k$ steht für „echtes Wachstum" von Stück-Gewinn, Dividende und Preis der Aktie.

Infolge unserer Verknüpfung von laufender Selbstfinanzierung und fallweiser Beteiligungsfinanzierung entfällt die mit dem Modell von Gordon häufig verknüpfte **Unterstellung**, dass Eigenkapital nur über Thesaurierung verfügbar werde.[74] Infolgedessen ist dann das periodische Investitionsvolumen (auch) von der Selbstfinanzierungsquote (b) abhängig und das Gordon-Modell wird deshalb mit den beiden Fragen belastet (1) der optimalen Quote (b)[75] und (2) der optimalen Ausschüttungspolitik i.S. der Maximierung des Saldos aus den Beträgen der Dividende einerseits und des ge-

---

[74] Vgl. dazu König (1990) S. 175.
[75] Vgl. dazu Lehmann (1978) S. 33-40.

ringeren Dividendenabschlags (Kursrückgang infolge der Ausschüttung) andererseits.[76]

Zur Übersicht zusammengefasst:

Kosten jeweils (01) in t_o bzw. Ertrag jeweils (02) fortlaufend später des Eigenkapitals in den drei Entscheidungssituationen (10) bis (30)

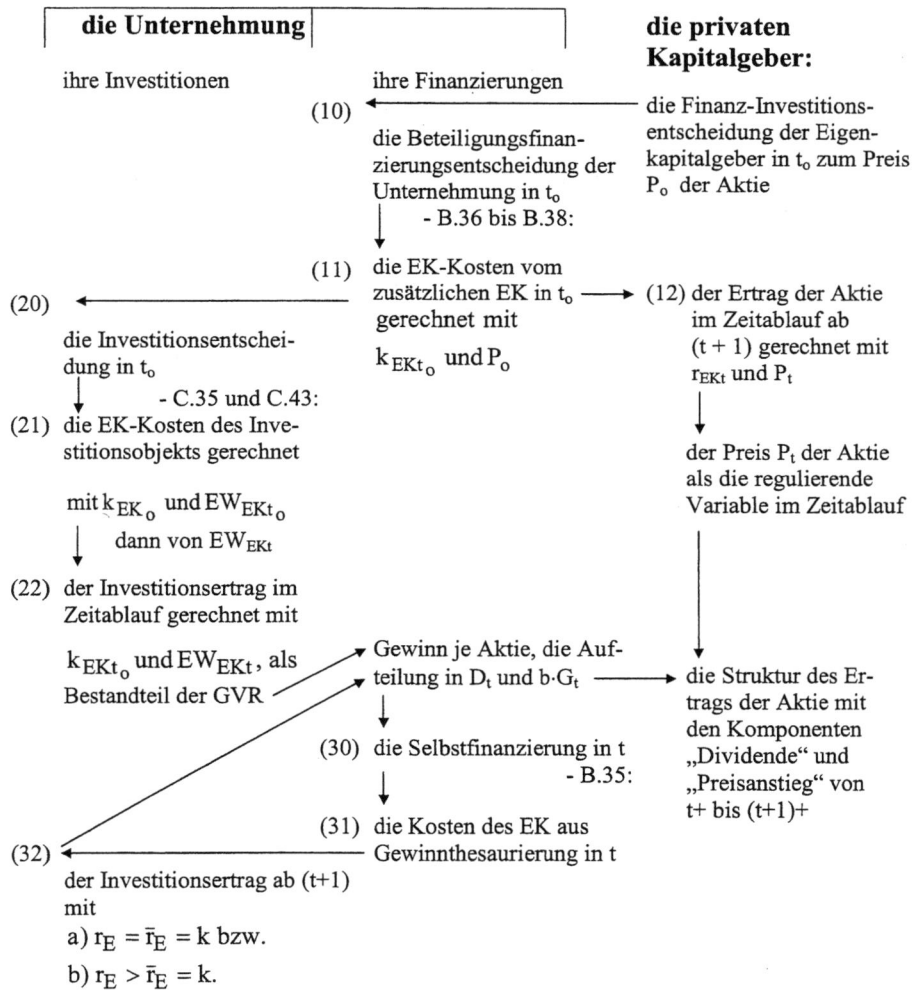

---

[76] Abschnitt B.66 zeigt, dass dieser Saldo ein untaugliches Kriterium ist, wenn die Besteuerung in die Preisbildung für die Aktie eingegangen ist.

Die verweisenden Abschnitt-Nummern zeigen, dass die hier konzipierte ökonomische Struktur weder für die Gliederung des Buches hätte verwendet werden können noch am Anfang von Teil B hätte stehen können, obgleich die in der Überschrift angegebenen Kriterien einen ebenso naheliegenden wie einsichtigen Zusammenhang ergeben.

Die Übersicht mit ihren drei Spalten ist komplex. Die Literatur schreibt zwar gern etwas zu den Institutionen im Bereich der Finanzwirtschaft, abstrahiert jedoch dann davon, wenn es ernst wird: Wenn wir die Eigen- und Fremdkapitalgeber direkt die Investition finanzieren lassen, dann fällt die mittlere Spalte und damit die Institution „Aktiengesellschaft" weg. Wenn man außerdem einperiodige Investitionsobjekte annimmt, dann sind die eigentlichen Probleme ausgeschlossen und der verbliebene Rest ist schlichte Struktur von Hin- und Herzahlungen unter Unsicherheit.[77]

Anders formuliert: Die Zwischenschaltung der Aktiengesellschaft zwischen die Kapitalgeber (in der rechten Außenspalte) und den Vollzug der Real-Investitionen (in der linken Außenspalte) ist unumgänglich. Folglich ist die konzipierte Struktur weder sachlich noch auf eine Periode reduzierbar.

Allerdings lässt sie das so nicht erkennen. Wir gehen deshalb der Frage nach: Warum ist der Weg von den Investitionserträgen unter (22) und (32) zum Ertrag der Aktie unter (12) so schwierig? Was „behindert" ihn?

B.63 Die Behinderungen des Ertrags aus den Real-Investitionen auf dem Weg zum „Ertrag der Aktie"

Die Behinderungen gehören zur Lehre von den möglichen Marktverfassungen. Betreffend die Kapitalmärkte hatten wir diese in den Abschnitten B.35.1 und B.38.2 angesprochen, vgl. dazu auch C.69.

Die Marktverfassungen werden mit Hilfe kombinierter Merkmale beschrieben, die den Marktstrukturen, den Marktverhaltensweisen und den Marktbedingungen zugehören. Üblich, jedoch wenig hilfreich ist die Unterscheidung in vollkommene und unvoll-

---

[77] Vgl. z.B. Drukarczyk (1999) S. 257.

kommene Märkte. Vielmehr ist es zweckmäßig, nach der Art der Behinderung je nach dem verfolgten Untersuchungszweck zu unterteilen.[78] Dementsprechend ergeben sich:
1. Marktverfassungen, die ausschließlich Handlungsunvollkommenheiten beachten, jedoch von der Unsicherheit und Risiken abstrahieren. In diesem beschränkten Rahmen untersuchen wir nachfolgend den Kostensatz des Eigenkapitals bei differenzierter Besteuerung.
2. Marktverfassungen, die ausschließlich Risiken und Informationsunvollkommenheiten beachten. Das Verhältnis zwischen Eigenkapitalkostensatz und Risiken wird nachfolgend skizziert und in B.69.3 hinsichtlich der sachgerechten Besteuerung wieder aufgegriffen.

63.1 Risiken und Informationsunvollkommenheiten

Ihrem Aufsatz von 1958 legten Modigliani und Miller eine Marktverfassung zugrunde, welche die erwerbswirtschaftlichen Risiken und darauf aufbauend das Kapitalstrukturrisiko der Unternehmung zum Gegenstand der Preisbildungsprozesse machte und welche sowohl die Informationsunvollkommenheiten als auch die Handlungsunvollkommenheiten ausschloss. Anders herum formuliert, spricht man von „vollkommenen Kapitalmärkten unter Unsicherheit", was zur Informationsökonomie nicht präzise abgrenzt.

Die Bedeutung der Risiken und Informationsunvollkommenheiten für das Problem „Eigenkapitalkosten" wurde bereits mehrfach angesprochen. Unser Lehrbuch versucht jedoch nicht, einen theoretisch fundierten Ansatz für den Zusammenhang zu formulieren.[79] Wir begnügen uns mit der nachfolgenden Übersicht über die Risiken, die mit der gewerblichen Betätigung der Aktiengesellschaft verbunden sind. Sie werden als vorgeblich additive Komponenten des Kostensatzes k_{EKjt} des Eigenkapitals der Unternehmung U_j dargestellt. Er ist der risikogerechte Eigenkapital-Kostensatz ohne bzw. vor Berücksichtigung der Besteuerung. Die Übersicht zeigt mit ① bis ③ Risiko-Quellen.

---

[78] Stehle spricht im Geleitwort zu Bay (1990) vom „Theoriegebäude" und von der Konzentration auf bestimmte Marktunvollkommenheiten in den einzelnen Stockwerken.
[79] Vgl. die ausführliche Literaturübersicht zur Erfassung der Risiken bei Hachmeister (1995) S. 155-236.

Die vorgeblich additive Struktur des Eigenkapital-Kostensatzes hinsichtlich der Risiken der gewerblichen Betätigung

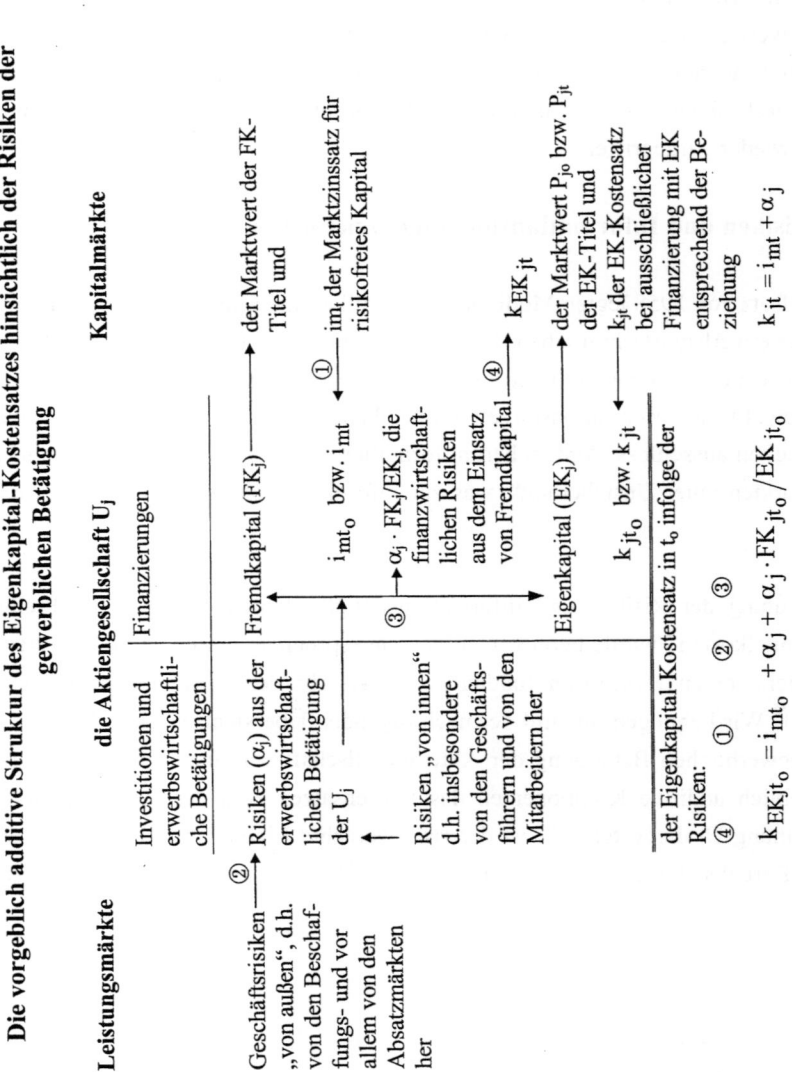

Die additive Darstellung des Eigenkapitalkostensatzes ist nur dazu geeignet, die Risikoquellen zu benennen, darf jedoch nicht zu der Vorstellung verleiten, dass isolierte bzw. isolierbare Beiträge vorliegen. Risiken im Sinne der Streuung der Ergebnisse ex ante verwirklichen sich ex post nach dem Motto „stets kommt eines zum anderen". Aber selbst der Wirkungsverbund einer solchen Häufung von Ereignissen ist nur erst die eine Seite. Wie der Wettersturz einen Bergsteiger unterwegs trifft, ist auch eine Frage seiner Ausrüstung und seiner Entscheidungsmöglichkeiten vom Gelände her. D.h. der Wirkungsverbund erweitert sich so zur Vernetzung, die man die „Risikofähigkeit der Unternehmung" bezeichnet. Damit wird ein besonderer Aspekt ihrer allgemeineren „Anpassungsfähigkeit" angesprochen.[80]

Die Übersicht zu den Risiken im Hinblick auf den Eigenkapitalkostensatz verwendet in der rechten Spalte den „Marktwert P_{jo}" und verschweigt damit, dass der ausschließlich von ökonomischen Bestimmungsgrößen geprägte Preisbildungsprozess für den Marktpreis P_{jo} der Aktie nicht gleichgesetzt werden kann mit dem täglichen Prozess der Kursbildung für die Aktie. Um die Mitwirkung der nicht-ökonomischen Einflussgrößen anzusprechen, ist es folglich zweckmäßig, zwischen „Preis" und „Kurs" der Aktie im Sinne der Ergebnisse unterschiedlich konzipierter Marktverfassungen zu trennen. Auf diese Weise lässt sich das „Kursrisiko" oder „Aktionärsrisiko" als weiteres Risiko hinzu fügen.[81] Das „Börsengeschehen" ist mithin eine arteigene Risikoquelle, die wiederum nicht additiv hinzukommt, sondern die bisherigen Risiken gewissermaßen wie die äußerste Zwiebelschale fortsetzend umhüllt.

Anders formuliert: wie sich die Teilnehmer am Aktienmarkt hinsichtlich Kauf, Halten und Verkauf von Aktien verhalten, lässt sich ebenso wenig wie die resultierenden Kursbewegungen ausschließlich, d.h. erschöpfend mit den ökonomischen Bestimmungsgrößen und den täglichen Änderungen der sie betreffenden Erwartungen erklären.

---

[80] Aufgrund ihrer empirischen Fundierung und der entscheidenden Herausarbeitung von Anpassungsfähigkeit und Anpassung ist auf die Arbeit von Paul Riebel, Die Elastizität des Betriebes, 1954, hinzuweisen. Infolge der Problembehandlung bei Erich Gutenberg (1951) hat die Literatur diesen Problembereich auf die Anpassungsmöglichkeiten an Beschäftigungsschwankungen eingeschränkt und als ein Problem der Kostenrechnung behandelt. Dies war und ist ein breit ausgefahrener Holzweg infolge der fehlenden rechnungstheoretischen Fundierung der Kostenrechnung; vgl. dazu Lehmann/Moog (1996) S. 465-471.

[81] Vgl. das „Anteilseignerrisiko" bei Swoboda/Köhler, ZfbF 1971, S. 230.

Der Leser soll zumindest auf die entgegengesetzten Ausgangspunkte hingewiesen werden: Abschnitt B.39 behandelte die Risiken eines möglichen Aktienkaufes im Sinn der Streuung der für möglich angesehenen (Veräußerungs-)Preise nach einem Jahr für die heute zum Erwerb anstehende Aktie. Die Verbindung des Streubereiches aus der Sicht des Aktionärs zum erwarteten Unternehmensgeschehen fehlte.

Umgekehrt argumentierten die Ausführungen zur Kapitalstruktur in B.50 nur mit den Risiken seitens der Unternehmung: die Marktwerte der Aktien gleich ihren Ertragswerten einerseits und gleich ihren Marktpreisen andererseits lassen den Prozess der Kursbildung als arteigene Risikoquelle außer Betracht.

63.2 Handlungsunvollkommenheiten: Steuern

Die Handlungsunvollkommenheiten sind unter den Stichworten „Transaktionskosten" und (diskriminierende) „Steuern" bekannt. Sie führen zu Fragestellungen, die die Funktionsfähigkeit des jeweiligen Marktes betreffen, ohne jedoch die Unsicherheit und die Informationsökonomie einzubeziehen. Die sich daran anschließenden zwei Problembereiche (1) „Finanzierungsentscheidungen unter Berücksichtigung der Besteuerung" und (2) „Bewertung von Unternehmensbeteiligungen/Aktien unter Berücksichtigung der Besteuerung" sind seit Jahrzehnten Themen der Betriebswirtschaftlichen Steuerlehre. Von dort übernehmen wir die Handlungsunvollkommenheiten infolge der Besteuerung. Wir bezeichnen sie als die direkten bzw. die mittelbaren steuerrechtlichen Einflussfaktoren auf die Eigenkapitalkosten:

① Die Körperschaftsteuer
Sie erfasst den Gewinn der Kapitalgesellschaft. Das Verhältnis zur Einkommensbesteuerung reicht von der Möglichkeit „völlig eigenständig" bis zu der Variante „vollständige Anrechnung". In der Regel führt die Körperschaftsteuer zu Friktionen und Störungen, gemessen an dem Prinzip, dass der Ertrag des Eigenkapitals im Unternehmen erst und ausschließlich beim Eigenkapitalgeber der Besteuerung und damit seiner Einkommensteuer zu unterwerfen ist.

② Die Ausschüttungsquote der Kapitalgesellschaft,
wenn die Körperschaftsbesteuerung nach der Verwendung des Brutto-Gewinns – d.h. vor Körperschaftssteuer – den Steuersatz differenziert:

s_{k_1} ist der Steuersatz auf die zur Ausschüttung vorgesehene Parte des Brutto-Gewinns,

s_{k_2} ist der Steuersatz auf die zur Gewinnthesaurierung vorgesehene Parte des Brutto-Gewinns.

③ Die Ausschüttungsquote der Kapitalgesellschaft,
wenn die Einkommensbesteuerung nach der Art des Vorteils differenziert:
s_{e_1} ist der Einkommensteuersatz auf die erhaltene Dividende;
s_{e_2} ist der Einkommensteuersatz auf den realisierten Veräußerungsgewinn.

Der Veräußerungsgewinn wird in der Regel dem Betrage nach zur Einkommensteuer herangezogen, ohne die seit Erwerb der Aktie bei den versteuerten offenen Rücklagen (je Aktie gerechnet) eingetretenen Veränderungen zu beachten. Je nach dem System der Körperschaftsteuer erfolgt daher eine doppelte Belastung auch der thesaurierten Beträge. Diese Aussage wird wiederum modifiziert, wenn auch der Steuersatz einbezogen wird. In dieser Hinsicht gibt es drei häufige Möglichkeiten, den Veräußerungsgewinn aus Aktien zu belasten:[82]

$$s_{e_2} = 0 \text{ bzw. } s_{e_2} = s_{e_1}/2 \text{ bzw. } s_{e_2} = s_{e_1}$$

④ Die Einkommensteuer
Die Erfassung der Erträge als Einkünfte aus (Eigen-)Kapitalvermögen im Rahmen der zu versteuernden Einkommen der Kapitalgeber führt zwangsläufig zu unterschiedlicher Belastung. Indessen: Einkommensteuersätze, Alternativen, Risikoabneigung, Erwartungen usw. – alle derartigen Verschiedenheiten der Marktteilnehmer hindern nicht das Zustandekommen von Marktgrößen, hier: des Marktzinssatzes i_{mt} und der Aktienpreise. Der Markt-Mechanismus verarbeitet gewissermaßen die Verschiedenheiten zu Einheitsgrößen, weshalb wir $s_{e_1\varnothing}$ schreiben.

Zusammenfassend haben wir also die vorsteuerliche Konstellation b > 0 und die dadurch bestimmten maximal vier Steuersätze aus zwei im Grenzfall völlig eigenständigen Steuern. Um dies zum Einfluss der Besteuerung auf die Kosten der Beteiligungs- und Selbstfinanzierung einerseits und auf den Wert und Preis von Aktien andererseits zu konkretisieren, benötigen wir einen Modellzusammenhang, der die

---

[82] Zum Einfluss der Kapitalgewinnsteuer auf den Preis der Aktie vgl. Swoboda/Köhler, ZfbF 1971.

Konstellation b > 0 in den Mittelpunkt rückt. Er ist uns mit dem „Modell von Gordon im Steuer-Fall" gegeben.

Die unterschiedliche steuerliche Behandlung der Beteiligungs- und der Fremdkapitalfinanzierung folgt nicht daraus, dass die Fremdkapitalzinsen als Aufwand die Bemessungsgrundlage der Körperschaftsbesteuerung mindern, während das „Entgelt" an das Eigenkapital mit Körperschaftsteuer belastet wird. Dieser unzutreffenden Aussage[83] liegt „die Sicht der Unternehmung" zugrunde und ein Verständnis der Kapitalkosten, das die Besteuerung der Kapitalgeber unbeachtet lässt. Die Folge davon sind unvollständige und deshalb unbrauchbare, wenn nicht so gewollte Vergleiche der Kapitalkostensätze.

Anstatt von der Unternehmung und den „Kapitalkosten aus ihrer Sicht" müssen wir von den Kapitalgebern ausgehen. Die unterschiedliche Besteuerung der Art nach mit KSt und ESt wird dann zu einer differentiellen höheren Belastung (i.d.R.) des Eigenkapitals gegenüber dem Fremdkapital. Sie ergibt sich aus dem Zusammenwirken der bis zu vier verschiedenen Steuersätze auf Seiten der Erfolgs- und der Einkommensbesteuerung und gegebenenfalls in Abhängigkeit von der Ausschüttungsquote. Wir quantifizieren sie in unserer Beispielsrechnung und bezeichnen sie als „extra burden" der Eigenkapital-Finanzierung. Sie entspricht der Auswirkung der Verletzung der Kapitalkosten-Neutralität auf die Höhe der Kostensätze.

63.3 Integration

Die Brücke zwischen den beiden Abschnitten, d.h. zwischen den Risiken und den Steuern bildet die Selbstfinanzierung: ihrer Herkunft nach ist sie mit Körperschaftsteuer (s_{k_2}) belastet und bedeutet die Kürzung der Ausschüttung um $b \cdot G_t(1-s_{k_1})$ für das Jahr (t). Ihrer investiven Verwendung entsprechend lässt sie ab (t + 1) höhere Dividende im Umfang von $b \cdot G_t(1-s_{k_2}) \cdot r_E(1-b)(1-s_{k_1})$ erwarten. Ungefragt wird dem Aktionär ein über die Körperschaftsbesteuerung gegebenenfalls unterschiedlicher Betrag der Gegenwart – vor der Beachtung der Einkommensbesteuerung – ersetzt durch unsichere künftige Ausschüttungen. Diese Substitution zieht zwangsläufig den

---

[83] So auch Schneider (2002) S. 203 f. Die vorgebliche Steuerersparnis aus der Abzugsfähigkeit der Fremdkapitalzinsen als Aufwand wird als „tax shield" bezeichnet; vgl. zur Berücksichtigung z.B. Hachmeister (1995) S. 134.

Vorgang der Bewertung des nicht ausgeschütteten Gewinns durch die Teilnehmer des Aktienmarktes nach sich. Die modellmäßige Erfassung dieses Bewertungsvorgangs muss einerseits die Thesaurierungsquote b und den erwarteten Ertragssatz r_E aus der investiven Verwendung von $b \cdot G_t$ zusammenfügen mit dem Eigenkapitalkostensatz k_{EKt}, der die differentielle Belastung aus den vier Steuersätzen einschließt.

Erneut wird deutlich, dass die Konstellation b > 0 den Kern eines Problembereiches darstellt, der (1) die Besteuerung, (2) Wert und Preis der Aktie sowie (3) den Kostensatz des Eigenkapitals untrennbar zusammenfasst. Auf das Eigenkapital bezogene Finanzierungs- und Investitionsentscheidungen bedürfen folglich der Integration. Die nachfolgende Übersicht zeigt diese Aufgabe:

a) Die Betriebswirtschaftliche Steuerlehre erörtert die Kosten des Beteiligungskapitals zwar mit Steuern, jedoch unter der Vorgabe b = 0[84] und ohne Verbindung zu Wert und Preis der Aktie.[85]

b) Die Literatur zur Finanzierungstheorie berücksichtigt die Steuern – wenn überhaupt – nicht als gleichzeitiges Problem von Kostensatz und Kostenbemessungsgrundlage.

c) Das aus der Integration folgende vollständige Konzept ist mittels der durchgezogenen Einrahmung als Arbeitsgebiet abgesteckt.

---

[84] Der Kapitalkostensatz (einschließlich Steuern) einer Beteiligungsfinanzierung wird mit der Annahme b = 0 hinsichtlich der zusätzlichen Gewinne verknüpft. Getrennt davon – und im Widerspruch dazu! – wird dann der Kapitalkostensatz (einschließlich Steuern) für thesauriertes Eigenkapital infolge b > 0 errechnet.

[85] Vgl. z.B. Hachmeister (1995) S. 138.

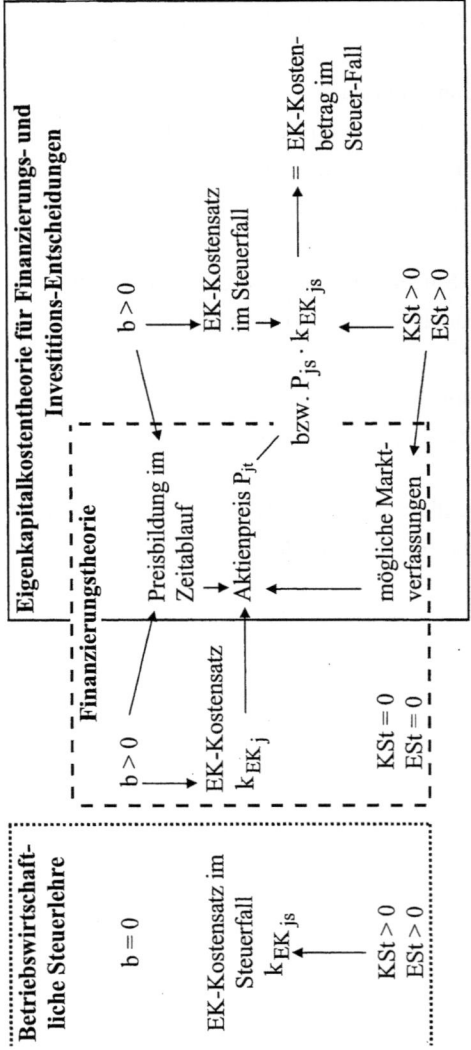

Das Aufgabengebiet umfasst mithin (1) die fallweise Beteiligungsfinanzierung verbunden mit (2) der laufenden Gewinnthesaurierung unter Festlegung (3) der mehrperiodigen Ausschüttungspolitik und unter (4) Hinzufügung der Körperschafts- und Einkommensbesteuerung.

B.64 Zweck und Bausteine des Konzepts der Eigenkapitalkosten

Das Konzept verfolgt den Zweck, die Grundlage und damit die Voraussetzung zu schaffen für Finanzierungs- und Investitions-Entscheidungen, die dem Eigenkapital (Beschaffung bzw. Verwendung) verbunden sind.

1. Der Kern – gewissermaßen der Knoten des Problem- und Aufgabenbereiches – ist die fortlaufende Gewinn-Thesaurierung. Sie ist der fallweisen Beteiligungsfinanzierung integriert und wird im Modellzusammenhang nicht als eigenständige periodische Finanzierungs-Entscheidung behandelt. Infolge dieser Verknüpfung rückt ihre Bedeutung für die Eigenkapitalkosten der Unternehmung bzw. für den Ertrag der Aktie aus der Sicht des Aktionärs in den Mittelpunkt der Überlegungen. Wie auch immer quantifiziert – der (erwartete) Vorteil aus dem einbehaltenen Gewinn gehört zum periodischen Ertrag der Aktie. Wir sind deshalb gezwungen, den Aktienpreis und seine periodische Veränderung in den Modellzusammenhang einzubeziehen.
2. Im Hinblick auf die zuvor beschriebenen Risiken einer erwerbswirtschaftlichen Betätigung erfolgt keine weitergehende Explikation. Der von den Risiken mitbestimmte Eigenkapitalkostensatz k_{EKt_0} wird ohne Indizierung als k in den Steuer-Fall übernommen.
3. Hinsichtlich der möglichen Marktverfassungen wird die Handlungsunvollkommenheit „Steuern" mit Körperschaftsteuer (KSt) und Einkommensteuer (ESt) und folglich mit vier möglichen Steuersätzen berücksichtigt.
4. Der Modell-Zusammenhang wird für einen angenommen informations-effizienten Aktienmarkt konzipiert, so dass die Bewertung und Preisbildung der Aktien auf „fully anticipated" hinausläuft, d.h. auf den Ertragswert der Aktie aufgrund der erwarteten Dividenden einschließlich ihres Wachstums aufgrund der modellendogenen Größen b und r_E.
5. Die Mindestrendite $\bar{r}$ ist ein gedanklich geforderter Ertragssatz des investiv in der Unternehmung verwendeten Eigenkapitals. Dieses kann durch laufende Selbstfinanzierung – dann $\bar{r}_E$ – oder infolge fallweiser Beteiligungsfinanzierung – dann $\bar{r}_B$ – verfügbar geworden sein.

Während im Nicht-Steuerfall (und bei Vernachlässigung von Emissionskosten) die beruhigende Gleichheit der Sätze $\bar{r} = (\bar{r}_E = \bar{r}_B =)\,k$ gilt, erhöht anderenfalls die

Körperschaftsteuer und senkt die Einkommensteuer zur Konstellation der Sätze $\bar{r}_s > \bar{r} = k > k_s$ (im Regelfall).

Zu prüfen ist hingegen, ob analog gilt

$\bar{r}_s = \bar{r}_{Es} = \bar{r}_{Bs}$.

6. „Mindestrendite" und „Satz der Eigenkapitalkosten" benennen das ökonomisch Gleiche. Jedoch betont die „Mindestrendite", dass die Unternehmung mit dem Eigenkapital zumindest diesen Ertragssatz bezogen auf die Bemessungsgrundlage „Preis der Aktie" erwirtschaften muss. Demgegenüber verleitet der „Eigenkapitalkostensatz" rasch zu einer Verbindung mit dem anfänglichen Nominalbetrag und dessen rechnerischer Fortsetzung als „Rest-Buchwert"[86] oder „noch nicht wieder freigesetztes Eigenkapital".

7. Ist die erwartet erwirtschaftete Rendite $r > \bar{r}$ - bzw. im Steuer-Fall $r > \bar{r}_s$ - dann steht jeweils die Differenz der Ertragssätze für einen erwartet positiven Kapitalwert $C_{o\bar{r}}$ (bzw. $C_{o\bar{r}_s}$) aus der investiven Verwendung des Eigenkapitals in der Unternehmung. Wenn sich dieser – abweichend vom fully anticipated – erst verzögert im Preis der Aktie niederschlägt, dann ist die Marktverfassung zur Informations-Ineffizienz umgeschlagen;[87] vgl. B.38.4.

---

[86] Vgl. so z.B. Drukarczyk (1999) S. 153-161.
[87] So beschrieben z.B. auch bei Rammert, ZfbF 1998, S. 721.

B.65 Aktienbewertung und Eigenkapitalkosten im Steuerfall

65.1 Das Beispiel im Nicht-Steuerfall

Die vorausgehend mit Nr. 1 bis Nr. 7 beschriebenen Modellbausteine waren im Hinblick auf die Anwendung des Aktienbewertungsmodells von Gordon zusammengestellt worden.

Dieses Modell setzt den Marktpreis einer Aktie gleich mit ihrem Ertragswert und errechnet diesen unter den getroffenen Annahmen wie folgt:

$$P_o = \frac{G_1(1-b)}{k - b \cdot r_E}$$

P_o = Preis der Aktie in t_o nach Dividende D_o
G_1 = per t_1 erwarteter Gewinn je Aktie,
(1-b) = Ausschüttungsquote (im Zeitablauf konstant),
k = Alternativertragssatz der Aktienkäufer und deshalb zugleich der Eigenkapitalkostensatz für die Unternehmung,
b = Thesaurierungsquote (konstant),
r_E = erwartete Rendite aus den Investitionen, die mit dem je Periode hinzukommenden Eigenkapital $b \cdot G_t$ finanziert werden,
$\bar{r}_E$ = die von der Unternehmung zu erwirtschaftende Mindestrendite, damit der Aktionär sich in beiden Alternativen gleich steht.

Angaben für das Rechenbeispiel:
G_1 = 160,-
(1-b) = 0,70
k = 0,16 unter Einschluss des Geschäfts- und des Kapitalstruktur-Risikos der Unternehmung,
b = 0,30
r_E = $\bar{r}_E$ um den Einfluss eines erwartet positiven Kapitalwerts aus der investiven Verwendung des nicht ausgeschütteten Gewinns $b \cdot G_t$ vorerst auszuschalten,
$\bar{r}_E$ = k im Nicht-Steuerfall sind Mindestrendite und Eigenkapitalkostensatz ökonomisch dasselbe.

Die Gewinnverwendung in t_1:

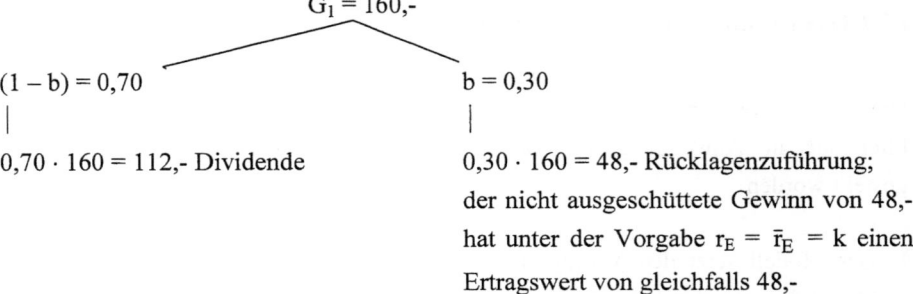

$(1-b) = 0{,}70$ $\qquad\qquad\qquad\qquad$ $b = 0{,}30$

$0{,}70 \cdot 160 = 112{,}-$ Dividende $\qquad$ $0{,}30 \cdot 160 = 48{,}-$ Rücklagenzuführung;
der nicht ausgeschüttete Gewinn von 48,- hat unter der Vorgabe $r_E = \bar{r}_E = k$ einen Ertragswert von gleichfalls 48,-

Nachweis (1):
$$\frac{b \cdot G_1 \cdot \bar{r}_E(1-b)}{k - b \cdot \bar{r}_E} = \frac{0{,}30 \cdot 160 \cdot 0{,}16 \cdot 0{,}70}{0{,}16 - 0{,}30 \cdot 0{,}16} = \frac{5{,}376}{0{,}112} = 48{,}-$$

Nachweis (2) verwendet den Preisanstieg per t_1 nach Abschlag der Dividende in t_1. Dazu müssen wir erst den Ertragswert/Marktwert/Preis der Aktie P_o errechnen.

$$P_o = \frac{160(1-0{,}30)}{0{,}16 - 0{,}30 \cdot 0{,}16} = \frac{112}{0{,}112} = 1.000{,}-$$

Nachweis (2):

$$P_o(1+k) - G_1(1-b) = 1000 \cdot 1{,}16 - 160(1-0{,}30) = 1160 - 112 = 1.048{,}-.$$

65.2 Einführung eines Steuersystems

In die bislang ideale, d.h. steuerlose Finanzwirtschaft führen wir ein Steuersystem ein, das eine nach der Gewinnverwendung differenzierende Körperschaftsteuer und eine zwischen Dividende und Veräußerungsgewinn unterscheidende Einkommensteuer umfasst. Die folglich vier Steuersätze werden in die Formel für die Bewertung der Aktie eingefügt:

$$P_{os} = \frac{G_1(1-b)(1-s_{k_1})(1-s_{e_{1\varnothing}})}{k(1-s_{e_{1\varnothing}}) - b \cdot r_E(1-s_{k_2})(1-s_{e_{2\varnothing}})}$$

mit

s_{k_1} = 0,20   Körperschaftsteuer auf die Bruttogewinnparte für die Ausschüttung

s_{k_2} = 0,50   Körperschaftsteuer auf die Bruttogewinnparte für die Gewinnthesaurierung

$s_{e1\varnothing}$ = 0,25   marktdurchschnittlicher Satz der Einkommensteuer auf Dividenden

$s_{e2\varnothing}$ = 0   marktdurchschnittlicher Satz der ESt auf Aktien-Veräußerungsgewinne.

Die vier Steuersätze beschreiben in etwa die Situation 1958-1977 in der Bundesrepublik.[88] Der niedrigere KSt-Satz für die ausgeschüttete Gewinnparte sollte zum einen die Gewinn-Ausschüttung gegenüber der Selbstfinanzierung fördern und zum anderen der erneuten Belastung der Dividende durch die Einkommensteuer Rechnung tragen. Der erste Aspekt hat die Kapitalgesellschaft, der zweite den Aktionär im Auge.

Anhand der Bewertungsformel im Steuer-Fall ist unmittelbar ersichtlich, dass die „Störungen" auf der Existenz der Körperschaftsteuer und auf $s_{e1\varnothing} \neq s_{e2\varnothing}$ beruhen. Gäbe es nur die Einkommensteuer, die zudem sowohl die Dividende als auch den Vermögensvorteil aus der Gewinneinbehaltung einheitlich und mit dem gleichen Satz erfasst, dann wäre die Besteuerung ohne Einfluss.[89] Sie wäre neutral hinsichtlich der Eigenkapital- versus Fremdkapital-Finanzierung und hinsichtlich der Gewinnverwendung auf Seiten der Kapitalgesellschaft. Die Besteuerung wäre mithin umfassend finanzierungsneutral.

Für unser Beispiel ergibt sich mit der Einführung der Besteuerung:

$$P_{os} = \frac{160 \cdot 0,70 \cdot 0,80 \cdot 0,75}{0,16 \cdot 0,75 - 0,30 \cdot 0,16 \cdot 0,50 \cdot 1,00} = \frac{67,20}{0,096} = 700,-.$$

Wenn sich die eingeführte Besteuerung sofort und vollständig im Preis der Aktie niederschlägt, dann stürzt er von 1.000,- im Nicht-Steuerfall auf 700,- im Steuerfall.

Ein nur mit einheitlicher Einkommensteuer von 25% belasteter alternativer Investitionsertrag von $k = 0,16$ wird zu $k_s = k(1 - s_{e_1}) = 0,16 \cdot 0,75 = 0,12$. Dementsprechend

---

[88] Vgl. Swoboda (1991) S. 57-60.
[89] Vgl. Swoboda (1991) S. 46.

würde ein Gewinn von 160,- im Nicht-Steuerfall auf 120,- im Steuerfall reduziert und der Vermögenswert (von 1.000,-) bliebe unverändert.

65.3 Die steuerbedingte „extra burden" der Aktienfinanzierung[90]

Verglichen damit, ist der bisherige Gewinn je Aktie von G_1 = 160,- auf dem Weg zum Ertrag der Aktie durch Körperschaft- und Einkommensteuer – und abhängig von b > 0 – wesentlich höher belastet. Der steuerbedingte differentielle Nachteil – die extra burden – beträgt insgesamt $\Delta P_o \cdot k(1-s_{e_{1\varnothing}}) = 300 \cdot 0,16 \cdot 0,75 = 36,-$ pro Jahr.[91] Diese Mehrbelastung gehört zum einen der Bruttogewinn-Parte für die Ausschüttung zu, zum anderen dem nach KSt verbleibenden Betrag des nicht ausgeschütteten Gewinns und zum dritten der steuerlichen Belastung des Investitionsertrages daraus. Die differentielle Belastung der Parte für die Thesaurierung und des Ertrages aus deren investiver Verwendung verbindet zur gesuchten Mindestrendite $\bar{r}_{Es}$ für das nach KSt thesaurierte Eigenkapital, gleichbedeutend mit dessen Kostensatz im Steuerfall.

a) Die Bruttogewinnparte für die Ausschüttung

$G_1(1-b) \cdot s_{e_{1\varnothing}} = 160 \cdot 0,70 \cdot 0,25 = 28,-$ wäre die normale Belastung. Tatsächlich beträgt sie $G_1(1-b) \cdot s_{k_1} + G_1(1-b)(1-s_{k_1}) \cdot s_{e_{1\varnothing}} = 22,40 + 22,40 = 44,80$. Die Mehrbelastung bei der Ausschüttungsparte beträgt mithin 16,80 oder 40% anstatt 25% von $G_1(1-b) = 112,-$.

b) Die Bruttogewinnparte für die Selbstfinanzierung

$G_1 \cdot b \cdot s_{e_{1\varnothing}} = 160 \cdot 0,30 \cdot 0,25 = 12,-$ wäre die normale Belastung. Tatsächlich beträgt sie $G_1 \cdot b \cdot s_{k_2} = 160 \cdot 0,30 \cdot 0,50 = 24,-$ bei $s_{e_{2\varnothing}} = 0$. Die Mehrbelastung der thesaurierten Parte beträgt 12,-. Der nicht ausgeschüttete Betrag beläuft sich auf $G_1 \cdot b \cdot (1-s_{k_2}) = 24,-$ nominal. Das ist jedoch nicht der Vorteil im Sinne des Ertrags der Aktie infolge der Gewinneinbehaltung in t_1. Dazu müssen wir dessen Ertragswert im Steuerfall ermitteln![92]

---

[90] Zur „extra burden" vgl. Holland (1962).
[91] Anders: Der Netto-Vorteil aus der Dividende beträgt 67,20 wie bereits errechnet und der Netto-Vorteil aus der Thesaurierung beträgt als Ertrags-/Vermögenswert 16,80 wie nachfolgend unter c) ermittelt. Zusammen hat der Aktionär nur 84,- anstatt 120,-; d.h. pro Jahr einen Nachteil von 36,-.
[92] Zu unterscheiden sind folglich die drei Aspekte (1) der Zuführung zu den offenen Rücklagen (= Passivseite), (2) des Nicht-Abflusses von Zahlungsmitteln (= Aktivseite)

Er liegt darunter, weil die kapitalwertlose Konstellation $\bar{r}_E = k$ des Nicht-Steuerfalles nun zu einem negativen Kapitalwert im Steuerfall wird.

c) Der Ertragswert des in t_1 nicht ausgeschütteten Gewinns
   Er errechnet sich mit

$$\frac{b \cdot G_1(1-s_{k_2}) \cdot r_E \cdot (1-b)(1-s_{k_1})(1-s_{e_{1\varnothing}})}{k(1-s_{e_{1\varnothing}}) - b \cdot r_E(1-s_{k_2})(1-s_{e_{2\varnothing}})} =$$

$$\frac{0{,}30 \cdot 160 \cdot 0{,}50 \cdot 0{,}16 \cdot 0{,}70 \cdot 0{,}80 \cdot 0{,}75}{0{,}16 \cdot 0{,}75 - 0{,}30 \cdot 0{,}16 \cdot 0{,}50 \cdot 1{,}00} =$$

$$\frac{24 \cdot 0{,}0672}{0{,}120 - 0{,}024} = \frac{1{,}6128}{0{,}096} = 16{,}80.$$

Der Ertragswert des nicht ausgeschütteten Gewinns ist mit 16,80 geringer als der ihm zugrunde liegende Nominalbetrag von 24,-. Der Kapitalwert der Gewinneinbehaltung in t_1 ist mit 7,20 negativ.

d) Der Gesamt-Nachteil
   Die Einführung des als Beispiel gewählten Besteuerungssystems führt infolge des angenommenen effizienten Kapitalmarktes zum „fully anticipated" der diskriminierenden steuerlichen Belastung. Der Sturz des Aktienpreises um $-\Delta P_0 = -300{,}-$ entspricht dem periodischen Nachteil von 36,- (bei einem Netto-Alternativ-Ertragssatz von 0,12 nach ESt).
   Dieser Gesamt-Nachteil hat drei Quellen, wie zuvor ausgerechnet:
   a) 16,80 bei dem ausgeschütteten Teil des Gewinns vor Steuern
   b) 12,00 bei dem einbehaltenen Teil des Gewinns, und
   c) 7,20 bei der investiven Verwendung des einbehaltenen Gewinns.

Anstatt nach den Parten a) und b) der Gewinnverwendung mit zusammen 28,80 kann man auch aufteilen in

α) 24,- Mehrbelastung bei voller Gewinnausschüttung, verglichen mit der „neutralen Besteuerung", die keine KSt und nur einheitliche Einkommensteuer hat, und

β) 4,80 dazu hinzukommend infolge der Entscheidung, 30% des Gewinnes zu thesaurieren; diese Differenz rückt in B.65.6 in das Blickfeld.

---

und (3) der Ertragswert der investiven Verwendung des nicht ausgeschütteten Gewinns, jeweils je Aktie gerechnet.

Die Komponente zu c) mit 7,20 geht als Frage an die Unternehmung zurück: welche Rendite $\bar{r}_{Es}$ muss der in t_1 einbehaltene Gewinn zumindest erwirtschaften, damit der Ertragswert der Thesaurierung gerade gleich ist deren Nominalbetrag und der Kapitalwert folglich gleich Null ist?

65.4 Der „Ausgleich" des negativen Kapitalwerts

Die Formel für den Ertragswert übernehmen wir, setzen jedoch für $r_E(=0,16)$ die gesuchte Mindestrendite $\bar{r}_{Es}(> r_E)$ ein und setzen den Ausdruck gleich mit dem in t_1 thesaurierten Betrag:

$$\frac{b \cdot G_1(1-s_{k_2}) \cdot \bar{r}_{Es} \cdot (1-b)(1-s_{k_1})(1-s_{e_{1\emptyset}})}{k(1-s_{e_{1\emptyset}}) - b \cdot \bar{r}_{Es}(1-s_{k_2})(1-s_{e_{2\emptyset}})} = b \cdot G_1(1-s_{k_2}).$$

$$\frac{24 \cdot \bar{r}_{Es} \cdot 0,42}{0,120 - \bar{r}_{Es} \cdot 0,15} = 24$$

$\bar{r}_{Es} = 0,210.526$.

Im Steuerfall beträgt im Beispiel des Besteuerungssystems, der vier Steuersätze und b = 0,30 die erforderliche Rendite $\bar{r}_{Es} = 0,210.526$. Diese muss die Aktiengesellschaft zumindest mit dem einbehaltenen Gewinn (nach KSt) erwirtschaften, wenn dem Aktionär (mit $s_{e_1} = 0,25$) kein Nachteil entstehen soll. Dieser Satz ist gleichbedeutend mit den Kosten des Eigenkapitals, das von innen gewonnen wird.

War die Rendite r_E im Nicht-Steuerfall gerade gleich k = 0,16, dann ist der für den Steuerfall errechnete Satz $\bar{r}_{Es} = 0,210.526$ rein hypothetisch und beantwortet nur die Frage nach der Mindestrendite. Die Einführung des angenommenen Besteuerungssystems hebt naheliegenderweise nicht $r_E = 0,16$ auf $\bar{r}_{Es} = 0,210.526$. Auch der nächste Schritt ist eine gedachte Konstellation.

65.5 Der Preis der Aktie auf der Grundlage der Mindestrendite im Steuerfall

Die ermittelte Mindestrendite $\bar{r}_{Es} = 0{,}210.526$ geben wir nun als erwartet erwirtschaftete, jedoch kapitalwertlose Rendite vor, um dafür den Preis der Aktie nach der bekannten Bewertungsformel zu errechnen:

$$P_o(\bar{r}_{Es}) = \frac{G_1(1-b)(1-s_{k_1})(1-s_{e_{1\varnothing}})}{k(1-s_{e_{1\varnothing}}) - b \cdot \bar{r}_{Es}(1-s_{k_2})(1-s_{e_{2\varnothing}})}$$

$$= \frac{112 \cdot 0{,}80 \cdot 0{,}75}{0{,}12 - 0{,}30 \cdot 0{,}210.526 \cdot 0{,}50 \cdot 1{,}00}$$

$$= \frac{67{,}20}{0{,}120 - 0{,}031.579} = \frac{67{,}20}{0{,}088.421} = 760{,}-.$$

Dieser Wert/Preis der Aktie steht für die Fall-Konstellation, dass der einbehaltene Gewinn über seine investive Verwendung gerade mit $\bar{r}_{Es}$ soviel erwirtschaftet wie das thesaurierte Kapital kostet. Der gegenüber B.65.2 um 60,- höhere Preis der Aktie erklärt sich aus dem vermiedenen Nachteil von 7,20/0,12 = 60,-.

Im Nicht-Steuerfall hatten wir $r_E = k$ als unechtes Wachstum bezeichnet und herausgestellt, dass dann $b \geq 0$ für P_o ohne Bedeutung ist – vgl. B.35.3 -, d.h. $P_o(b=o) = P_o(b>o, r=k)$.

Dies gilt im Steuerfall nicht. Auch wenn gerade nur $\bar{r}_{Es}$ erwirtschaftet wird, so ist $b \geq 0$ stets von Bedeutung für $P_o(\bar{r}_{Es})$. Anders formuliert: der kapitalwertlose Ertragssatz für das thesaurierte Eigenkapital ist im Steuerfall Problemvariable und nicht eine per Annahme vorgegebene ökonomische Konstellation zweier Sätze.

Hier knüpft die weiterführende Überlegung an: wenn die Thesaurierungsquote infolge des gegebenen Steuersystems mit der Konstellation von vier Steuersätzen Bedeutung für Mindestrendite und Aktienpreis hat, dann müssen wir berücksichtigen, wie sich der Aktionär bei voller Ausschüttung des Gewinnes stehen würde.

65.6 Der Preis der Aktie bei Verzicht auf Selbstfinanzierung

Bei vollständiger Ausschüttung des Gewinnes G_1 hätte der Aktionär hinsichtlich der bisherigen Brutto-Parte $b \cdot G_1(1-s_{k_1})(1-s_{e_1})$ und in unserem Fall-Beispiel bei einem Einkommensteuersatz von $s_{e_1} = 0{,}25$ den Betrag von $0{,}30 \cdot 160 (1-0{,}20)(1-0{,}25) = 28{,}80$ bar anstelle der 24,- Vermögenswert wie in B.65.4 errechnet.

Demnach hat dieser Aktionär infolge der Gewinneinbehaltung einen periodischen Nachteil von 4,80, der bei seiner alternativen Nettorendite von $k(1-s_{e_1}) = 0{,}12$ einer Vermögensbasis von 40,- entspricht.

Übernehmen wir $s_{e_1} = 0{,}25$ wieder für den durchschnittlichen ESt-Satz $s_{e_1\varnothing}$ aller Marktteilnehmer, dann wäre der Aktienpreis bei $b = 0$

$$P_{os(b=o)} = \frac{G_1(1-s_{k_1})(1-s_{e_1\varnothing})}{k(1-s_{e_1\varnothing})} = \frac{160 \cdot 0{,}80 \cdot 0{,}75}{0{,}16 \cdot 0{,}75} = 800{,}-.$$

Beurteilen wir das Ergebnis: die vollständige Ausschüttung des Gewinnes ist mit 28,80 > 24, vorteilhafter. Wenn die Geschäftsführung auf der Selbstfinanzierung von $b = 0{,}30$ besteht, dann resultiert ein steuerbedingter Nachteil von $4{,}80/0{,}12 = 40{,}-$ im Niveau des Aktienpreises $P_o(\bar{r}_{Es})$ mit 760,- < 800,- = $P_{os(b=o)}$. Es genügt ersichtlich nicht, wenn die Geschäftsführung mit dem nicht ausgeschütteten Gewinn von 24,- gerade die kapitalwertlose Rendite von $\bar{r}_{Es} = 0{,}210.526$ erwirtschaftet. Das täuscht auf den ersten Blick eine befriedigende Situation vor, deckt jedoch nicht den steuerlichen Nachteil ab, der mittels $b = 0$ bei der gegebenen Konstellation der vier Steuersätze vermeidbar wäre.

Ist nicht das Selbstverständnis der Geschäftsführung maßgebend, sondern die gleichwertige Situation der Aktionäre, dann liegt die zu erwirtschaftende Mindestrendite $\bar{r}_{Es(A)}$, bezogen auf die alternativ günstigere Ausschüttung, höher. Sie muss für den selbstfinanzierten Betrag von 24,- zu einem Ertragswert von 28,80 führen, denn diesen Differenzbetrag hätte der Aktionär bei $b = 0$ steuerbedingt zusätzlich.

Daraus folgt die Vorgabe $P_{os(b=o)} = P_{os(b=0{,}30)}$, um $\bar{r}_{Es(A)}$ zu ermitteln:

$$\frac{G_1(1-s_{k_1})(1-s_{e_1\varnothing})}{k(1-s_{e_1\varnothing})} = \frac{G_1(1-b)(1-s_{k_1})(1-s_{e_1\varnothing})}{k(1-s_{e_1\varnothing})-b\cdot \bar{r}_{Es(A)}\cdot(1-s_{k_2})(1-s_{e_2\varnothing})}.$$

Die Auflösung führt zu

(1) $\bar{r}_{Es(A)} = \dfrac{k(1-s_{e_1\varnothing})}{(1-s_{k_2})(1-s_{e_2\varnothing})} = \dfrac{0{,}16\cdot 0{,}75}{0{,}50\cdot 1{,}00} = 0{,}24.$

Der Kostensatz für mittels Gewinnthesaurierung gewonnenes Eigenkapital beträgt im Beispiel $\bar{r}_{Es(A)} = 0{,}24$. Nur wenn der nicht ausgeschüttete Gewinn über seine investive Verwendung 0,24 erwirtschaftet, hat der Aktionär keinen Nachteil.
Nachweis: Der Ertragswert des einbehaltenen Gewinnbetrages von 24,- beträgt bei $\bar{r}_{Es(A)} = 0{,}24$:

$$EW_1 = \frac{b\cdot G_1(1-s_{k_2})\cdot \bar{r}_{Es(A)}\cdot(1-b)(1-s_{k_1})(1-s_{e_1\varnothing})}{k(1-s_{e_1\varnothing})-b\cdot \bar{r}_{Es(A)}\cdot(1-s_{k_2})(1-s_{e_2\varnothing})}$$

$$= \frac{0{,}30\cdot 160\cdot 0{,}50\cdot 0{,}24\cdot 0{,}70\cdot 0{,}80\cdot 0{,}75}{0{,}16\cdot 0{,}75 - 0{,}30\cdot 0{,}24\cdot 0{,}50\cdot 1{,}00}$$

$$= 2{,}4192/(0{,}12-0{,}036) = 2{,}4192/0{,}084 = 28{,}80.$$

Die beiden Netto-Vorteile aus der Aktie betragen 67,20 von der Gewinnausschüttung her und 28,80 Ertragswert von der Thesaurierung von 24,- her. Mit (67,20 + 28,80 =) 96,- auf den Preis $P_{os(b=0{,}30)} = 800{,}-$ bezogen, sind das 96/800 = 0,12 Nettorendite $k(1-s_{e_1\varnothing})$ wie alternativ mit 800,- erzielbar.

Die Konstellation, dass der Ertragswert über dem Nominalbetrag des investiv verwendeten nicht ausgeschütteten Gewinnes liegt – hier 28,80 > 24,- – hatten wir als echtes Wachstum bezeichnet. „Fully anticipated" dem Bewertungsmodell entsprechend sind das 4,80/0,12 = 40,-, die den Aktienpreis von 760,- auf 800,- heben. Damit wird jedoch nur der steuerbedingte Nachteil infolge von b = 0,30 ausgeglichen, so dass sich der Aktionär in den beiden Fällen b = 0 und b = 0,30 mit $P_{o_s} = 800{,}-$ gleich steht.

Wie zum echten Wachstum ausgeführt – vgl. B. 35.3 –, übersteigt die Summe der Vorteile – im Beispiel 67,20 + 28,80 = 96,00 – jetzt die Teilbeträge von der Gewinnverwendung her – das sind 67,20 + 24,00 = 91,20. D.h. die Beziehung zum Stückgewinn gilt nur für das stagnierende Unternehmen, hier $P_o(\bar{r}_{Es}) \cdot \bar{r}_{Es} = G_1$ mit $760 \cdot 0{,}210.526 = 160{,}-$. Zuverlässiger ist deshalb die für beide Fälle geltende Beziehung, dass die Summe der beiden Netto-Vorteile gleich ist dem alternativen Netto-Ertrag aus der investiven Verwendung des Verkaufserlöses für die Aktie, also $P_{os} \cdot k \cdot (1 - s_{e_1})$. Das sind dann $760 \cdot 0{,}12 = 91{,}20$ bzw. $800 \cdot 0{,}12 = 96{,}-$.

Die realisierte Mindestrendite von 0,24 und das zugehörige Kursniveau von $P_{os(b=0{,}30)} = 800{,}-$ sind jedoch nur „ein schwacher Trost". Denn beides ändert nichts daran, dass die Geschäftsführung die gemeinsame Steuerbelastung durch volle Ausschüttung verringern könnte und zugleich die Investitionsmöglichkeit durch Ausgabe zusätzlicher Aktien finanzieren sollte.[93] Deren Kostensatz beträgt im Beispiel bei $b = 0$ nur $\bar{r}_{Bs} = 0{,}20$ – vgl. nachfolgend B.67.

Dieser entgangene Vorteil einer nicht verwirklichten Steuerlast-Verringerung lässt den Aktienpreis unberührt. Die über $b = 0{,}30$ realisierte zusätzliche Belastung hingegen würde ihn auf $P_o(\bar{r}_{Es}) = 760{,}-$ drücken, wenn nicht andererseits die Gewinnaussichten aus dem thesaurierten Eigenkapital eine Kompensation bewirken würden – bei gerade $\bar{r}_{Es(A)} = 0{,}24$ zu $P_{os(b=0{,}30)} = 800{,}-$.

Die steuerliche Diskriminierung gegenüber einer neutralen Besteuerung mit $G_1(1 - s_{e_{1\emptyset}}) = 160 \cdot 0{,}75 = 120{,}-$ netto anstatt nur 96,- beträgt periodisch 24,-. Das ist auch über das (anstatt 1000,-) mit 800,- gedrückte Kursniveau errechenbar: $(-\Delta P) \cdot k(1 - s_{e_{1\emptyset}}) = (-200) \cdot 0{,}16 \cdot 0{,}75 = -24{,}-$.

Obgleich die Körperschaftsteuer seit 1958 bis 2000 auf unterschiedliche Art und in unterschiedlichem Ausmaß und in Abhängigkeit vom persönlichen Einkommensteuersatz die Ausschüttung des Gewinnes begünstigte, wurde – davon unbeeindruckt –

---

[93] Zur Feststellung, dass dies nicht geschieht, vgl. Haegert/Lehleiter, ZfbF 1985, S. 921.

seitens der Geschäftsführungen fortlaufend thesauriert. Wenn nicht einmal die steuerentlastende Eigenfinanzierung realisiert wird, fragt man zu Recht,[94] wofür die Finanzmanager eigentlich bezahlt werden. Das steigert sich zu offensichtlichem Unsinn, wenn bei gleichzeitiger Selbstfinanzierung eigene Aktien erworben werden.[95] Der Eifer, mit welchem den Aktionären daraus Vorteile eingeredet werden, erklärt sich aus dem Verfolg ausschließlich eigener Interessen. Wie so häufig im Steuerrecht, hat der Gesetzgeber als verlängerter Arm von gut vertretenen Interessen auch den Erwerb eigener Aktien großzügig geregelt.

B.66 Ein Beispiel für echtes Wachstum im Steuerfall

Mit den bisherigen Daten und Steuersätzen, jedoch abweichend mit $r_E = 0{,}26 > \bar{r}_{Es(A)} = 0{,}24$ rechnen wir den Aktienwert $P_{os(w)}$ aus.

$$(2) \quad P_{os(w)} = \frac{G_1(1-b)(1-s_{k_1})(1-s_{e1\varnothing})}{k(1-s_{e1\varnothing}) - b \cdot r_E(1-s_{k_2})(1-s_{e2\varnothing})}$$

$$= \frac{160 \cdot 0{,}70 \cdot 0{,}80 \cdot 0{,}75}{0{,}16 \cdot 0{,}75 - 0{,}30 \cdot 0{,}26 \cdot 0{,}50 \cdot 1{,}00} = \frac{67{,}20}{0{,}12 - 0{,}039}$$

$$= \frac{67{,}20}{0{,}081} = 829{,}63.$$

Die Differenz der Sätze $(r_E - \bar{r}_{Es(A)}) = 0{,}26 - 0{,}24$ steht für künftige Investitionsgewinne über die Kosten des Eigenkapitals hinaus. Deren Barwertsumme ist die Differenz $P_{os(w)} - P_o(\bar{r}_{Es(A)}) = 829{,}63 - 800{,}00$, vollständig in $P_{os(w)}$ antizipiert. Infolgedessen verändert sich $P_{os(w)}$ nur um $(1 + k(1 - s_{e1\varnothing})) = 1{,}12$ bis t_{1-} vor Dividende:

	t_0		t_{1-}		t_{1+}
$P_{os(w)} =$	829,63	$\xrightarrow{(1 + k(1 - s_{e1\varnothing}))}$	929,19	$\rightarrow$ ./. 67,20 $\rightarrow$	861,99 d.h.
			+99,56	./. 67,20	+ 32,36 oder
					+ 3,9% Wachstum.

---

[94] Vgl. Kruschwitz (2002) S. 225 f.
[95] § 17 Abs. 1 Nr. 8 AktG erlaubt seit 1998 den Erwerb eigener Aktien bis zu zehn Prozent des Grundkapitals.

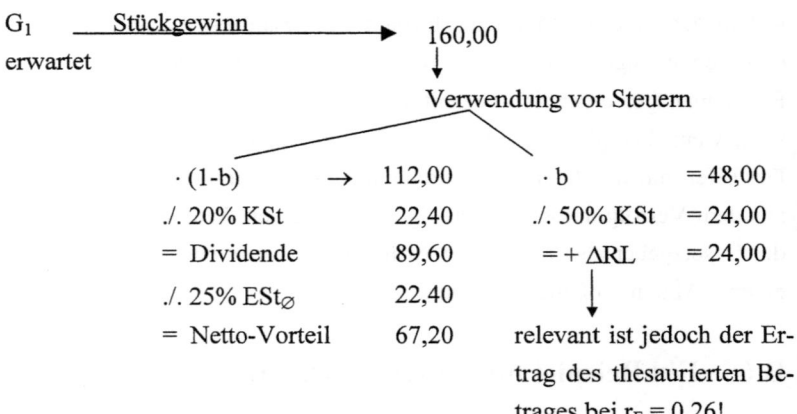

Dieser Ertragswert errechnet sich mit

$$\frac{24{,}00 \cdot 0{,}26 \cdot 0{,}70 \cdot 0{,}80 \cdot 0{,}75}{0{,}081 \text{(d.h. wie bei } P_{os(w)})} = \frac{2{,}621}{0{,}081} = 32{,}36.$$

Der Ertragswert von 32,36 des nicht ausgeschütteten Gewinns von 24,00 ist der andere Netto-Vorteil aus der Aktie. Zusammengerechnet hat der Aktionär 67,20 + 32,36 = 99,56 netto nach allen Steuern. Das sind 12% nach ESt auf seine Kapitalbindung in Höhe des Verkaufspreises $P_{os(w)}$ = 829,63 der Aktie wie alternativ nach Verkauf.

Zu beachten ist: das Bewertungsmodell im Steuerfall rechnet auf die Nettogrößen nach allen Steuern. Infolgedessen wächst der Aktienpreis nach dem Modell nicht um k, sondern nur um $k(1-s_{e_{1\varnothing}})$ an. Bereits hier findet die Relativierung um die Einkommensbesteuerung statt. Der Dividendenabschlag in t_1 ist deshalb nicht der erwartete Dividendenbetrag von 89,60 vor Einkommensteuer, sondern **von vornherein** nur 67,20 netto.[96] Analog wächst der Aktienpreis von t_{0+} bis t_{1+} – d.h. nach Abgang der Ausschüttung mit 89,60 – um die Wachstumsrate im Steuerfall in Höhe von g_s = 0,039 aus $b \cdot r_E \cdot (1-s_{k_2})(1-s_{e_{2\varnothing}})$ = 0,30 · 0,26 · 0,50 · 1,00. Dem Betrag nach sind das 32,36 gleich dem Ertragswert des thesaurierten Gewinnes im Betrag von 24,00.

Für die Wert- und Preis-Ermittlungen rechnen wir auf die Nettogrößen nach Steuern hinab. Umgekehrt rechnen wir für die Kapitalkosten auf die relevanten Bruttogrößen

---

[96] Vgl. dazu Swoboda/Uhlir, ZfbF 1975. Die Differenz zwischen dem Dividendenbetrag von 89,60 und dem Kursabschlag von nur 67,20 ist steuerbedingt und kein Kriterium für irgendeine Vorteilhaftigkeit, z.B. für die optimale Ausschüttungspolitik.

hoch, denn die Brutto-Kostensätze sind maßgebend für die Finanzierungs- und Investitions-Entscheidungen. Die Literatur erörtert die beiden Richtungen des Rechnens wie Alternativen über die nach Gutdünken entschieden werden kann.[97]

Vorgelagert der Berücksichtigung der Besteuerung gibt es „brutto" versus „netto" auch hinsichtlich der Berücksichtigung des Fremdkapitals bei gemischter Finanzierung des Anschaffungspreises einer Sach-Investition.[98]

B.67 Die Kosten zusätzlichen Beteiligungskapitals

Wir nehmen an, dass die Unternehmung fallweise und in to weiteres Eigenkapital benötigt. Es soll im Wege der Ausgabe zusätzlicher, sogenannter „junger" Aktien beschafft werden. Deren Ausgabekurs soll gleich sein dem Börsenkurs der alten Aktien.

Damit werden die Kosten zusätzlichen Beteiligungskapitals mit dem Kostensatz $\bar{r}_{Bs}$ abhängig von den beiden Varianten, die wir zur Selbstfinanzierung erörtert haben.

(1) Wenn b = 0 ist, beträgt der Preis der alten Aktie $P_{os(b=0)}$ = 800,-. Darauf bezogen, muss die junge Aktie den gleichen Gewinn von G_1 = 160,- erwirtschaften, d.h. der an die Unternehmung eingezahlte Betrag von 800,- muss über seine investive Verwendung 160/800 = 0,20 = $\bar{r}_{Bs(b=0)}$ zumindest bringen.

Dieser Kostensatz $\bar{r}_{Bs(b=0)}$ erklärt sich durch die Körperschaftsteuer s_{k_1}, so dass gilt: $\bar{r}_{Bs(b=0)} = k/(1 - s_{k_1}) = 0,16/0,80 = 0,20$. Ausschließlich diese durch b = 0 beschriebene Variante wird in der Literatur behandelt.

(2) Wenn wir dazu im Gegensatz aus dem Beispiel b = 0,30 für die alten und damit auch für die jungen Aktien vorgeben, dann nimmt die Geschäftsführung die – auf $s_{e_{1\emptyset}}$ = 0,25 bezogen – steuerbedingte Mehrbelastung in Kauf. Sie rechnet bei folgerichtiger Berücksichtigung mit dem Kostensatz/der Mindestrendite $\bar{r}_{Es(A)}$ = 0,24 für die selbstfinanzierten Investitionsmöglichkeiten. Wird nur ge-

---

[97] So liest es sich z.B. bei Hachmeister (1995) S. 133.
[98] Vgl. dazu Swoboda (1992) S. 60 f. und S. 58 f. zum Fremdkapital; S. 71-73 zu Berücksichtigung der Steuern. Ferner die Übersicht bei Volpert (1989) S. 25-29.

rade dieser Ertragssatz erzielt, stellt sich der Aktienpreis auf $P_{os}(\bar{r}_{Es(A)}) = 800,-$.
Der Aktienpreis bei den Varianten (1) und (2) ist zwar ersichtlich gleich, wir haben jedoch ungleiche Kostensätze für die beiden Arten des Eigenkapitals.

Variante (2) fragt nach der Mindestrendite $\bar{r}_{Bs(b=0,30)}$ für das zusätzliche Beteiligungskapital, wenn ebenfalls von dessen künftigen Gewinnbeiträgen wie bisher b = 0,30 thesauriert werden. Die Frage zielt auf einen gemischt-durchschnittlichen Kostensatz, den wir im allgemeinen Fall mit $\bar{r}_{Bs(b>0)}$ bezeichnen und im Zusammenhang mit unserem Beispiel $\bar{r}_{Bs(b=0,30)}$. Der Ansatz geht davon aus, dass der Ertragswert (EW) der jungen Aktie auf der Grundlage dieses gemischten Satzes gleich ist dem Preis $P_{os(b>0)}$ der alten Aktien.

$$EW \equiv \frac{P_{os(b>0)} \cdot \bar{r}_{Bs(b>0)} \cdot (1-b)(1-s_{k_1})(1-s_{e_{1\varnothing}})}{k(1-s_{e_{1\varnothing}}) - b \cdot \bar{r}_{Bs(b>0)} \cdot (1-s_{k_2})(1-s_{e_{2\varnothing}})} = P_{os(b>0)}.$$

Im Zähler steht der Einzahlungsbetrag für eine junge Aktie in Höhe des Börsenkurses der alten Aktie. Dessen investive Verwendung trägt den Ertragswert gerade gleich dem Preis, d.h. der Kapitalwert ist auf der Grundlage der gesuchten durchschnittlichen Mindestrendite $\bar{r}_{Bs(b>0)}$ gleich Null.

Die Auflösung ergibt:

(3) $$\bar{r}_{Bs(b>0)} = \frac{k(1-s_{e_{1\varnothing}})}{(1-b)(1-s_{k_1})(1-s_{e_{1\varnothing}}) + b(1-s_{k_2})(1-s_{e_{2\varnothing}})}$$

und

$$\bar{r}_{Bs(b=0,30)} = \frac{0,16 \cdot 0,75}{0,70 \cdot 0,80 \cdot 0,75 + 0,30 \cdot 0,50 \cdot 1,00} = \frac{0,12}{0,57} = 0,210.526.$$

Dieser Eigenkapitalkostensatz für fallweise Beteiligungsfinanzierung trägt dem Verbund mit laufender Selbstfinanzierung Rechnung.[99] Er entspricht dem kapitalmarkt-orientierten Finanzierungsbegriff im Abschnitt B.17, der die Selbstfinanzierung in die Beteiligungsfinanzierung integriert.

---

[99] Vgl. Lehmann (1978) S. 76 f.

Der ermittelte Kostensatz $\bar{r}_{Bs(b>0)}$ ist ein gemischt durchschnittlicher Satz:[100] Die beiden steuerbedingt verschiedenen Kapitalkostensätze für Beteiligungskapital mit $\bar{r}_{Bs(b=0)} = 0{,}20$ einerseits und für Eigenkapital aus Gewinneinbehaltung mit $\bar{r}_{Es(A)} = 0{,}24$ andererseits gehen in die Errechnung des Ertragswerts (EW) einer jungen Aktie ein.

Probe:
$$EW = \frac{P_{os} \cdot \bar{r}_{Bs(b=0)} \cdot (1-b)(1-s_{k_1})(1-s_{e_{1\varnothing}})}{k(1-s_{e_{1\varnothing}}) - b \cdot \bar{r}_{Es(A)} \cdot (1-s_{k_2})(1-s_{e_{2\varnothing}})}.$$

Für die Werte unseres Beispiels:

$$EW = \frac{800 \cdot 0{,}20 \cdot 0{,}70 \cdot 0{,}80 \cdot 0{,}75}{0{,}16 \cdot 0{,}75 - 0{,}30 \cdot 0{,}24 \cdot 0{,}50 \cdot 1{,}00} = \frac{67{,}20}{0{,}12 - 0{,}036} = 67{,}20 / 0{,}084 = 800{,}-.$$

Im Zähler steht wiederum der Einzahlungsbetrag durch Ausgabe einer jungen Aktie. Dessen Mindestrendite wäre $\bar{r}_{Bs(b=0)}$, wenn die erwirtschafteten Gewinne voll ausgeschüttet werden würden. Weil jedoch auch sie der verfolgten Selbstfinanzierungspolitik mit b = 0,30 unterfallen, zeigt die Mindestrendite $\bar{r}_{Es(A)}$ im Nenner die gegenüber b = 0 steuerbedingte Mehrbelastung an.

B.68 Die Eigenkapitalkosten verschiedener Besteuerungssysteme

An diese Aufteilung knüpfen wir an, wenn wir nun den Ertragswert/Preis der Aktie in verschiedenen Besteuerungssystemen errechnen. Die investive Verwendung des – unbekannten – Geldbetrages P_{os} aus der Ausgabe einer jungen Aktie zum Börsenkurs der alten Aktien muss jedenfalls den zusätzlichen Gewinnbetrag G_1 wie bisher erwarten lassen. Die Mindestrendite $\bar{r}_{Es(A)}$ der fortlaufend einbehaltenen Gewinnteile steht im Nenner und wird eigenständig berechnet:

---

[100] Emissionskosten mit dem Prozentsatz e oder ein Preisabschlag von a Prozent für die jungen Aktien ohne Gewährung eines Bezugsrechtes erhöhen die erforderliche Mindestrendite auf $\bar{r}_{Bs} /(1-e)$ bzw. auf $\bar{r}_{Bs} /(1-a)$.

(1) $\bar{r}_{Es(A)} = \dfrac{k(1 - s_{e_{1\varnothing}})}{(1 - s_{k_2})(1 - s_{e_{2\varnothing}})}$ (vgl. B.65.6)

(2) $EW \equiv P_{os} = \dfrac{G_1(1 - b)(1 - s_{k_1})(1 - s_{e_{1\varnothing}})}{k(1 - s_{e_{1\varnothing}}) - b \cdot \bar{r}_{Es(A)}(1 - s_{k_2})(1 - s_{e_{2\varnothing}})}$.

Zudem ermitteln wir den Eigenkapital-Kostensatz für Beteiligungsfinanzierung bei fortlaufender Gewinneinbehaltung

(3) $\bar{r}_{Bs(b>0)} = \dfrac{k(1 - s_{e_{1\varnothing}})}{[(1 - b)(1 - s_{k_1})(1 - s_{e_{1\varnothing}}) + b(1 - s_{k_2})(1 - s_{e_{2\varnothing}})]}$.

Die Belastungs-Unterschiede verschiedener Besteuerungssysteme werden einerseits durch das Verhältnis von KSt und ESt – Unabhängigkeit voneinander bzw. ihre Verknüpfung – beschrieben und andererseits durch die Nicht- bzw. Differenzierung der Steuersätze s_{k_1} und s_{k_2} zum einen oder/und s_{e_1} und s_{e_2} zum anderen. Für die verschiedenen Besteuerungssysteme[101] stellen sich jeweils drei Fragen:

(1) Der Kostensatz für Eigenkapital aus Gewinneinbehaltung unter Berücksichtigung der steuerlichen Belastung bei alternativer Ausschüttung, mit $\bar{r}_{Es(A)}$ bezeichnet. Dieser Kostensatz wird für (2) benötigt.

(2) Der Ertragswert der jungen Aktie unter den Vorgaben, dass (a) der zugeflossene Mittelbetrag den gleichen Stückgewinn G_1 erwirtschaftet wie bisher die alten Aktien und dass (b) der Ertragswert (zumindest) gleich ist dem Preis P_{os} der alten Aktien.

(3) Der Kostensatz (3) $\bar{r}_{Bs(b>0)}$ für Beteiligungskapital im Verbund mit laufender Selbstfinanzierung auch aus den zusätzlichen Gewinnen. Dieser Kostensatz ist relevant für die Verwendung von Eigenkapital für Investitionen. Die jährliche Gewinnthesaurierung ist keine periodisch eigenständige Entscheidung mehr, sondern besteht im Sinne einer generellen Entscheidung langfristig vorgegeben.

Dieser als gemischt-durchschnittlich bezeichnete Eigenkapital-Kostensatz $\bar{r}_{Bs(b>0)}$ lässt sich nicht für die Errechnung des Ertragswertes einsetzen, weil die Verdurch-

---

[101] Vgl. dazu Wagner, HWU 2002, Stichwort „Steuersysteme".

schnittlichung zu $P_{os} \cdot \bar{r}_{Bs(b>0)} \neq G_1$ führt. Damit entfällt die Gleichsetzung als Bestimmungsgleichung.

Eine Zusammenstellung der Zahlenwerte zu (1) bis (3) als Spalten für die drei Besteuerungssysteme a) bis c) in der Vertikalen findet der Leser am Ende dieses Abschnitts.

a) Das Steuersystem 1958-1977

Es lag dem bisherigen Beispiel zugrunde mit den Sätzen

$s_g = 0$ [102] $\quad s_{k_1} = 0,20 \quad s_{e_{1\varnothing}} = 0,25 \quad (1-b) = 0,70$

$\quad\quad\quad\quad\quad s_{k_2} = 0,50 \quad s_{e_{2\varnothing}} = 0 \quad\quad b = 0,30$

Dafür hatten wir erhalten:

(1) $\bar{r}_{Es(A)} = 0,24$

(2) $P_o(\bar{r}_{Es(A)}) = 800,-$ und

(3) $\bar{r}_{Bs(b=0,30)} = 0,210.526$.

b) Das Anrechnungssystem 1978-2000

Die vorab erhobene KSt auf die Parte des Bruttogewinns für die Ausschüttung gleicht sich bei Ausschüttung infolge der KSt-Minderung bei der Gesellschaft und der Anrechnung auf die Einkommensteuer des Aktionärs auf Null aus, so dass im Ergebnis $s_{k_1} = 0$ gilt.[103]

$s_g = 0 \quad\quad s_{k_1} = 0 \quad\quad s_{e_{1\varnothing}} = 0,25 \quad (1-b) = 0,70$

$\quad\quad\quad\quad s_{k_2} = 0,50 \quad s_{e_{2\varnothing}} = 0 \quad\quad b = 0,30$

---

[102] s_g bezeichnet den Gewerbeertragsteuersatz effektiv.

[103] Vgl. Swoboda (1991) S. 56 f.

Dafür erhalten wir:

(1) $\bar{r}_{Es(A)} = 0{,}24$ unverändert

(2) $P_o(\bar{r}_{Es(A)}) = \dfrac{160 \cdot 0{,}70 \cdot 1{,}00 \cdot 0{,}75}{0{,}16 \cdot 0{,}75 - 0{,}30 \cdot 0{,}24 \cdot 0{,}50 \cdot 1{,}00} = \dfrac{84{,}00}{0{,}12 - 0{,}036} = \dfrac{84{,}00}{0{,}084} = 1.000{,}-.$

Der Ertragswert/Preis der Aktie ist gleich dem im Nicht-Steuerfall, vgl. B.65.1. Das besagt jedoch nur, dass die steuerliche Diskriminierung des einbehaltenen Gewinnes gegenüber der alternativen Ausschüttung kompensiert wird von den Erträgen der investiv verwendeten Mittel. $P_o(\bar{r}_{Es(A)}) = 1.000{,}-$ steht also nicht etwa für eine am Aktienkurs gemessene neutrale Besteuerung. Diesen doch naheliegenden Maßstab hat die Literatur noch nicht entdeckt, vgl. auch B.69.3.

(3) $\bar{r}_{Bs(b>o)} = \dfrac{0{,}16(1 - 0{,}25)}{0{,}70 \cdot 1{,}00 \cdot 0{,}75 + 0{,}30 \cdot 0{,}50} = \dfrac{0{,}12}{0{,}675} = 0{,}177.778$.

c) **Das Besteuerungssystem seit der „Reform" ab 2001**

Gründe für diese „Reform" gab es nicht. Seither gibt es einen einheitlichen Satz $s_k = s_{k_1} = s_{k_2}$ der Körperschaftsteuer und im Ergebnis den halbierten Satz des jeweiligen „normalen" Satzes auf das zu versteuernde Einkommen. Während das Gesetz die Hälfte der (Kapitalertrags-)Einnahmen steuerfrei stellt,[104] spricht man vom Halbeinkünfte-Verfahren. Wir rechnen mit

$s_g = 0$ $\quad s_{k_1} = 0{,}25 \quad s_{e_{1\varnothing}} = 0{,}25/2 \quad (1-b) = 0{,}70$

$\quad s_{k_2} = 0{,}25 \quad s_{e_{2\varnothing}} = 0 \phantom{0{,}25/2} \quad b = 0{,}30$

An die Halbierung der Belastung der Dividende (= Zähler) durch die Einkommensteuer schließt sich die Frage an, wie hinsichtlich der Belastung des Ertrages der Alternative (= Nenner) zu verfahren ist. Wenn k für den Ertragssatz (vor Einkommensteuer)

---

[104] Im § 3 Nr. 40 d) EStG geregelt! Reichlich abwegig werden die Dividenden hier als „Bezüge" eingeordnet. „Bezüge" werden – nichtssagend – als „vermögenswerte Zuflüsse" definiert, während „Dividenden" als unsichere Entgelteinnahmen für die Hingabe von Eigenkapital zu beschreiben sind, so dass (unsichere) Kapitalerträge für das Ermitteln der Einkunft resultieren. Die Halbierung soll die Vorbelastung durch die KSt berücksichtigen. Deshalb ist die Halbierung auch der Kürzungsposten (Aufwand bzw. Werbungskosten) ebenso abwegig wie die Halbierung der Veräußerungsverluste. Dem Gesetzgeber ist der Sachverstand für seine „Reform" abhanden gekommen. Stattdessen verfährt er nach dem Schema des § 3 c (jetzt § 3 c Abs. 1) EStG.

B.68 Die Eigenkapitalkosten verschiedener Besteuerungssysteme

aus Aktien anderer Gesellschaften steht und deshalb ebenfalls nur mit dem halben ESt-Satz belastet wird, geht die Besonderheit der Entlastung von Dividenden (wegen der vorausgehenden KSt) gegenüber Zins-Einnahmen aus Fremdkapitalvermögen verloren.

Die Steuerwirkungszusammenhänge im Halbeinkünfte-Verfahren sind komplex – wie sich sogleich zeigen wird – und undurchsichtig. Kruschwitz[105] halbiert das Problem, indem er das übliche Ein-Perioden-Modell einsetzt. Damit entfällt die unterschiedliche Belastung – zugunsten des thesaurierten Gewinnes –, wenn man KSt und ESt zusammenrechnet. Zum Verhältnis von Beteiligungs- und Fremdkapital-Finanzierung wird – ebenfalls wie üblich – mit dem „tax shield", dem vorgeblichen Vorteil aus der Verrechnung der Zinsbeträge als Aufwand argumentiert. Damit wird die abschneidende Ebene der Unternehmung in die Vorgehensweise eingemengt, welche die Kapitalkosten von den Kapitalgebern her konzipiert.[106]

Die „extra burden" aus dem Nebeneinander von KSt und ESt kann jedoch zutreffend nur durch den Vergleich mit einem Einkommen gemessen werden, das ausschließlich mit Einkommensteuer und dann zum normalen Satz belastet wird. Diese Überlegung führt dazu, den Alternativ-Ertragssatz k mit $k(1-s_{e_{1\varnothing}})$ im Steuersystem „Halbeinkünfte" anzusetzen und nicht mit $k(1-s_{e_{1\varnothing}}/2)$. Dementsprechend erhalten wir

(1) $\bar{r}_{Es(A)} = k(1-s_{e_{1\varnothing}})/(1-s_k)(1-s_{e_{2\varnothing}}/2) = 0{,}16 \cdot 0{,}75/0{,}75 \cdot 1{,}00 = 0{,}16$.

Fügen wir die Varianten an, dass der Veräußerungsgewinn im Halbeinkünfte-Verfahren steuerpflichtig ist, so dass $s_{e_{2\varnothing}}/2 = 0{,}125$ beträgt, dann erhalten wir mit (1a)
$\bar{r}_{Es(A)} = 0{,}16 \cdot 0{,}75/0{,}75 \cdot 0{,}875 = 0{,}182.857$ einen höheren Kostensatz. Darin liegt der Hinweis, dass der persönliche Vorteil des steuerfreien Veräußerungsgewinns zu dem mit (1) niedrigeren Kostensatz weiter verrechnet wurde und sich folglich nicht im höheren Aktienpreis für den Aktionär, sondern über den niedrigeren Kapitalkostensatz – 0,16 anstatt 0,182.857 – im Bereich der Unternehmung auswirkt. Dies ist zwar eine Folge des Konzepts „Eigenkapitalkosten und Besteuerung", schneidet jedoch nicht von weitergehender Argumentation ab, die wir später aufgreifen.

---

[105] Kruschwitz (2002) S. 246-250.
[106] Zu Recht entschieden kritisiert von Schneider (2002) S. 203 f.

Setzen wir entweder

(1) mit 0,16 und $s_{e_{2\emptyset}} = 0$ oder

(1a) mit 0,182.857 und $s_{e_{2\emptyset}}/2 = 0,125$ in die Gleichung (2) für den Wert/Preis der Aktie ein, so folgt in beiden Fällen derselbe Preis von 875,-. Hier für (1) gerechnet:

$$(2)\; P_o(\bar{r}_{Es(A)}) = \frac{G_1(1-b)(1-s_k)(1-s_{e_{1\emptyset}}/2)}{k(1-s_{e_{1\emptyset}}) - b \cdot \bar{r}_{Es(A)}(1-s_k)(1-s_{e_{2\emptyset}}/2)}$$

$$= \frac{160 \cdot 0{,}70 \cdot 0{,}75 \cdot 0{,}875}{0{,}16 \cdot 0{,}75 - 0{,}30 \cdot 0{,}16 \cdot 0{,}75 \cdot 1{,}00} = \frac{73{,}50}{0{,}084} = 875{,}-.$$

Der errechnete $P_o(\bar{r}_{Es(A)}) = 875,- < 1000,- = P_o$ im Nicht-Steuerfall zeigt vorab, dass das Halbeinkünfte-Verfahren bei $s_{e_1} = 0{,}25$ mit einer „extra burden" von periodisch $(-\Delta P) \cdot k(1 - s_{e_{1\emptyset}}) = (-125) \cdot 0{,}16 \cdot 0{,}75^{107} = -15{,}00$ zu Lasten der Eigenkapital-Finanzierung verbunden ist:

(a) alternatives, normal besteuertes Einkommen   160,--
./.   angenommen 25% ESt normaler Satz   ./. 40,--
=   Netto-Vorteil alternativ   = 120,--
(b) „extra burden" bei EK-Vermögen   ./. 15,--
(c) Netto-Vorteil aus der ausgeschütteten Parte des Gewinnes von 160,- (s.o.) ./. 73,50
(d) bleibt als erforderlicher Ertragswert des einbehaltenen Gewinnes   = 31,50

Der einbehaltene Gewinn beträgt mit $b \cdot G_1 \cdot (1 - s_k) = 0{,}30 \cdot 160 \cdot 0{,}75 = 36,-$ mehr als der erforderliche Ertragswert (= 31,50) aus seiner investiven Verwendung. Im KSt-System zu a) und b) hat $b > 0$ die steuerliche Belastung erhöht, zu c) senkt $b > 0$, und zwar bei $b = 0{,}30$ und $s_{e_1} = 0{,}25$ um 4,50. Infolgedessen kann der thesaurierte Betrag von 36,- aus der Sicht der Unternehmung einen negativen Kapitalwert (von 4,50) haben. In unserer Konstellation saldieren sich 30% der extra burden (= 4,50) gerade gegen die steuerliche Entlastung

---

[107] D.h. die alternative Verwendung für den Kaufpreis- bzw. Verkaufpreis-Betrag führt wie ausgeführt zu einem mit ESt normal belasteten Investitionsertrag des Kapitalgebers.

B.68 Die Eigenkapitalkosten verschiedener Besteuerungssysteme

infolge b = 0,30, so dass die mit (1) $\bar{r}_{Es(A)}$ = 0,16 ausgerechnete Mindestrendite zufällig den alternativen Ertragssatz/EK-Kostensatz k des Nicht-Steuerfalles ausweist! Probe für den Ertragswert des einbehaltenen Gewinn-Anteiles:

$$EW = \frac{b \cdot G_1(1-s_k) \cdot \bar{r}_{Es(A)} \cdot (1-b)(1-s_k)(1-s_{e_{1\varnothing}}/2)}{k(1-s_{e_{1\varnothing}}) - b \cdot \bar{r}_{Es(A)} \cdot (1-s_k)(1-s_{e_{2\varnothing}}/2)}$$

$$= \frac{0{,}30 \cdot 160 \cdot 0{,}75 \cdot 0{,}16 \cdot 0{,}70 \cdot 0{,}75 \cdot 0{,}875}{0{,}16 \cdot 0{,}75 - 0{,}30 \cdot 0{,}16 \cdot 0{,}75 \cdot 1{,}00} = \frac{2{,}646}{0{,}120 - 0{,}036}$$

= 2,646/0,084 = 31,50 Ertragswert für den thesaurierten Nominalbetrag von 36,-.

Naheliegenderweise ist die steuerliche Begünstigung der Gewinnthesaurierung keine Ermunterung an die Geschäftsführung, die so gewonnenen Mittel getrost für Investitionen mit negativem Kapitalwert zu verwenden, der den Steuervorteil wegkompensiert. Der Vorteil von periodisch 4,50 gehört auf die Seite des Aktionärs als Folge seiner persönlichen Steuerfreiheit für den Veräußerungsgewinn, indem wir s_{e_2} = 0 angesetzt haben. Die Geschäftsführung muss den einbehaltenen Gewinn von 36,- zumindest kapitalwertlos investieren, so dass der Ertragswert gleichfalls 36,- beträgt. Wäre der Aktionär mit $s_{e_2}/2 = 0{,}125$ steuerpflichtig von 36,- Vermögenswertzuwachs/Veräußerungsgewinn, dann kürzen die 4,50 Steuern seinen Gesamterfolg mit (73,50 ./. 4,50 + 36,00) = 105,- + 15,00 extra burden = 120,- wie alternativ netto. Folglich geben wir den Nominalbetrag von 36,- als Ertragswert in die obige Gleichung vor, um den gerade kapitalwertlosen Ertragssatz $\bar{r}_{Es}$ zu errechnen.

So verfahren, erhalten wir $\bar{r}_{Es}$ = 0,175.342. Die Weiterverwendung in der Preisgleichung (2) im Nenner für die Wachstumsrate führt zu

$$P_0(\bar{r}_{Es}) = \frac{73{,}50}{0{,}12 - 0{,}039.452} = \frac{73{,}50}{0{,}080.548} = 912{,}50.$$

Zur Kontrolle: Der Zuwachs nach einem Jahr macht entsprechend $k(1-s_{e_{1\varnothing}}) = 0{,}12$ den Betrag von 109,50 aus, der sich in die beiden Netto-Vorteile von 73,50 und 36,- aufteilt. Die 36,- sind der Vermögensvorteil/Ertragswert aus dem einbehaltenen Gewinnbeitrag von 36,-. Zum Vergleich: bei steuerpflichtigem Veräußerungsgewinn mit $s_{e_{2\varnothing}}/2 = 0{,}125$ wäre der Aktienpreis 875,-, die Vorteilssumme davon 0,12 gleich 105,- in der Zusammensetzung von 73,50 ./. 4,50 + 36,00.

Die angestrebte Erkenntnis der komplexen Zusammenhänge bedarf der vergleichenden Zusammenfassung. In den beiden Steuersystemen a) und c) bestimmt jeweils – und entgegengesetzt – die Thesaurierungsquote die Steuerbelastung mit.

Bei a) ist $\bar{r}_{Es} = 0{,}210.526$ zwar der kapitalwertlose Mindest-Ertragssatz für die investive Verwendung des nicht ausgeschütteten Gewinns. Dieser Satz ist jedoch zu niedrig angesichts des spezifisch selbstfinanzierungsbedingten **Steuernachteils**. Der an diesem Nachteil orientierte Satz wurde in B. 65.6 mit $\bar{r}_{Es(A)} = 0{,}24$ errechnet. Der differentielle Mindest-Ertragssatz von $(0{,}24 - 0{,}210.526)$ realisiert einen Kapitalwert, der den thesaurierungsbedingten Steuernachteil kompensiert. Die kennzeichnende Konstellation ist (B.65.6) $\bar{r}_{Es(A)} = 0{,}24 > 0{,}210.526 = \bar{r}_{Es}$ (B.65.4).Der Steuernachteil wird nicht (im Wege einer vollen Gewinnausschüttung) vermieden, sondern nur über den höheren Mindest-Investitionsertrag ausgeglichen.

Bei c) dem Halbeinkünfte-Verfahren ist $\bar{r}_{Es(A)} = 0{,}16$ zwar der kapitalwertlose Mindest-Ertragssatz, wenn der selbstfinanzierungsbedingte **Steuervorteil** mit eingerechnet wird. Um dies zu verhindern, muss der Mindest-Ertragssatz auf $\bar{r}_{Es} = 0{,}175.342$ hoch gesetzt werden. Die Differenz zwischen den Mindest-Ertragssätzen sichert den thesaurierungsbedingten Steuervorteil, d.h. sie verhindert, dass der Vorteil über den niedrigeren EK-Kostensatz $\bar{r}_{Es(A)} = 0{,}16$ im Sinne einer Ermäßigung der Kapitalkosten verloren geht. Der mit $\bar{r}_{Es} = 0{,}175.342$ höher gesetzte Mindest-Ertragssatz sichert den Steuervorteil in einem entsprechenden positiven Kapitalwert. Die kennzeichnende Konstellation ist
(S. 223) $\bar{r}_{Es} = 0{,}175.342 > 0{,}16 = \bar{r}_{Es(A)}$ (S. 221).

Der Steuervorteil wird nicht über zu niedrige Kapitalkosten wegverrechnet, sondern über den höher gesetzten Mindest-Ertragssatz gesichert. In beiden Besteuerungssystemen geht es jedoch nicht bei a) um Überwälzung eines Nachteils bzw. bei b) um die Nicht-Weitergabe eines Vorteils. Vielmehr wird die Frage behandelt, wie steuerliche Belastung bzw. Entlastung – jeweils infolge der Entscheidung, Gewinn einzubehalten – in die geforderte Mindestrendite weitergerechnet wird. Während Formel (1) für $\bar{r}_{Es(A)}$ gleichseitig verfährt, haben wir für asymmetrisches Berücksichtigen in der Mindestrendite/im Kapitalkostensatz argumentiert: der Nachteil erhöht, der Vorteil senkt nicht den Kapitalkostensatz.

B.68 Die Eigenkapitalkosten verschiedener Besteuerungssysteme

Der Eigenkapital-Kostensatz $\bar{r}_{Bs(b>0)}$ beträgt im derzeitigen Besteuerungssystem des Halbeinkünfte-Verfahrens

(3) $\quad \bar{r}_{Bs(b=0,30)} = \dfrac{k(1-s_{e1\varnothing})}{(1-b)\cdot(1-s_k)(1-s_{e1\varnothing}/2)+b\cdot(1-s_k)(1-s_{e2\varnothing}/2)}$

$= \dfrac{0{,}16\cdot 0{,}75}{0{,}70\cdot 0{,}75\cdot 0{,}875 + 0{,}30\cdot 0{,}75\cdot 1{,}00}$

$= 0{,}12/(0{,}459.375 + 0{,}225) = 0{,}12/0{,}684.375$

$= 0{,}175.342.$

Probe unter Verwendung des schon errechneten Preises als Einzahlungsbetrag für eine junge Aktie:

$EW = \dfrac{P_{os(b>0)}\cdot \bar{r}_{Bs(b>0)}\cdot (1-b)(1-s_k)(1-s_{e1\varnothing}/2)}{k(1-s_{e1\varnothing}) - b\cdot \bar{r}_{Bs(b>0)}\cdot (1-s_k)(1-s_{e2\varnothing}/2)}$

$= \dfrac{912{,}50\cdot 0{,}175.342\cdot 0{,}70\cdot 0{,}75\cdot 0{,}875}{0{,}16\cdot 0{,}75 - 0{,}30\cdot 0{,}175.342\cdot 0{,}75\cdot 1{,}00}$

$= \dfrac{73{,}50}{0{,}120 - 0{,}039.452} = \dfrac{73{,}50}{0{,}080.548} = 912{,}50.$

Vergleich der Größen der drei Besteuerungssysteme a) bis c)

		(1) EK-Kostensätze für thesauriertes EK	(2) Ertragswert/ Preis der Aktie	(3) EK-Kostensätze für Beteiligungsfinan- zierung
a) Steuersystem 1958-1977	α) β) γ)	- weil b = 0 $\bar{r}_{Es} = 0{,}210.526$ vgl. B.65.4 der Satz ist zu niedrig, deshalb γ) $\bar{r}_{Es(A)} = 0{,}24$ vgl. B.65.6	$P_{0s(b=0)} = 800{,}-$ $P_0(\bar{r}_{Es}) = 760{,}-$ vgl. B.65.5 $P_0(\bar{r}_{Es(A)}) = 800{,}-$	$\bar{r}_{Bs(b=0)} = 0{,}20$ $\bar{r}_{Bs(b>0)} = 0{,}210.526$ vgl. B.68 zu a) $\bar{r}_{Bs(b>0)} = 0{,}210.526$
b) Anrechnungs- system 1978 - 2000	α) β) γ)	- weil b = 0 $\bar{r}_{Es} = 0{,}177.778$ der Satz ist zu niedrig, deshalb γ) $\bar{r}_{Es(A)} = 0{,}24$ vgl. B.68 zu b)	$P_{0s(b=0)} = 1000{,}-$ $P_0(\bar{r}_{Es}) = 900{,}-$ $P_0(\bar{r}_{Es(A)}) = 1000{,}-$	$\bar{r}_{Bs(b=0)} = 0{,}16$ $\bar{r}_{Bs(b>0)} = 0{,}177.778$ $\bar{r}_{Bs(b>0)} = 0{,}177.778$
c) Halbeinkünfte- Verfahren, ab 2001	α) β) γ) 	- weil b = 0 $\bar{r}_{Es} = 0{,}175.342$ $\bar{r}_{Es(A)} = 0{,}16$ vgl. B.68 zu c) der Satz ist zu niedrig, deshalb β)	$P_{0s(b=0)} = 875{,}-$ $P_0(\bar{r}_{Es}) = 912{,}50$ $P_0(\bar{r}_{Es(A)}) = 875{,}-$	$\bar{r}_{Bs(b=0)} = 0{,}182.857$ $\bar{r}_{Bs(b>0)} = 0{,}175.342$ $\bar{r}_{Bs(b>0)} = 0{,}175.342$

Die Zusammenstellung der Ergebnisgrößen (1) bis (3) für die drei Besteuerungssysteme a) bis c) dient der Übersicht und den Vergleichen, die zuvor behandelt worden waren:

1. Spalte (2), jeweils α) zeigt den Ertragswert/Preis der Aktie bei vollständiger Ausschüttung des Gewinnes. Die Differenz gegenüber 1000,- im Nicht-Steuerfall ist die „extra burden", die das jeweilige Besteuerungssystem (KSt und ESt zusammengefasst) der Beteiligungsfinanzierung diskriminierend auflädt. Die periodische Größe ist $-\Delta P \cdot k \cdot (1 - s_{e_{1\varnothing}})$. Bei „fully anticipated", d.h. bei vollständiger „Steueramortisation" im Preis der Aktie ist der Käufer der Aktie nicht damit belastet.

B.68 Die Eigenkapitalkosten verschiedener Besteuerungssysteme

2. Wenn das Einbehalten von Gewinn diese „extra burden" noch erhöht, dann erhöht sich der Kostensatz $\bar{r}_{Es}$ für thesauriertes Eigenkapital geringfügig gegenüber dem Kostensatz $\bar{r}_{Bs(b=0)}$ für Beteiligungskapital – Spalte (1)-β) bei a) und b) gegenüber jeweils Spalte (3)-α). Der Vergleich der Preise zu α) und β) zeigt, dass der größere Anteil an der selbstfinanzierungsbedingten Erhöhung der Steuerlast sich als niedrigerer Aktienpreis auswirkt. Wir hatten argumentiert – B.65.6 -, dass der Kostensatz für thesauriertes Kapital zu niedrig angesetzt ist. Die steuerliche Mehrbelastung infolge der Thesaurierung gehört über den entsprechend höheren Kapitalkostensatz den Investitions-Entscheidungen zu und nicht als Preis-Nachteil den Aktionären!

3. Der Kostensatz $\bar{r}_{Es(A)}$ trägt dem Rechnung, indem er auf die alternativ mögliche und geringer belastete Ausschüttung bezieht – Spalte (1)-γ) bei a) und b). Die Gleichheit der Preise $P_{0s(b=0)}$ und $P_0(\bar{r}_{Es(A)})$ zeigt das Ziel der Argumentation an – Spalte (2), α) und γ) jeweils zu a) und b).

4. Dieser nachvollziehbare Zusammenhang kehrt sich bei dem Halbeinkünfte-Verfahren unter c) um. Jetzt entlastet die Gewinneinbehaltung, so dass der auf die alternative Ausschüttung bezogene Kostensatz $\bar{r}_{Es(A)}$ mit 0,16 niedriger ist als der bei voller Gewinnausschüttung mit $\bar{r}_{Bs(b=0)} = 0,182.857$.

5. Dieser thesaurierungsbedingte Steuervorteil – so wird jetzt umgekehrt argumentiert – gehört nicht dem Bereich der Investitions-Entscheidungen zu. Hier werden im Grenzbereich Investitionen mit negativen Kapitalwerten nur deshalb realisiert, weil sie einschließlich dem Steuervorteil infolge der Thesaurierung positiv abschneiden.

6. Dementsprechend haben wir den Kostensatz $\bar{r}_{Es}$ - Spalte (1)-β) zu c) – so heraufgesetzt, dass die Investitionen im Grenzbereich ohne den Steuervorteil einen Kapitalwert von Null haben.

7. Die Überlegungen zum Kostensatz für thesauriertes Eigenkapital – Spalte (1) mit jeweils β) und γ) – wirken sich nicht auf den Kostensatz $\bar{r}_{Bs(b>0)}$ aus, sondern ausschließlich auf das Niveau des Aktienpreises als der Bemessungsgrundlage für den Kostensatz (aus der Sicht der Unternehmung) gleichbedeutend mit dem Ertragssatz aus der Sicht der Aktionäre. Das ist (eigentlich) unmittelbar einsichtig: Der Satz wird vom alternativ erzielbaren Ertragssatz der Aktionäre – also „von außen", vgl. B.34 – her zuzüglich der Besteuerung entwickelt. Was die Geschäftsleitung über den resultierenden Eigenkapitalkostensatz hinausgehend in

der Unternehmung erwirtschaftet, schlägt sich mit dem „fully anticipated" des Bewertungsmodells im Ertragswert/Preis der Aktie nieder. Während der Satz unverändert bleibt, reflektiert der Preis die Gewinnerwartungen. Das Produkt aus Preis und Brutto-Ertragssatz übersteigt dann den Stückgewinn G_1, wie die Multiplikation der Werte von Spalte (2) und (3) für jeweils die Zeile γ für die Steuersysteme a) und b) zeigt.[108] Bei System c) liegt die Umkehrung vor, weil der Aktienpreis gedrückt ist durch Investitionen mit negativen Kapitalwerten, weil der Kostensatz für thesauriertes Eigenkapital mit 0,16 zu niedrig angesetzt ist.

8. Eigenkapitalkosten der Unternehmung bzw. Vorteile aus der Aktie sind Betragstheorie und nicht Satztheorie!

9. Ein vergleichender Blick auf die Besteuerungssysteme b) und c) zeigt sofort, dass man sich die sogenannte Steuerreform 2000 hätte sparen können. Das unsinnige Umdrehen des Körperschaftsteuersystems und das erneute Verkomplizieren des Rechts beider Steuern lässt sich nur mit dem Geltungsdrang und den (Neben-) Einkünften der Akteure erklären.

10. Wenn im Gegensatz zu unseren Ergebnissen anhand des KSt-Satzes die Entlastung der Aktiengesellschaften propagiert wurde und die Aktienbörse positiv auf die plötzliche Verabschiedung der Steuerreform reagierte, so beruhte dies ersichtlich auf Vorstellungen über die steuerliche Entlastung, die genau falsch waren, weil ihnen keine theorie-orientierten Kalküle zugrunde lagen. Kurz: die sogenannte Steuerreform erweist sich als reine Augenwischerei und ist zugleich ein Beispiel für die fehlende Sachkompetenz.[109]

---

[108] Im Nicht-Steuerfall beschreibt diese Konstellation das „echte Wachstum" vgl. B.35.3.
[109] Vgl. so auch Schneider (2002) Vorwort S. Vf.

B.69 Finanzwirtschaft und Besteuerung

69.1 Einführung

Das für den Eigenkapital-Kostensatz und den Preis der Aktie als seiner Bemessungsgrundlage entwickelte Konzept gehört wegen seiner Prägung durch die Besteuerung zur Steuerwirkungslehre.[110] Abschnitt B.69.2 gibt einen Überblick, der (1) die Steuerzahlung, (2) die Anpassungsentscheidung (3) die Änderung der Auswahlentscheidung und (4) die Gestaltungsentscheidung als vier Arten der Steuerwirkungen unterscheidet.

So altbekannt die Beschäftigung mit den Wirkungen der Besteuerung ist, so undurchsichtig ist noch immer sowohl deren Ordnungsgefüge als auch deren empirische Fassbarkeit. Das hindert die Literatur durchaus nicht, Aussagen zur Steuerüberwälzung und Steuerlastverteilung mit Bestimmtheit zu formulieren.

Nicht weniger, wenn auch ausschließlich theoretisch schwierig ist das Bemühen, die Voraussetzungen zu erforschen, unter denen umgekehrt die Besteuerung neutral ist. Auch das Postulat der Besteuerungsneutralität ist altbekannt,[111] von der Finanzwissenschaft als verteilungspolitische Neutralität verstanden. Dieses Verständnis blickt auf die **Auswirkungen** der Besteuerung, während die Betriebswirtschaftslehre **das Einwirken**, das Beeinflussen von Entscheidungen zum Ausgangspunkt nimmt, also „weiter vorn" beginnt. Dem entspricht dann die **Entscheidungs**neutralität der Besteuerung. Wegen der Interdependenz der Entscheidungen im Vollzug des betriebswirtschaftlichen Realprozesses[112] kann man nicht artspezifische Entscheidungsneutralitäten isoliert behandeln. Die – im Gegensatz dazu – bevorzugt bearbeitete Neutralität der Besteuerung betreffend Investitionsentscheidungen[113] unterstellt deshalb (ungeprüft), dass die Besteuerung hinsichtlich Finanzierung und Eigenkapitalgeber-Risiken vorausgehend und hinsichtlich Beschaffung, Produktion und Absatz nachfolgend neutral, d.h. ohne Entscheidungseinfluss ist. Dem Abschnitt B.69, der den Teil

---

[110] Schneider (2002) gibt seiner Abhandlung über die Steuerwirkungen den zutreffenden Untertitel „Einführung in die steuerliche Betriebswirtschaftslehre".
[111] Vgl. Neumark (1970) S. 33.
[112] Vgl. Lehmann (2003) S. 58-66.
[113] Vgl. Treisch, Steuer und Studium 2000.

„Finanzierung" abschließt, entspricht es, wenn wir uns auf Finanzierung und Risiken beschränken.

Hinsichtlich der Finanzierung haben wir die Besteuerung als Komponente ihrer Kosten eingebunden und vom alternativen Ertrag (und seiner Besteuerung) des Aktionärs her konzipiert zu den Eigenkapitalkosten aus Sicht der AG. Die Risiken beginnen umgekehrt mit der betriebswirtschaftlichen Betätigung der Unternehmung und werden erst dann zu Risiken des Eigenkapitalgebers.[114]

Zu diesem sachlichen Gegenlauf von Eigenkapitalkosten und Eigenkapitalrisiken kommt der Zeitablauf hinzu, der ein Existenzmerkmal sowohl des Finanzierungsgeschäfts als auch der Risiken (ex ante) und ihrer Verwirklichung (ex post) ist. Daraus folgt eine Struktur mit vier Feldern, um die gewährleistete bzw. verletzte Neutralität der Besteuerung betreffend die Eigenkapital-Finanzierung zu erörtern.

69.2 Finanzwirtschaftliche Steuerwirkungslehre

Dieser Abschnitt möchte einen kurzen Überblick geben betreffend das Verhältnis von betrieblicher Finanzwirtschaft und Besteuerung im Sinne der von ihr ausgelösten Wirkungen. Deren Gesamt bezeichnen wir als finanzwirtschaftliche Steuerwirkungslehre. Diese unterteilen wir wie folgt:

① nur Änderung der Besteuerung und Hinnahme seitens des Steuerpflichtigen,
② reagierende Anpassungs-Entscheidungen,
③ Änderung der finanzwirtschaftlichen Auswahl-Entscheidungen, und
④ Gestaltungs-Entscheidungen, die gezielt zur Verringerung der Steuerbelastung erfolgen.

Im Einzelnen:
① **Steuerzahlungen als Auswirkungen der Besteuerung**
Die Steuerzahlungen selbst als die Folgen aus den Vorschriften des Steuerrechts werden als die primären Steuerwirkungen bezeichnet. Die Steuerzahlungen sind die **Auswirkungen der Besteuerung**. Der Entzug der Mittel ist die erste und unmittelbare Wirkung der steuerlichen Rechtsnormen.[115]

---

[114] Vgl. Franke/Hax (1999) S. 67 f.
[115] Die Rechtsfolge „Steuerzahlung" ist folglich der primäre Bestandteil der Struktur der Steuerwirkungen, vgl. so Federmann (1977) S. 54-57.

(11) Für diesen Fall treffen wir präzisierend die Annahme, dass der Steuerpflichtige zahlt und dass sich im übrigen nichts ändert. Diese – im Hinblick auf dann (12) – unrealistische Annahme läuft jedoch auf die weitverbreitete Literatur hinaus, die die finanzwirtschaftlichen Fragen behandelt, ohne die Besteuerung zur Kenntnis zu nehmen und in ihren Überlegungen zu berücksichtigen.

Die getroffene Annahme, dass die Entscheidungen im Nicht-Steuerfall und im Steuerfall unverändert die gleichen bleiben, dient uns dazu, die Steuerbelastung als Differenz zwischen den beiden Fällen unbeeinflusst zu quantifizieren. Dazu haben wir im Abschnitt B.65.2 die Nicht-Beachtung der Besteuerung seitens der Unternehmensleitung verknüpft mit der Berücksichtigung der Besteuerung seitens der Erwerber der Aktien! Auf diese Weise konnte die Bewertung/Preisstellung der Aktie im Steuerfall gezeigt werden und die Preisdifferenz als Ausdruck der „extra burden" – zu ihrem Barwert gerechnet – auf ihre drei Ursachen hin analysiert werden; vgl. B.65.3.

(12) Wenn wir auf die beschriebene Annahme verzichten, dann betrachten wir (vor anderen) die sogenannten **Entzugswirkungen**: infolge des Geldabgangs für die Steuern unterbleiben andere, mit Ausgaben verbundene Aktivitäten oder sie werden reduziert durchgeführt. (12) ist gewissermaßen der übliche Spezialfall zu der bekannten Situation, dass man „sparen muss": der Ausgangspunkt ist **die Verknappung der Mittel** und es geht nicht darum, die Steuerbelastung zu verringern.

② **Anpassungs-Entscheidungen als Reaktion**
Hierbei gibt eine der häufigen Änderungen der steuerlichen Rechtslage den Anstoß, den bisherigen Planungsvollzug zu überprüfen. Wenn die Änderung der steuerlichen Umwelt mittels einer erneuten Planungs-Rechnung/Optimierungs-Rechnung eine Änderung der ökonomischen Aktionsvariablen – insbesondere der Angebotspreise – nahe legt, dann bezeichnen wir die sich anschließende Entscheidung als Anpassungs-Entscheidung: der bisherige Handlungsvollzug wird den veränderten steuerlichen Bedingungen entsprechend angepasst, um die jetzt optimalen Parameter der Aktionsvariablen zu realisieren. Das so an die veränderten Bedingungen angepasste „wirtschaftende Handeln unter Berücksichtigung der Besteuerung" erstrebt als Ertrag der Anpassung eine Verbesserung der Netto-Ergebnissituation gegenüber der Nicht-Anpassung. Der Betrag der Steuerzahlung wird zwar infolge der Anpassung geringer sein, das ist jedoch nur die resultierende Folge und **nicht die Zielsetzung** der Anpassungs-Entscheidung. Anpassungs-Entscheidungen optimieren das ökonomische Netto-

Ergebnis und minimieren nicht die Steuerzahlungen! Anpassungs-Entscheidungen sind von ihrer Zielsetzung her keine Steuerausweich-Handlungen.[116]

③ Änderung von Auswahl-Entscheidungen als Reaktion

Die Unterscheidung zwischen ② und ③ erfolgt im Vorgriff auf B.69.3: die dort erörterte Neutralität der Besteuerung betreffend finanzwirtschaftliche Entscheidungen bezieht sich nur auf die Entscheidungen zu ③ und nachfolgend ④ und nicht auch auf Entscheidungen zu (12) und zu ②.[117] Das Postulat „entscheidungsneutraler Besteuerung" besagt folglich (nur), dass die Auswahl-Entscheidungen nicht beeinflusst werden und zu ④ Gestaltungs-Entscheidungen nicht bewirkt werden.

Volpert[118] möchte den Einfluss der Besteuerung auf die Vorteilhaftigkeit der Investitionsmöglichkeiten im Sinne ihrer Rangfolge untersuchen. Sie variiert deshalb nicht die steuerliche Umwelt, betreibt also keine Steuerwirkungslehre. Vielmehr formuliert sie die Problemstellung um zu „keine Berücksichtigung der Besteuerung" – das ist unsere (11) – versus „Berücksichtigung in der Investitionsrechnung" – das führt zu unserer ③. Damit verbindet sie (11) und ③ unmittelbar und auf der Ebene nur des Rechnens und der Entscheidungs-Relevanz und schaltet (12), ② und ④ und damit die für die Steuerwirkungslehre erforderlichen Abgrenzungen aus.

④ Gestaltungs-Entscheidungen als Reaktion

Über die Anpassungs-Entscheidungen hinausgehend gibt es **Bewirkungen der Besteuerung** im Sinne des Auslösens belastungsverringernder Entscheidungen. Sie sind die sogenannten **Gestaltungs-Entscheidungen**, die direkt auf eine Verringerung der Steuerzahlungen abzielen. In finanzwirtschaftlicher Sicht ist die besteuerungsbedingte Änderung der Thesaurierungsquote (b) oder der Ausschüttungspolitik – vgl. B.37: Verringerung des relativen Wertes des Bezugsrechts als Folge des KSt-Systems seit 1978 – eine Gestaltungs-Entscheidung.

Gestaltungs-Entscheidungen sind die Reaktion auf Vorschriften des Steuerrechts, die nicht neutral sind im Sinne sachgerechter Rechtssetzung betreffend die ökonomischen Merkmale der Besteuerungssachverhalte. Nur sie sollte man als Ausweichhandlungen oder Steuervermeidung bezeichnen.[119]

---

[116] Anders die Gleichsetzung bei Schneider (1992) S. 193.
[117] Anders bzw. uneinheitlich bei Schneider (1992) S. 193 f.
[118] Volpert (1989) S. 22.
[119] Vgl. so und ausführend Marx (1990) S. 13-16.

Verbinden wir diese Vier-Teilung nun mit dem Eigenkapitalkostensatz:
Im Sinne von ① hatten wir dem Nicht-Steuerfall – B.65.1 – ein Besteuerungssystem hinzugefügt – B.65.2. Die ökonomische Situation wurde konstant gehalten, um die steuerbedingte Erhöhung des Kostensatzes und die Verringerung des Aktienpreises (von 1000,- auf 700,-) zu errechnen. Auswirkungen der Verteuerung des Eigenkapitals sowohl auf die Investitions- und Finanzierungs-Entscheidungen als auch spezifisch auf die Selbstfinanzierungsquote (b) bleiben ausgeschlossen. Das entspricht der zu (11) beschriebenen Situation.

Erst dann wären die Einwirkungen der Besteuerung auf die Investitions- und Finanzierungs-Entscheidungen zu untersuchen im Sinne von
(12) infolge der Verknappung der finanziellen Eigenmittel, sowie von
② und ③ im Wege von Anpassungs- bzw. geänderten Auswahl-Entscheidungen.

Sie bedeuten hinzukommende entscheidungsverbundene Änderungen der ökonomischen Situation im Steuerfall, so dass nun die Unterschiede in den Ergebnissen gegenüber dem Nicht-Steuerfall zwei sich vermischende Ursachen haben.

Spezifisch zu ④ ordnen wir eine steuerbedingte Änderung der Thesaurierungsquote (b) zu. Diese ist zuvor schon eine Gestaltungsvariable, so dass ihre reagierende Änderung infolge der Besteuerung als Gestaltungs-Entscheidung zu bezeichnen ist.

Während die zu ② und ③ genannten Entscheidungen aus der Verknappung der Mittel bzw. der Erhöhung des Eigenkapitalkostensatzes folgen, ihn selbst jedoch hinnehmen, wird durch die Gestaltungs-Entscheidung zu ④ der Satz selbst verändert über die Änderung der Selbstfinanzierungsquote (b), die ihn im Steuerfall mitbestimmt; vgl. B.67, Gleichung (3).

Die abschließende Übersicht fasst die Überlegungen zu einer Struktur zusammen.

Struktur einer finanzwirtschaftlichen Steuerwirkungslehre, umfassend ① bis ④

a) **spezifisch und im Abschnitt B.60:**

$k_{EK_jt} = \bar{r}_{EK_jt}$ der Eigenkapitalkostensatz der Uj bei gemischter Finanzierung (hier: verkürzt zu k):

im Nicht-Steuerfall und im Steuerfall → d.h. (nur) ① ⟶ ① Auswirkungen der Besteuerung: das sind die Steuerzahlungen als Wirkungen bei unveränderten Entscheidungen, d.h. es gibt keinen Entscheidungseinfluss infolge der Besteuerung

b) **allgemein:**

Finanzwirtschaft plus Besteuerung:

Einführung einer Steuer → der Vergleich vom Nicht- und Steuerfall → ①

bzw.

Änderung einer Steuer

④ Bewirkungen der Besteuerung: das sind die Gestaltungs-Entscheidungen im Sinne des Auslösens von Entscheidungen, die direkt auf eine Verringerung der Steuererzahlung abzielen; hier: die Ausschüttungspolitik

② Einwirkungen der Besteuerung: das sind die Anpassungs-Entscheidungen angesichts und infolge einer Änderung in der Besteuerungsumwelt; hier: reagierende Änderungs-Entscheidungen im Bereich der Finanzwirtschaft

③ betrifft die Änderung der Auswahl-Entscheidungen, wenn und weil die Besteuerung die Rangfolge der Vorteilhaftigkeit der Alternativen verändert

Die Besteuerung und die jeweils hinzukommende Entscheidung haben „gemischte Steuerwirkungen" zur Folge.

69.3 Finanzwirtschaftliche Neutralitäten der Besteuerung

„Neutralität der Besteuerung" heißt nicht, dass die Besteuerung keine Wirkungen haben soll. Diese hat sie infolge des einseitigen Abgangs von Geld in jedem Fall.[120] Folglich ist zu präzisieren auf die „Entscheidungsneutralität der Besteuerung". Jedoch nicht jede von der Besteuerung ausgelöste Entscheidung kann als Verletzung der Neutralität verstanden werden: die Anpassungs-Entscheidungen (i.w.S.) als die möglichen Reaktionen auf die Steuererhebung hin sind aus dem Problembereich der „Entscheidungsneutralität der Besteuerung" herauszunehmen.[121] Das sind die Anpassungs-Entscheidungen i.w.S., erfasst unter

(12) wegen der Verknappung der Mittel infolge der Steuerzahlungen, und

zu ② wegen anderer optimaler Werte der Aktionsvariablen infolge einer erneuten Optimierungsrechnung nun „mit Steuern".

Positiv abgegrenzt: Wir verstehen das Postulat dahingehend, dass die Besteuerung

zu ③ **nicht die Auswahl-Entscheidungen** zwischen Handlungsmöglichkeiten einer erwerbswirtschaftlichen, spezifisch betriebswirtschaftlichen Betätigung beeinflussen soll[122] und

zu ④ keine Gestaltung von Sachverhalten mit dem primären Ziel der Minderung der Steuerbelastung auslöst; vgl. B.69.2.

Die unvermeidbare Verschiebung zugunsten der Alternative des Nichtstuns ist bei unserer Definition ausgeklammert. Daran schließt sich die berechtigte Frage an, welcher Zweck mit der so verbliebenen Entscheidungsneutralität verfolgt wird.

Nachdem wir die von der „Neutralität" gemeinten Entscheidungen hervorgehoben haben, geht es um die Abgrenzung des Bereiches, auf den sie sich beziehen. Daher der Plural „Neutralitäten" in der Überschrift! Er folgt, wenn man die betriebswirtschaftliche Betätigung in Handlungs-/Prozess-Abschnitte aufteilt und nun die Neutralität der

---

[120] Vgl. z.B. Neumark (1970) S. 261; Schneider (2002) S. 98.
[121] Anders, d.h. Einbezug bei Schneider (2002) S. 97-99. Die von ihm so verstandene „Entscheidungsneutralität" ist keine geeignete Grundlage, um Steuerwirkungen und Steuerlastverteilung zu erörtern, denn die Anpassungs-Entscheidungen unter (12) und zu ② wären (bereits) Verletzung der „entscheidungsneutralen Besteuerung".
[122] Damit vergleichbar, beschränkt Treisch die Neutralität der Besteuerung betreffend Investitions-Entscheidungen auf die unveränderte Rangfolge von Investitionsmöglichkeiten; Steuer und Studium 2000, S. 368, 374.

Besteuerung nur einer Entscheidungsphase ins Auge fasst. In diesem Sinne hat sich die Literatur vorzugsweise mit der „Investitionsneutralität der Besteuerung" befasst.[123]

Diese Vorgehensweise ist untauglich: es werden die Erfordernisse/Merkmale einer investitionsneutralen Besteuerung erarbeitet unter Abschneiden von Finanzierung und Risiken. Folglich unterstellen die positiven Ergebnisse zur Investitionsneutralität kurzerhand, dass die Besteuerung hinsichtlich Risiken und Finanzierung neutral ist, m.a.W. Risiko- und Finanzierungs-Neutralität gegeben sind.[124]

Wir haben die Kosten des Kapitals nicht aus der Sicht der kapitalnehmenden Unternehmung konzipiert, sondern vom alternativ erzielbaren Ertrag des Kapitalgebers her; vgl. B.34. Folgerichtig wurde die Verletzung der Finanzierungsneutralität auf das Besteuerungssystem, d.h. für das Zusammenwirken von Körperschaft- und Einkommensteuer (mit maximal vier verschiedenen Steuersätzen) festgelegt, und dies sowohl für den Kostensatz als auch für seine Bezugsgrundlage (P_{os}). Die Mehrbelastung infolge fehlender Finanzierungsneutralität haben wir für die Aktionäre mit Hilfe des Bewertungsmodells zur Preisdifferenz/zum Preisrückgang im Zeitpunkt quantifiziert und als „extra burden" bezeichnet. Vom Wirtschaften her gesehen ist die Mehrbelastung eine periodische Größe, die auf Seiten der Unternehmung als die entsprechend höhere Mindestrendite $\bar{r}_s > \bar{r}$ gleichbedeutend den Kostensatz für das Eigenkapital erhöht.[125] Folglich werden die kapitalkosten-abhängigen Investitions- und Finanzierungs-Entscheidungen steuerbeeinflusst. Investitionsneutralität bei fehlender Finanzierungsneutralität kann es nicht geben, und sie ungeprüft zu unterstellen,[126] entwertet die dann erzielten Ergebnisse zur Investitionsneutralität.

---

[123] Vgl. König, ZfbF 1997, und Treisch, Steuer und Studium 2000.
[124] Der Überschrift nach werden Investitions- und Kapitalkosten-Neutralität integriert bei Schneider (1992) S. 218.
[125] Die „extra burden" ist bei Holland (1962) als periodische Mehrbelastung aus dem Nebeneinander von KSt und ESt zu Lasten des im Zeitablauf jeweiligen Aktionärs beschrieben. Auch hier fehlt der Einbezug des Aktienpreises, in den die laufende Mehrbelastung als einmalige Preisminderung (mehr oder weniger vollständig) im Sinne der „Steueramortisation" eingegangen ist.
[126] König (ZfbF 1997, S. 58) hat nur eine Art des Kapitals, d.h. es existiert kein Fremdkapital. Infolgedessen gibt es auch die Problemkomponente „Finanzierungsneutralität" nicht und die Entscheidungsneutralität wird mit der Investitionsneutralität der Besteuerung identifiziert.

Der erforderliche **Verbund** von Finanzierungs- und Investitionsneutralität schließt zugleich die Risikoneutralität der Besteuerung ein. Damit ist eine sachgerechte und folgerichtige Berücksichtigung der Risiken der erwerbswirtschaftlichen Betätigung bei der Erfolgsbesteuerung gemeint.

Im zeitlichen Verhältnis zu den Finanzierungs- und Investitions-Entscheidungen erfolgt die Besteuerung „ex post", d.h. bei Vorliegen der periodisch erwirtschafteten Gewinne. Dementsprechend werden auch nicht die Risiken „ex ante" mit steuerlichen Rechtsfolgen verknüpft, sondern erst ihre Verwirklichung im Zeitablauf, z.T. durch Regeln des Ermittlungsrechts zeitlich transformiert (z.B. durch Bilden einer Rückstellung versus der Berücksichtigung erst der Auszahlung). Erfolgt die steuerliche Berücksichtigung der Risiken des Erwerbswirtschaftens erst mit ihrer Verwirklichung zeitlich hinten, dann ist die Einkommensbesteuerung der laufend mit der Dividende vereinnahmten Risikoprämie des Eigenkapitalgebers ein zeitlich vorausgehender Zugriff, der sachlogisch dazu zwingt, das Endergebnis aus dem Engagement „Aktie" **ebenfalls und steuerlich gleichartig** zu regeln. Dem genügt § 23 EStG nicht, weil er Veräußerungsverluste nur innerhalb eines Jahres nach Ankauf und asymmetrisch nur im Rahmen positiver Einkünfte nach § 23 EStG sowie als Verlustrücktrag nur zeitlich begrenzt (das vorausgehende Jahr) und sachlich beschränkt auf künftige private Veräußerungsgewinne berücksichtigt. Wertverluste außerhalb der Veräußerung werden als privates Vergnügen des Eigenkapitalgebers/Aktionärs angesehen.

Dabei handelt es sich nicht nur um fiskalisch gewollte Mängel in den Rechtvorschriften des § 23 EStG, sondern – wie ausgeführt – um die fehlende Erkenntnis, dass die Dividenden und der Erfolgssaldo aus dem Abgang der Aktie einen ökonomischen **Verbund sowohl der Einkünfte als auch der Risiken bilden**; vgl. S. 31-34. Die Trennung in § 20 EStG für die Dividenden und in § 23 EStG für die Veräußerung der Aktie verkennt nicht nur den ökonomischen Entscheidungszusammenhang bei Erwerb der Aktie und den nachfolgenden, zweifachen Verbund, sondern folgt auch der eingefahrenen zivil- und steuerrechtlichen Trennung zwischen Verwalten und Verfügen (extrem mit den §§ 2039, 2040 BGB geregelt) und besteuert so den Ertrag aus der laufend vereinnahmten Risikoprämie, ohne folgerichtig auf das später endgültige ex post-Ergebnis bei Abgang zu achten.

Wir können festhalten, dass die Entscheidungsneutralität zeitlich vorn auf die Entscheidungszeitpunkte hin festgelegt ist,[127] während **ihre Gewährleistung in der laufenden Besteuerung** der periodisch erwirtschafteten Erfolge eingebunden ist.[128] Dementsprechend beachtet die nachfolgende Übersicht wegen der Besteuerung die zeitliche Dimension im Handlungsvollzug bis zur Beendigung der Eigenkapital-Rechtsposition.

Die Finanzierungsneutralität ist in der linken Hälfte und für ein Geschäftsjahr angesprochen. Die Risikoneutralität ist der Risikoverwirklichung verhaftet und wird deshalb nachfolgend rechts daneben mit der Beendigung des Engagement dargestellt.

Andererseits beschreibt die obere Hälfte der Übersicht die Aktiengesellschaft mit ① einem Gewinnjahr und später ③ einer Verlustperiode. Die untere Hälfte behandelt einen Aktionär mit ② der erhaltenen Dividende und mit abschließend ④ dem Erfolgssaldo bei Abgang der Aktie/seines Eigenkapitalrechts im Wege der Veräußerung oder des Konkurses der Aktiengesellschaft.

Mithin ist die Übersicht eine sachlich und zeitlich bestimmte Vier-Teilung des integriert betrachteten Problems „Finanzierungs- und Risiko-Neutralität der Besteuerung". Beide sind in der Besteuerung des wirtschaftenden Vollzuges herzustellen, um zeitlich nach vorn gezogen die Neutralität der Besteuerung zu gewährleisten betreffend die Entscheidungen der beiden Marktseiten, mit Eigenkapital zu finanzieren.
Dazu ist der Blick über den üblichen Tellerrand der periodischen Besteuerung zu richten:
1. Der nicht-ausgeschüttete Gewinn erfordert ein Konzept der Einkommensbesteuerung des Aktionärs, das die Dividende und die Aktie als einen ökonomischen Verbund zum Erzielen von Überschüssen über den Anschaffungspreis hinaus begreift.
2. Die Risiken, die im Verfolg des Überschuss-Zieles mit dem Erwerb der Aktie verbunden sind, verlangen dasselbe Konzept, wenn und weil die Dividende besteuert wird, **ohne die Risikoprämie steuerfrei zu stellen**.

---

[127] Zum Einfluss der Besteuerung auf die Bereitschaft, im Wege von Entscheidungen Risiken zu übernehmen, vgl. Bamberg (1984).
[128] Der ausschließliche Bezug der Entscheidungsneutralität auf ex ante bei Schneider (2002) S. 109 ist nicht problemadäquat. Das gilt auch für die kapitaltheoretischen Nachweise zur Neutralität der Besteuerung ex ante, wenn zum abweichenden ex post nichts gesagt wird.

B.69 Finanzwirtschaft und Besteuerung

Die Steuerfolgen in den Feldern ① bis ④ verletzen bzw. gewährleisten die Entscheidungsneutralität der Besteuerung

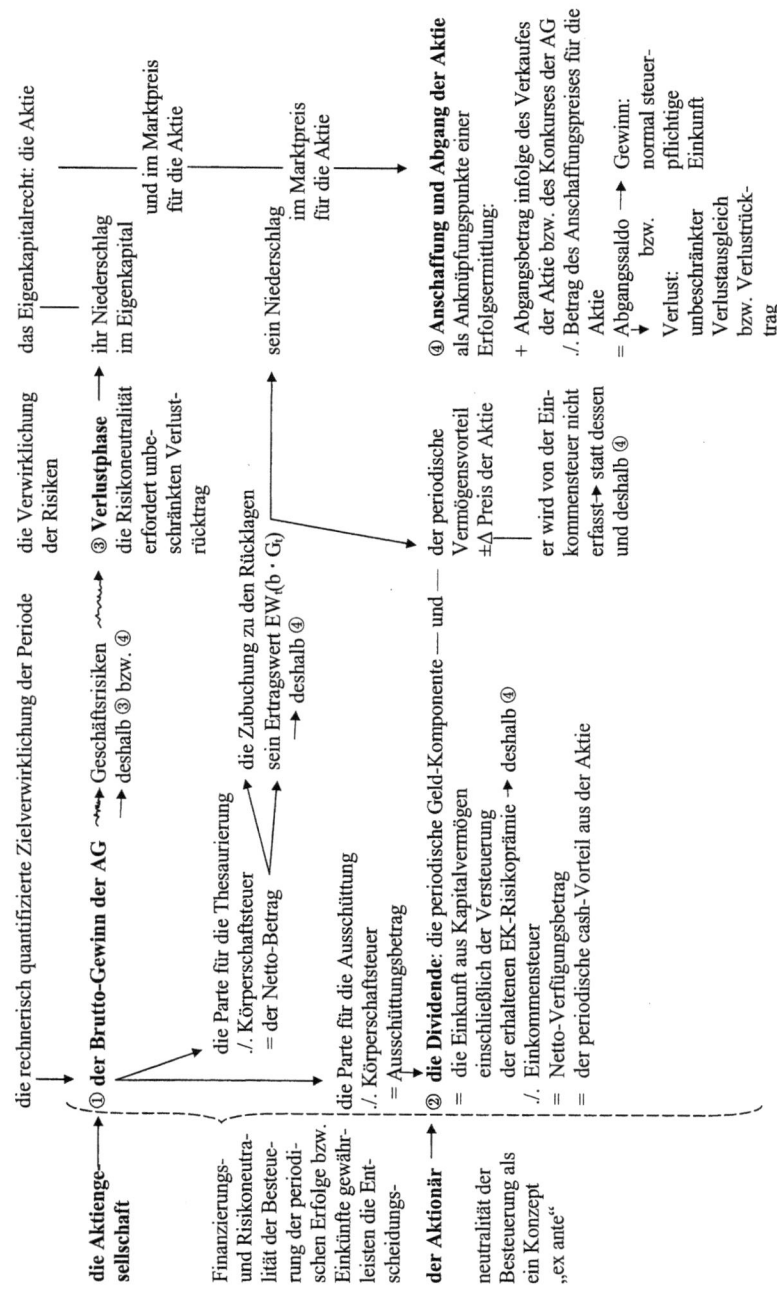

Bereits eingangs in A.40 hatten wir zum einen den Einkunfts- oder Überschuss-Verbund und zum anderen den Risiko-Verbund, beide deckungsgleich zwischen den periodischen Dividenden und dem endgültigen Schicksal der Aktie herausgearbeitet, um das Ziel des finanzwirtschaftenden Entscheidens und Handelns des Aktionärs zu kennzeichnen. Der Jurist hingegen, der die rechtlich zerschnittenen Teile dieser ökonomischen Interdependenz als die zutreffende Grundlage für das Festsetzen der steuerlichen Rechtsfolgen ansieht, verweist einerseits auf die Kapitalgesellschaft als eigene Rechtsperson mit folglich der Körperschaftsteuer als eigener „Einkommensteuer" und andererseits auf den Unterschied zwischen Vermögensverwaltung und Vermögensveräußerung, um beides getrennt im Einkommensgesetz zu regeln. Einmal soweit, wird dann jede der entstandenen „Rechtsfelder" ① bis ④ unbeirrbar verteidigt.

Dieser Abschnitt 69.3 und die zugehörige Übersicht sind bewusst nur eine Skizze der Problemstruktur. Es werden daher keine steuerrechtlichen Gestaltungsmöglichkeiten und Varianten im Hinblick auf eine Verbesserung der Finanzierungs-[129] und Risiko-Neutralität erörtert. Wenigstens dem Leser soll der ökonomische Verbund als Ausfluss des finanzwirtschaftenden Entscheidens zwangsläufig unter Unsicherheit und mit Risiken vermittelt werden. Der (Steuer-)Gesetzgeber hingegen ist schon unwillig und dann vor allem unfähig, den Sachverhalten sachgerecht die steuerlichen Rechtsfolgen anzufügen. Infolgedessen muss er sich mit den geänderten Auswahl-Entscheidungen und den Gestaltungen seitens der Steuerpflichtigen auseinandersetzen.[130] Dies erfolgt kopf- und konzeptlos, wie § 20 EStG schon für sich und dann im Verhältnis zu § 23 EStG beweist.

---

[129] Hinzuweisen ist auf die Vorschläge, welche die Verletzung der Finanzierungsneutralität durch die Körperschaftsteuer ausschalten möchten, vgl. dazu Schneider (2002) S. 54-61.
[130] In diesem Sinne Marx (1990) S. 16-19. Auch der Jurist – vgl. Schumacher (1996) S. 23 f., S. 87, S. 110 - erkennt dies, ohne jedoch die Grundlage „Quellentheorie der Einkünfte" in Frage zu stellen (S. 5, S. 129) und um sich dann auf die Rechtslage zurückzuziehen. Diese Scheu vor grundsätzlichen Infragestellungen (vgl. S. 225 f., 230) hat zur Folge, dass der Gesetzgeber weiterhin vor sich hinwurstelt.

Teil C:
Investitions- und Finanzierungs-Rechnungen für Real-Investitionen

Teil C. schränkt auf Sach-Investitionen ein, die ein Gebrauchsgut (= materieller Potentialfaktor) sind. Die Frage nach der Vorteilhaftigkeit derartiger Investitionen ist Gegenstand der Investitionsrechnung. Deren Durchführung erfolgt hier in sechs Abschnitten, die sich hinsichtlich der Finanzierung der möglichen Investition unterscheiden. Dabei liegt der gewichtigste Unterschied zwischen dem Abschnitt C.20 – der auf die investive Verwendung ausschließlich vorhandener Mittel abstellt – einerseits und den Abschnitten C.30 bis C.50 andererseits, die auf sehr verschiedene Art und Weise die Finanzierung in die Vorteilhaftigkeitsrechnung einbringen. Wir sprechen deshalb von der Investitions- und Finanzierungs-Rechnung (IFR). Die IFR und die Planungs-Rechnungen – mit deren Hilfe über die Nutzung vorhandener Bestände entschieden wird – bilden die beiden Sparten des entscheidungsvorbereitenden betriebswirtschaftlichen Rechnungswesens. Daran schließt sich die Sparte des handlungsbegleitenden Rechnens an und die vierte Sparte fasst die nach- und abrechnenden Rechnungssysteme zusammen.[1]

Die Verbindung des Investitionsrechnens mit der Finanzierung bedeutet, die rechnerisch gesuchte Vorteilhaftigkeit einer Investitionsmöglichkeit an den Kapitalkosten des objektgebundenen Kapitals zu messen, zu relativieren. Die Kapitalkosten stehen mit Kostensatz und Kostenbemessungsgrundlage für die Inanspruchnahme des Kapitals und folgen damit dem Prinzip, das seit je die Kostenrechnung begründete – bevor klügere Köpfe meinten, es käme auf die Auszahlungen an.

Die Finanzierung unterscheidet infolge der Unsicherheit zwischen Eigen- und Fremdkapital. Zum einen bringt die Differenz zwischen Eigenkapitalkostensatz (i_{EK} oder nur k) und Fremdkapitalkostensatz (i_{FK}) die Investitionsrechnung in Bedrängnis. Zum anderen erfordert die Handelbarkeit der Kapitalrechte, zwischen den Nominalbeträgen und den Ertragswerten/Marktpreisen der Kapitalparten zu unterscheiden.

---

[1] Zur Gliederung des betriebswirtschaftlichen Rechnungswesens vgl. Lehmann/Moog (1996) S. 426-490, als System S. 484-490.

Sind schon die Zusammenhänge zur Eigenfinanzierung undurchsichtig – wie der ausführliche Abschnitt B.30 zeigte – so vernetzen sich nun der Nominalbetrag, der Eigenkapitalkostensatz, dessen Struktur aus Zahlungs- und Vermögenskomponente sowie der Marktwert des Eigenkapitalrechts zu der Aufgabe, die Eigenkapitalkosten zu konzipieren und sie in die IFR einzubringen.

C.10 Kennzeichnungen und Abgrenzungen

In diesem Abschnitt werden die Grundlagen für die Investitions- und Finanzierungsrechnungen der Abschnitte C.20 bis C.50 gelegt. Dazu schränken wir seitens der Investitionsarten auf die Real-Investitionen ein und seitens des Erworbenen auf die fremdbeschafften sachlichen Potentialgüter im Sinne von Gebrauchsgütern (C.11). Für die mit ihnen verbundenen Aspekte und Teil-Aufgaben des Wirtschaftens wird jeweils eine sachlich-zeitliche Struktur konzipiert (C.12 und C.13). Für die Investitionsrechnung vor Anschaffung von Gebrauchsgütern – also vor der Kapitaleinbindung – muss auch die sogenannte Kapitalfreisetzung erklärt werden (C.14). Damit sind die Voraussetzungen gegeben, um in C.15 eine Übersicht über die Abschnitte C.20 bis C.50 zu entwerfen. Denn diese vier Abschnitte sind nicht eine bloße Reihung, sondern die Gliederung einer Struktur, die sich aus der Kombination von Merkmalen der Finanzierung und des Rechnens zu Typen ergibt. Diese Typen stehen für rechnerische Vorgehensweisen der IFR.

C.11 Die Produktionsfaktoren einerseits und die sachlichen Potentialfaktoren als Investitionen andererseits

Die Unterteilung der Produktionsfaktoren dient uns dazu, die Arten der Investitionen zu kennzeichnen und auf die nachfolgend behandelten Investitionen in Form von sachlichen Potentialfaktoren (= Gebrauchsgüter des Anlagevermögens) einzuschränken.

In der Produktionswirtschaft werden drei Gruppen von Einsatzfaktoren/Produktionsfaktoren unterschieden:[2]

---

[2] Vgl. Wittmann (1982) Bd. I, S. 92-132.

C.11 Die Produktionsfaktoren

[10] Potentialfaktoren

[11] Humanfaktoren im Arbeitsvertrag

Diese eigenartige Bezeichnung fasst aus der Sicht der Unternehmung die mittels Arbeitsvertrag erlangte Dispositionsmöglichkeit über die Arbeitskraft eines Menschen zusammen. Wir haben die dem „erwerbswirtschaftlichen Einsatz" vorausgehende Ausbildungs-Investition bereits erwähnt (vgl. A.22.4). Sie wird nachfolgend ebenso wenig berücksichtigt, wie die betrieblichen Ausbildungs- und Weiterbildungs-Investitionen, die den Potentialfaktor „Arbeitskräfte" qualifizieren.

[12] Sachliche/materielle Potentialfaktoren

Wir unterteilen sie in Nutzungsgüter (ohne Abnutzung) und Gebrauchsgüter (= Betriebsmittel wie Maschinen, Betriebsvorrichtungen, Geschäftsausstattung); einbezogen sind langfristige Nutzungsverträge (Miete, Leasing).

[13] Immaterielle Potentialfaktoren

Das sind vor allem Rechte (wie Patente und Konzessionen) sowie Rechte der Nutzung fremder Rechte (= Lizenzen) und Know-how. Hinzu kommt selbstgewonnenes Wissen infolge von Aktivitäten in Forschung und Entwicklung.

[20] Verbrauchsfaktoren

[21] Materialfaktoren/Werkstoffe

Roh-, Hilfs- und Betriebsstoffe werden im Vollzug der Produktion verbraucht im Sinne ihrer artmäßigen Transformation/Stoffumwandlung. Trotz der Teilbarkeit für ihre Verwendung werden sie häufig in Mengen beschafft, die zu einem Bestand führen. Derartige Bestände im Eingangslager, dann als Zwischenlager oder als Fertigwaren lassen sich als Investitionen i.w.S. verstehen – vgl. A.22.3.

[22] Dienstleistungen

Sie werden als Verbrauchsfaktoren eingeordnet und gehören nicht zum Investitionsbereich, wenn die Dienstleistungen fallweise oder im nur kurzfristigen Vertrag bezogen werden.

[30] Der disponierende und anordnende Faktor „Geschäftsführung"

Unter dieser Bezeichnung werden Information, Rechnungswesen, Planung, EDV-System, Organisation und Kontrolle zusammengefasst. Das sind zweifelsohne notwendige Voraussetzungen einer Produktion von Sach- und Dienstleistungen. Zugleich allerdings weckt dieses Sammelsurium Zweifel an der Überzeugungskraft der Lehre von den Produktionsfaktoren.

Die Zweifel werden zur Frage, ob das „Kapital" ein Produktionsfaktor ist. Der Betriebswirt verneint sie recht entschieden: das passivische Kapital ist ein rechtliches Abstraktum, das sich der Vorstellung entzieht, ein Einsatzfaktor im Produktionsprozess sein zu können. Das aktivische Kapital – im Sinne des Real-Kapitals der Volkswirte – hingegen steht abstrakt doppelt zu den vorausgegangenen verwirklichten Investitionen in Form von gegenwärtig vermögenswerten Beständen.

Diese Vermögensgegenstände/Real-Investitionen repräsentieren jedoch andererseits den „produktiven Umweg", indem menschliche Arbeitskraft durch Technik substituiert wird, was zu einer „Mehrergiebigkeit der Produktion" führt. Auf diese Weise, d.h. aus der vom technischen Fortschritt ausgelösten höheren Produktivität hat Eugen von Böhm-Bawerk das Entgelt (für die dem Kapital verbundene Stundung) als eigenständig erwirtschaftet erklärt und „gerechtfertigt".

Aus der Sicht der „Investition" rückt zum einen die Beschaffung der Potentialfaktoren als Gegenstand der Investitionsrechnung und der Investitionsentscheidung in den Mittelpunkt des Interesses. Zum anderen ist der nachfolgende Zustand im Sinne der (getätigten) Investition/des vorhandenen Potentialfaktors die Grundlage des zeitverteilten Wirtschaftens im Wege des Nutzens/Gebrauchens der Potentialfaktoren zwecks Produktion/ Leistungserstellung (vgl. nachfolgend C.12).

Die durchgeführte Investitionsentscheidung/der beschaffte Potentialfaktor ist abstrakt verstanden eine aktivische Kapitalbindung (vgl. Abschnitt A.22). Dieser Kapitalzustand zwischen dem Zeitpunkt und Betrag der Anschaffungsausgabe (= Kapitaleinbindung) einerseits und den Zeitpunkten und Beträgen der Kapitalfreisetzungen andererseits ist die Grundlage der Investitionsrechnung, die im voraus die Vorteilhaftigkeit der Investition (= der aktivischen Kapitalbindung als Betrag über die Zeit) ermitteln soll. Deshalb verknüpft die Investitionsrechnung Zahlungsvorgänge und Kapitalzustände i.S. der Beschreibung der Finanzwirtschaft (vgl. A.30).

C.11 Die Produktionsfaktoren

Aus der Sicht des umfassenden Investitionsbegriffes sind die Lagerbestands-Investitionen bereits unter A.22.3 angesprochen worden. Die Investitionen in Form von Arbeitsverträgen und die (betrieblichen) Ausbildungs-Investitionen [11] werden nachfolgend nicht behandelt, ebenso nicht der Erwerb von immateriellen Potentialfaktoren im Wege ihrer Anschaffung oder Selbsterstellung durch „Forschung und Entwicklung" neuer Produkte und Verfahren [13]. Die Finanz-Investitionen (in Form von Beteiligungen bzw. Forderungsrechten) standen im Teil B. im Mittelpunkt.

Zur Kennzeichnung und Aufteilung der Investitionen verwenden wir Merkmale, welche die „Investition" beschreiben:

(01) die Anschaffungsausgabe,

bildhaft gesprochen: die Einbindung eines Geldbetrages über die Zeit;

(02) das dafür Erlangte (= der aktivische Kapitalzustand):

es hat eine zeitliche Ausdehnung mit (12), (22), (32) als Varianten in der nachfolgenden Übersicht;

(03) die mittels des Erlangten erwartete Rückgewinnung (= die Kapitalfreisetzung):

sie umfasst jeweils den „investierten Geldbetrag" (01) + einen finanziellen Überschuss und geschieht in den Varianten (13), (23), (33).

Drei Fall-Typen für Investitionen

a) bezeichnet nach der Art des Erlangten und unterschieden in (10) Real-Investitionen, (20) Lagerbestands-Investitionen und (30) Finanz-Investitionen, sowie beschrieben mit Hilfe

b) der drei Phasen:

	(01) **Kapitaleinbindung** infolge der Anschaffungsausgabe	(02) **Kapitalzustand** vertreten durch das Erlangte	(03) **Kapitalfreisetzung** infolge von Einzahlungen
(10) **Real-Investitionen**			
(11)	Investitionsausgaben in Form von Anschaffungs- oder Herstellungsausgaben	+(12) Erwerb bzw. Qualifizierung von Potentialfaktoren; vgl. zuvor [11] bis [13]	+(13) mittelbare Rückgewinnung: die Kapitalfreisetzung muss hier aus einem umfassenderen Einzahlungsbetrag errechnet werden und heißt deshalb „Amortisation"
(20) **Lagerbestands-Investitionen**			
(21)	Beschaffungsausgaben	+(22) Erwerb von Verbrauchsfaktoren bzw. von Handelswaren	+(23) mittelbare Rückgewinnung (bei Verbrauch) bzw. unmittelbare Rückgewinnung (bei Veräußerung von Handelsware)
(30) **Finanz-Investitionen**			
(31)	der Geldbetrag, der als Eigen- bzw. Fremdkapital hingegeben wird	+(32) Erwerb von Kapitalrechten: „Beteiligung" als EK-Position bzw. „Forderung" als FK-Position (in Form von Darlehen oder Wertpapier)	+(33) Rückzahlung von Kapital bzw. unmittelbare Rückgewinnung im Wege der Veräußerung des Kapitalrechts

Die Rückzahlung von Kapital seitens des Schuldners – i.S. der Unternehmung auch für das Eigenkapital – und **die unmittelbare Rückgewinnung** durch den Erlös aus der Veräußerung des Investitionsobjekts sind nachvollziehbare Vorgänge der Beendigung der jeweiligen aktivischen Kapitalbindung und dementsprechend der Kapitalfreisetzung.

Dabei ist „Kapitalfreisetzung" ein bildhafter Ausdruck und kein realer Vorgang. Der Ausgangspunkt einer Kapitalfreisetzung ist eine dem Investitionsobjekt verbundene Einzahlung (oder Einzahlungsdifferenz). Aus deren Zahlungsbetrag ist rechnerisch ein

Teilbetrag zu ermitteln, der als die eigentliche Rückgewinnung der ehemaligen Anschaffungsausgabe verstanden wird; das wäre die Kapitalfreisetzung als Ergebnis.

So wird z.B. jeweils die erhaltene Annuitäten-Einzahlung (auf ein zurückliegend gewährtes Annuitäten-Darlehen) vom Buchhalter in Zinsertrag und Tilgung zerlegt und verbucht. Der Tilgungsteil in der erhaltenen Einzahlung ist dann die Kapitalfreisetzung im hier gemeinten Sinne: die Verringerung der Darlehensforderung und ihrer rechnerischen Abbildung auf dem aktivischen Bestandskonto. Kurz: Die einer Investition verbundenen Zahlungen haben eine rechnerische Struktur, die sich im Zeitablauf ändert und die zudem vom jeweiligen Rechenverfahren der IFR bestimmt wird.

Die (nur) mittelbare Rückgewinnung bei Gebrauch bzw. Verbrauch des Investitionsobjektes infolge des Einsatzes im Produktionsprozess erfolgt über die Entgelt-Einnahmen für die abgesetzten Betriebsleistungen. Wann und mit welchen Beträgen hierdurch eine Kapitalfreisetzung - gleichbedeutend mit dem Abbau einer aktivischen Kapitalbindung - im Hinblick auf das Investitionsobjekt erfolgt, ist kurz gesagt eine Frage des Rechnens. Eine solche rechnerisch bestimmte Kapitalfreisetzung bezeichnen wir als **Amortisation**. Sie ist also das betrags- und zeitpunktmäßige Ergebnis einer Kapitalfreisetzungs**rechnung**. Wenn der „Duden" für „Amortisation" einerseits „Tilgung" und andererseits „Abschreibung" angibt, dann wird verkannt, dass gerade die Verbindung von realer finanzwirtschaftlicher Größe und Rechengröße die Amortisation/den Amortisationsbetrag kennzeichnet.

Damit können wir unter Rückgriff auf die Darstellung der Finanzwirtschaft mit Hilfe des Bilanzkreuzes für aktivische und passivische Kapitalbindung die beiden Gruppen der Real-Investitionen (Potentialfaktoren und Lagerbestände) einerseits und der Finanz-Investitionen (Beteiligungen und Fremdkapital-Forderungen) andererseits eintragen. Somit werden die Investitionen als ökonomische Aktiva und die Finanzierungen als ökonomische Passiva verstanden, auch wenn infolge des Bilanzrechts eine Aktivierung in der Bilanz fehlt bzw. das Eigenkapital rechtlich nicht als Verpflichtung im Sinne des Schuldrechts konzipiert ist.

Investition und Finanzierung aus der Sicht der Unternehmung (= Betriebswirtschaft + Rechtsform)

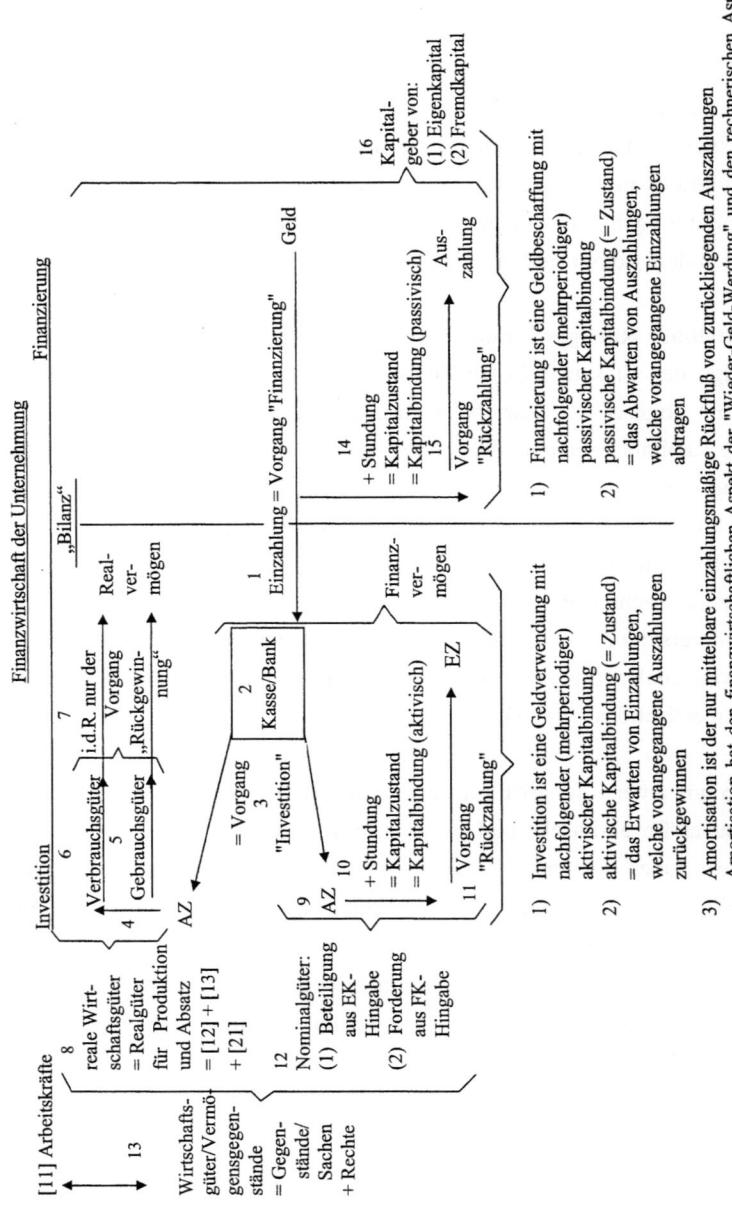

C.12 Sachlich-zeitliche Verknüpfungen bei Real-Investitionen, die sachliche Potentialfaktoren sind

Für die Investitionen im Sinne „sachliche Potentialfaktoren"/Gebrauchsgüter ergeben sich die folgenden vier Teil-Aufgaben/Phasen des Wirtschaftens:

(1) das entscheidungsbezogene **Rechnen** (in t_o), um die Anschaffungsentscheidung vorzubereiten,

(2) **die Anschaffungsentscheidung** (in t_E) und ihre Verwirklichung einschließlich der Finanzierung der Anschaffungsauszahlung,

(3) das nachfolgende Vorhandensein des Investitionsobjektes als Gegenstand des „Bewirtschaftens" im Rahmen der „**Anlagenwirtschaft**", und schließlich

(4) die Entscheidung, das Investitionsobjekt „**abzuschaffen**", d.h. auf irgendeine Art und Weise sein Vorhandensein im Unternehmen zu beenden. Damit ist dann der Rest-Verkaufserlös bzw. der „Schrottwert" oder sogar eine sogenannte „Schluss-Auszahlung" (z.B. für umfangreiche Demontage) verbunden.

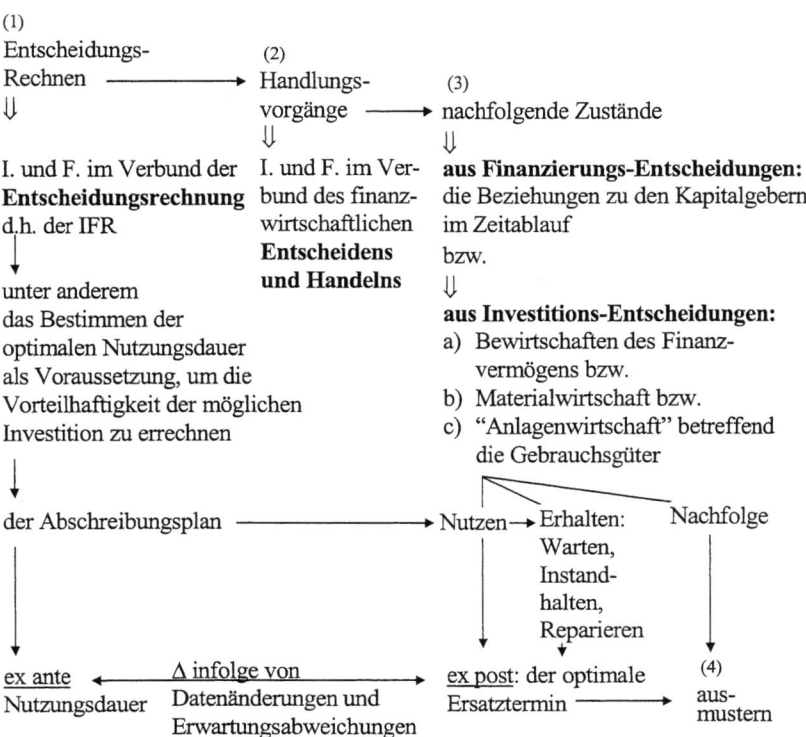

C.13 Die Einbettung der Investitions-Entscheidung in das wirtschaftende Handeln

Die IFR für eine Investitionsmöglichkeit greift zwangsläufig weit in die (unsichere) Zukunft voraus, wenn sie die Nutzungsmöglichkeiten, den Beitrag zur Leistungserstellung und zum Erwerb der Entgelt-Einnahmen prognostiziert. Die IFR gehört zum Planen und wird zum (langfristigen) Plan mit der Entscheidung für das betrachtete und berechnete Investitionsprojekt. Dementsprechend bezeichnen wir die Entscheidung für das Investitionsobjekt als die Plan-Entscheidung. An diese schließt sich die Phase des Vorhandenseins (Bestand) und der Nutzung (Einsatz) der Investition an, wobei wir auf einen sachlichen Potentialfaktor/Gebrauchsgut abstellen.

Die nachfolgende Übersicht kombiniert mit (10) bis (30) die Phasen und mit (01) bis (03) die ökonomischen Ebenen.

Wir unterscheiden die drei Phasen

und die drei ↓Ebenen	(10) vor der Investition	(20) während der Investition	(30) nach der Investition
(01) Rechnen	(11) Investitionsrechnung: ob?	(21) Planungsrechnen	(31) Nachrechnen: Erfolgskontrolle
(02) Planen	(12) langfristiger Plan	(22) kurzfristiger Plan	
(03) Handeln	(13) Anschaffung	(23) Nutzung	(33) Ausscheiden

C.13 Die Einbettung der Investitions-Entscheidung

Ausführende Beschreibung der Phasen (10) bis (30):
(10) vor der Investition in t_0
(11) die Investitions-Rechnung umfasst drei Fragen:

a) Wie soll man die Investition nutzen?
   = die gedankliche Vorwegnahme der künftigen Verwendung unter der Annahme, dass die Maschine angeschafft wird

t_1	t_2	t_3
$+ \Delta x \cdot p$	$+ \Delta x \cdot p$	$+ \Delta x \cdot p$

   ./. ausgabengleiche Kosten (Material, Löhne)
   $= DB_1 \qquad = DB_2 \qquad = DB_3$

   Der finanzwirtschaftliche „Deckungsbeitrag" (DB_t) oder auch „Periodenüberschuss" ($PÜ_t$) bezeichnet also einen zugleich rechnerischen wie geldmäßig greifbaren Saldo (vgl. C.14).

b) Die optimale Nutzungsdauer: einerseits wird sie für die Vorteilhaftigkeitsrechnung benötigt und andererseits trägt sie den Abschreibungsplan.

c) Lohnt sich die Investition?
   Die Ermittlung der mit ihr erwarteten Vorteilhaftigkeit setzt verschiedene Kalküle/Rechenverfahren ein: Kapitalwert, Annuität, interner Zinsfuß.

(12) Grob-Planung hinsichtlich der Verwendung
(13) die Investitions-Entscheidung = Abschluss des Anschaffungsvertrages

Phase (20) während der Investition
zu ihr gehören:
(21) Planungsrechnungen: jeweils „wie" für die Nutzung bei genaueren Daten
(22) Planung der Nutzung im nächsten Zeitabschnitt und
(23) tatsächliche Nutzung: Vollzug/Handeln

Phase (30) nach der Investition
(31) Ermittlung des erzielten Erfolges aus der Investition ex post in Verbindung mit
(33) dem Abschaffen, dem Ausmustern.

C.14 Zur Kennzeichnung der Investitions- und Finanzierungs-Rechnung

Die Varianten des rechnerischen Vorgehens werden mit den Abschnitten C.20 bis C.50 entwickelt: die Gliederung folgt unterschiedlichen typischen Situationen der Finanzierung der betrachteten Investitionsmöglichkeiten. Auf diese Weise zeigen wir die Abhängigkeit des Rechnens von der jeweiligen realen Situation. Die Literatur hingegen gliedert nach den Methoden der Investitionsrechnung und damit - aus unserer Sicht - nach der resultierenden Problemvariablen, weshalb sie zu einem Nebeneinander der Rechenverfahren kommt, aber zu keiner Systematik. Diese erfordert die Zusammenschau von Finanzierungssituation und Rechnen zu Fall-Typen, welche die Merkmale der Realität und des Rechnens kombinieren. Der nachfolgende Abschnitt C.15 wendet diese Vorgehensweise an, um eine Systematik zu entwickeln, die dann in C.20 bis C.50 ausgeführt wird. C.14 ist dazu der allgemeine Vorlauf.

Dem Leser ist aus der doppelten Buchhaltung die Unterscheidung zwischen Bestandskonten und Erfolgskonten bekannt: das Rechnungswesen ist in der Lage, reale Vorgänge nach deren Aufbereitung zu Geschäftsvorfällen entsprechend ihrem rechnerischen Vermögensaspekt und gegebenenfalls ihrem rechnerischen Erfolgsaspekt auszuwerten. Dazu werden die Entgeltzahlungen zweimal verbucht: das „Entgelt" wird zu Aufwand bzw. Ertrag verrechnet, die „Zahlung" wird als Vermögensabgang bzw. -zugang verbucht.

Diese grundlegende Erkenntnis über die wichtigste Fähigkeit des betriebswirtschaftlichen Rechnens wenden wir auch auf die IFR an. Es ist intuitiv einsichtig, dass die Rechengröße „Kapital-Rückgewinnung" gewissermaßen qualitativ etwas anderes ist als die Rechengröße „Kapitalertrag". Hat die IRF den Rechenzweck, den (erwarteten) Erfolg einer Investitionsmöglichkeit zu ermitteln, dann rückt die rechnerische Trennung und Aufteilung eines Periodenüberschusses ($PÜ_t$) in Amortisation und Erfolgsbeitrag in den Mittelpunkt. Dieser Erfolgsbeitrag deckt vorweg die Kapitalkosten – d.h. die Zinsen bzw. die Kosten des Eigenkapitals – und als Rest den periodischen Gewinnbeitrag aus der Investitionsmöglichkeit.

Wir erörtern zunächst die Unterschiede zwischen der „Amortisation" der IFR und dem „Abschreibungsaufwand" der Jahreserfolgsrechnung: Daran schließt sich eine erste und kurze Kennzeichnung der IFR an.

C.14 Zur Kennzeichnung 253

„Amortisation" ◄――――――► **Abschreibungsaufwand**

z.B.
ein Unternehmen liefert Produkte mit dem Rechnungsbetrag von 1.000,- netto aus gegen Barzahlung

Konto „Kasse" an Konto „Ertrag aus
 Lieferungen und Leistungen"
1.000,- 1.000,-
darin ist enthalten davon gehen ab (anteilig)
die **Zurückgewinnung/Amortisation** von Materialaufwand
vorausgegangenen Ausgaben (anteilig) für Lohnaufwand
Material, Löhne, Maschinen, Gebäude, **Abschreibungsaufwand**
..⇓...... Fremdkapital-Zinsaufwand
 .. ⇓......
vermögensrechnerische/ **erfolgsrechnerische/**
finanzwirtschaftliche Betrachtung **leistungswirtschaftliche** Betrachtung

zusammengesehen: zusammengesehen:
Kapitalbindungen (hier: aktivische) und Erträge infolge von Entgelt-Einnahmen und
Kapitalfreisetzungen Aufwände infolge von Entgelt-Ausgaben
↓ ↓
eingebunden in die Rechnung mit dem Ziel: „**wie** lohnte sich das Wirtschaften über die
„**lohnt** sich das Investitionsvorhaben?" Periode?"
↓ ↓
 (vorausgehende) (laufende)
„Investitions- und Finanzierungsrechnung" „Finanzbuchhaltung und
(IFR) Jahresabschlußrechnung"
| |
folglich: eine erfolgswirtschaftliche in Form der Doppik:
Kapitalbindungs- und Kapitalfreisetzungs- (1) die bilanzvermögensorientierte
rechnung im Voraus (in t_0) mit drei Bestandskontenrechnung
Problemen: (2) die Erfolgsrechnung über Aufwände
 und Erträge
 |
a) Wie lassen sich Entgelt-Einzahlungen mit eine perioden-bezogene Erfolgsermitt-
 dem betrachteten Investitionsobjekt ver- lungsrechnung:
 knüpfen?, d.h. die Zuordnung zwischen der Zeitablauf trägt das Rechensystem und
 dem (anzuschaffenden) Investitionsobjekt das Rechenwerk. Die Probleme ergeben
 und den zusätzlich erwarteten Umsatz- sich deshalb aus dem erfolgsrechnerischen
 Einnahmen Abgrenzen der Perioden (= Periodisierung).
b) Wie lässt sich aus den zugeordneten (zusätzlichen) Entgelt-Einnahmen der damit
 „freigesetzte Kapitalbetrag" errechnen?
c) der Zeitablauf wird absichtlich
 ausgeschaltet.

Die IFR ist eine objektbezogene Erfolgsermittlungsrechnung per Rechnungszeitpunkt. D.h. die Probleme der IFR folgen daraus, dass die Vorteilhaftigkeit der Investitionsmöglichkeit für ein Objekt und auf einen Zeitpunkt bezogen ermittelt werden soll. Dazu muss aus den zeitpunktverschiedenen realökonomischen Größen – durchweg Zalungen –, auf die die IFR für ein Projekt aufbaut, die zeitliche Dimension extrahiert weden. So verbinden sich die Stichworte „Abzinsen" und „Aufzinsen" mit dem Zeitpunkt-Bezug des Rechnens zur „Barwert-" bzw. „Endwert-Rechnung". Die Rechengrößen der Erfolgsrechnung hingegen sind nicht an Zeitpunkte gebunden. Folglich: Auch wenn die Vorteilhaftigkeit einer Investitionsmöglichkeit von der Rechnung zeitverteilt und damit in Teilbeträgen – hier (ohne Festlegung) als „Erträge"/Erfolgsbeiträge/„Einkünfte" bezeichnet – über die Investitionsdauer verteilt ausgewiesen wird, so sind diese Rechengrößen (= Teil-Erfolge) doch unmittelbar und ohne zeitliche Gleichnamigkeit verrechnungsfähig, d.h. sie können addiert bzw. saldiert werden.

Um den Unterschied zwischen
(a) der üblichen zeitpunkt-gebundenen Vermögensrechnung, die den Vorteil aus der betrachteten Investitionsmöglichkeit als Vermögensänderung „Kapitalwert" ausweist, und
(b) der zeitpunkt-unabhängigen Erfolgsermittlungsrechnung zu verdeutlichen, stellen wir vorab den rechnerischen Ablauf für eine Periode dar:
    (1)   zusätzliche erwartete Umsatz-Einnahmen infolge der Investition
    (2)   ./. zusätzliche kostengleiche Ausgaben (für Material und Löhne)
    (3)   = Periodenüberschuss = ein Zahlungssaldo
    (4)   ./. zutreffend errechneter Betrag der Kapitalkosten
    (5)   = Brutto-Erfolg (eine Rechengröße)
    (6)   ./. rechnerisch festgelegter Betrag der Kapitalfreisetzung (= Amortisation)
    (7)   = Teil-Erfolg des betrachteten Jahres aus dem Gesamt-Erfolg (ex ante) aus der ins Auge gefassten Investitionsmöglichkeit.

Naheliegenderweise ist der (rechnerisch erwartete Gesamt-)Erfolg aus einer Investitionsmöglichkeit eine feststehende Netto-Größe unabhängig von der zeitlichen Verteilung ihrer Komponenten, d.h. von ihren (7) Teil-Erfolgen. Die Zeit-Verschiedenheit der Zahlungen, soweit sie Kapitalbindung bzw. -freisetzung bedeuten, wird rechnerisch vorausgehend von (4) den Kosten des objektgebundenen Kapitals aufgefangen. Infolgedessen sind bei zutreffend gerechneten Kapitalkosten die Teil-Erfolgsgrößen reine Rechengrößen und haben nichts mit dem Abzinsen bzw. Aufzinsen der Zahlungsbeträge im Vollzug einer Bar- bzw. Endwert-**Vermögensrechnung** zu tun. Folglich: Für die davon konsequent zu unterscheidende **Erfolgsermittlungsrechnung** wird der (3) Periodenüberschuss (= ein Zahlungssaldo) um den von der Kapitalbindung bestimmten (4) Kapitalkostenbetrag verringert. Der so errechnete Brutto-Erfolg (= eine Rechengröße) umfasst (6) Kapitalfreisetzung und (7) Teil-Erfolg wie analog in der Jahreserfolgsrechnung Abschreibungsaufwand (vom Betrag des Anschaffungspreises gerechnet) und Gewinn-Beitrag. Über die Jahre der Investitionsdauer (ohne Zwischenzins) aufsummiert, bedarf es der periodischen Trennung zwischen (6) und (7) nicht.

Die Übersicht zu C.15 nennt mit Zins-Richtung, Zinssatz und Bemessungsgrundlage die Einzelheiten der verschiedenen Rechenverfahren im Rahmen der IFR. Jedoch werden diese nicht wie üblich als Verfahren des Auf- bzw. Abzinsens vorgeführt, sondern als kostende und ertragbringende Kapitalbindungsrechnungen.

C.15 Die Typen-Gliederung der Investitions- und Finanzierungs-Rechnung: ein Überblick über die Abschnitte C.20 bis C.50

Die ursprüngliche Absicht, die Teile B und C mit „Finanzierung" und „Investition" zu bezeichnen, hätte eine nicht gegebene realökonomische Gleichseitigkeit vorgetäuscht. Aber auch die „Zwischenlösung", den Teil C mit „Investitionsrechnen" zu modifizieren, fiel der weitergehenden Beschäftigung mit dem Problembereich zum Opfer. Der jetzige Titel verteilt zutreffend auf drei Aspekte: Teil C behandelt das entscheidungsvorbereitende **Rechnen**, die Gliederung der Abschnitte C.20 bis C.50 erfolgt nach typischen Situationen der **Finanzierung** und gerechnet wird für **Investitions**-Entscheidungen.

Anders formuliert: die Besonderheiten und Verschiedenheiten der realen Investitionsmöglichkeiten treten verblassend zurück. Dafür rückt das Rechnen in den Vordergrund. Wie zu rechnen ist, lässt sich nur behandeln unter Vorgabe der jeweiligen Finanzierungssituation. Infolgedessen bestimmen typische Situationen der Finanzierung der Investitionsmöglichkeiten die Gliederung des Stoffes, der mit der erweiterten

Bezeichnung „Investitions- und Finanzierungs-Rechnung" (IFR)[3] dieses Dreiecksverhältnis einfängt.

Mit den Abschnitten C.20 bis C.50 ist eine Typen-Gliederung der IFR konzipiert. Die realökonomische Verschiedenheit der Typen wird von den Finanzierungssituationen festgelegt, die mit Spalte (10) in der Übersicht zu diesem Abschnitt C.15 die Führung übernehmen. Von der weitergehenden Unterteilung abgesehen – wie sie die Abschnitte in der Vorspalte zeigen -, unterscheiden wir:

(11) die Finanzierung aus vorhandenen Mitteln unter Ausschluss von Finanzierungs-Entscheidungen, so dass die Investitions-Entscheidung auf einen Aktivtausch reduziert ist und die Passivseite unberührt bleibt;

(12) die offene Finanzierung, d.h. Kapitalaufnahme bzw. Rückzahlung bei Existenz nur einer Kategorie der Kapitalfinanzierung;

(13) die Finanzierung des Investitionsobjekts ausschließlich mit Fremdkapital bzw.

(14) die Finanzierung ausschließlich mit Eigenkapital;

(15) die gemischte Finanzierung mit zurechenbaren Parten von Eigenkapital und Fremdkapital, und

(16) die zum rechnerischen Durchschnitt gemischte Finanzierung.

Die sechs Fall-Konstellationen (11) bis (16) erweisen sich bei näherem Hinsehen als Varianten der Verknüpfung von Mittelherkunft und Mittelverwendung. Anders formuliert: die Zuordnung zwischen der Herkunft des Kapitals und seiner aktivischen Verwendung und Bindung im betrachteten Investitionsobjekt wird annahmegemäß in Varianten vorgegeben. Nur auf diese Weise lassen sich die Besonderheiten des Rechnens festlegen.

Diese werden in der Spalte (20) dreigeteilt:

(21) unterscheidet die Richtung des Rechnens mit Aufzinsen bzw. Abzinsen;

(22) nennt den typen-zugehörigen Zinssatz für das Auf- bzw. Abzinsen; und

(23) unterscheidet für die Bemessungsgrundlage zwischen Nominalbetrag und Ertragswert des Investitionsvorhabens. Dementsprechend ergeben sich verschiedene Beträge für die Kapitalkosten infolge der objektverbundenen Kapitalbindung (bzw. für die Kapitalerträge aus der Sicht des Einsatzes vorhandener Mittel oder von zusätzlichem Eigenkapital).

---

[3] Vgl. bereits Lehmann/Moog (1996) S. 41-44, S. 445, S. 484-487.

Die Spalte (30) wendet sich mit der „errechneten Wertgröße" dem Zweck der IFR zu, die zu erwartende Vorteilhaftigkeit einer Investitionsmöglichkeit zu ermitteln: „Endvermögenswert" und „Ertragswert" sind jedoch „Brutto-Wertgrößen". Erst der Vergleich mit einer alternativen Investitionsmöglichkeit oder aber mit dem Betrag der Anschaffungsausgabe (A_o) für das Investitionsobjekt zeigt mit der Netto-Wertgröße die relative Vorteilhaftigkeit an. Wie zu erwarten, nennt Spalte (40) eine Mehrzahl von Vorteilsgrößen. Die Literatur befasst sich gern mit der Überführung/Transformation der einen in eine andere Vorteilsgröße, ohne dabei über die Bedingtheiten gemäß den Spalten (10) und (20) zu verfügen.

Die Spalte (50) gibt eine Kurzbezeichnung an für das Rechenverfahren eines jeden der in der Vorspalte aufgeführten Abschnitte aus C.20 bis C.50. Die jeweilige Bezeichnung meint einen bestimmten Typ, der kombiniert ist aus einer angenommenen Finanzierungs-Situation und ihr hinzugefügten Merkmalen des rechnerischen Vorgehens, stets im Verfolg der Zielsetzung der IFR, die Vorteilhaftigkeit eines Investitionsvorhabens zu erfassen und in einer Größe rechnerisch quantifiziert auszudrücken.

Diese Vorteilhaftigkeit – das ist hier nur erst intuitiv nachzuvollziehen – müsste eine Rechengröße sein, die sowohl unabhängig von den Bedingungen der Finanzierung als auch unabhängig vom Zeitpunkt der finanzwirtschaftlichen Verfügung über einen Geldbetrag entsprechend der Erfolgsgröße ist und die drittens naheliegenderweise unabhängig vom Zeitpunkt des Rechnens und damit stets betragsgleich ist. Die Bedeutung von Zeitunterschieden – insbesondere wegen der zeitverteilten Zahlungen – einzufangen, ist dann die Aufgabe der in Spalte (20) unterteilt vorgeschalteten Zinsrechnung, um den „eigentlichen" Vorteil der Investitionsmöglichkeit isoliert und „bereinigt" um die genannten Einflüsse von Finanzierung, Verfügung und Zeit auszuweisen. Die Abschnitte C.35.2 und C.43.5 bringen diesen Nachweis: der **Rechenbetrag** des Kapitalwerts gibt den Vorteil/den Netto-Erfolg der Investitionsmöglichkeit als reine Rechengröße an. Die Umkehrung ist das zutreffende Konzept der Eigenkapitalkosten, das allerdings die Kenntnis des Ertragswerts/des Marktwerts der Eigenkapital-Parte (des EK-Wertpapiers) voraussetzt. Damit erfolgt ein überraschender Brückenschlag von der IFR zur Eigenfinanzierung bei Aktiengesellschaften mit den Stichworten „Wert" und „Preis" von Aktien (Abschnitte B.34 und B.35).

Rechnerische Vorgehensweisen im Rahmen der IFR und deren Bestimmungsgrößen

behandelt mit dem Abschnitt	(10) Finanzierung des Investitionsobjekts	(20) (21) Zins-Richtung	(22) Zinssatz	(23) Bemessungsgrundlage	(30) die jeweils errechnete Wertgröße	(40) Kriterium der Vorteilhaftigkeit	(50) Bezeichnung der Rechenmethode
(11)							
C.22	aus vorhandenen Mitteln unter Ausschluss von Finanzierungs-Entscheidungen	Aufzinsen freier Mittel bis zum Ende der Nutzungsdauer	Zinsertragssatz i_H	freigesetzte Mittel, finanzinvestive Ergänzungsinvestitionen	der Endvermögenswert, kurz: der Endwert	die Endwert-Differenz gegenüber der nächstbesten Alternative	Endwert-Rechnung, Endvermögens-Rechnung für EV_{tn}
C.23	aus vorhandenen Mitteln, dto.	Aufzinsen des im Investitionsobjekt gebundenen Kapitals	der (mittels der Rechnung) gesuchte Ertragssatz r	das mit dem Anschaffungspreis A_o, dann A_t gebundene Kapital	der Ertragswert EW_{or} ist betragsgleich mit dem Anschaffungspreis A_o	der Ertragssatz r des objektgebundenen Kapitals	das Rechenverfahren zur Ermittlung des „internen Zinsfußes" r
(12)							
C.31 C.32 C.33	offene Finanzierung auf dem vollkommenen Kapitalmarkt	Abzinsen der Einnahmen E_t bzw. der Periodenüberschüsse $PÜ_t$	$i = i_m = i_s = i_H$ keine Transaktionskosten	die später liegenden Einzahlungsüberschüsse werden abgewertet per t_o	der Ertragswert EW_{oi}	der Kapitalwert C_{oi} mit $C_{oi} = EW_{oi} - A_o$	das Rechenverfahren zur Ermittlung des Kapitalwerts C_{oi}
(13)							
C.34.1	Finanzierung ausschließlich mit Fremdkapital	Aufzinsen im Sinne der Fremdkapitalkosten	der Zinskostensatz i_{FK} des Fremdkapitals	das mit dem Anschaffungspreis A_o, dann A_t gebundene Fremdkapital	der Überschuss für den Investor ohne Einsatz eigener Mittel	der Gewinn-Überschuss über die FK-Kosten am Ende der Nutzungsdauer	Fremdkapitalkosten-Rechnung von der Kapitalbindung A_o

C.15 Die Typen-Gliederung

C.34.2	Investitionskredit und Konsumentenkredit	Aufzinsen im Sinne der Fremdkapitalkosten	der Zinskostensatz i_{FK} satzgleich für beide Kredite	der Gesamtbetrag in Höhe von EW_{oIFK}	der Ertragswert EW_{oIFK} für A_o und C_{oIFK}	der Kapitalwert C_{oIFK}	Fremdkapitalkosten-Rechnung vom Ertragswert
(14)							
C.35.1	Finanzierung ausschließlich mit Eigenkapital (EK)	Aufzinsen im Sinne der Eigenkapitalkosten	der Eigenkapitalkostensatz i_{EK}, als Index k	das mit dem Anschaffungspreis A_o, dann A_t gebundene Eigenkapital	der Ertragswert des Investitionsobjekts EW_{ok} gleich dem Ertragswert des EK	der Kapitalwert C_{ok}	Kapitalwert-Rechnung bei vollständiger Finanzierung mit Eigenkapital
C.35.2	Finanzierung ausschließlich mit Eigenkapital (EK)	Aufzinsen im Sinne der Eigenkapitalkosten	der Eigenkapitalkostensatz i_{EK}, als Index k	das im Ertragswert EW_{ok}, dann EW_t gebundene Eigenkapital	der Ertrag des Eigenkapitals neben dem Kapitalwert des Investitionsobjekts	der Betrag des Kapitalwerts als zeitpunkt-**unabhängige** Erfolgsgröße	der Kapitalwert als Vorteil neben den EK-Kosten, gerechnet vom Ertragswert des EK
(15)							
C.40	Zurechenbare gemischte Finanzierung aus EK und FK	Aufzinsen der Kapitalparten im Sinne ihrer Kapitalkosten	der jeweilige Kostensatz i_{FK} bzw. i_{EK}, als Index k	der jeweils in Anspruch genommene FK-Betrag bzw. der Ertragswert EW_{ok} des Eigenkapitals	residual der Ertragswert des Nominalbetrags des objektgebundenen Eigenkapitals	der Betrag des Kapitalwerts C_{ok} als zeitpunkt-**unabhängige** Erfolgsgröße	Kapitalwert-Rechnung für das objektbundene Eigenkapital
(16)							
C.50	offene Finanzierung mit rechnerischer Verdurchschnittlichung	Abzinsen der Einzahlungsüberschüsse im Sinne ihrer Abwertung	der durchschnittliche Kapitalkostensatz $i_\varnothing$	die später liegenden Einzahlungsüberschüsse werden abgewertet per t_o	der Ertragswert $EW_{o\varnothing}$ des Investitionsobjekts	der Kapitalwert $C_{o\varnothing}$ als Vorteil für die Unternehmung per se	Investitionsrechnen mit den durchschnittlichen Kapitalkosten der Unternehmung

C.20 Die Vorteilhaftigkeit einer Investition bei vorhandenem Kapital

Dieser Abschnitt behandelt die Investitionsrechnung für ein eng (und einfach) formuliertes Beispiel. Ein unternehmerisch tätiger Investor verfüge über finanzielle Mittel. Die Möglichkeit, deshalb Eigen- oder Fremdkapital zurückzuzahlen und somit künftig Kapitalkosten einzusparen, schließen wir per Annahme aus. Wir reduzieren sein Handlungsfeld auf die zwei Möglichkeiten, entweder die Finanzanlage A(1) zu 10% Ertragszinssatz durchzuführen oder eine Real-Investition A(2) mit einer Nutzungsdauer von 3 Jahren (vorgegeben). Damit verengt sich die rechnerische Fragestellung auf die Ermittlung der mit A(1) erwarteten Kapitalerträge bzw. der mit A(2) verbundenen Vorteile aus der Real-Investition. Die Frage nach der vergleichsweisen Vorteilhaftigkeit misst (z.B.) A(2) an A(1): der Ertragssatz von A(1) wird als (Opportunitäts-)Kostensatz bei A(2) angesehen. Dementsprechend gehen wir vor:

Die Vorteilhaftigkeit der Finanz-Investition A(1) wird im Abschnitt C.22.1 ermittelt. Die beiden Handlungsmöglichkeiten vergleichend wird der größere Vorteil der Real-Investition entweder als Differenz der Endvermögen in t_3 ausgewiesen oder aber als Teil des eigenen Gesamt-Erfolges von A(2) selbst – vgl. C.22.2.

Abschnitt C.23 zeigt dann den jeweiligen ökonomischen Hintergrund, wenn man das Rechenverfahren des internen Zinsfußes anwendet. Diese Rechenmethode zerlegt die Abfolge der Periodenüberschüsse aus der Real-Investition rechnerisch auf Kapitalfreisetzung und Kapitalertrag.

Schon im ersten Durchgang für unser einfaches Beispiel stoßen wir so auf eines der beiden schwerwiegenden Probleme der Investitionsrechnung (ausführlich dann in C.64). Es handelt sich um die **Vergleichbarkeit** der Investitionsmöglichkeiten angesichts der mit ihnen verbundenen unterschiedlichen Zahlungsstrukturen, jeweils bestehend aus dem Anschaffungspreis und der zeitlich-betragsmäßigen Abfolge der Periodenüberschüsse sowie der Nutzungsdauern (Laufzeiten). Die unterschiedlichen Zahlungsstrukturen haben unterschiedliche Kapitalbindung zur Folge, deren **Kosten** in die jeweilige Investitionsrechnung eingehen, den **Ertrag** der Kapitalbindung errechnet und **als Saldo den Erfolg** der anstehenden Investitionsmöglichkeit ermittelt.

Gehört die „Vergleichbarkeit" dem Zähler der Investitionsrechnung zu, so das zweite schwerwiegende Problem dem Nenner: die Berücksichtigung der Finanzierung und damit der Kapitalkosten als **Diskontierungssatz** für die Periodenüberschüsse; vgl. die Abschnitte C.30 bis C.50 sowie C.65 bis C.68.

C.21 Die abstrakte und die konkrete Entscheidungssituation

21.1 Die Beschreibung der abstrakten Entscheidungssituation

1. Es sind finanzielle Mittel vorhanden, die ertragbringend (= überschuss-erzielend) investiert werden sollen,
2. darüber hinaus sollen keine Mittel zusätzlich aufgenommen werden, jedoch scheidet auch die alternative Verwendung der vorhandenen Mittel für die Rückzahlung von Kapital aus. Also: es gibt keine Finanzierungsaktivitäten,
3. folglich bleibt die Passivseite der Bilanz unverändert. Kurz: im Abschnitt C.20 ist die Investition nur ein Aktivtausch.
4. Demnach gibt es weder zusätzliche noch eingesparte Kapitalkosten im Hinblick auf Fremdkapital- bzw. Eigenkapital-Geber,
5. deshalb umfasst das Entscheidungsfeld nur Möglichkeiten, wie die vorhandenen Mittel investiert werden können.
6. Daher werden die investiven Handlungsmöglichkeiten miteinander verglichen/zueinander ins Verhältnis gesetzt im Hinblick auf ihre Vorteilhaftigkeit.
7. Die beste der nicht-gewählten Alternativen wird durch ihren Ertragsatz i_H repräsentiert: i_H entgeht dem Investor, daher bezeichnet man ihn als Opportunitätskostensatz.
8. Dieser entgehende Alternativ-Ertragsatz bedeutet die Kosten der günstigsten und deshalb zu verwirklichenden Handlungsmöglichkeit. Diese Kosten sind ersichtlich Opportunitätskosten und nicht Kapitalkosten gegenüber den Kapitalgebern.

Diese knappe Beschreibung der Entscheidungssituation, die dem Abschnitt C.20 zugrunde liegt, setzen wir in ein Beispiel um. Anhand der Zahlen werden die mögliche Finanz-Investition A(1) bzw. die Real-Investition A(2) auf den jeweiligen Endvermögenswert – kurz: Endwert – ausgerechnet. Der Vergleich der beiden Endwerte zeigt die relative Vorteilhaftigkeit der beiden Investitionsmöglichkeiten gegenüber dem jeweiligen Anschaffungspreis einerseits und im Vergleich der Endvermögen miteinander andererseits.

21.2 Die konkrete Entscheidungssituation des Investors in t_0

Der Investor möge **drei** Möglichkeiten der Geldverwendung für verfügbare 1.000,- haben:

A(0) Nichts-Tun = Null-Aktivität
  das Geld bleibt Kassenbestand über die Perioden

A(1) Finanz-Investition
  der Zinsertrag sei i_H = 0,10 pro Jahr nachschüssig

A(2) Real-Investition
  a) mit einem Anschaffungspreis von A_o = 1.000,-
  b) mit zusätzlich erwarteten Umsatz-Einnahmen + $\Delta x_t \cdot p_t$ pro Jahr der Nutzungsdauer von n = 3 Jahren,
    d.h. (per Annahme) sind Umsatz-Zuwächse zurechenbar auf die Investition
  ./. die zusätzlichen ausgabengleichen Kosten: Roh-, Hilfs- und Betriebsstoffe, Löhne je Periode
  = Perioden-Überschuss = finanzieller Deckungsbeitrag je Periode
  ./. die mit der Investition verbundenen Steuern - häufig nicht berücksichtigt -
  = Perioden-Überschuss netto; er umfasst noch (1) die Kapitalkosten und (2) die Amortisation der Anschaffungsausgabe anteilig (= die finanziellen Gegenmittel zu den Abschreibungskosten/zum Abschreibungsaufwand) sowie (3) als Restgröße den Gewinn der Periode aus der Investition
  c) mit der erwarteten Nutzungsdauer von n = 3 Jahren hier vorgegeben (sie sollte eigentlich stattdessen mittels einer Optimierungsrechnung festgelegt werden).

Das Beispiel vereinfacht für die Handlungsmöglichkeiten auf den gleichen Investitionsbetrag von 1.000,- und rechnet vergleichbar für die Investitionsdauer von 3 Jahren, die durch die Real-Investition A(2) fixiert wird. Die hier zu (1) erwähnten Kapitalkosten gibt es im Abschnitt C.20 nicht, weil zur Finanzierung (der Vergangenzeit und der Zukunft) keine Beziehung besteht. Stattdessen wird durch bezug auf die alternative Handlungsmöglichkeit A(1) mit den Opportunitätskosten bzw. mit dem -kostensatz argumentiert.

C.21 Die abstrakte und die konkrete Entscheidungssituation

Zusammenfassung zu C.21: die Situation in t_0

auf der Aktivseite:
Es ist ein Geldbetrag für investive Zwecke vorhanden; betrachtet werden die Möglichkeiten:
A(0) die Null-Aktivität, d.h. das Nichtstun
A(1) die Finanzanlage zum Ertragssatz $i_H = 10\%$
A(2) die Real-Investition mit A_o, $PÜ_t$ und n, hier vorgegeben $n = 3$ Jahre

auf der Passivseite:
Keine Änderung, weil vorgegeben ist, dass weder ein Vorgang der Finanzierung der Unternehmung noch eine Rückzahlung von Kapital erfolgt; kurz: $\pm \Delta$ Kapital = 0

a) Ermittlung der Vorteilhaftigkeit von A(1) und A(2)
b) Vergleichbarkeit und Vergleich der Vorteilhaftigkeit.

Kennzeichnung des rechnerischen Vorgehens:
Die in C.20 angewendeten Rechenverfahren rechnen von t_0 und von A_o ausgehend vorwärts auf das Ende der Nutzungsdauer von A(2) hin:
1) die Endvermögens-Rechnung C.22
2) die Ermittlung des internen Zinsfußes C.23.

Die beiden Rechenverfahren zerlegen – rechnerisch jeweils unterschiedlich – die Abfolge der Periodenüberschüsse $PÜ_t$ aus der Real-Investition je t in:

α) den Betrag der Kapitalfreisetzung,
β) den Betrag des Kapitalertrages, und bei 1) hinzukommend
γ) den Betrag des Gewinn-Überschusses.

Die beiden Rechenverfahren zu 1) und zu 2) rechnen die Kapitalfreisetzung und damit die Kapitalbindung unterschiedlich; infolgedessen weisen sie den Gesamt-Erfolg aus A(2) in verschiedenen zeitlich-betragsmäßigen Abfolgen aus.

C.22 Die Endvermögenswert-Rechnung, kurz: Endwert-Rechnung

22.1 Der Vergleich der Alternativen mit Hilfe der Endwert-Rechnung

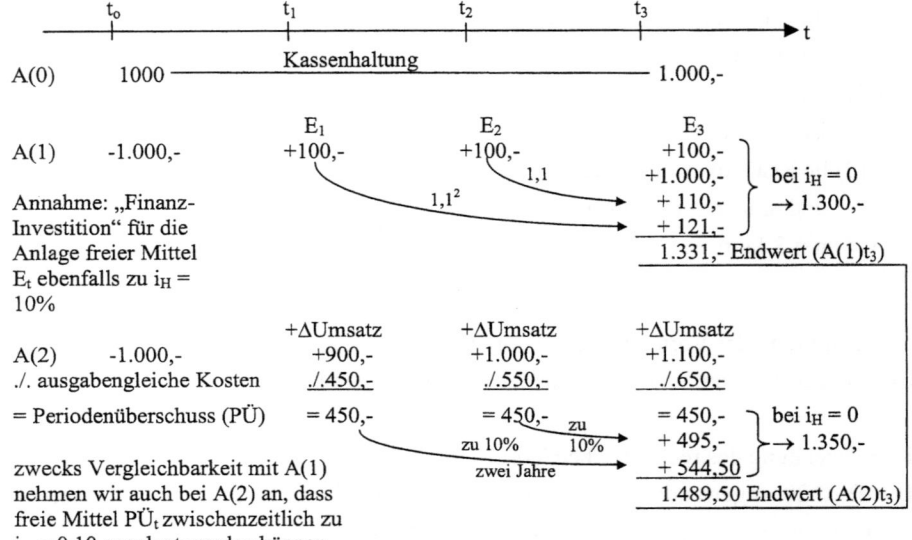

Die Differenz zwischen A(1) und A(2) per t_3 ist 158,50.

Das Beispiel zeigt uns, dass der Investor mit 1.000,- verfügbaren Mitteln zwei Arten von Erträgen erzielen kann. Entscheidet er sich für A(1), dann erzielt er nur Kapital-Erträge, und zwar dreimal 100,- je t_1, t_2 und t_3. „Ertrag" besagt hier, dass ein dieser Rechengröße entsprechender Geldbetrag verfügbar ist, d.h. aus dem erwerbswirtschaftlichen Bereich entnommen und für konsumtive Zwecke verwendet werden **könnte**. Wir müssen folglich zwischen den Rechengrößen Ertrag, Erfolg einerseits und den finanzwirtschaftlichen Vorgängen „Entnahme" bzw. „Einlage" unterscheiden. Den Erträgen von dreimal 100,- entsprechen betragsgleiche Entnahmen. Die zusätzlich 31,- in t_3 als Ertrag hingegen schließen Entnahmen in t_1 bzw. in t_2 aus. Die zeitlich-betragsmäßige Struktur der Entnahmen bestimmt naheliegenderweise die periodischen Gesamterfolge mit.

Diese Mitwirkung der Entnahmen ist jedoch auszuschließen, wenn der Erfolg einer Investitionsmöglichkeit ermittelt werden soll.

Entscheidet sich der Investor hingegen für A(2), dann erzielt er per t_3 158,50 **zusätzlich**. Diesen Betrag können wir die „Unternehmer-Einkunft" bezeichnen. Denn ausschließlich dieser Betrag wird vom Investor als Einkunft realisiert, wenn er die Investition A(2) wählen und damit auf A(1) verzichten würde. Aus dem Beispiel ersehen wir allerdings sofort, dass die Endvermögens-Differenz von 158,50 vordergründig auch darauf beruht, dass die zwischenzeitlich frei verfügbaren Mittel infolge der Einzahlungen sowohl bei A(1) als auch bei A(2) verzinslich angelegt werden und so in die Endvermögensrechnung eingehen. Mittels der finanz-investiven Ergänzungs-Investitionen werden die Alternativen A(1) und A(2) miteinander vergleichbar gemacht. Infolgedessen sind nun A(1) und A(2) **jeweils zu einem Investitionsbündel** aus Primär- und Ergänzungs-Investitionen geworden, deren Endvermögen – 1.331,- bzw. 1.489,50 – zwangsläufig die Erträge des Bündels einschließen. Der Endvermögensvergleich vergleicht mithin *die Ergebnisse von Handlungsmöglichkeiten, die ihrerseits aus den vergleichbar gemachten Investitionsmöglichkeiten resultieren.* Die Differenz (von 158,50) zwischen den Endvermögen ist von daher eine zusätzliche und gemischte Einkunftsgröße und nicht als reine Unternehmer-Einkunft nachweisbar.[4]

„Unternehmer-Einkunft" oder „Investor-Einkunft" bezeichnet hier die Differenz zwischen dem Erfolg einer mit leistungswirtschaftlichen Aktivitäten verbundenen Investition gegenüber einer festverzinslichen Finanz-Investition. Es wird bewusst auf den arbeitslos erzielbaren Kapitalertrag bezogen und nicht auf die Null-Aktivität A(0).

Die bisherigen Überlegungen sollen zusammengefasst werden:
1. Der Abschnitt C.21 gibt die Situation vor, dass vorhandenes Kapital investiv verwendet werden soll.
2. Der Investor hat mehrere Investitionsmöglichkeiten A(1), A(2) usw., die von den verfügbaren Mitteln her realisiert werden können.
3. Es genügt nicht, die Vorteilhaftigkeit einer jeden Investitions-Alternative per se zu ermitteln, weil die Zahlungsbeträge und die Zahlungszeitpunkte verschieden sind. Die Differenzen sind gleichbedeutend mit dem Fehlen der Vergleichbarkeit.
4. Die zutreffende Auswahl-Entscheidung zwischen mehreren Alternativen setzt ihre Vergleichbarkeit voraus.

---

[4] Diese Aussage als Ergebnis von C.22.1 ist vordergründig und wird in C.22.2 richtig gestellt.

5. Deshalb werden die Investitionsmöglichkeiten um Finanz-Investitionen ergänzt, welche die Differenzen ausschalten und so die Vergleichbarkeit herstellen.
6. Die einzelne Investitionsmöglichkeit – nun die Primär-Investition genannt – bildet zuzüglich ihrer Ergänzungs-Investitionen ein Investitionsbündel, eine (vergleichbare) „investive Handlungsmöglichkeit".
7. Dem Stichwort „vergleichbar gemachte Investitionsmöglichkeiten" entspricht die rechnerische Vorgehensweise **„Endvermögensrechnung"**.
8. Sie ermittelt für jede investive Handlungsmöglichkeit das Endvermögen, vergleicht die Endvermögen und weist so die Endvermögens-Differenzen und schließlich die vorteilhafteste Handlungsmöglichkeit aus.
9. Die **Endvermögens-Differenz gegenüber dem Einsatz** beruht auf den Erträgen sowohl aus der Primär- als auch aus den Ergänzungs-Investitionen und ist so gesehen eine gemischte Erfolgsdifferenz, verfügbar in t_3.
10. Andererseits ist die **Vermögensdifferenz zusätzliches Einkommen** aus der einen (vergleichbaren) Handlungsmöglichkeit gegenüber einer anderen.
11. Der Endvermögensvergleich zwischen investiven Handlungsmöglichkeiten ist ersichtlich einem „abstrakten Begriff" des Einkommens verbunden: aus der Finanzbuchhaltung wissen wir, dass der Jahresgewinn erklärt wird als die Änderung des Bilanz-Eigenkapitals (des Netto-Vermögens, des Betriebsvermögens im § 4 Abs. 1 Satz 1 des Einkommensteuergesetzes). Im Gegensatz dazu hatten wir „Einkommen" konkreter als den Überschuss erklärt, der mittels der Vorgänge „Leistung gegen Entgelt" im Laufe des Jahres erwirtschaftet worden ist und über den für private Verwendungszwecke disponiert werden kann.

22.2 Die Aufteilung der Periodenüberschüsse auf Amortisation, Kapitalertrag und Gewinn-Überschuss am Ende

Das rechnerische Vorgehen zerlegt jeden Periodenüberschuss ($PÜ_t$) in zwei oder drei Komponenten: einerseits der Kapitalertrag (erfolgswirksam), der als Verzinsung errechnet wird, andererseits die Kapitalfreisetzung/die Kapitalrückgewinnung (erfolgsneutral) und drittens (gegebenenfalls) der Gewinn-Überschuss (erfolgswirksam). Die rechnerische Aufteilung erfordert und verwendet einen Zinssatz und begrenzt die Summe der Freisetzungsbeträge auf einen Gesamtbetrag. Dieser ist naheliegenderweise der Betrag der Anschaffungsausgabe (A_o) für die Investition – die Input-Kapitalbindung –

oder der Betrag des Ertragswertes (EW_o) der Investitionsmöglichkeit – die Output-Kapitalbindung.

Wenn wir die Kapitalbindung in Höhe des Anschaffungspreises und den Zinsertragssatz von i_H = 10% für den Kapitalertrag verwenden, erhalten wir die folgende Struktur:

$$
\begin{array}{l}
t_o \qquad\qquad t_1 \\
A_o = 1000 \xrightarrow{(1+i)} 1.100 \quad\diagup\ 100,00\ \textit{Kapitalertrag} \\
\qquad\quad DB_1 = -450 \diagdown\ 350,00\ \textit{Freisetzung} \\
\qquad\qquad\qquad\ 650 \diagdown\quad t_2 \qquad 65,00\ \textit{Kapitalertrag} \\
\qquad\qquad\qquad\qquad\ 715,00 \diagup\ 385,00\ \textit{Freisetzung} \\
\qquad\qquad\quad DB_2 = -450,00 \diagdown\ t_3 \\
\qquad\qquad\qquad\quad 265,00 \rightarrow 291,50 \diagup\ 26,50\ \textit{Kapitalertrag} \\
\qquad\qquad\qquad\qquad\ DB_3 = -450,00 \diagdown\ 265,00\ \textit{Freisetzung} \\
\qquad\qquad\qquad\qquad\qquad\quad 158,50\ \text{der Gewinn-Überschuss in } t_3
\end{array}
$$

Daraus folgt die zeitlich-betragsmäßige Erfolgsstruktur mit:

	t_1	t_2	t_3	
Kapital-Erträge	100,00	65,00	26,50	Σ 191,50
Gewinn-Überschuss			+ 158,50	158,50
				350,00

Die Summen und ihre Verknüpfungen:

	Kapital-erträge	Kapital-Freisetzung	Kapitalbindung je Parte
t_1	100,00	350,00	350,00
t_2	+ 65,00	+ 385,00	+770,00
t_3	+26,50	+265,00	+795,00
Kapitalerträge	191,50	1.000,00	1.915,00
+ Gewinn-Überschuss	158,50		= die kumulierte Kapitalbin-
Gesamt-Erfolg	350,00		dung mal Zinsertragssatz
			$i_H = 0,10$

Der Gesamt-Erfolg der Investitionsmöglichkeit A(2) entspricht der einfachen Summe der Periodenüberschüsse = 3 x 450,- abzüglich den Betrag der Anschaffungsausgabe von 1.000,- für die Investition A(2). Das bestätigt das schlichte kaufmännische Denken, den Erfolg als Differenz zwischen 1.350,- (Summe der Einzahlungssalden) und 1.000,- Ausgabebetrag zu errechnen ohne Beachtung der Zeitunterschiede zwischen den in die Erfolgsrechnung eingehenden positiven und negativen Rechengrößen. Der verwendete Zinssatz i_H = 10% dient (nur) dazu, die Periodeüberschüsse auf Kapitalfreisetzung und Gewinn-Überschuss hin rechnerisch aufzuteilen und für den Gesamt-Erfolg (von 350,-) die Struktur zwischen den Kapitalerträgen und dem Gewinn-Überschuss (von 158,50) festzulegen. Der Zinssatz selbst entstammt der alternativen Verwendung der Mittel (von 1.000,-) in t_o für A(1).

Zusammenfassung: Bei der Verwendung vorhandener Mittel zur Finanzierung des Anschaffungspreises der Real-Investition A(2) erzielt der Investor zum einen Einkünfte aus Kapitalvermögen entsprechend der Kapitalbindung (von 1.915,-) in der Primär-Investition und dem alternativen Zinsertragssatz i_H = 10%. Zum anderen erzielt er einen Überschuss, der als Endvermögens-Differenz gegenüber der Alternative A(1) bzw. als Gewinn-Überschuss (hier: in t_3) bezeichnet werden kann. Dieser Gewinn-Überschuss ist errechnet gegenüber den „Kapitalkosten", die in C.22 nur als Opportunitätskosten existieren, vom Zinsertragssatz der Alternative A(1) bestimmt werden und deshalb innerhalb der Erfolgsrechnung für A(2) als Kapitalerträge ausgewiesen werden.

Anders formuliert: die mit A(2) verbundene Kapitalbindung in Höhe von 1.000,- (t_o), 650,- (t_1) und 265,- (t_2) führt angesichts der alternativen Möglichkeit A(1) mit i_H = 10% zu entsprechend entgehenden Zinserträgen, die A(2) als (deshalb Opportunitäts-) Kosten des (von A_o her gerechnet) gebundenen Kapitals angelastet werden. Aus der Sicht der Investitionsmöglichkeit A(2) hingegen handelt es sich um einen rechnerischen Teil ihres Gesamt-Erfolges, nämlich um den Ertrag des objektgebundenen Kapitals.

Die Bezeichnung der 158,50 einmal als Differenz gegenüber A(1) und zum anderen als Überschuss innerhalb von A(2) bedarf der Erklärung. Dazu geben wir vor, dass die Kapitalerträge – obgleich sie auch finanzwirtschaftlich verfügbar sind – nicht für private Zwecke entnommen werden, sondern im erwerbswirtschaftlichen Bereich verbleiben und finanz-investiv zu i_H = 10% verwendet werden. Dann erhalten wir:

a) Zins- und Zinseszins-Erträge bei A(1) als Investitionsbündel

	t_1	t_2	t_3
A(1)	100,-	100,-	100,-
+ Finanz-Investitionen		+ 10,-	+ 10,00
			+ 11,00
	100,-	110,-	121,-

b) Kapital- und Zinserträge bei A(2) als Investitionsbündel

	t_1	t_2	t_3
A(2)	100,-	65,-	26,50,-
+ Finanz-Investitionen		45,-	45,00
			49,50
	100,-	110,-	121,-

Für die zu Investitionsbündeln vervollständigten A(1) und A(2) sind so übereinstimmend für A_o = 1.000,- und über 3 Jahre Bindung die Erträge des Kapitals in gleicher Abfolge ausgewiesen. Die bei A(2) hinzukommenden 158,50 sind zum einen die Differenz gegenüber A(1) und zugleich ein Erfolgsbestandteil **innerhalb** von A(2) mit seinen $PÜ_t$ = 450,- und folglich in den (1.350 ./. 1.000=)350,- enthalten. Die Kapitalerträge der finanz-investiven Ergänzungs-Investitionen – zusammen 139,50 – sind nur die Folge der Vergleichbarkeit mit (191,50 + 139,50 =) 331,- wie bei A(1) mit 331,-.

Somit können wir zu A(2) eine gestufte Problemabfolge festhalten:
1) Die Verwendung des alternativen Ertragssatzes i_H von A(1) lediglich für das Errechnen der Struktur des Gesamterfolges (von 350,-) im Sinne seiner Aufteilung in Kapitalerträge (191,50) und Gewinn-Überschuss (158,50).
2) Die Ergänzung von A(2) zum Investitionsbündel um die finanz-investive Verwendung der $PÜ_t$ bis t_3, dem Ende der Investitionsdauer von A(2). Dadurch kommen Kapitalerträge von zusammen 139,50 hinzu.
3) Aufgrund der so konzipierten Vergleichbarkeit von A(1) und A(2) wird anhand der beiden Endvermögen per t_3 die Differenz von 158,50 zugunsten von A(2) ausgewiesen. Sie ist ein Teil des Gesamt-Erfolges der Primär-Investition A(2) und hat nichts mit deren Ergänzungs-Investitionen zwecks Vergleichbarkeit zu tun.

4) Das Postulat der Vergleichbarkeit bezieht sich **auf die Kapitalbindung**, die bei den Alternativen übereinstimmen müsse, damit die Erträge und die über sie ermittelte Vorteilhaftigkeit einer jeden zum Investitionsbündel ergänzten Investitionsmöglichkeit vergleichbar sei für die anstehende Auswahl-Entscheidung. Dem entsprach C.22.1 mit der gemischten Endvermögens-Differenz.

5) Die Analyse in C.22.2 führt zu Punkt 3) und weist die Vergleichbarkeit der Kapitalbindung und die daraus folgende Rechnung mit Ergänzungs-Investitionen als Scheinproblem nach.

6) Formulieren wir unser Ergebnis anders: Ohne auf die zwischenzeitlichen Finanz-Investitionen zu achten – und achten zu müssen – haben wir gezeigt, dass

bei A(1) die Kapitalkostensumme von 300,- infolge der objektverbundenen Kapitalbindung gerade von der Summe der Kapitalerträge von 300,- gedeckt wird, während

bei A(2) mit der Kapitalkostensumme von 191,50 ein Gewinn-Überschuss von 158,50 erzielt wird infolge des Gesamterfolges von 350,-.

Ersichtlich zeigt die Erfolgsrechnung je Investitionsmöglichkeit den mit ihr erwartet verbundenen Gewinn-Überschuss über die Kosten des von ihr gebundenen Kapitals, vom Betrag (A_o) des Anschaffungspreises her gerechnet. Die Unterschiede der objektweisen Kapitalbindung werden über die Kapitalkosten berücksichtigt: auf diese Weise ermitteln wir vergleichbare Erfolge. Die Endvermögensrechnung hingegen stellt die Vergleichbarkeit über die gleiche Kapitalbindung der zu Investitionsbündeln aufgestockten Investitionsobjekte her, so dass die vergleichbaren Erfolge über die Kapitalerträge erreicht werden.

7) Die deutschsprachige Literatur zur Investitionsrechnung war jahrelang auf einem Holzweg unterwegs – vgl. auch C.64 –, weil sie die Aufgabe, den Erfolg einer Investitionsmöglichkeit zu ermitteln, in die Aufgabe umdefinierte, vergleichbare Endvermögen zu errechnen.[5] Denn nur vordergründig – wie beim Betriebsvermögensvergleich – weist die Endvermögensdifferenz zwischen A(2) gegenüber A(1) den Gewinn-Überschuss von A(2) aus. Wie gezeigt – und naheliegenderweise – ist der Gewinn-Überschuss hingegen derjenige Teil des Gesamterfolges (von 350,-) von A(2), der über die Kapitalkosten hinausgeht. Diese Kapitalkosten (von 191,50) werden entsprechend der Kapitalbindung

---

[5] Vgl. z.B. Schmidt/Terberger (1997) S. 135-137 (Kapitalwert) und S. 148-150 (interner Zinsfuß).

durch A(2) – insgesamt 1.915,- vom Betrag des Anschaffungspreises her kumuliert – und unter Verwendung des alternativen Kapitalertragssatzes $i_H = 10\%$ seitens A(1) errechnet.

8) Zusammengefasst: Bezogen auf die kostende Kapitalbindung der betrachteten Investitionsmöglichkeit wird ihr Gewinn-Überschuss (von 158,50) ihr zugehörig ausgewiesen. Bezogen auf die vergleichbar gemachte Kapitalbindung der Investitionsbündel wird der Gewinn-Überschuss als der Mehr-Ertrag von A(2) gegenüber A(1) und gegenüber dem übereinstimmenden Kapitalertrag (von 331,-) der Investitionsbündel ausgewiesen.

9) Quintessenz: Erfolgsermittlung bezieht sich auf den **Saldo** aus positiven und negativen Rechenelementen. Gewinnermittlung bezieht sich auf die **Differenz** zwischen zwei Vermögen.

C.23 Das Rechenverfahren „interner Zinsfuß" und seine Ergänzung zur Endwert-Rechnung

23.1 Kennzeichnung des Verfahrens und das Rechenbeispiel

Die Ermittlung des sogenannten internen Zinsfußes ist ein Rechenverfahren, das den Ertrag des gebundenen Kapitals mit dem Nettogewinn rechnerisch zusammenfasst zu einem einzigen Ertragssatz des gebundenen Kapitals. Der Überschuss infolge der Einzahlungen über den Einsatz infolge der Anschaffungsausgabe für das Investitionsobjekt wird von dem sogenannten internen Zinsfuß (r) ausgedrückt. Bezogen auf den mit der Investition verbundenen Kapitaleinsatz nennt r den Ertragssatz pro Jahr in Prozent.

Der zu errechnende interne Zinsfuß teilt zugleich die Periodenüberschüsse einer Investitionsmöglichkeit auf. Deren Zerlegung in nur die zwei Komponenten „Kapitalfreisetzung" und „Kapitalertrag" ist eine anschauliche Vorgehensweise. Sie unterstellt zudem das Verwenden vorhandener Mittel in t_o und schneidet von einer gleichzeitigen Finanzierung der Unternehmung ab. Der errechnete interne Zinsfuß r ist deshalb vor Kapitalkosten des objektgebundenen Kapitals zu verstehen: ein Brutto-Kapitalertragssatz also.

Beispiel:

Die Anschaffungsausgabe $A_o = 1.000,-$ für eine Investitionsmöglichkeit in t_o lässt zwei Einzahlungen E_1 (in t_1) $= 600,-$ und E_2 (in t_2) $= 720,-$ erwarten. Das Rechenbeispiel setzt vereinfachend den Periodenüberschuss gleich Einzahlung und verwendet (absichtlich) eine Investition mit nur zwei Jahren Nutzungsdauer. Das genügt, um die Beziehungen zwischen Kapital**ein**bindung, Kapital**bindung** als Beträge über die Zeit, Kapital**freisetzung** und Kapital**ertrag** je t kennen zu lernen.

23.2 Kapitalbindung und Kapital-Ertragssatz: das Rechenverfahren zur Ermittlung des internen Zinsfußes einer Investition

1. Zinsertrag-bringende aktivische Kapitalbindung und Kapitalfreisetzung/ Amortisation infolge von Einzahlungen

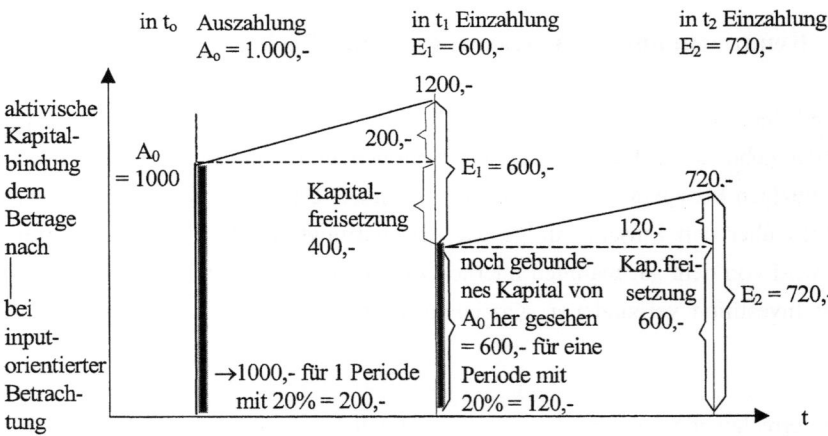

die aktivische Kapitalbindung bringt „Kapitalertrag", „Zinsertrag"

– in % → Zinsertragsatz r
– im Beispiel ist r = 20%
– r ist der (durchschnittliche)

die Einzahlungen E_1 und E_2 enthalten jeweils

– Amortisation(sbeitrag) hinsichtlich der Anschaffungsausgabe A_o, - das sind 400,- bzw. 600,- - und

Zinsertragsatz der aktivischen
Kapitalbindung = Beträge x Zeit

- r ist der interne Zinsfuß der
betrachteten (Stamm-)
Investition/Primär-Investition

- Verzinsung des jeweils gebundenen
Kapitals (vom Einsatz her gedacht und
gerechnet)
- für die rechnerische Aufteilung ist eine
Hilfsgröße erforderlich, das ist hier der
Zinssatz von r = 20% für den Ertrag
aus dem gebundenen Kapital

Ohne Beachtung des Zeitunterschiedes ist die Summe der Kapitalerträge (200 + 120 =) 320,-; das über die Zeit – vom Einsatz her gesehen – gebundene Kapital ist (1000 + 600 =) 1.600,-. Der Kapitalertragssatz ist 320/1600 = 20% = r = der interne Zinsfuß der Investition. Mit anderen Worten: Der Überschuss (320,-) infolge der Einzahlungen (1.320,-) über die Anschaffungsausgabe (1.000,-) für das Investitionsobjekt wird auf die Kapitalbindung (1.600,-) bezogen und so mit 320/1600 zu einem Kapitalertragssatz – dem sogenannten internen Zinsfuß – umgerechnet.

Die Rechnung berücksichtigt nicht, was mit E_1 = 600,- geschieht; E_1 verlässt gewissermaßen das Rechenfeld, das vom Rechenverfahren abgedeckt wird, um den internen Zinsfuß/den Ertragssatz des infolge der Investitionsentscheidung in t_o gebundenen Kapitals zu ermitteln. Wir sprechen deshalb vom „offenen Rechenfeld", dem der interne Zinsfuß r verbunden ist. Der nachfolgende Fall ergänzt es zum „geschlossenen Rechenfeld" und verbindet diesem den durchschnittlichen Ertragssatz $r_\emptyset$.

2. Primäre Investition und Ergänzungs-Investitionen

Ergänzungs-Investitionen oder Supplement-Investitionen bedeuten die Anlage freier Mittel - hier nur: E_1 in t_1 - zum gegebenen Zinsertragssatz i für (einjährige) Finanzanlagen mit beliebigen Beträgen.

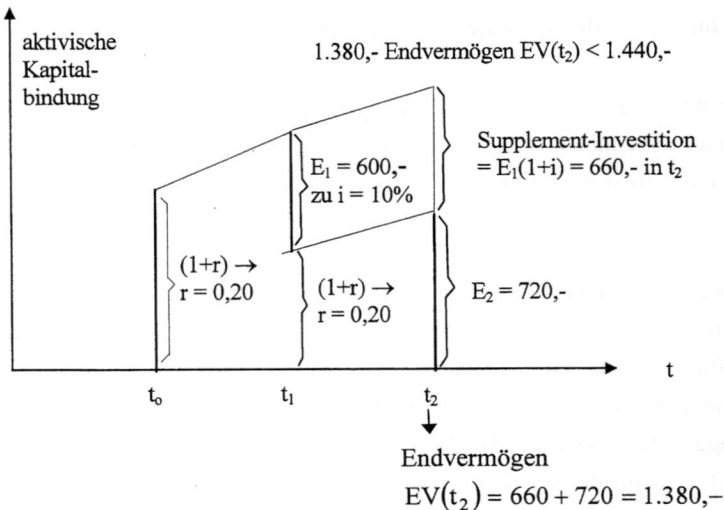

$$EV(t_2) = 660 + 720 = 1.380,-.$$

Welcher Ertragsatz $r_\emptyset$ wird mit 1.000,- in zwei Perioden erzielt?

$$EV(t_2) = A_o(1 + r_\emptyset)^2$$

$$(1 + r_\emptyset)^2 = \frac{EV(t_2)}{A_o} = \frac{1380}{1000} = 1{,}38 \rightarrow (1 + r_\emptyset) = \sqrt{1{,}38}$$

$$1 + r_\emptyset = 1{,}174734$$

$$r_\emptyset = 17{,}4734\% < r = 20\% \text{ der Primär-Investition.}$$

Der durchschnittliche Ertragssatz $r_\emptyset$ von primärer Investition und der finanz-investiven Ergänzungs-Investition beträgt also nur 17,47 Prozent und ist damit geringer als der interne Zinsfuß der Primär-Investition mit r = 20 Prozent.

Wir müssen folglich unterscheiden:

r = den internen Zinsfuß der Stamm- oder Primär-Investition

i = den gegebenen Zinsertragssatz für die Finanz-Anlage zwischenzeitlich freier Mittel; im Beispiel nur E_1 = 600,-

$r_\emptyset$ = die Rendite von A_o = 1000,- über zwei Jahre investiert: aus den beiden Investitionen, nämlich A_o in t_o (zu r) und E_1 in t_1 (zu i) ergeben sich bei $r_\emptyset$ = 17,473% rechnerisch in t_1 1.174,73 und in t_2 tatsächlich 1.380,-.

23.3 Die Kapitalerträge als die Struktur des Gesamt-Erfolges

Bei diesem Rechenverfahren wird jeder Periodenüberschuss in nur die beiden Komponenten „Kapitalertrag"/Einkunft einerseits und „Kapitalfreisetzung" andererseits aufgeteilt. Diese Aufteilung erfolgt mit Hilfe des Prozentsatzes des internen Zinsfußes. Bei dieser Rechenmethode sind die Kapital-Erträge mit dem Gewinn-Überschuss verschmolzen zu dem einen Kapitalertragssatz r, dem internen Zinsfuß. Dazu wird rechnerisch der Ertragswert EW_{or} mit dem Anschaffungspreis A_0 für die Investition gleichgesetzt, so dass der Kapitalwert $C'_{or} = 0$ ist.

$EW_{or} = A_0 \rightarrow C_{or} = 0$; der Kapitalwert ist Null, weil der Zinssatz für das Abzinsen der Periodenüberschüsse gleich ist dem internen Zinssatz r.

<u>Angewandt für A(2) aus dem Abschnitt C.22.1:</u>
Wir verwenden die mathematische Definition des internen Zinsfußes, dass seine Verwendung als Diskontierungszinssatz die Summe der abgezinsten Perioden-Überschüsse und damit den Ertragswert EW_{or} gleichmacht mit dem Betrag der Anschaffungsausgabe A_0 für das Investitionsobjekt.

$$A_0 \equiv 1.000,- = EW_{or} \equiv \overset{t_1}{\frac{450}{(1+r)}} + \overset{t_2}{\frac{450}{(1+r)^2}} + \overset{t_3}{\frac{450}{(1+r)^3}}$$

$r = 16,65\%$ der interne Zinsfuß

also: $EW_{o(r=16,65\%)} = A_0 = 1.000,-$.

Probe: t_0 t_1
$A_0 = 1000 \xrightarrow{(1+r)} 1.166,50$ ⟋ *166,50 Kapitalertrag*
$\quad\quad\quad DB_1 = -450,00$ ⟵ 283,50 Freisetzung
$\quad\quad\quad\quad\quad 716,50 \xrightarrow{(1+r)} t_2$ ⟋ *119,30 Kapitalertrag*
$\quad\quad\quad\quad\quad\quad\quad\quad 835,80$ ⟋ 330,70 Freisetzung
$\quad\quad\quad\quad\quad\quad DB_2 = -450,00$ $\quad t_3$
$\quad\quad\quad\quad\quad\quad\quad 385,80 \xrightarrow{(1+r)} 450,03$ ⟋ *64,20 Kapitalertrag*
$\quad\quad\quad\quad\quad\quad\quad\quad DB_3 = -450,00$ ⟵ 385,80 Freisetzung
$\quad\quad\quad\quad\quad\quad\quad\quad\quad\quad 0$
$\quad\quad\quad\quad$ der Überschuss in t_3 ist 0.

Die Summen und ihre Verknüpfungen:

	Kapital-erträge	*Kapital-Freisetzung*	*Kapitalbindung je Parte*	
t_1	166,50	283,50	283,50	(aus 1 Jahr)
t_2	+ 119,30	+ 330,70	+ 661,40	(aus 2 Jahren)
t_3	+ 64,20	+ 385,80	+ 1.157,40	(aus 3 Jahren)
	350,00	1.000,00	2.102,30	

1.350,-
einfache Summe der Periodenüberschüsse = 3 x 450,-   die gesamte Kapitalbindung auf ein Jahr umgerechnet

↓
350,00 = 16,65% · 2.102,30.

Also: multipliziert man die kumulierte aktivische Kapitalbindung von 2.102,30 mit dem einen Kapitalertragsatz r = 16,65%, dann erhält man den Gesamtbetrag des Erfolges aus der Real-Investition als einfache Summe ohne Zwischenzins. Der Summand je t ist die rein rechnerische Folge aus der Aufteilung des DB_t mit Hilfe des internen Zinsfußes, multipliziert mit der restlichen Kapitalbindung zu Beginn der Periode; vgl. die Proberechnung.

Das Rechenverfahren des internen Zinsfußes wandelt den Gewinn-Überschuss von t_3 in laufenden Kapitalertrag auch in t_1 und t_2 um. Infolgedessen wird dieser und damit der Erfolg aus der Real-Investition schwergewichtig zeitlich vorn ausgewiesen (in der Abfolge 166,50 – 119,30 – 64,20). Das ist eine für den Finanzminister interessante Abfolge des Erfolgsausweises.[6]

Die Rechnungen hier bestätigen im übrigen die frühere Feststellung, dass die Rechenmethode des internen Zinsfußes keine Aussage/keine Annahme über den Verbleib der finanziellen Perioden-Überschüsse – hier: von 450,- in t_1 und t_2 - trifft. Der einzelne Perioden-Überschuss tut in seinem Zeitpunkt seine **Pflicht** als Komponente der Rechnung und verlässt dann das Rechenfeld, das nur von der Kapitalbindung der Primär-Investition gebildet wird. Wir hatten diese Beschreibung kurz als „offenes Rechenfeld" bezeichnet.

---

[6] Zu diesem Verfahren vgl. Horst Albach, in: Die Wirtschaftsprüfung 1963, S. 624-631.

277

C.30 Die Vorteilhaftigkeit einer Investition bei vollkommenem Kapitalmarkt bzw. bei Einsatz nur einer Kategorie der Kapitalfinanzierung

Im Gegensatz zum vorangegangenen Abschnitt werden jetzt Finanzierungsaktivitäten zugelassen, d.h. das betrachtete Unternehmen kann für seine Investitionsmöglichkeiten Eigen- oder Fremdkapital aufnehmen bzw. finanzielle Überschüsse an die (bisherigen) Kapitalgeber zurückzahlen.
Die Bedeutung der Finanzierungsaktivitäten für die Investitionsrechnungen und -entscheidungen wird jedoch durch die Annahme, dass die Finanzierung auf vollkommenem Kapitalmarkt erfolgt, weitgehend zurückgenommen.

Vorab wird deshalb die der Überschrift entsprechende Situation näher beschrieben (C.31). In einem Rechenbeispiel wird der Kapitalwert ermittelt, um die Frage zu erörtern, in welchem Verhältnis das Abzinsen der zeitlich entfernt liegenden Perioden- überschüsse zur Kapitalbindung mit ihren Kosten steht (C.32 bis C.35).

C. 31 Die Beschreibung der Marktsituation in t_0

Im Abschnitt C.20 hatten wir vorgegeben,
(α) dass die finanziellen Mittel für die möglichen Investitionen ausreichend vorhanden sind und
(β) dass – alternativ zur Investition – eine Rückzahlung an die Eigen- bzw. Fremd- kapitalgeber nicht möglich ist. Damit sind sowohl die Beachtung der Kapital- kosten als auch Finanzierungs- und Ent-Finanzierungsvorgänge ausgeschlossen bzw. mit anderen Worten: es gibt keine Bewegungsvorgänge auf der Passivseite der Bilanz.

Abschnitt C.30 hingegen bezieht Finanzierungsvorgänge und Kapitalrückzahlungen ein, allerdings in einer „idealen Welt". Was meint nun die lange Überschrift? Die Punkte 1 bis 3 möchten diese Frage beantworten:

1. „**Vorteilhaftigkeit**" fragt danach, ob die betrachtete Investition lohnt. Die Antwort hängt von a) bis c) ab:

a) vom angewandten Rechenverfahren,

b) vom Bezug auf die Kapitalkosten: daran wird jede Investitionsmöglichkeit gemessen,

c) vom Vergleich der Investitionsmöglichkeiten miteinander: das ist der Opportunitätsaspekt.

Zu a) hatten wir die Endvermögensrechnung und die Ermittlung des internen Zinsfußes bereits kennen gelernt und erörtern nachfolgend das Rechenverfahren, das den Kapitalwert einer Investition ermittelt.

Zu b) wird die Grundlage der Abschnitte C.30 bis C.50 angesprochen. Die Vorteilhaftigkeit einer Investition wird als Überschuss über die Kapitalkosten verstanden. Diese werden über die Kapitalbindung (Betrag x Zeit) rechnerisch quantifiziert, die ihrerseits von der Investition repräsentiert wird.

Ökonomisch sind die Kapitalkosten – in erster Stufe gewissermaßen – bedingt durch die Hereinnahme von Kapital und damit durch die Beziehungen zu den Kapitalgebern über die Zeit. Infolgedessen hat die Unternehmung Verfügbarkeit erlangt im Sinne von finanzwirtschaftlicher Bereitschaft. Die tatsächliche Inanspruchnahme dieser Verfügbarkeit und damit die Kapitalbindung durch das einzelne Investitionsobjekt führt – in zweiter Stufe – zu den Kapitalkosten, die dem Investitionsvorhaben anzulasten sind. Diese Zweiteilung ist aus dem betriebswirtschaftlichen Rechnungswesen bekannt: die Anschaffung einer Maschine führt zu Bereitschafts(zweck)aufwand, ihre Inanspruchnahme für die Produktion führt zu (Nutz-)Kosten.[7]

Die Verästelungen zur Problemstruktur setzen an den beiden Komponenten der objektverbundenen Kapitalkosten an:

α) An den Kostensatz knüpft die Frage an, ob für die Anschaffung der Investition Eigen- oder/und Fremdkapital eingesetzt wird. Die Beschaffung von Kapital und die Anschaffung eines Investitionsobjekts decken sich hinsichtlich Betrag und Zeitpunkt allerdings nur ausnahmsweise; vgl. dazu C.42.

β) An die Kapitalkostenbemessungsgrundlage knüpft insbesondere hinsichtlich des einzusetzenden Eigenkapitals die Frage an, ob der Nominalbetrag oder der Ertragswert/Marktwert des Eigenkapitals mit dem Eigenkapitalkostensatz zu multi-

---

[7] „Nutzkosten" drücken die geplante Inanspruchnahme von Positionen aus, deren Existenz „fixe (Bereitschafts-)Kosten" zur Folge hat. Die Inanspruchnahme lässt gewissermaßen fixe Kosten zu Nutzkosten werden.

plizieren ist. Anhand des Beispiels wird dieser Frage im Abschnitt C.35.1 für die input-orientierte Berechnung versus C.35.2 für die output-orientierte Berechnung nachgegangen.

Zu c) folgt aus dem Bisherigen, dass die Vorteilhaftigkeit einer Investitionsmöglichkeit zunächst isoliert für jede von ihnen ermittelt wird. Der Vergleich zwischen den Handlungsmöglichkeiten ist der sich daran anschließende zweite Schritt. Wir müssen folglich zwischen der kapitalkosten-bezogenen und der jeweiligen alternative-bezogenen Vorteilhaftigkeit einer Investitionsmöglichkeit unterscheiden. Der letztgenannte Bezug war Grundlage des Abschnitts C.20.

Insgesamt gesehen, steht für uns nicht die investitionsrechnerische Lösung im Vordergrund, sondern das Erkennen der ökonomischen Bedingtheiten des rechnerischen Vorgehens. Das Verhältnis der realökonomischen Gegebenheiten und ihrer rechenökonomischen Umsetzung/Transformation zur Vorbereitung von (hier: Investitions-) Entscheidungen wird üblicherweise wenig beachtet.

2. „Vollkommener Kapitalmarkt" unterstellt jedenfalls, dass es keine Transaktionskosten bei der Beschaffung (bzw. bei der Rückzahlung) von Kapital im Verhältnis zur Anlage verfügbarer Mittel am Kapitalmarkt gibt. Diese Annahme wird mit $i_S = i_H$ kurz bezeichnet, d.h. der Kostensatz i_S für direkt am Kapitalmarkt aufgenommenes Kapital ist gleich dem Zinsertragssatz i_H für am Kapitalmarkt angelegtes Kapital, wenn es im Unternehmen keine ertragreicheren Investitionsmöglichkeiten gibt.

Die Annahme, dass das Handeln auf dem Kapitalmarkt ohne Transaktionskosten erfolgt, muss damit zugleich unterstellen, dass es keine dahingehenden Probleme der Informationsökonomie gibt[8]. Ersichtlich können wir mit Hilfe der Annahme des vollkommenen Kapitalmarktes nicht die Realität erklären geschweige denn, Vorschläge für das Entscheidungsverhalten entwickeln. Die berechtigte Frage, wofür die Annahme denn dann von Belang ist, führt zur Investitionsrechnung – eines der wichtigsten Mittel der Entscheidungsvorbereitung! Die Abhängigkeit ihrer rechnerischen Vorgehensweisen und der Qualität ihrer Ergebnisse von der Annahme $i_S = i_H$ wird zum zentralen Anliegen des Abschnittes C.30.

---

[8] Vgl. die Übersicht dazu bei **Lehmann** (2003) S. 159-178.

3. „Nur eine Kategorie der Kapitalfinanzierung"

Die Unsicherheit der Zukunft ist zwar einer der Existenzgründe für das eigenständige Finanzwirtschaften, sie stört jedoch die Investitionsrechnung. Diese „reagiert" darauf mit unterschiedlichen „Konzepten", für deren Zählung wir die Ziffern aus der Übersicht von C.15 verwenden:

(12) Für den Abschnitt C.33 wird angenommen, dass es nur eine Kategorie des Kapitals gibt mit der Folge des einheitlichen Marktzinssatzes i_m.

Die Abschnitte C.34 und C.35 modifizieren dahingehend, dass nur entweder (13) Fremdkapital oder nur (14) Eigenkapital für die betrachtete Investitionsmöglichkeit eingesetzt wird.

(15) Abschnitt C.40 ermittelt die Vorteilhaftigkeit bei „gemischter Finanzierung" der Anschaffungsausgabe A_o. Das Nebeneinander von Eigen- und Fremdkapital setzt die Zurechnung von Mitteln bestimmter Herkunft auf A_o voraus und benötigt für die Abgrenzung der beiden Parten im Zeitablauf eine Tilgungsregel für das Fremdkapital. Ermittelt wird die Vorteilhaftigkeit der Investition für die Eigenkapitalparte, die gegenüber dem Fremdkapital residual nachgeordnet wird.

(16) Abschnitt C.50 akzeptiert ebenfalls die Existenz von Eigen- und Fremdkapital mit der Kapitalkosten-Konstellation $i_{EK} > i_{FK}$. Daraus wird jedoch mittels des langfristigen Finanzierungsplanes ein durchschnittlicher Kapitalkostensatz $i_\varnothing$ gebildet, der dann für die Investitionsrechnung verwendet wird. Diese Vorgehensweise kann sich auf die Theorie von Modigliani und Miller betreffend die Kostensätze für Eigenkapital und Fremdkapital bei vollkommenem Kapitalmarkt unter Unsicherheit stützen; vgl. B.52. Diese Theorie führt zu einem durchschnittlichen Kapitalkostensatz, der unabhängig von der jeweiligen Kapitalstruktur ist. Die Kostensatz-Verschiedenheit ist ausschließlich durch die Verteilung der Risiken auf die beiden Kapitalparten Eigenkapital und Fremdkapital bedingt und wird durch den gewogenen Durchschnitt auf der Grundlage der Marktwerte der Kapitalparten ausgeglichen.

Die dem Abschnitt C.33 zugrunde liegende Finanzierungssituation geben wir kurz gefasst wie folgt an:

$$i_m = \underbrace{i_S = i_H}_{2.\text{Punkt}} = \underbrace{i_{EK} = i_{FK}}_{3.\text{Punkt}}.$$

Die unter 2. behandelte Satz-Gleichheit folgt aus der Annahme fehlender Transaktionskosten und diskriminierender Steuern, die unter 3. angegebene Satz-Gleichheit beruht auf der Annahme, dass es keine eigenständigen Rechtsverhältnisse für Eigenkapital bzw. für Fremdkapital gibt. Mit diesen beiden Vorgaben hat sich die Investitionsrechnung die Finanzierungswelt so zurechtgelegt, dass es nur den einen Zinssatz i_m gibt. Infolgedessen verblasst die konkrete Finanzierungssituation für das Rechnen bis zur Bedeutungslosigkeit.

Eine unter diesen arbeitserleichternden Vorgaben durchgeführte Investitionsrechnung ist naheliegenderweise nur eine schwache Entscheidungshilfe. Unser Interesse bezieht sich jedoch auf die rechnerische Vorgehensweise, die den Ertragswert und den Kapitalwert einer Investitionsmöglichkeit ermittelt. Weitergehend verhilft sie uns zur Erkenntnis und Kennzeichnung der Investitionsrechnung als einer Rechnung, die den Netto-Erfolg aus einer Investitionsmöglichkeit ermittelt.

C.32 Das Bewerten des Zeitunterschiedes von Zahlungen gegenüber dem Rechenzeitpunkt t_0 als die Begründung für das Abzinsen/Diskontieren

Die Zinstheorie fasst die Versuche zusammen, die Existenz eines positiven Zinssatzes zu erklären. Dieses Bemühen teilt sich in drei Punkte auf:
1. Der Zins für Fremdkapital bzw. die unsichere Gewinnausschüttung für die Hingabe von Eigenkapital ist das Entgelt für die Stundungsleistung des Kapitalgebers, für sein Abwarten bis zur Zurückzahlung. Da die Finanzierung – d.h. das Übertragen der eigentumsrechtlichen Verfügbarkeit über den Geldbetrag – die Risiken des Rückerhalts des Einsatzbetrages und der periodischen Entgelt-Einnahmen begründet, kommt zu dem Stundungs-Entgelt ein Risikozuschlag, eine Risikoprämie hinzu. Diese wird üblicherweise als „Entgelt für die Übernahme von Risiko" bezeichnet und verstanden und mit der Risiko-Aversion des Menschen begründet, die über Angebot und Nachfrage, d.h. über das Markthandeln quantifiziert wird.

2. Erwirtschaftet wird der Zins als Entgelt über die Mehrergiebigkeit von Investitionen. Die „Mehrergiebigkeit des längeren Produktionsumweges", wie sie von Böhm-Bawerk konzipiert wurde, erklärt zugleich die fortlaufende Substitution der „Arbeit" durch das „Kapital". Ersichtlich – und naheliegenderweise – wird „der Zins" im Vollzug der Leistungswirtschaft erwirtschaftet und über die Dauerrechtsverhältnisse der Kapitalfinanzierung als – unterschiedlich – risikoverbundene Entgelte an die Kapitalgeber weitergeleitet. So unverzichtbar das Kapital für das Er-

werbswirtschaften ist, so wenig ist „das Kapital" ein Produktionsfaktor im Sinne der Einsatzfaktoren des produktiven Faktor-Kombinationsprozesses.

3. Wie stets bei Prozessen einer Preisbildung ist auch hinsichtlich des Zinses von Punkt 1 und 2 zu unterscheiden, welche Bestimmungsgrößen mit welchem Gewicht hinter Angebot und Nachfrage nach Eigen- bzw. Fremdkapital im Zeitpunkt und Zeitablauf zusammenwirken.

Wenn in t_o ein positiver Zinssatz i > 0 existiert, zu dem heute verfügbares Geld ertragbringend angelegt werden kann, dann ist

1) der heutige Betrag später mehr wert

t_o ─────── ein Jahr ─────── t_1
100,- ─────── i = 0,10 ─────── 110,- aufgezinst bzw.

2) ein erst später verfügbarer Betrag ist heute weniger wert

t_o ─────── ein Jahr ─────── t_1
90,91 ◄─────── i = 0,10 ◄─────── 100,-

abgewertet ◄─────── abgezinst.

Bei i > 0 bedeutet Zeitverschiedenheit von Zahlungen auch ihre Wertverschiedenheit. Bei i > 0 enthalten die später liegenden Einzahlungen E_1, E_2, E_3 einen Nachteil, der mittels des Abzinsens herausgerechnet wird, weil anderenfalls die Investitionsmöglichkeit in t_o zu vorteilhaft ausgewiesen würde. Diese Formulierung unterstellt allerdings, dass erst die mittels der Abzinsung betriebene und auf t_o bezogene Vermögensbarwert-Rechnung zugleich auch zutreffend den Erfolg der Investitionsmöglichkeit ausweist. Der Unterschied wäre der Ertrag des durch die Investition gebundenen Kapitals, der mit dem Abzinsen aus dem Blickfeld verschwindet.

Die Bewertung/das Abzinsen ist an der Wieder-Geldwerdung/am finanziellen Output = Einnahmeüberschuss orientiert. Zugrunde liegt der Opportunitätsgedanke in zwei Varianten: (1) Welcher Zinsertrag entgeht, weil die Mittel nicht heute, sondern erst später verfügbar werden? Der Kalkulationszinssatz ist also in diesem Fall der Zinsertragssatz, der nicht ab heute/t_o verwirklicht werden kann, weil die Mittel noch nicht verfügbar sind. Oder aber: (2) Welche Kapitalkosten entstehen, weil die Mittel nicht heute, sondern erst später an die Kapitalgeber zurückgegeben werden können infolge der Bindung durch die Investition?

Aspekt (2) verbindet mit dem Kapitalbetrag des Anschaffungspreises (A_o) für das Investitionsobjekt, während (1) auf die Summe der Barwerte der künftigen Einzahlungsüberschüsse abstellt. Diese Barwert-Summe wird als Ertragswert (EW_o) der Investitionsmöglichkeit bezeichnet. Das Beispiel in C.33 soll den Zusammenhang erklären.

C.33 Die Ermittlung des Ertragswerts und des Kapitalwerts mit dem Kalkulationszinssatz i_m

33.1 Beschreibung der Situation

Einem Investor bietet sich eine Investitionsmöglichkeit. Die Anschaffungsauszahlung beträgt A_o = 200,- und die erwarteten Einzahlungsüberschüsse (E_t) betragen je 100,- in t_1, t_2 und t_3.

Falls der Investor die erforderlichen Mittel verfügbar hat, könnte er sie alternativ zum Zinsertragssatz i_H = 0,10 am Kapitalmarkt anlegen oder auch seinen Kapitalgebern zurückzahlen und so Kapitalkosten in Höhe von i_S = 0,10 künftig einsparen. Hat er die Mittel nicht, kann er sie entsprechend den beschriebenen Merkmalen der Marktverfassung am Kapitalmarkt zu i_S = 0,10 Kapitalkostensatz aufnehmen jedenfalls bis zur Höhe des Barwertes der aus dem Investitionsobjekt erwarteten Einzahlungsüberschüsse, d.h. bis zur Höhe des Ertragswertes (i.d.R. mit $EW_o > A_o$).

Unabhängig davon, wer das Kapital über den Markt bereitstellt, gibt es kein rechtlich differenziertes Eigen- versus Fremdkapital, sondern nur eine Kategorie der Kapitalfinanzierung mit folglich nur einem Kapitalkostensatz i_m (= i_{EK} = i_{FK}). Auch der Aspekt, ob der Investor die Mittel bereits hat oder erst beschaffen muss, tritt wegen des nur einen und einheitlichen Zinssatzes i_m für die Investitionsrechnung in den Hintergrund. Die Modifikation der Realökonomie mittels Annahmen erfolgt zugunsten der Investitionsrechnung, denn es gibt nun für das Zinsrechnen nur den einen Kalkulationszinssatz i_m für das Abzinsen bzw. Aufzinsen.

33.2 Abzinsungsrechnung: das Diskontieren der E_t bzw. der $PÜ_t$

Zeitpunkte	t_0	t_1	t_2	t_3
Auszahlung A_0	− 200			
Einzahlungen		+ 100	+ 100	+ 100
Abzinsungsfaktoren		0,9091	0,8264	0,7513
Barwerte bei i = 0,10		90,91	82,64	75,13

Summe = EW_{oi} + 248,68 = Vermögenswert der Investition in t_{0+}
Kapitalwert C_{oi} + 48,68   das ist der Zeitpunkt der gerade erst durchgeführten Beschaffung des Investitionsobjektes

Der Kapitalwert ist positiv, d.h. gemessen an dem Kalkulationszinssatz i = 0,10 lohnt sich die Investition.

Frage: Warum rechnet die Kapitalwert-Methode mit Zinsen?

Es lassen sich zwei Begründungen anführen: das Bewerten der Zahlungen oder die Kosten des gebundenen Kapitals.

1. Bewerten

Die erst später als der Rechenzeitpunkt t_0 anfallenden Zahlungen werden wegen des Zeitabstandes bewertet. Der Barwert einer fernen Ein- oder Auszahlung bringt ihre Abwertung zum Ausdruck; vgl. C.32.

Mit anderen Worten: „Bewerten" heißt, die Zahlungen wegen ihrer Zeitverschiedenheit dahingehend zu relativieren, so dass sie miteinander verrechenbar werden. Wertverschieden sind die Zahlungen, wenn ein positiver Zinssatz existiert. Das „Abzinsen" der zeitverschiedenen Zahlungen verwirklicht das Bewerten und rechnet „von hinten" nach vorn auf den Rechenzeitpunkt t_0 zu, d.h. von „künftig" herab auf „heute".

2. Kapitalkosten

Vom Rechenzeitpunkt t_0 aus gesehen soll alsbald Kapital in die Investition hineingebunden werden. Diese Kapitalbindung kann man vom (dann fortgerechneten) Anschaffungspreis A_0 für die Investition her verstehen oder vom (dann fortgerechneten) Ertragswert EW_0/Vermögenswert der Investition; vgl. C.34.2 und C.35.2.

Mit anderen Worten: Bei Existenz eines positiven Zinssatzes kostet die Bindung von Kapital. Diese Kapitalbindung wird entweder vom zunächst eingebundenen Betrag A_o gerechnet oder vom noch nicht freigesetzten Betrag, der zu Beginn den Ertragswert EW_0 ausmacht. In beiden Fällen verringern sich die Beträge im Zeitablauf um die rechnerisch aus den Periodenüberschüssen ermittelten Kapitalfreisetzungen. Bei dieser Sichtweise rechnet man von vorn vom Rechnungszeitpunkt t_0 „nach hinten" zum Ende der Kapitalbindung in t_n hin. Das „Aufzinsen" der jeweiligen Kapitalbindung rechnet ihre Kosten.

Die Beziehung zwischen „Bewerten"/Abzinsen einerseits und „Aufzinsen" andererseits zeigt sich beim Ertragswert EW_0, der zunächst aus den aufsummierten Barwerten der Periodenüberschüsse per t_0 errechnet wird und dann von hier als Kapitalbindung wieder vorwärts auf t_n fortgerechnet wird. Dieses Verständnis setzt voraus, dass dem zunächst nur rechnerischen Vermögenswert EW_0 eine realökonomische Größe zur Seite tritt. Damit ist entweder Fremdkapital im Betrag von EW_0 gemeint oder die handelbar gemachte Rechtsposition des Eigenkapitalgebers in Form der „Aktie". Im Abschnitt C.35.2 wird die Berechnung der Eigenkapitalkosten vom Ertragswert einer Investition erklärt. Die Anwendung erfolgte bereits im Abschnitt B.35: Die Beziehungen zwischen zusätzlichem Eigenkapital (= Eigenfinanzierung), dem Marktpreis der Aktien der betrachteten Unternehmung und den Kosten des Eigenkapitals für die Unternehmung bzw. den Erträgen der Aktie für den Eigenkapitalgeber waren dort behandelt worden.

Beide Begründungen für das „Rechnen mit Zinsen" sollen erläutert werden. Dies setzt jedoch die Unterteilung danach voraus, ob die Investition ausschließlich entweder mit Eigenkapital oder mit Fremdkapital finanziert wird (bzw. wurde). Wir beginnen mit der vollständigen Fremdfinanzierung, weil die Zinszahlungen an den Fremdkapitalgeber unmittelbar einsichtig die Kosten der Inanspruchnahme/der Bindung von Kapital durch das Investitionsobjekt sind.

Vorab ermitteln wir für unser bisheriges Beispiel – vgl. C.22.1 – die Kapitalwerte für die alternativen Investitionsmöglichkeiten A(1) – eine Finanz-Investition – und A(2) – eine Real-Investition.

33.3 Vergleich der Alternativen mit Hilfe der Barwert-Rechnung

Wenn man in t_0 Geld zu 10% anlegen kann, d.h. $i_{t_0} > 0$, dann sind ferne Einzahlungen/ Einzahlungsüberschüsse gegenwärtig weniger wert:

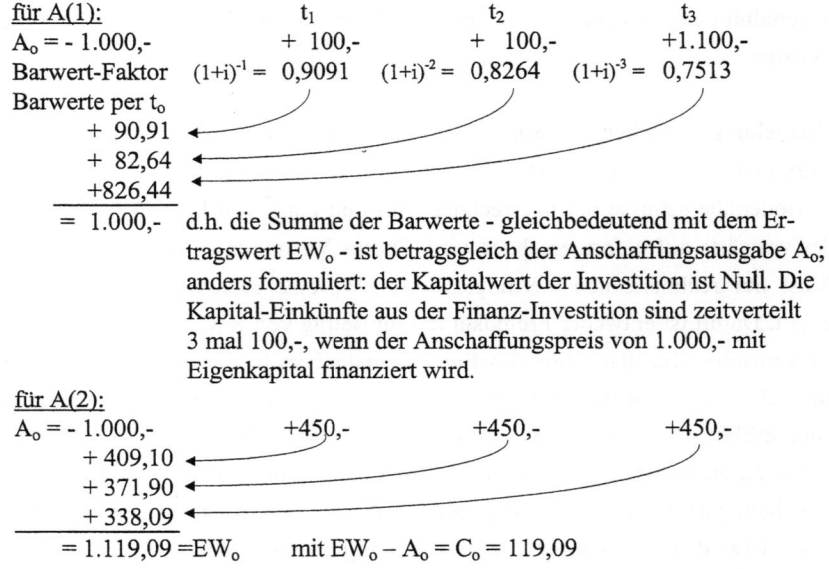

d.h. die Summe der Barwerte - gleichbedeutend mit dem Ertragswert EW_0 - ist betragsgleich der Anschaffungsausgabe A_0; anders formuliert: der Kapitalwert der Investition ist Null. Die Kapital-Einkünfte aus der Finanz-Investition sind zeitverteilt 3 mal 100,-, wenn der Anschaffungspreis von 1.000,- mit Eigenkapital finanziert wird.

Die Summe der Barwerte der Periodenüberschüsse wird der „**Ertragswert**" ($=EW_0$) der betrachteten Investition bezeichnet. Im Beispiel ist $EW_0 = 1.119,09$. Erst durch den Vergleich, d.h. nach Kürzung um den Betrag des Anschaffungspreises (= AP oder A_0) ist eine Aussage möglich, ob die Investition per se lohnen würde:

$$EW_0 - A_0 = C_0$$
$$1.119,09 - 1.000,00 = 119,09.$$

Die Netto-Barwertgröße C_0 wird der „**Kapitalwert**" der Investition genannt.

In der Endvermögens-Rechnung im Abschnitt C.22.1 zeigte die Differenz von 158,50 den relativen Vorteil von A(2) gegenüber A(1) im Zeitpunkt t_3 an. Diese sind bei einem Zinssatz $i_H = 0,10$ für die Zwischenzeit abgezinst 119,09 in t_0 wert. Das

C.33 Die Ermittlung des Ertragswerts

entspricht in der oben stehenden Barwert-Rechnung dem Kapitalwert C_o. Hätte man in t_o 119,09, dann wären das zuzüglich Zinserträgen in t_3 158,50. Da die 158,50 in t_3 geldmäßig verfügbarer Gewinn-Überschuss sind, liegt in t_3 zugleich Entnahmefähigkeit und Unternehmer-Einkunft aus der Handlungsmöglichkeit A(2) gegenüber A(1) vor, nicht jedoch auch schon in t_o (in Höhe von 119,09).

Abgezinst als Barwert sind die 119,09 gleich dem Kapitalwert C_o zunächst einmal nur die erst künftige Unternehmer-Einkunft aus der Investition. Verfügbar für private Verwendung in t_o sind die 119,09 **nur dann**, wenn in t_o ein entsprechender Geldbetrag disponibel ist, um so das spätere Einkommen vorzufinanzieren. Dazu muss der Investor entweder anderweit verfügbare Mittel in diesem Umfang haben, die infolge der privaten Verwendung zu einem entgehenden Zinsertrag von i_H = 10% führen; oder aber ein Bankinstitut gibt dem Investor einen „Konsumentenkredit" in t_o über 119,09 zu ebenfalls i_S = 10% Kreditzinsen.

Wir müssen folglich unterscheiden:

(1) die reinen Rechengrößen „Kapitalerträge", die periodische Teil-Erfolgsgröße, der Gesamt-Erfolg einer Investitionsmöglichkeit bzw. ihr „Netto-Erfolg" nach Fremd- und Eigenkapitalkosten;

(2) die errechneten Barwert-Größen „Ertragswert" (EW_{oi}) und „Kapitalwert" (C_{oi}) mit der Beziehung $C_{oi} = EW_{oi} - A_o$;

(3) Rechengrößen zuzüglich der finanziellen Verfügbarkeit als der Möglichkeit, über einen zu (1) oder (2) entsprechenden Geldbetrag disponieren zu können: wir sprechen dann von Kapital-Einkünften, Unternehmer-Einkunft, Gewinn-Überschuss; und

(4) die tatsächliche Verfügung, d.h. die Auszahlung aus dem betrachteten Erwerbsbereich zwecks Verwendung des Geldes für private Zwecke (in der Buchhaltung als „Entnahme" oder „Gewinnausschüttung" verbucht).

Unter Rückgriff auf die unter (1) bis (4) getroffenen Unterschiede soll nun der „Kapitalwert" – im Beispiel dem Betrage nach 119,09 – interpretiert werden:

Zu (1) ist der Kapitalwert eine Rechengröße, die den Erfolg der betrachteten Investitionsmöglichkeit rechnerisch quantifiziert angibt. Diese Größe ist – wie noch zu zeigen ist – nach Kapitalkosten errechnet, so dass wir zum „Netto-Erfolg" präzisieren können.

Zu (2) wird er errechnet, indem künftige Einzahlungen (E_t) bzw. Einzahlungssalden (PÜ$_t$) auf t_o abgezinst werden. Dieser Herkunft entsprechend können wir den Kapitalwert als den Barwert des zusätzlichen und erst zukünftigen Gewinnüberschusses/der Unternehmer-Einkunft bezeichnen, die gegenüber den Kapitalkosten erwartungsgemäß erzielt werden kann. Der „Kapitalwert" zu (2) ist eine Barwert-Größe, eine Vermögenswert-Größe, eine positive Vermögensänderung (in t_{o+}) gegenüber dem Einsatzbetrag A_o, jedoch kein in t_o auch bereits finanziell verfügbarer Betrag.

Zu (3) wird der „Kapitalwert" erst, wenn dieser bislang rechenökonomische Betrag per t_o vorfinanziert wird, und zwar zu dem verwendeten Kalkulationszinssatz i_m, anderenfalls kann man nicht wie hier in C.33 rechnen – vgl. C.43. Diese Voraussetzung der Vorfinanzierung ist unter den beschriebenen Bedingungen des vollkommenen Kapitalmarktes mit $i_m = i_S = i_H = i_{EK} = i_{FK}$ kein Problem. Die Literatur erspart sich deshalb die Mühe, zwischen (1) bis (3) zu unterscheiden. Beachtet man dies, dann kann der „Kapitalwert" als (1) eine rein rechnerische Erfolgsgröße, als (2) eine rechenökonomische Vermögenswert-Größe und als (3) ein finanzwirtschaftlich verfügbarer Betrag bezeichnet werden. Unter den Voraussetzungen des vollkommenen Kapitalmarktes ist der Kapitalwert ein drei-gestuftes Begriffskonzept.

Zusammenfassend halten wir fest:
(1) Der Kapitalwert C
ist vorab eine reine Rechengröße, die den Vorteil/den **Netto-Erfolg** aus der betrachteten Investitionsmöglichkeit angibt.
(2) Der Kapitalwert C_o
ist darüber hinaus eine rechenökonomische **Barwert-Größe**: sie gibt den erst zukünftigen Gewinn-Überschuss an, der irgendwie verteilt in den erwarteten Einzahlungen/Einzahlungsüberschüssen enthalten ist.
(3) Der Kapitalwert C_{oi}
wird darüber zu einem finanzwirtschaftlichen, in t_o **verfügbaren** Betrag, wenn er vorfinanziert werden kann (zum gleichen Kapitalkostensatz, mit dem unter (2) abgezinst wurde).
(4) Der Kapitalwert C_{oi}
wird schließlich zu **Einkommen**, wenn ein ihm entsprechender Auszahlungsbetrag aus dem Erwerbsbereich hinausgeht und damit für private Zwecke tatsächlich gegenüber (3) verfügt wird.

C.34 Die Vorteilhaftigkeit einer Investition bei Finanzierung ausschließlich mit Fremdkapital

Die Abschnitte C.31 bis C.33 setzten die Annahme ein, dass es nur eine einzige Kategorie der Kapitalfinanzierung mit dem Marktzinssatz i_m gebe. Stattdessen akzeptieren wir nun die Existenz der beiden Kategorien, jedoch nur in dem Nacheinander von C.34 mit ausschließlich Fremdkapital und C.35 mit ausschließlich Eigenkapital. Die ungleichen Sätze mit $i_{FK} < i_{EK}$ stören deshalb die jeweilige Investitionsrechnung nicht!

34.1 Die Fremdkapitalkosten von A_o gerechnet

Die Überschrift verkürzt: ermittelt werden die Fremdkapitalkosten vom objektgebundenen Kapital, das infolge der Anschaffungsausgabe A_o für das Investitionsobjekt mit diesem Betrage beginnt und mit A_t fortgerechnet wird. Aus der Richtung des Zinsrechnens können wir auch formulieren: Die Kosten der Kapitalbindung in t_o und dann fortgerechnet von dem Rechenzeitpunkt t_o als die Begründung für das Aufzinsen. Die Kapitalkosten einer Investitionsmöglichkeit bzw. dann Investition ergeben sich als das Produkt aus
(1) dem Kapitalkostensatz i_{FK} und
(2) der Bemessungsgrundlage des Kapitalkostensatzes i_{FK}.
Hinsichtlich der Bemessungsgrundlage müssen wir zwei Möglichkeiten unterscheiden:
(21) die kostende Kapitalbindung wird von der Anschaffungsausgabe A_o her verstanden und fortgerechnet – dazu C.34.1 – bzw.
(22) die kostende Kapitalbindung wird vom Ertragswert EW_o der Investitionsmöglichkeit her konzipiert – dazu dann C.34.2.

Zu (21): Die „Input-Orientierung" geht von der Anschaffungsausgabe A_o aus, d.h. von dem in t_o „hineingebundenen" Geldbetrag. Wir sprechen deshalb auch von „pagatorischer Kapitalbindung" als Folge der Anschaffungsausgabe. Im Zeitablauf rechnet sie mit dem noch nicht freigesetzten/noch nicht amortisierten Teil der Anschaffungsausgabe.

Das Errechnen der Kapitalkosten vom jeweils noch gebundenen Kapital stellt auf die „Inanspruchnahme von Kapital" infolge der Anschaffung des Investitionsobjektes ab. Etwas ganz anderes ist die Inanspruchnahme der Sach-Investition selbst für die

Leistungserstellung bzw. -absatz im Vollzug des Betriebsprozesses. Sie findet ihren rechnerischen Ausdruck im Zweck-Aufwand der bilanziellen Gewinn-Ermittlung; S. 253.

Das nachfolgende Rechenbeispiel zeigt, dass die finanzmathematisch-finanzwirtschaftliche Freisetzungsrechnung (b) die Periodenüberschüsse und (c) die Kapitalkosten einsetzt, um (a) das mit der Anschaffungsausgabe (A_o) als eingebunden verstandene Kapital fortzurechnen zum (d) jeweils noch gebundenen Kapital (A_t). Die bilanziellen Abschreibungsverfahren gehen ebenfalls vom Betrag der Anschaffungsausgabe als (1) Aufwand-Verrechnungspotential aus, ersetzen jedoch die Mitwirkung von (b) und (c) durch die Vorgabe (2 + 3) eines Abschreibungsverfahrens, das die Abfolge (4) der Rest-Buchwerte zur Folge hat. Diese sind in die periodisierende Erfolgsermittlung auf der Grundlage der Finanzbuchhaltung eingebunden. Als Bemessungsgrundlage einer Kapitalkostenrechnung sind sie ebenso ungeeignet wie das Abzinsen der so errechneten Gewinn-Größen keinen ökonomischen Sinn hat.[9]

Der Unterschied wird sofort nachvollziehbar, wenn man an die beiden Entscheidungsfolgen einer Investitions-Entscheidung anknüpft im Sinne einer Plus-minus-Entscheidung – vgl. A.34:

die Investitions-Entscheidung hat zwei Folgen: plus und minus

+ **das Investitionsobjekt:**
die Inanspruchnahme/die Nutzung des Gegenstandes für die Leistungswirtschaft ⟶ **Zweckaufwand**
in der periodischen Erfolgsermittlung, keine Berücksichtigung der Kapitalkosten in den bilanziellen Abschreibungsverfahren

der nutzungswirtschaftliche Bestand ist konkret und der ermittlungsrechtliche Bestand in der Finanzbuchhaltung begleitet ihn fortgerechnet als **Rest-Buchwert** im Vollzug der Erfolgsermittlung

− **die Anschaffungsausgabe:**
sie wird als Inanspruchnahme von Kapital im Wege seiner Bindung über die Zeit durch das Investitionsobjekt verstanden ⟶ **Kapitalkosten**
in der finanzwirtschaftlichen Rechnung, keine Berücksichtigung der Nutzung des Investitionsobjekts

der kapitalwirtschaftliche Bestand ist abstrakt-rechnerisch und er wird fortgerechnet zum jeweils „noch gebundenen Kapital", bei (21) zu A_t bzw. bei (22) zu EW_t

---

[9] Vgl. zu dieser Vorgehensweise Drukarczyk (1995) S. 153-161; Franke/Hax (1999) S. 94.

(21) Die Input-Orientierung oder pagatorische Kapitalbindung als die Grundlage der Fremdkapital-Kostenrechnung, gerechnet für das Beispiel aus C.33.2:

$$
\begin{array}{llll}
t_o & t_1 & t_2 & t_3 \\
-200{,}00 \quad 20{,}00 & +100 & +100 & +100{,}00 \\
= A_o \quad \underline{(1+i)} \rightarrow \underline{-220} & 12{,}00 & & \\
& -120 \text{ Rest } \underline{(1+i)} \rightarrow \underline{-132} & 3{,}20 & \\
C_o = 48{,}68 \;\leftarrow\; \dfrac{\text{abgezinst mit } (1+i)^{-3}}{= 0{,}7513} & & -32 \text{ Rest } \underline{(1+i)} \rightarrow & \underline{-35{,}20} \\
& & & +64{,}80 \text{ Überschuss}
\end{array}
$$

Der mit der Investition – und so gerechnet – erzielbare Gewinn-Überschuss/die erzielbare Unternehmer-Einkunft beträgt per t_3 64,80. Hat der Investor den Anschaffungspreis ausschließlich mit Fremdkapital finanziert, so betragen die mit dem Investitionsobjekt verbundenen zeitverteilten Kapitalkosten in ihrer einfachen Summe 35,20. Der Investor erzielt (lediglich) den Gewinn-Überschuss von 64,80 in t_3 als Einkunft.

Die obige Rechnung mit der Kapitalbindungsfolge von 200 – 120 – 32 bzw. mit der ihr entsprechenden Freisetzung mit den Beträgen 80 – 88 – 32 kann man als kapitalwirtschaftliche Rechnung bezeichnen und in die Jahresabschlussrechnung übertragen. Auf diese Weise werden die Aktiva – nachvollziehbar und einsichtig – als das infolge einer Anschaffungsausgabe jeweils noch gebundene Kapital interpretiert und nicht als Werte der Vermögensgegenstände mit Hilfe der – unzutreffenden – Identifikation der Anschaffungsausgabe für den Gegenstand zum Anschaffungswert des Gegenstands.

34.2 Die Fremdkapitalkosten von $EW_{oi_{FK}}$ gerechnet

Zu (22): Warum aber soll es bei Fremdkapital-Finanzierung eine „Output-Orientierung" geben, die vom Ertragswert $EW_{oi_{FK}}$ ausgeht? Der Kapitalwert $C_{oi_{FK}}$ ist doch nicht input-finanziert, d.h. es fehlt ihm die zahlungsverbundene/pagatorische Einbindung von kostendem Fremdkapital! Erst wenn der Investor den vom Kapitalwert $C_{oi_{FK}}$ repräsentierten zusätzlichen und erst zukünftigen Gewinn-Überschuss aus der Investition bereits in t_o für private Zwecke verwenden möchte, dann erhöht sich der erforderliche Betrag an Fremdkapital von A_o auf $EW_{oi_{FK}}$.

Möchte der Investor folglich abweichend für private Zwecke bereits in t_o über die Unternehmer-Einkunft aus der Investition verfügen, dann sind das nur gleich dem Kapitalwert 48,68. Dieser Betrag muss nun zusätzlich zu der Anschaffungsausgabe A_o in t_o finanziert werden, so dass die Kapitalbindung dann 248,68 = $EW_{oi_{FK}}$ beträgt.

Damit haben wir von (21) der Input-Orientierung auf (22) die Output-Orientierung der kostenden Kapitalbindung gewechselt.

(22) Die Output-Orientierung der Fremdkapital-Kostenrechnung:

$$
\begin{array}{llll}
t_0 & t_1 & t_2 & t_3 \\
-248{,}68 \quad 24{,}87 & +100{,}00 & +100{,}00 & +100{,}00 \\
= EW_0 \quad \underbrace{(1+i)}_{} \rightarrow -273{,}55 \quad 17{,}36 & & & \\
\quad EW_1 = -173{,}55 \underbrace{(1+i)}_{} \rightarrow -190{,}91 \quad 9{,}09 & & & \\
\quad \quad EW_2 = -90{,}91 \underbrace{(1+i)}_{} \rightarrow -100{,}00 & & & \\
\quad \quad \quad 0 \quad \text{d.h.} & & & \\
\quad \quad \quad \text{kein Überschuss.}
\end{array}
$$

In diesem Fall ausschließlicher Fremdfinanzierung beträgt die Einkunft aus unternehmerischer Tätigkeit nur 48,68, jedoch wunschgemäß bereits in t_0. Die Zinsen an den Fremdkapitalgeber – der 248,68 in t_0 finanziert – betragen in der Summe 51,32. Die „Ungeduld" des Investors hat zur Folge, dass er in t_0 nur über 48,68 verfügen kann anstatt über 64,80 in t_3 – d.h. über 16,12 weniger. Entsprechend erhält der Fremdkapitalgeber mit 51,32 anstatt 35,20 die Differenz von 16,12 an Zinsen mehr.

C.35 Die Vorteilhaftigkeit einer Investition bei Finanzierung ausschließlich mit Eigenkapital

Das höhere Risiko des Eigenkapitals bleibt hier unbeachtet, so dass wir mit dem gleichen Kostensatz i_{EK} (= i_{FK}) rechnen. Naheliegenderweise stimmen dann auch die Beträge überein, so dass wir uns auf die ökonomischen Unterschiede konzentrieren können. Wir unterscheiden wiederum (21) die Eigenkapitalkosten gerechnet von A_0, dann von A_t, und (22) die Eigenkapitalkosten gerechnet von $EW_{oi_{EK}}$ dann von EW_t.

35.1 Die Eigenkapitalkosten von A_0 gerechnet

Wenn unser gedachter Investor die Anschaffungsausgabe A_0 für das Investitionsobjekt ausschließlich mit eigenen Mitteln (Eigenkapital) finanziert, dann erzielt er im bisherigen Beispiel neben dem Gewinn-Überschuss von 64,80 in t_3 außerdem in den drei Zeitpunkten t_1 bis t_3 Einkünfte aus Eigenkapitalvermögen in Höhe von zusammen 35,20. Diese drei Beträge (20,-, 12,- und 3,20) sind andererseits und aus der Sicht der Unternehmung die (Eigen-)Kapitalkosten infolge der Kapitalbindung durch die betrachtete Investition mit dem Anschaffungspreis A_0 = 200,-. Kosten verursacht diese Kapitalbindung infolge der vorgegebenen Möglichkeit, dass nach (gedachter) Rück-

C.35 Die Vorteilhaftigkeit bei Finanzierung mit Eigenkapital

zahlung in t_o an den Eigenkapitalgeber – gebucht als Entnahme – dieser im Wege anderweitiger investiver Verwendung bei vergleichbarem Risiko einen Kapitalertrag von 10% erzielen kann. Während im Abschnitt C.21 die private Entnahme ausgeschlossen war und so die alternative Mittelverwendung im Unternehmensbereich einen Opportunitätskostensatz i_H für die betrachtete Investitionsmöglichkeit begründete, geht es im vorliegenden Abschnitt C.35 um die investive Kapitalbindung, die infolge der Beziehung zum Kapitalgeber mit Kosten verbunden ist. Diese Vorstellung der kostenden Inanspruchnahme der Stundungsleistung des Kapitalgebers entspricht traditionellem Kostendenken (= bewerteter Verbrauch bzw. Gebrauch eines Einsatzfaktors, hier: der Stundungsleistung, d.h. einer Dienstleistung).

Die beiden Sichtweisen werden in strukturiertem Vergleich unmittelbar nachvollziehbar:

Unternehmensbereich		**Privatbereich**
C.21 und C.22		
a) die aktivische Kapitalbindung von $A_o = 200,-$ in t_o + b) die investive (Grenz-)Verwendungsmöglichkeit im Unternehmen begründet den Opportunitäts-Kostensatz i_H	das Eigenkapital bleibt unberührt	er bleibt infolgedessen außerhalb der Argumentation
C.35		
a) dto. und damit im Umfang der von A_o her gerechneten aktivischen Kapitalbindung	+ b) die alternativ mögliche EK-Rückzahlung und der im Privatbereich erzielbare Ertragssatz i_{EK} begründet die EK-Kosten für die passivische Kapitalbindung durch die Unternehmung in der Sichtweise von (21)	

Aus der Sicht des Eigenkapitalgebers erzielt dieser mit der oben genannten Summe von 35,20 Einkünfte aus Kapitalvermögen und mit dem Überschuss von 64,80 per t_3 Einkunft aus Unternehmertätigkeit. Die Summe der Einkünfte beträgt 100,- und findet als Differenz aus der Summe der Einzahlungen (300,-) und der Anschaffungsauszahlung (200,-) ihre unmittelbar einsichtige Bestätigung. Ersichtlich werden „Einkünfte" – wie bereits im Abschnitt C.22.2 – trotz ihrer Zeitverschiedenheit einfach addiert, d.h. ohne Berechnung von Zwischenzinsen. Diese Vorgehensweise berücksichtigt nur den erfolgsrechnerischen Aspekt einer Einkunft, während ihre finanzwirtschaftliche Verfügbarkeit und Verfügung zugunsten der privaten Verwendung des Einkunftsbetrages die Berücksichtigung von Zwischenzinsen durch Abzinsen oder Aufzinsen erfordert, um aussagefähige und vergleichbare Größen zu erhalten. Zinst man die Beträge der Einkünfte (zwecks Ermittlung ihrer Barwertsumme) ab, dann identifiziert man sie – unbewusst – mit entsprechenden Mittelverfügungen zwecks privater Verwendung (= „Entnahmen" aus dem erwerbswirtschaftlichen Bereich).

35.2 Die Eigenkapitalkosten von $EW_{oi_{EK}}$ gerechnet

Diese Bemessungsgrundlage der Eigenkapitalkosten für die Investitionsrechnung der Unternehmung ist nicht unmittelbar einsichtig, weil sie den Eigenkapitalgeber und seine Alternativen einbezieht.

Die „Output-Orientierung" für die Kapitalkosten-Bemessungsgrundlage stellt auf den Ertragswert/Vermögenswert und fortgerechnet auf den (Rest-)Ertragswert EW_t der Investition ab. Ließe sich die Investition zu ihrem jeweiligen Vermögenswert EW_t veräußern, dann ist die Eigenkapitalbindung gleich dem Marktwert und die Eigenkapitalkosten sind von diesem Betrag zu rechnen. Das wird für eine Aktie besonders einsichtig: nicht der historische Anschaffungspreis A_0 sondern der (noch) nicht realisierte jeweilige Börsenkurs/Marktwert der Aktie legt die Bemessungsgrundlage für den alternativ erzielbaren Kapitalertrag fest. Wir verstehen den jeweiligen Börsenkurs als „wertmäßige Kapitalbindung"; multipliziert mit dem Alternativ-Ertragssatz bestimmt sie die Opportunitätskosten des Aktionärs. Ihnen entsprechen – bei Nicht-Beachtung der Besteuerung – die Kosten des Eigenkapitals für die Unternehmung/den Eigenkapitalnehmer.

C.35 Die Vorteilhaftigkeit bei Finanzierung mit Eigenkapital

Ein Beispiel:
Frau Hedwig Kühn-Kaffeesatz hat am 2.1.2001 eine Aktie für 200,- erworben. Diese Aktie notiert am 2.1.2003 mit 248,68. Was kostet Frau Kühn die Kapitalbindung in Form der Aktie?

Zu (21): Sie wird auf den Anschaffungspreisbetrag von 200,- verweisen und diesen als das gebundene Kapital verstehen. Das liegt für sie besonders nahe, wenn sie den Kaufpreis mit Kredit zu $i_{FK} = 0{,}10$ finanziert hat, der auch am 2.1.2003 noch nicht getilgt ist. Die Kapitalkosten gleich der Zinsbelastung in Höhe von 20,- bestärken diese Sicht. Der Kursanstieg um 48,68 seither liegt als Kursgewinn außerhalb der historisch verstandenen Kapitalbindung.

Zu (22): Ihr Bekannter, der Herr Momi aus Livorno, verweist jedoch auf den Kurs am 2.1.2003 und rechnet davon $i_H = 0{,}10$ Zinsertrag, den Frau Kühn erzielen könnte, wenn sie die Aktie doch nur endlich verkaufen würde. So aber seien ihre Zinskosten derzeit 24,87 p.a. und nicht 20,-.[10]

Übertragen wir diese Argumentation auf unser Beispiel und rechnen die Eigenkapitalkosten mit $i_{EK} = 0{,}10$ vom Ertragswert $EW_{oi_{EK}} = 248{,}68$. Die Kostenbeträge sind mit 24,87 − 17,36 − 9,09 die gleichen wie in der Rechnung C.34.2. Nur sind nicht in der Summe $EW_{oi_{FK}} = 248{,}68$ an den Fremdkapitalgeber zurückzahlen, sondern nur die eigenfinanzierte Anschaffungsausgabe $A_o = 200{,}-$ ist zu amortisieren. *Folglich werden Kostenrechnung und Amortisationsrechnung mit abweichenden Ausgangsgrößen kombiniert.* Anders formuliert: die folgende Rechnung verknüpft die pagatorische Kapitalbindung und -freisetzung von (21) mit den Kapitalkosten aus (22), die entsprechend der wertmäßigen Kapitalbindung errechnet werden.

Das Eigenkapitalkosten-Konzept, gerechnet für das Beispiel:

```
t₀              t₁              t₂              t₃
- 200,00        + 100,00        + 100,00        + 100,00
= A₀    └ 24,87 ► - 224,87
                 - 124,87  └ 17,36 ► - 142,23
                                    - 42,23  └ 9,09 ► - 51,32
                                                      +48,68 Überschuss.
```

Das ist der vorab rein rechnerische Netto-Erfolg aus der Investitionsmöglichkeit A(2).

---

[10] Analog zum gewährten Lieferantenkredit bereits Hellauer (1931) S. 87-92 unter der Bezeichnung „Zinsverlustmethode".

Wenn wir die mit dem Investitionsvorhaben verbundenen Zahlungen in Konten der doppelten Buchhaltung übertragen, wird die rechnerische Vorgehensweise unmittelbar nachvollziehbar:

Konto Bank		Konto Investition		Konto Erträge	
AB xxx	t_0 200	t_0 200			
t_1 100		= Kapital-	t_1 75,13	t_1 24,87	⎫
t_2 100		bindung	t_2 82,64	t_2 17,36	⎬ 51,32
t_3 100		A_0	t_3 42,23	t_3 9,09	⎭
				48,68	
300	200	200	200,00	100,00	

Die Differenz auf dem Bestandskonto „Bank" steht für den Vermögensaspekt, die Differenz auf dem Konto „Erträge" für den Erfolgsaspekt der einen durchgerechneten Entscheidungsmöglichkeit. Diese Janusköpfigkeit mit vermögens- und erfolgsrechnerischem Gesicht ist vom erfolgswirksamen doppelten Buchungssatz her bekannt.[11]

Das mittlere Konto „Investition" zeigt die Kapitalbindung von 200,- infolge der Anschaffungsausgabe A_0. Die Abfolge der Kapitalfreisetzungsbeträge im Haben ist von dem Konzept des Errechnens der Eigenkapitalkosten vom Ertragswert $EW_{0i_{EK}}$ = 248,68 und dann EW_t bestimmt. Korrespondierend weist das Konto „Erträge" die so festgelegte Abfolge der Eigenkapital-Erträge aus und den Netto-Erfolg des Investitionsvorhabens mit dem Betrag des Kapitalwertes als reiner Rechengröße. Wie stets, enthält diese Brutto-Erfolgsrechnung keine Aussage, ob und wann den Erfolgsbeiträgen entsprechende finanzwirtschaftliche Verwendungsentscheidungen und damit Auszahlungen (Entnahmen bzw. Gewinnausschüttungen) erfolgen.

Bei ausschließlicher Eigenkapitalfinanzierung der Investition sind dementsprechend die Einkünfte aus Eigenkapitalvermögen mit 51,32 um 16,12 höher und die Unternehmer-Einkunft mit 48,68 gegenüber 64,80 um 16,12 geringer. Ersichtlich liegt aus der Sicht des Unternehmer-Eigenkapitalgebers naheliegenderweise lediglich eine Substitution zwischen seinen Einkünften vor, jedoch ist der (Netto-)Erfolg der Investitionsmöglichkeit zutreffend als reine Rechengröße ausgewiesen, unabhängig von einem Zeitpunkt und losgelöst von seiner finanzwirtschaftlichen Verfügbarkeit.

---

[11] Vgl. dazu Lehmann (1998) S. 91-99 und Lehmann/Müller (2002) S. 141-148, S. 235-238.

Für die Unternehmung/den Eigenkapitalnehmer hingegen sind die Eigenkapitalkosten bei (22) der output-orientierten Bemessungsgrundlage entsprechend höher (mit 51,32 um 16,12) und dies zu Lasten des für die Investitionsmöglichkeit errechneten Erfolges (nur 48,68 anstatt 64,80).

Mithin wird bei der hier konzipierten Vorgehensweise der Netto-Erfolg der Investitionsmöglichkeit zutreffend nach den objekt-verbundenen Eigenkapitalkosten als zeitpunkt- und zahlungs-unabhängige reine Rechengröße ausgewiesen. Sowohl die Jahreserfolgsrechnung als auch die Investitionsrechnung ermitteln rein rechenökonomische Salden für den Erfolg, die keinen realökonomischen/finanzwirtschaftlichen Hintergrund haben im Sinne betragsgleicher „Erfolgsauszahlungen".

Damit haben wir das Konzept, das die Eigenkapitalkosten hinsichtlich Kostensatz und hinsichtlich Kostenbemessungsgrundlage konsequent von den Möglichkeiten der Eigenkapitalgeber bei marktgehandelten Rechtspositionen ableitet, verknüpft mit der ganz üblichen pagatorischen Kapitalbindung infolge des Erwerbs des Investitionsobjekts.

Bei dieser zutreffenden Berechnung der Eigenkapitalkosten ist der Betrag des Kapitalwerts immer nur gleich – und nicht kleiner! – dem Betrag der zusätzlichen Unternehmer-Einkunft, die als Überschuss mit Hilfe der Investition erwirtschaftet wird; im Beispiel mit 48,68. Anders formuliert: der Kapitalwert einer Investitions(möglichkeit) verliert bei (22) seine Bindung an den Betrachtungs- und Rechenzeitpunkt t_0 und damit seine Kennzeichnung als Barwert des zukünftigen zusätzlichen Einkommens. Dem Betrage nach gibt er die zusätzliche, über die (zutreffend gerechneten) Eigenkapitalkosten hinausgehend erzielte Unternehmer-/Investor-Einkunft an, die mit Hilfe der ausschließlich betrachteten Primär-Investition erzielt wird. So gesehen, ist dieses Ergebnis unmittelbar einsichtig: ein über die Kosten hinausgehend mittels der Investition erzielter Überschuss ist bei zutreffender (Eigen-)Kapitalkostenrechnung unabhängig von der sich anschließenden und ganz anderen Frage, wann entsprechend über Geld aus dem erwerbswirtschaftlichen Bereich heraus und für private Verwendung disponiert wird.

Wenn wir z.B. vorgeben, dass der Investor in t_1 über den Betrag der Unternehmer-Einkunft/des Kapitalwerts für private Zwecke verfügt, dann ergibt sich die folgende Rechnung:

```
t₀              t₁             t₂             t₃
- 200,00        + 51,32        + 100,00       + 100,00
= A₀   ⌊ 24,87 ⟶ - 224,87
                 - 173,55 ⌊ 17,36 ⟶  - 190,91
                     ↓                - 90,91   ⌊ 9,09 ⟶  - 100,00
                 die Einzahlung E₁                          0  d.h. kein
                 wird um die Ent-                              Überschuss
                 nahme (48,68)
                 verringert ange-
                 setzt für die Frei-
                 setzungsrechnung
```

Ersichtlich sind die nach (22) zutreffend errechneten Eigenkapitalkosten infolge der investiven Kapitalbindung – identisch mit den Einkünften aus Eigenkapitalvermögen – mit 51,32 einerseits und der Betrag der Unternehmer-Einkunft – in Höhe des Betrages des Kapitalwerts – mit 48,68 andererseits von der Ermittlungsrechnung festgelegte Rechengrößen mit der Gesamt-Erfolgsgröße 100,-, die deshalb unabhängig und zu unterscheiden sind von Entnahmen bzw. Gewinnausschüttungen, die als Zahlungen realökonomische Größen sind.

Kurz: Die ursprünglich gegebene Erklärung, dass der Kapitalwert den Barwert des zukünftigen Überschuss-/Unternehmer-Einkommens angibt – vgl. Abschnitt C.33.3 –, entspricht zwar dem üblichen Verständnis, verquickt jedoch die **errechnete Erfolgsgröße** – das ist der Kapitalwert dem Betrage nach – mit einer ihr entsprechenden finanzwirtschaftlichen Verfügung – das zeigt sich im Zeitpunkt-Bezug des Kapitalwertes auf t_0.

Ergebnis: Was im Vollzug einer Investition als Nettoerfolg erwirtschaftet wird, bestimmt sich ausschließlich als Folge der zutreffend ermittelten Kapitalkosten und weder auch als Folge berücksichtigter Ergänzungs-Investitionen – so Abschnitt C.20 – noch auch als Folge des Zeitpunkts der Entnahme/der finanziellen Verfügung des Gewinn-Überschusses.

Die hier entwickelte Vorgehensweise soll mit den Zahlen des Beispiels in C.33.3 wiederholt werden. Die Zahlen für die zweite Alternative A(2) waren:

$A_0 = 1000,-$, $i = 0,10$, $PÜ_1$, $PÜ_2$ und $PÜ_3$ jeweils 450,-.

Daraus errechnet sich der Ertragswert $EW_{oi} = 1.119{,}09$. Aus seiner Vorwärts-Rechnung erhalten wir die Beträge der Kapitalkosten mit $111{,}91(t_1)$, $78{,}10(t_2)$ und $40{,}91(t_3)$. Diese bringen wir in die Kapitalfreisetzungsrechnung ein, die mit A_o beginnt:

A_o = 1.000,00
  + 111,91 ⎱ Rechengrößen
  − 450,00 ⎰ in t_1
  = 661,91
  + 78,10   ⎱ Rechengrößen
  − 450,00 ⎰ in t_2
  = 290,01
  + 40,91   ⎱ Rechengrößen
  − 450,00 ⎰ in t_3
  = 119,08   = Betrag des Erfolges aus A(2).

Dieser Betrag ist gleich dem Betrag des Kapitalwerts $C_{oi} = 119{,}09$ wie im Abschnitt C.33.3 errechnet.

35.3 Zusammenfassung

Folglich müssen wir unterscheiden:

a) Das Konzept der Eigenkapitalkosten – die Sicht vom Unternehmen her als dem Kapitalnehmer –, wird hier in den zwei Konzepten (21) und (22) für die Bemessungsgrundlage, d.h. für das objektgebundene Eigenkapital behandelt.

b) Die mit Hilfe der Investition über die Kapitalkosten hinausgehend erzielte Überschuss-/Unternehmer-Einkunft ist bei (21) 64,80 in t_3 bzw. 48,68 in t_o, hingegen ist sie bei (22) 48,68 zeitpunkt-**un**abhängig. Gezeigt wurde, dass der betragsmäßige Unterschied (von 16,12) zur Differenz bei den Eigenkapitalkosten korrespondiert.

c) Die tatsächliche Verfügung über Geld für private Zwecke hat – naheliegenderweise – nichts mit den zuvor errechneten Vorteils-/Einkunftsgrößen aus dem Investitionsprojekt zu tun. Die Entnahme für nicht betriebliche Zwecke bzw. die Gewinnausschüttung ist Verwendung aus dem Periodenüberschuss, der von dem Investitionsvorhaben (zugerechnet) erwirtschaftet wird. Die finanzwirtschaftlichen

Folgen der Entnahme-/Verfügungs-Entscheidung gehören deshalb zu dem Verfügungsbetrag und nicht zu den Erfolgs-/Einkunfts-Beträgen der Investition.

d) Folglich ist die rechnerische Aufgabe, die – je nach Rechenverfahren unterschiedlich zeitverteilten – Erfolgsgrößen einer Investitionsmöglichkeit zu ermitteln, streng zu trennen von der Entscheidung über entsprechende Mittel als Entnahmen bzw. Gewinnausschüttungen. Die Verquickung ist hingegen sowohl der Endvermögensrechnung – vgl. C.22.1 – als auch der Kapitalwertrechnung – nach üblichem Verständnis eine Vermögensrechnung – gleichsam eingegeben.

e) Auch wenn man die Erfolgsermittlung von der Erfolgsverwendung konsequent trennt, sind die Erfolgsgrößen weiterhin „gemischte Größen". Sie bedürfen deshalb der rechnerischen Trennung einerseits in die Kosten des Eigenkapitals – gleichbedeutend mit der periodischen Eigenkapital-Einkunft – und andererseits in den erwirtschafteten (deshalb: Netto-)Erfolg. Der Erfolg als das rechnerisch quantifizierte Mehr gegenüber den Einsätzen (einschließlich Eigenkapital mit seinen Kosten) ist ebenso wenig ein neuer Gedanke wie sein Verfolg für die Investitionsrechnung bislang fehlt.

f) Indem wir die Eigenkapitalkosten vom Ertragswert/Marktwert des Eigenkapitals gerechnet haben und mit den Beträgen der vom Anschaffungspreis gerechneten Amortisationsrechnung verknüpft haben – vgl. C.35.2 und dann C.43.5 – haben wir den Netto-Erfolg einer Investition im Betrage des Kapitalwerts als zeitpunkt**un**abhängige rein rechnerische Erfolgsgröße nachgewiesen und diese als „Investor-" oder „Unternehmer-Einkunft" bezeichnet.

g) Die Literatur zur Investitionsrechnung unterscheidet nicht zwischen Vermögenswert-Rechnungen und Erfolgsermittlungs-Rechnungen. Sie betreibt die Investitionsrechnungen ausschließlich als Vermögenswert-Rechnungen, indem sie mit den Zahlungen rechnet und deren Beträge durch Aufzinsen im Vollzug der Endwert-Rechnung bzw. durch Abzinsen im Vollzug der Kapitalwert-Rechnung zeitlich transformiert.

h) Die so errechneten Vorteilsgrößen sind Vermögensdifferenzen[12] und entsprechen damit der weitverbreiteten Meinung, dass Einkommen als Reinvermögenszugang

---

[12] Vgl. z.B. Schmidt/Terberger (1997) S. 133: „Der Kapitalwert ist eine Vermögensmehrung im Zeitpunkt des Investitionsbeginns t_0." Ebenso Schneider (1992) S. 77, Franke/Hax (1999) S. 183 und Breuer (2000) S. 59 sowie Matschke/Hering/Klingelhöfer (2002) S. 23 f., S. 28.

entstehe, dass dementsprechend der Bilanzgewinn über einen Vermögensvergleich zu ermitteln und als Zuwachs des Eigenkapitals zu erklären sei.

i) Zum anderen sind die als Vermögensänderungen errechneten Vorteilsgrößen zeitpunkt-abhängige Beträge, d.h. zu einem anderen Zeitpunkt ist die Vorteilsgröße durch Auf- bzw. Abzinsen ein anderer Betrag für dieselbe Investitionsmöglichkeit.

j) Folglich ist die weitergehende Deutung der Vorteilsgröße als Einkommen zwangsläufig mit der Unterstellung verbunden, dass zeitpunktgleich und betragsgleich eine Auszahlung aus dem Erwerbsbereich in den Privatbereich erfolgt[13] - vgl. C.43.4.

k) Man muss sich von der eingefahrenen Vorstellung lösen, dass eine vermögensverbundene Rechnung über die Vermögensdifferenz den Vorteil (Gewinn, Einkommen) aus erwerbswirtschaftlichem Entscheiden und Handeln ausweist, um zu erkennen, dass auch die Investitionsrechnung – wie die doppelte Buchhaltung – als eigenständige Erfolgsermittlungsrechnung konzipiert werden kann. Wie der Leistungsverbrauch bzw. -gebrauch den Aufwand und der Absatz der Betriebsleistungen den Ertrag einer eigenständigen Ertrag-Aufwand-Rechnung fundiert,[14] so führt die Kapitalbindung zu den Kapitalkosten und über das zugehörige Investitionsobjekt verknüpft zugleich zu den Kapitalerträgen.

l) Auf den Punkt gebracht, können wir die Ertrag-Aufwand-Rechnung der doppelten Buchhaltung als **leistungswirtschaftliche Erfolgsermittlungsrechnung** bezeichnen. Bekanntlich berücksichtigt sie nur den Einsatz von Fremdkapital über die Zinsen als Aufwand. Der Einsatz des Eigenkapitals hingegen vermischt sich mit dem „Rest", den man als verwirklichte Chancen, d.h. als Saldo verwirklichter Gewinn-Aussichten und Verlust-Gefahren – vgl. B.39 – der betriebswirtschaftlichen Betätigung bezeichnen kann.

m) Eine Investitionsrechnung mit Blick auf die Finanzierung – also C.30 im Gegensatz zu C.20 – verwendet im Prinzip „Kapitalkosten", um daran die Vorteilhaftigkeit der Investitionsmöglichkeit zu messen. Wir können sie deshalb als **finanzwirtschaftliche oder kapitalwirtschaftliche Erfolgsermittlungsrechnung** bezeichnen.

---

[13] Vgl. so für die Endwert-Rechnung z.B. Schirmeister (1990) S. 19 f. und Hachmeister (1995) S. 134.
[14] Vgl. Lehmann (1998) S. 105-116 zur „echten Doppik".

n) Auch dafür haben wir die „echte Doppik" hinsichtlich der Kapitalwert-Rechnung festgestellt: Üblicherweise wird diese als Vermögenswert-Rechnung von den Zahlungen herkommend verstanden analog der Bestandskonten-Veränderungrechnung als der Bilanzvermögensrechnung. Hingegen als eigenständige Kapitalerträge-Kapitalkosten-Rechnung konzipiert, wird der Kapitalwert als rein rechnerische Erfolgsgröße ausgewiesen analog zum Erfolg aus der Ertrag-Aufwand-Rechnung über ausschließlich die Erfolgskonten der doppelten Buchhaltung.

o) Wenn die zahlreichen Lehrbücher zur Finanzbuchhaltung bislang die „echte Doppik" nicht konzipiert haben, weil sie die Erfolgsgrößen zirkular als Änderung des Eigenkapitals erklären[15] und deshalb keine echte, von den leistungswirtschaftlichen Geschäftsvorfällen herkommende Ertrag-Aufwand-Rechnung kennen,[16] dann verdient der analoge rechnungstheoretische Rückstand der Investitions- und Finanzierungs-Rechnung Nachsicht.

C.36 Auswertungen

Die Abschnitte C.20 und C.30 verfolgten vordergründig den Zweck, die Vorteilhaftigkeit von Investitionsmöglichkeiten zu ermitteln. Schwieriger zu erfüllen war die dahinter stehende Aufgabe, die beiden Verfahren der Endwert-Rechnung – C.21 und C.22 – und der Kapitalwert-Rechnung – C.31 bis C.35 – auf ihre Implikationen hin zu durchleuchten. Es liegt daher nahe, die Überlegungen zu den beiden rechnerischen Vorgehensweisen vergleichend zusammenzufassen. Das erfolgt in drei Unterabschnitten, die C.20 und C.30 auswerten.

36.1 Vergleichende Gegenüberstellung

Die Literatur zeigt, dass die beiden Rechenverfahren unter der Vorgabe des vollkommenen Kapitalmarktes ($i_s = i_H$) wechselseitig überführt werden können. Sie erkennt daher nicht die prinzipielle Unvereinbarkeit:

---

[15] Nachweise und Auseinandersetzung damit bei Lehmann (1998) S. 91-116.
[16] Anders jetzt Müller (2001).

C.22 Endwert-Rechnung und Kapitalwert-Rechnung C.33 sind zwei gegensätzliche Problem-Konstellationen

1. finanzielle Mittel sind vorhanden und sollen investiv verwendet werden

2. es gibt keine Finanzierungsvorgänge, weshalb $\pm \Delta$ Kapitalvolumen = 0

3. die nur alternativ investive Mittelverwendung führt zum Opportunitätskostenkonzept mit i_H

4. die geforderte Vergleichbarkeit führt dazu, die Differenzen hinsichtlich A_o, $PÜ_t$ und n bei den Investitionsmöglichkeiten mit ergänzenden Finanz-Investitionen auszugleichen/aufzufüllen

5. infolgedessen resultiert die Rechnung auf den Endwert des Investitionsbündels hin per t_n – das ist das gemeinsame Ende des für jede Investitionsmöglichkeit geschlossenen Rechenfeldes

6. die positive Endwert-Differenz zeigt **den zusätzlichen Vorteil**: wir vergleichen die Alternativen anhand ihrer Endvermögen

7. für die Kapitalwert-Rechnung ist angesichts von Nr. 1 bis 6 kein Platz

(1) vorhandene Mittel dienen entweder der Kapitalrückzahlung oder mit zusätzlichen Mitteln der Finanzierung von Investitions-Entscheidungen

(2) folglich gibt es $\pm \Delta$ Kapitalvolumen und damit Änderungen auf der Passivseite

(3) die beschriebene Entscheidungssituation führt zum Kapitalkosten-Konzept in C.30 und C.40

(4) die Vergleichbarkeit zwischen den Investitionsalternativen ergibt sich von allein durch den übereinstimmenden Bezug auf die Kapitalkosten; „Ergänzungs-Investitionen" sind überflüssig und fehl am Platz

(5) das Rechenverfahren „Kapitalwert" rechnet nur auf die Kapitalbindung durch die Primär-Investition hin und diskontiert deshalb die E_t bzw. $PÜ_t$ der betrachteten Investitionsmöglichkeit auf t_o ab; das jeweilige Rechenfeld ist „offen" – vgl. Methode „interner Zinsfuß" in C.23.2

(6) C_{oi} als Differenz $EW_{oi} > A_o$ steht für den **relativen Vorteil** gegenüber ihren Kapitalkosten – vgl. C.33 bis C.35

(7) für die Endwert-Rechnung ist angesichts von Nr. (1) bis (6) kein Platz.

Die beiden Verfahren sind gegensätzlich und unverträglich miteinander.

Die Literatur hingegen hat die Neigung, die Ergänzungs-Investitionen und/oder den niedrigen Opportunitäts-Ertragszinssatz i_H aus C.21 und C.22 in die Kapitalwert-Methode C.33 hineinzuvermengen.[17]

Die Ergänzungs-Investitionen gehören ebenso wenig zum Rechenverfahren der Kapitalwert-Rechnung wie zur Errechnung des internen Zinsfußes, d.h. des Ertragssatzes des durch die Primär-Investition gebundenen Kapitals, vgl. dazu C.23. Umgekehrt befasst sich die Endwert-Rechnung nicht mit den Erträgen und Kosten des gebundenen Kapitals, sondern mit den Erträgen des differentiell freien bzw. freigesetzten Kapitals.[18]

36.2 Probleme-Übersicht

Es ist zweckmäßig, die in C.20 und C.30 bereits behandelten Fragen zusammenzuordnen. Die Übersicht ergibt zwei Schwerpunkte:

α) Zum Stichwort „Ergänzungs-Investitionen" geben ① und ② das übliche Verständnis und ③ die in C.22.2 entwickelte Gegenmeinung;

β) zum Stichwort „Kapitalwert" nennen ④ und ⑤ die übliche Sicht und ⑥ weist auf die in C.35.2 konzipierte Gegenmeinung hin.

Gesichert geglaubtes Terrain erweist sich erfrischend brüchig – auf die Analogie zur Finanzbuchhaltung sei hingewiesen.[19]

---

[17] Vgl. z.B. Heister (1962) S. 67-70; Schulte (1986) S. 68-70; Schmidt/Terberger (1997) S. 135-137.

[18] Zum Verhältnis der beiden Betrachtungsweisen „kostende Kapitalbindung" versus „zinsertragbringende Ergänzungs-Investitionen" vgl. Lehmann, ZfB 1978, S. 306-308.

[19] Vgl. Lehmann (1998) S. 69-116, nicht in die 2. Aufl. (2003) übernommen.

Gewichtige Probleme der Investitions- und Finanzierungs-Rechnung (IFR) in einer Struktur-Übersicht

Rechnung per t_o ——————————————— Rechnung per t_3

① das Problem „freie Mittel"/die Ergänzungs-Investitionen
Es wird als notwendig angesehen, freie Mittel als finanzinvestive Ergänzungs-/ Differenz-Investitionen zu berücksichtigen. Auf diese Weise werden die Investitionsmöglichkeiten zu vergleichbaren Investitionsbündeln aufgefüllt. Infolgedessen erscheint der Kalkulationszinssatz i_H als der Ertragssatz der Alternative A(1) und vollzieht das Prinzip „Aufzinsen".

② Die Endvermögensrechnung der Investitionsbündel [A(1)] und [A(2)] ergibt die Endvermögens-Differenz von 158,50 = $\Delta EV(t_3)$ aus $EV[A(2)]t_3 > EV[A(1)]t_3$. Dieses Verständnis ist in C.22.1 erläutert.

④ Die Ergänzungs-Investitionen werden in der Literatur als implizite Prämisse der Kapitalwert-Methode ausgeben. Dies beruht auf dem Missverständnis der Kapitalwertmethode! Diese verknüpft Kosten und Ertrag des objektgebundenen Kapitals und verwendet dazu das Prinzip „Abzinsen".

$C_{oi} = 119{,}09$
aus $EW_{oi} - A_o$

③ Es wird in C.22.2 zurückgewiesen: die 158,50 sind nicht Vermögensdifferenz, sondern Komponente des Gesamt-Erfolges (von 350,-) von A(2), und dies ohne Beachtung der Erträge der Ergänzungs-Investitionen.

⑤ Das übliche Verständnis der Kapitalwert-Errechnung als Vermögensermittlung rechnet die Kapitalkosten vom eingesetzten Kapitalbetrag A_o und weist so per t_3 den Gewinn-Überschuss von 158,50 aus. Dieser ist äquivalent mit dem Kapitalwert $C_{oi} = 119{,}09$. Beide Größen sind zeitpunktabhängig. Der Kapitalwert wird als verfügbare finanzwirtschaftliche Vermögensmehrung per t_o verstanden; vgl. C.33.3 zu (3).

⑥ Die Kapitalwert-Errechnung als Erfolgsermittlung rechnet die Kapitalkosten vom Ertragswert EW_{oi} der Investitionsmöglichkeit und weist so per t_3 ebenso wie per t_2, t_1 und t_o den Netto-Erfolg von 119,09 aus. Der „Kapitalwert" wird so als rein rechnerische Erfolgsgröße – im Sinne von C.33.3 zu (1) – ausgewiesen und damit zeitpunkt-unabhängig; zur Rechnung vgl. den Schluss von Abschnitt C.35.2.

36.3 Quintessenz

Für die beiden Rechenverfahren formulieren wir durchgezählte Sätze:

I. Endvermögensrechnung – vgl. C.22.
1. Die Endvermögensrechnung ermittelt die vorteilhaftere Alternative als Differenz zwischen den Endvermögen der Investitionsbündel, die sich aus den Investitionsmöglichkeiten aufgestockt um die jeweils ergänzenden Finanz-Investitionen ergeben.
2. Wir haben gezeigt, dass sich die gleiche Differenz aus einer Erfolgsrechnung ergibt, die den Erträgen (= Brutto-Erfolg) aus einer Investitionsmöglichkeit die Kosten des objektgebundenen Kapitals gegenübergestellt, das mit dem Anschaffungspreis in t_o beginnend fortgerechnet wird bis t_n.
3. Infolgedessen erweist sich die Endvermögensrechnung als Fehlverständnis: über den Ansatz der ergänzenden Finanz-Investitionen schafft sie die gleiche Kapitalbindung und infolgedessen mittelbar die vergleichbaren Erfolge der Investitionsbündel.
4. Die Aufgabe lautet jedoch, vergleichbare Erfolge (nur) der Investitionsmöglichkeiten zu ermitteln, indem die unterschiedliche Kapitalbindung durch die Investitionsobjekte zum Ansatz entsprechend unterschiedlicher Kapitalkosten führt.

II. Kapitalwertrechnung – vgl. C. 32 bis C.35
5. Die Kapitalwertrechnung ermittelt die vorteilhaftere Alternative anhand der Kapitalwerte der Investitionsmöglichkeiten (und nicht der Investitionsbündel).
6. Der Kapitalwert zeigt, dass der nach Punkt 2 ermittelte Netto-Erfolg eines Investitionsobjektes zu hoch ist, weil die Kapitalkosten (von A_o her fortgerechnet) zu niedrig sind.
7. Wir haben gezeigt, dass die Kapitalkosten vom höheren Ertragswert (EW_o) fortgerechnet werden müssen, um den zu treffenden Netto-Erfolg zu erhalten.
8. Infolgedessen erweist sich die übliche Beschreibung des Kapitalwertes als Fehlverständnis: die Literatur bezeichnet ihn als vermögenswerte Barwert-Differenz – als Vermögensänderung gegenüber A_o –, die folglich dem Bezugszeitpunkt (t_o) verhaftet ist.
9. Die Aufgabe lautet jedoch, den Netto-Erfolg einer Investitionsmöglichkeit zu ermitteln, der sich zeitpunkt-unabhängig ergibt aus den Kapitalerträgen insgesamt

(= Brutto-Erfolg) abzüglich der zutreffend errechneten Kosten des objektgebundenen Kapitals.
10. Dieser Netto-Erfolg ist gleich dem Betrag des Kapitalwertes, jedoch eine zeitpunkt-unabhängige Erfolgsgröße (= Rechengröße) und nicht eine zeitpunktabhängige Vermögensdifferenz.
11. Das Fehlverständnis, das der Endwertrechnung zugrunde liegt, und das Fehlverständnis, mit dem der Kapitalwert erklärt wird, werden in der Literatur unter der Annahme des vollkommenen Kapitalmarktes (mit $i_s = i_H$) miteinander verknüpft, indem sie als wechselseitig ineinander überführbar beschrieben werden.[20]
12. Dadurch geraten die finanz-investiven Ergänzungs-Investitionen in die Erklärung der Kapitalwertrechnung hinein bzw. es wird die Endwert-Differenz zwischen zwei Investitonsbündeln mittels Abzinsen als Kapitalwert der vorteilhaften Investitionsmöglichkeit ausgewiesen.
13. Hingegen ist der von uns nachgewiesene Netto-Erfolg einer Investitionsmöglichkeit eine reine Rechengröße im Betrage des Kapitalwertes, die weder etwas mit einer Vermögensrechnung noch mit deren Zeitpunkt-Gebundenheit noch etwas mit entsprechender Entnahme bzw. Gewinnausschüttung zu tun hat.
14. Die Parallelität von Erfolgsermittlungsrechnung und von (Rein-)Vermögensrechnung nach üblichem Verständnis findet sich als Doppik in der Finanzbuchhaltung seit je. Auch hier wurde nicht die Ermittlung des Erfolges aus dem wirtschaftenden Handeln konzipiert, sondern der Gewinn als Reinvermögens-Differenz (= Zuwachs zum Eigenkapital) erklärt.

---

[20] Vgl. Heister (1962) S. 62-70.

C.40 Die Problematik der Verknüpfung von Investition und Finanzierung in der Investitions- und Finanzierungsrechnung

Dieser Abschnitt behandelt die Investitions- und Finanzierungs-Rechnung bei nicht einheitlichem Kapitalkostensatz hinsichtlich des Betrages der Anschaffungsausgabe für die Investitionsmöglichkeit. Ungleiche Sätze sind zum einen die Folge eines „unvollkommenen" Kapitalmarktes – kurz mit $i_S > i_H$ notiert – und zum anderen die Folge der Unsicherheit, die zum rechtlich differenzierten Eigen- versus Fremdkapital führt mit $i_{EK} > i_{FK}$.

Abschnitt C.42 behandelt vorweg ein einfaches Beispiel mit zusätzlicher Aufnahme von Fremdkapital. Erst C.43 stellt die Frage, ob bei gemischter Finanzierung noch abgezinst werden kann. Kurz: wie wird der Kapitalwert errechnet? Bei gemischter Finanzierung zeigt die finanzwirtschaftlich orientierte Investitionsrechnung eine zeitpunktabhängige Vorteilsgröße, während die rechenökonomisch orientierte Rechnung das Gegenteil nachweist.

C.41 Unvollkommenheit, Unsicherheit und die fallweise Finanzierungssituation als die drei Ursachen

Die bisherigen Investitionsrechnungen verwendeten „den Kalkulationszinssatz" (i), ohne damit die Realität auch nur ansatzweise zu berücksichtigen. Die Schwierigkeiten für die Investitionsrechnung resultieren aus den folgenden drei Unterscheidungen:

41.1 Der unvollkommene Kapitalmarkt

Er ist durch die Existenz von Transaktionskosten gekennzeichnet. Deren Wirkung wird üblicherweise mit $i_H < i_S$ beschrieben, d.h. der Zinsertragssatz i_H bei Geldanlage ist geringer als der Zinskostensatz i_S bei Kapitalaufnahme.[21] Von der Differenz lebt der Transakteur (nicht schlecht), der zwischen den Kapitalnehmern und Kapitalgebern vermittelt.

---

[21] Vgl. dazu Schirmeister (1990).

41.2 Der Kapitalmarkt bei Unsicherheit

Schwerwiegendere Folgen hat der Umstand, dass Finanzierung unter Unsicherheit erfolgt. Das hat als erstes die Aufteilung in Eigenkapital und Fremdkapital zur Folge. Sie ist vorrangig rechtlich gefasst in den Dauerrechtsverhältnissen einer Beteiligungsfinanzierung bzw. einer Fremdkapitalfinanzierung. Dabei wird das Fremdkapital hinsichtlich der unsicheren Zukunft bevorzugt, so dass die Risikosituation des EK deutlich gewichtiger ist gegenüber dem Fremdkapital. Die Ökonomie spricht deshalb dem EK eine Risikoprämie zu, die als Zuschlag (α) zum risikofreien Zinssatz verstanden wird. Der Vorstellung nach deckt diese Prämie **für das Gesamt** aller EK-Geber deren eintretende Risiken – wie sie nachfolgend unter a) und b) beschrieben werden - als Summe ab. Die im Einzelfall vom eingetretenen Risiko betroffenen EK-Geber haben davon jedoch nichts, d.h. sie erhalten keinen Ausgleich ihres Verlustes. Die Risikoprämie des Kapitalmarktes für die Hingabe von Eigenkapital unterscheidet sich also von einer Schadensversicherung, die mittels der Prämien eine Umverteilung auf die geschädigten Versicherungsnehmer hin bewerkstelligt. Infolgedessen haben die Ertragssätze für die Kapitalgeber bzw. die Kapitalkostensätze für die kapitalnehmenden Unternehmen die Relation:

$i_{EK} > i_{FK}$ mit der Funktion
$i_{EK} = i_{FK} + \alpha$

i_{EK} als der EK-Kostensatz aus der Sicht der Unternehmung. Die Besteuerung (Gewerbe-, Körperschaft- und Einkommensteuer) hat i.d.R. zur Folge, daß die zu erwirtschaftende Mindestrendite $\bar{r}_s$ höher liegt als $\bar{r}$ im Nicht-Steuerfall:

k als der EK-Ertragssatz aus der Sicht des EK-Gebers (einschließlich der erhaltenen Risikoprämie) mit k = i_{EK} im Nicht-Steuerfall

Unvollkommenheit des Kapitalmarktes infolge von Transaktionskosten

$$\underbrace{\bar{r}_s > \bar{r}}_{} = \underbrace{i_{EK} > i_{(FK)}}_{} > i_H$$

Unvollkommenheit des Kapitalmarktes infolge der differenzierenden/diskriminierenden Besteuerung des Eigenkapitals

Unsicherheit des Kapitalmarktes, rechtlich zum Nachteil des Eigenkapitals geregelt

Die Besteuerung als **ein** Aspekt der Unvollkommenheit des Kapitalmarktes vernichtet die „Neutralität der Finanzierung" (vgl. B.69.3), **die Unsicherheit** führt zur Rangreihung des „Fremdkapitals vor dem Eigenkapital" hinsichtlich sich verwirklichender/eintretender Risiken (vgl. B.50) und **die Transaktionskosten** schließlich als der **andere** Aspekt des unvollkommenen Marktes begründen die Existenz von Betriebswirtschaften, die für hereingenommenes Kapital einen niedrigeren Ertragssatz an die Sparer zahlen als sie für ausgeliehenes Kapital von ihren Kapitalnehmern als deren Kapitalkostensatz verlangen. Der Kapitalmarkt bei Unsicherheit ist wie erwähnt durch die Relation $i_{FK} < i_{EK}$ beschrieben, d.h. der unsichere Kapitalertrag für das Eigenkapital hat zur Folge, dass ein um die Risikoprämie höherer Kapitalertragssatz von den Kapitalgebern gefordert wird. Die Risikoprämie (α) verdurchschnittlicht im Voraus/ex ante drei Aspekte:

(a) Den unsicheren/streuend erwarteten Kapitalertrag; das ist die (einkommensteuerpflichtige) Ertragseinnahme (Dividende) aus der Kapitalrechtsposition.

(b) Den unsicheren Vermögenswert/Marktpreis der Kapitalanlage. Das ist die Entwicklung des Aktienkurses (bzw. Wertpapierkurses). Der innerhalb eines Jahres realisierte Kursgewinn (bzw. -verlust) ist derzeit einkommensteuerpflichtig (bzw. -wirksam, mit Begrenzung). Dabei wird die Belastung des Gewinns der Kapitalgesellschaft (mit 25% Körperschaftsteuer) über den nicht-ausgeschütteten Gewinn als Vorbelastung übertragen auf den Gewinn (bzw. Verlust), den der Aktionär durch Veräußerung der Aktie realisiert. Die Berücksichtigung nur der Hälfte des privat verwirklichten Verlustes im Sinne des Halbeinkünfte-Verfahrens bei der Einkommensbesteuerung ist allerdings nicht sachgerecht und beruht auf einem Fehlschluss, vgl. B.68 c).

(c) Die Abneigung der Kapitalgeber hinsichtlich a) und b), als Risikoaversion bezeichnet.

Aus a) bis c) bildet sich am Kapitalmarkt ein Preis je „Risiko-Einheit" und damit gegenüber dem Kapitalnehmer die geforderte Risikoprämie, wenn dieser Eigenkapital aufnehmen möchte.

„Unvollkommenheit" und „Unsicherheit" haben die Folge, dass der bislang einheitliche Marktzinssatz i in vier mögliche Sätze gewissermaßen zerfällt. Die einzelne Investitionsmöglichkeit kann nicht mehr an einer homogenen Alternative, die von i repräsentiert wird, gemessen werden. Vielmehr ist sie *nun eingebettet in eine fallweise*

Finanzierungssituation: ob die Mittel knapp sind und deshalb die Hereinnahme von zusätzlichem Eigen- oder Fremdkapital erforderlich wäre oder ob die Mittel reichlich sind und deshalb die Rückzahlung von Kapital alternativ möglich wäre, ist jeweils nur im Einzelfall bekannt, bestimmt dann die Investitionsrechnung und die von ihr ausgewiesene Vorteilhaftigkeit der betrachteten Investitionsmöglichkeit.

Der nachfolgende Abschnitt skizziert drei Varianten der fallweisen Finanzierungssituation. Die Problematik einer solchen der Situation verbundenen Investitionsrechnung entspricht dem Grundverständnis der Kostenrechnung nur mit Einzelkosten. Ihre Gegenposition, die Vollkostenrechnung findet sich analog konzipiert als Vorgehensweise in der Investitionsrechnung; sie wird mit C.50 kurz behandelt.

41.3 Die jeweilige Finanzierungssituation

Aus ihr werden fallweise die Kapitalkosten abgeleitet, wenn (in t_o) die möglichen Investitionen auf ihre Vorteilhaftigkeit hin durchgerechnet werden sollen. In dieser Hinsicht stellen wir uns die Fall-Konstellationen a) bis c) zusammen:

a) Investitionsrechnung bei ausreichend verfügbaren Mitteln wird mit der (unsinnigen) Annahme verknüpft, dass weder Eigen- noch Fremdkapital zurückgezahlt werden könne. Per Annahme gibt es also keine Ent-Finanzierungsmöglichkeiten, so dass der Ertragssatz (Rendite) der besten nicht verwirklichten Investitionsmöglichkeit den Kalkulationszinssatz i_H festlegt als Maßstab für die durchzurechnenden Investitions-Alternativen. Hier begründen nicht-pagatorische Opportunitätskosten = entgangene Erträge in Prozent den Kalkulationszinssatz. Vgl. C.21.

b) Investitionsrechnung bei ausreichend verfügbaren Mitteln in Verbindung mit der Alternative, entweder FK oder EK zurückzuzahlen.
In der Unternehmung bereits **vorhandene** Mittel für Investitionen (= Aktivseite) können nicht per se als Eigenkapital oder Fremdkapital (= beides Passivseite) behandelt werden. Für eine Verknüpfung muss man deshalb angeben, ob bei Nicht-Investition die Mittel zur Rückzahlung von Eigenkapital bzw. zur Tilgung von Fremdkapital verwendet werden würden.

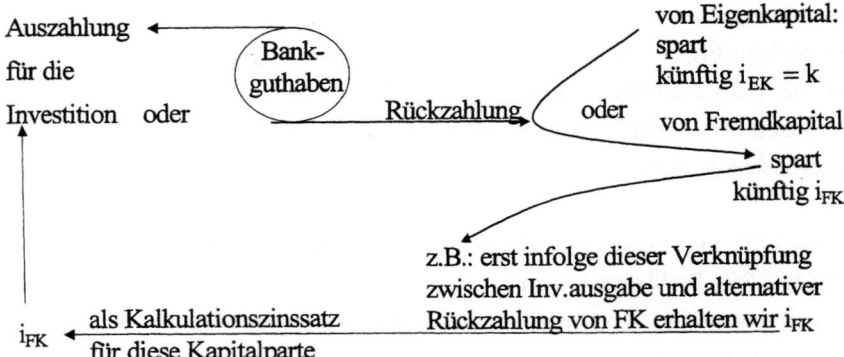

Würde die Unternehmung anderenfalls Eigenkapital zurückzahlen, würden künftig i_{EK} gespart werden. Das ist stets der Eigenkapitalkostensatz. Die Literatur bezeichnet häufig den Ertragssatz i_H - von a) - als Eigenkapitalkostensatz, womit Investition und Finanzierung - die bei a) gar nicht vorkommt! - vermengt werden.[22]

Die alternativ vermeidbaren Kapitalkosten werden der betrachteten Investitionsmöglichkeit angelastet mittels des Kalkulationszinssatzes für die Kapitalparte, die anstelle der Rückzahlung für die (Mit-)Finanzierung der Anschaffungsausgabe A_o eingesetzt wird. Infolgedessen sind die Kapitalkosten (insoweit) pagatorische Opportunitätskosten: nicht-vermiedene Entgeltausgaben begründen (in %) den Kalkulationszinssatz für die investive Mittelverwendung im Unternehmen.

c) Investitionsrechnung bei (vollständiger oder) teilweiser Finanzierung des Anschaffungspreises mit zusätzlichem Eigen- (und bzw.) oder Fremdkapital.

Wenn anlässlich der betrachteten und zu berechnenden Investitionsmöglichkeit Eigen- oder Fremdkapital neu/zusätzlich aufgenommen werden müsste, dann resultieren daraus zusätzliche pagatorische Kapitalkosten im Sinne des Entgelts an die hinzukommenden Kapitalgeber.

Bei nur teilweiser zusätzlicher Finanzierung bildet man eine Rangreihenfolge: die zusätzlichen Mittel werden zuerst zurückgezahlt. Infolgedessen wird die Vor-

---

[22] Vgl. z.B. Schulte (1986): Vorhandene Mittel werden mit Eigenkapital und dem alternativen Ertragssatz i_H verkoppelt und neben die Aufnahme von Fremdkapital zum Zinskostensatz i_S gesetzt. Sowohl die Finanzierungs-Situation mit „vorhandene" versus „fehlende Mittel" widerspricht sich als auch die Identifikation von i_H mit i_{EK} unzutreffend ist; S. 41-43, S. 46, S. 67 f., 91.

teilhaftigkeit der betrachteten Investition (abzüglich der zusätzlichen Finanzierung) für die eingesetzten verfügbaren Mittel (< Anschaffungspreis) errechnet.

Die Überlegungen zu a) bis c) lassen sich zum Konzept der entscheidungsrelevanten (Kapital-)Kosten zusammenfassen:
a) nicht-pagatorische Opportunitätskosten sind entgangene/verhinderte Entgelt-Einnahmen (rechnerisch: Erträge, häufig auch kurzerhand mit „Gewinnen" gleichgesetzt);
b) pagatorische Opportunitätskosten sind nicht vermiedene Entgelt-Ausgaben (rechnerisch auch: Opportunitäts-Aufwand);
c) zusätzliche Entgelt-Ausgaben sind zusätzliche pagatorische Kosten.

Die Unterfälle a) und b) kann man unter der Bezeichnung „Opportunitätsnachteile" zusammenfassen: Entgangenes und Nicht-Vermiedenes. Die Unterfälle b) und c) haben die Pagatorik gemeinsam: nicht vermiedene und zusätzliche Ausgaben.

C.42 Die Vorteilhaftigkeit einer Investition bei gleichzeitig notwendiger Kreditaufnahme mit der Folge gemischter Finanzierung

Der Investor habe in t_0 nur 400,- verfügbar.
A(1): Er kann sie für eine Finanz-Investition verwenden, die 10% Zinsertrag bringt.
A(2): Er kann anderenfalls eine Real-Investition durchführen mit einem Anschaffungspreis von AP = 1000,- und die fehlenden 600,- kann er als Kredit zu 14% Zinskostensatz und gleichmäßiger Tilgung erhalten.
Der Investor erwartet per t_1 bis t_3 jeweils einen Periodenüberschuss von 450,-.

Die Aufgabe nennt mit i_H = 10% und i_{FK} = 14% bereits zwei Zinssätze und schweigt hinsichtlich des Eigenkapitalkostensatzes für die verfügbaren 400,-; der Satz i_{EK} müsste über 14% liegen.

Der Frage, ob wir die Vorteilhaftigkeit von A(2) mittels einer Abzinsungsrechnung – und mit welchem der drei möglichen Zinssätze – ermitteln können, verschieben wir auf den nächsten Abschnitt C.43. Wir verwenden hier die auf den ersten Blick weniger verfängliche Endwertrechnung, vgl. C.22.

Die zu behandelnde Aufgabe hat die folgende Struktur:

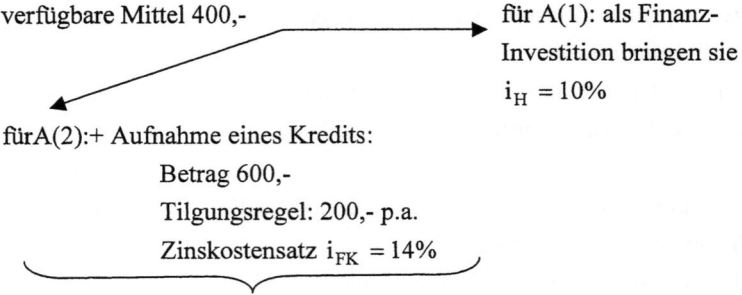

verfügbare Mittel 400,- → für A(1): als Finanz-Investition bringen sie $i_H = 10\%$

fürA(2):+ Aufnahme eines Kredits:
  Betrag 600,-
  Tilgungsregel: 200,- p.a.
  Zinskostensatz $i_{FK} = 14\%$

zur Finanzierung des Anschaffungspreises
AP= 1.000,- der Real-Investition A(2).

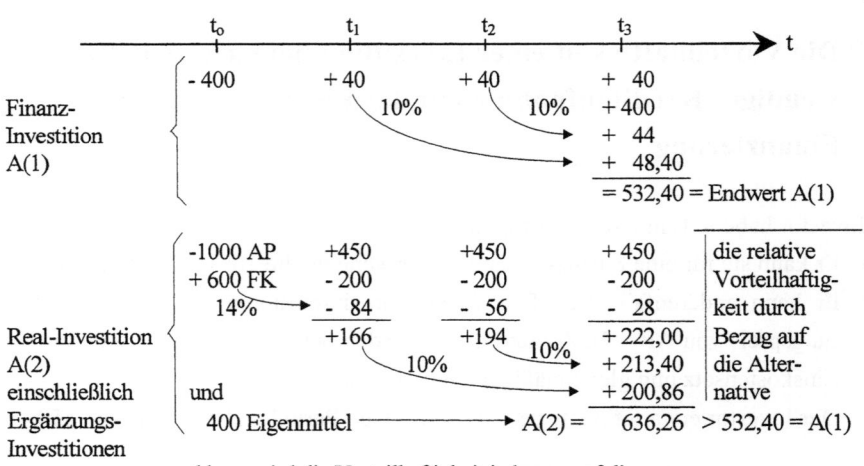

d.h. es wird die Vorteilhaftigkeit in bezug auf die Eigenmittel festgestellt, **nicht** die Vorteilhaftigkeit der Investition in t_0 durch Bezug auf A_0!

Variante: „Tilgung nach Möglichkeit" für A(2):

```
-1000           +450           +450          +450
+ 600   14%    - 84    14%    - 32,76        - 0
  T.    →     - 366    →      - 234          - 0
              ———    Tilgung  ————          ————
                0             +183,24        +450
                                   1,10      201,56
                                    →
                                             651,45 > 636,26
```

Endwert A(2)t₃ bei Tilgung nach Möglichkeit 651,56 ⟶ Δ 119,16 aus A(2) und ihrer
"   A(2)t₃   "   "   in Raten   636,26   Finanzierung gegenüber
"   A(1)t₃ Finanz-Investition   532,40   A(1)

Zusammenfassende Kennzeichnung:

Normalerweise errechnet man die Vorteilhaftigkeit der Investition, d.h. die Rechnung bezieht sich auf deren Anschaffungspreis = A_o.

Bei zurechenbarer gemischter Finanzierung errechnet man die Vorteilhaftigkeit der Investition für die restliche/residuale Parte zur Finanzierung des Anschaffungspreises, das sind „die vorhandenen Mittel" oder das für die Investition zusätzlich beschaffte Eigenkapital falls keine Eigenmittel vorhanden sind.

Kurz: man errechnet nicht den Ertragswert der Investition „Maschine", sondern den **Ertragswert der „verfügbaren Mittel"** – so in C.43 – bzw. des „zusätzlichen Eigenkapitals".

C.43 Die Vorteilhaftigkeit einer Investition bei zurechenbarer gemischter Finanzierung

Gerechnet wird wie bisher für eine Investitionsentscheidung, jedoch verschiebt sich wegen der Mehrzahl der an der Finanzierung beteiligten Kapitalparten die Frage der Vorteilhaftigkeit auf die residuale Parte, die zu „vorhandenem Eigenkapital" spezifiziert wird.

Diese Vorteilhaftigkeit ist abhängig von den Finanzierungsbedingungen der anderen an der Anschaffungsausgabe (A_o oder AP) beteiligten Kapitalparten. Die Situationsabhängigkeit schlägt durch als Zeitpunkt-Abhängigkeit der Vorteilsgröße (C.43.4). Umgekehrt ist eine zeitpunkt-unabhängige Erfolgsgröße wünschenswert, die das Investitionsobjekt kennzeichnet. Theoretisch wird diesem Anliegen entsprochen, indem die Eigenkapitalkosten vom Ertragswert gerechnet werden. Praktisch muss dazu der Ertragswert bekannt sein (C.43.5). Diese Konstellation des rekursiven Rechnens ist auch sonst in der Investitions- und Finanzierungs-Rechnung zu finden.

43.1. Die Finanzierungssituation mit Kreditaufnahme und gleichzeitiger Kreditverlängerung

Der Einzelunternehmer Fix hat derzeit (t_o) gerade 10.000,- übrig, die er nicht für das laufende Geschäft benötigt. Er hat die Wahl zwischen zwei Investitionsmöglichkeiten:

A(1) Tilgung von Schulden und Finanz-Investition
Als Fix vor wenigen Jahren seinen Betrieb gründete, hatte er sich das notwendige Startkapital dazu von seiner Tante zu 8% Zinskosten p.a. bei „Tilgung nach Möglichkeit" geborgt. Davon sind derzeit (in t_o also) ein Restbetrag von 5.000,- offen. Er könnte folglich aus den verfügbaren Mitteln die Restschuld zurückzahlen und so 8% Zinskosten einsparen. Im übrigen bietet die Sparkasse Herrn Fix 6% Zinsertrag für Festgeld auf drei Jahre, d.h. $i_H = 0,06$.

A(2) Real-Investition:
Fix hat jedoch eine Betriebserweiterung im Sinn. Eine weitere Maschine kostet 19.000,-. Die Kreissparkasse ist bereit, ihm den fehlenden Betrag von 9.000,- als Kredit zu 10% Zinskosten p.a. bei gleichmäßiger Tilgung über 3 Jahre zu gewähren. Aus der Real-Investition „Maschine" erwartet Fix folgende Zahlungsüberschüsse (der periodischen Umsatzerlöse über die ausgabengleichen Kosten durch Lohn und Materialeinsatz):

t_1	t_2	t_3
+ 7.800,-	+ 7.800,-	+ 7.800,-

Der Geldbetrag für die Bezahlung des Anschaffungspreises (AP) der Real-Investition einerseits und die Herkunft der Mittel in drei Kapitalparten können wir im „Bilanz-Kreuz" ordnen:

Geld für den AP ← „Bilanz" für A(2) → Herkunft der Mittel			
Aktiva		Passiva	
	5.000,-	eigenes Kapital	
		Alt-Darlehen von der Tante:	
10.000,- vorhandene Mittel	5.000,-	Rest zu 8% Zinskosten	
+ 9.000,- aus Bankkredit	9.000,-	Bankkredit zu 10% Kosten	
= 19.000,- Bankguthaben für Maschine A(2); daraus wird ein „Aktivtausch" zwischen dem Geldbetrag und der Maschine, nachdem die Finanzierungsaktivität „Kreditaufnahme" abgewickelt wurde.	= 19.000,-	finanzieren dann den Anschaffungspreis A_o in 3 Kapitalparten	

Das mit der Aufgabenstellung beschriebene Entscheidungsfeld in t_o umfasst nur zwei Handlungsmöglichkeiten. Die Finanz-Investition A(1) bringt den Zinsertragssatz i_H = 6% mit sich. Die Finanzierung der Real-Investition A(2) verwendet denselben Betrag eigener Mittel, verlängert die Inanspruchnahme des Darlehens zu 8% und fügt einen zusätzlichen Bankkredit zu 10% hinzu. Der Eigenkapitalkostensatz i_{EK} ist nicht erwähnt.

Für den Bankkredit ist die Tilgung vorgegeben. Die Rückzahlung der Restschuld an die Tante ist dem Investor Fix überlassen. Ob er selbst „Eigenkapital" im Wege von Entnahmen zurückhaben möchte, lässt die Aufgabenstellung offen. Ebenso erfahren wir nicht, auf welche Weise, mit welchem Satz und von welcher Bemessungsgrundlage die Kosten des Eigenkapitals zu berücksichtigen sind.

43.2 Die rechnerische Lösung des Entscheidungsproblems

Die nachfolgende Rechnung ist eine wie üblich finanzwirtschaftliche Investitions- und Finanzierungs-Rechnung. Das Problem der Eigenkapitalkosten wird infolgedessen nicht angesprochen und das Problem des Abzinsens wird in diesem Abschnitt verdrängt, indem wir die Vorteilhaftigkeit der beiden investiven Handlungsmöglichkeiten mit ihren Endwerten per t_3 errechnen. Infolgedessen werden zwischenzeitlich verfügbar werdende freie Mittel als finanzinvestive Ergänzungs-Investitionen – vgl. C.22 – angenommen und in die Endvermögens-Rechnung eingebracht, um so vergleichbare Endvermögen zu ermitteln und deren Differenz für die Entscheidung zwischen A(1) und A(2) zu verwenden.

Wenn Fix die Maschine kauft, also A(2) realisiert, dann erwartet er folgende Überschüsse der Umsatzerlöse über die ausgabenverbundenen laufenden Lohn- und Materialkosten.

	t_1	t_2	t_3	
Perioden-Überschuss	7.800,-	7.800,-	7.800,-	→ $PÜ_t$ vor
./. Kredittilgung	3.000,-	3.000,-	3.000,-	Kapitaldienst
./. Kreditzins-kosten 10%	900,-	600,-	300,-	
	3.900,-	4.200,-	4.500,-	→ nach Bank
./. Zinskosten Altdarlehen 8%	5.000·8% 400,-	1800·8% 120,-	es wird nur die Verlängerung der Inanspruchnahme durch A(2) berechnet	
./. Tilgung Altdarlehen	3.500,- → Rest	1.500,-	–	
= netto	0	2.580,- ·1,06 +	4.500,- → nach „Tante" 2.734,80	
			7.234,80	Endvermögen A(2) in t_3

Das Endvermögen   300,- ·$1,06^2$ 300,- ·1,06   300,- = 6% auf das
bei A(1):   + 5.000,-   Festgeld
                                                         + 318,-
Vergleichbarkeit bei zeitpunkt-   + 337,-
verschiedenen Zahlungsbeträgen: 5.955,08 Endvermögen A(1)
was geschieht mit den Mitteln zwischen-   um Δ 1.279,72 ist A(1) < A(2)
zeitlich?
Annahme: sie werden zu 6% angelegt.
Mit Hilfe dieser Annahme werden die Investitionsmöglichkeiten situationsbezogen ergänzt zu vergleichbaren Handlungsmöglichkeiten. Dem entspricht
die Endvermögensrechnung und der Endvermögensvergleich zwecks Entscheidung.

Ergebnis:
A(1) bringt ein Endvermögen (t₃) = 5.955,08
A(2) bringt ein Endvermögen (t₃) = 7.234,80.

Die Rechnung selbst ermittelte nicht die Vorteilhaftigkeit der Investition mit ihrem Anschaffungspreis A_o = 19.000,-, sondern die Vorteilhaftigkeit für die eingesetzten Eigenmittel von 5.000,-. Dieser Einsatzbetrag für A(2) stimmt mit A(1) überein.

In unserer Investitionsrechnung haben wir einseitig die Zeitunterschiede der Zahlungen mittels Zinsrechnung berücksichtigt und die Arbeits- und Risikounterschiede nicht. Die **Endvermögensdifferenz** von 1.279,72 in t_3 bezeichnen wir – angesichts der Erkenntnisse in C.22.2 nur mit Vorbehalt – als die „Unternehmer-Einkunft". Sie wird zusätzlich zu den Kapital-Einkünften aus dem alternativ eingesetzten Eigenkapital erzielt infolge der Entscheidung für die Real-Investition A(2) gegenüber der Finanz-Investition A(1). Deshalb kann man das zusätzliche Einkommen von 1.279,72 auch als (erwartete) Belohnung für den Arbeitseinsatz und für die Risiko-Übernahme verstehen, die mit der Real-Investition verbunden und Merkmale der unternehmerischen Betätigung sind.

43.3 Kann man bei gemischter Finanzierung abzinsen, um den Ertragswert und den Kapitalwert der Investition zu errechnen?

1. Wir haben drei Zahlungsreihen:

	t_1	t_2	t_3	
AP	-19.000	7.800	7.800	7.800 ⟵ 10% / 8% }?
brutto	-10.000	3.900	4.200	4.500 ⟵ 8% / 6% }?
netto	- 5.000	0	2.580	4.500 ⟵ 6%?

2. Wir haben drei Zinssätze: 10% vom Bankkredit
                                            8% vom Darlehen
Welcher Zinssatz?
oder: welcher für welche Zahlungsreihe?   6 % vom Festgeld

Zur Problematik der Ermittlung des Kapitalwerts bei gemischter Finanzierung der Investitionsausgabe behandeln wir zwei Fragen.

1. Frage: welche Zahlungsreihe ist zu diskontieren? - 3 Möglichkeiten!
2. Frage: mit welchem Zinssatz ist zu diskontieren? - dto.: 10%, 8%, 6%!

Der für eine Kombination von Zahlungsreihe und Zinssatz errechnete Kapitalwert bezieht sich stets auf t_0 und lässt sich daher nur überschlägig beurteilen mit Hilfe der Endwert-Differenz mit 1.279,72 per t_3.

1. Variante: Zahlungsreihe   7.800   7.800   7.800
Zinssatz: 10%
Ertragswert 19.397,45 > 19.000,- Anschaffungsausgabe
d.h. ein positiver Kapitalwert $C_{oi}(10\%)$ = + 397,45, der viel zu niedrig ist.

2. Variante: Zahlungsreihe   7.800   7.800   7.800
Zinssatz: 8%
Ertragswert 20.101,36 > 19.000,- Anschaffungsausgabe
d.h. ein positiver Kapitalwert $C_{oi}(8\%)$ = + 1.101,36, der zu günstig ist verglichen mit 1.279,72 per t_3.

3. Variante: Zahlungsreihe   3.900   4.200   4.500
Zinssatz: 8%
Ertragswert 10.691,59 > 10.000,- eingesetzte vorhandene Mittel (brutto),
d.h. ein positiver Kapitalwert $C_{ov}(8\%)$ = + 691,59, der viel zu niedrig ist.

4. Variante: Zahlungsreihe   3.900   4.200   4.500
Zinssatz: 6%
Ertragswert 11.195,52 > 10.000,- eingesetzte vorhandene Mittel (brutto),
d.h. ein positiver Kapitalwert $C_{ov(6\%)}$ = + 1.195,52, der zu günstig ist.

5. Variante: Zahlungsreihe   2.580   4.500
Zinssatz: 6%
Ertragswert 6.074,48 > 5.000,- eingesetztes Kapital (Eigenkapital),
d.h. ein positiver Kapitalwert $C_{o(6\%)}$ = +1.074,48. Er entspricht zwar rechnerisch dem Überschuss von 1.279,72 in t_3, er ist jedoch sachlich nicht brauchbar. Warum nicht?

C.43 Die Vorteilhaftigkeit bei gemischter Finanzierung

Diesen Betrag von 1.074,48 erhält man ebenfalls, wenn man die Differenz von 1.279,72,- zwischen den Endvermögen der Investitionsmöglichkeiten A(1) und A(2) mit $1,06^{-3}$ abzinst. Der Sache nach besagt der Kapitalwert $C_{o(6\%)}$ = 1.074,72 nichts. Zum einen lässt sich nicht erklären, warum das per t_3 errechnete zusätzliche Einkommen aus der Investition mit 6% abgezinst wird, während der Investor bis t_2 auch Schulden hat mit $i_{FK} > i_H$ = 6%. Zum anderen ist der Betrag von 1.074,72 in t_o nicht verfügbar, um ihn zu 6% anzulegen. Zum dritten können die 1.074,72 auch nicht zu 6% beschafft werden, um in t_o in die private Verwendung überführt zu werden (i.S. der in t_o vorfinanzierten Entnahme des Kapitalwerts, vgl. C.34.2).

Das Beispiel mit der gemischten Finanzierung zeigt, dass der Kapitalwert als Barwert des zusätzlichen Einkommens aus der Investition an die Voraussetzung des vollkommenen Kapitalmarktes mit dem einheitlichen Satz $i = i_S = i_H$ gebunden ist. Bei gemischter Finanzierung hingegen liegt hinsichtlich des hier ausgewiesenen Kapitalwerts C_o = 1.074,72 eine rein rechnerische Transformation der finanzwirtschaftlichen Überschuss-Größe per t_3 in eine Rechengröße vor, die - vordergründig - für den Vorteil aus der Investition per t_o stehen soll:

$$C_{o(6\%)} \quad = \quad 1.074,48 \quad \xrightarrow{(1+0,06)^3}_{\xleftarrow{(1+0,06)^{-3}}} \quad 1.279,72 \quad = \quad \Delta EV_{t_3}$$

Ökonomisch ist $C_{o(6\%)}$ keine zutreffende Größe, wie die beiden nachfolgenden Abschnitte nachweisen.
Im Hinblick auf die 5 Varianten aus Zahlungsreihe und Zinssatz können wir zusätzlich festhalten, dass bei gemischter Finanzierung die zeitverschiedenen Zahlungsgrößen nicht in ökonomisch fundierte verrechenbare Größen umgewandelt werden können, um Barwertsummen zu erhalten.

Zudem ist für die 5. Variante zu berücksichtigen, dass der resultierende Kapitalwert $C_{o(6\%)}$ = 1.074,48 aus der Verwendung des Zinsertragssatzes der Alternative A(1) folgt, der für A(2) als Abzinsungssatz im Sinne des Opportunitätskostensatzes eingesetzt wird. Dieser hat jedoch nichts mit dem – bislang noch nicht beachteten – Eigenkapitalkostensatz i_{EK} zu tun.

Der nächste Abschnitt C.43.4 zeigt, dass bei gemischter Finanzierung die übliche **finanzwirtschaftlich** orientierte Investitionsrechnung nur

(1) eine zeitpunkt-abhängige Vorteilsgröße ermitteln kann und dass deshalb
(2) der oben ausgewiesene Kapitalwert $C_{o(6\%)} = 1.074,48$ sachlich unrichtig ist.

Der übernächste Abschnitt C.43.5 fügt die Eigenkapitalkosten mit $i_{EK} = 12\%$ in die Aufgabe ein. Bei zutreffender Errechnung der Eigenkapitalkosten – vom Ertragswert des Eigenkapitals und nicht von seinem Nominalbetrag – wird nachgewiesen, dass eine **rechenökonomisch** orientierte Investitionsrechnung eine Vorteilsgröße/Erfolgsgröße für A(2) ermittelt, die unabhängig vom Zeitpunkt konstant ist.

43.4 Bei gemischter Finanzierung und finanzwirtschaftlicher Rechnung ist die Vorteilsgröße an einen Zeitpunkt gebunden

Während wir bislang die Einkünfte als rechnerische Ergebnisgrößen in Abhängigkeit von verschiedenen Rechenverfahren zum Ausweis der Vorteilhaftigkeit einer Investitionsmöglichkeit gezeigt hatten, verknüpfen wir nun den Kapitalwert, der vorab als reine Erfolgsgröße ermittelt wurde – vgl. C.33 – mit dem finanzwirtschaftlichen Vorgang einer betragsgleichen Auszahlung aus dem erwerbswirtschaftlichen Bereich. Wir identifizieren also den rechnerischen Vorteilsbetrag als Differenz zwischen A(2) gegenüber A(1) mit einer betragsgleichen Entnahme für private/konsumtive Zwecke. Mithin entscheidet jetzt der Wunsch des Investors, in welchem Zeitpunkt er die Vorteilhaftigkeit aus der Investition nicht-betrieblich verwenden möchte/für Konsumausgaben entnehmen möchte. Wir betrachten die möglichen Entnahmebeträge, eingeschränkt auf das zusätzliche Einkommen/das Unternehmen-Einkommen aus der Real-Investition A(2) gegenüber der nächstbesten Alternative A(1); - in t_3 sind das ΔEV_{t_3} = 1.279,72.

Aufgabe:
Wie viel Geldeinheiten sind das in t_2 bzw. in t_1 bzw. in t_o je nach dem gewünschten Zeitpunkt der privaten Verwendung? – d.h. im Zeitpunkt der Umwandlung von betrieblichen in private Mittel im Wege der „Entnahme", die im Soll des Eigenkapitalkontos verbucht wird. Den privaten Verwendungszweck nennen wir kurzerhand „Urlaubsreise".

Die Endwert-Rechnung per t_3 weist eine Differenz von A(2) aus, die wir als Unternehmer-Einkunft bezeichnet haben.

Möchte der Investor/Unternehmer über diesen differentiellen/zusätzlichen Vorteil bereits in t_2 verfügen, so sind dies nur 1.279,72/1,06 = 1.207,28. Dies zeigt die Rechnung in C.43.2: in t_2 werden nur (2.580,00 - 1.207,28 =) 1.372,72 finanz-investiv angelegt und das Endvermögen von A(2) in t_3 beträgt dann gleichfalls (1.455,08 + 4.500,00 =) 5.955,08 wie bei A(1).

Möchte der Investor bereits in t_1 über den Vorteil auch finanziell verfügen, dann geht dies zu Lasten der Tilgung der Restschuld gegenüber der Tante. Der reisefreudige Unternehmer kann nur 1.207,28/1,08 = 1.117,85 für private Zwecke entnehmen, während die Tilgung nur (3.500,00 - 1.117,85 =) 2.382,15 beträgt, die Restschuld per t_1 (1.500,00 + 1.117,85 =) 2.617,85 und die 8% Zinsen per t_2 209,43. In t_2 verbleiben (4.200,00 - 2.617,85 - 209,43 =) 1.372,72 zur finanz-investiven Anlage; s.o.

Noch weitergehend ist der Wunsch des Unternehmers, bereits in t_0 über den Vorteil aus A(2) gegenüber A(1) auch finanziell zu verfügen. Nehmen wir an, dass die Sparkasse diesen „Konsumenten-Kredit" zu ebenfalls i_{FK} = 10% vorfinanziert, dann beläuft sich der zusätzliche Kreditbetrag auf 1.117,85/1,10 = 1.016,23.

Rechnen wir zur Probe vorwärts:

t_0

1.016,23	Konsumenten-Kredit	
+ 9.000,00	Investitions-Kredit	
10.016,23	Bankschuld zu 10% in t_0	

t_1

	7.800,00	
10% Zinsen	./. 1.001,62	anstatt 900,00
Tilgung	./. 4.016,23	anstatt 3.000,00
	2.782,15	
8% Zinsen	./. 400,00	
Tilgung	./. 2.382,15	anstatt 3.500,00
netto in t_1	0,00	

Restschuld zu 8% per t_2 ist 2.617,85 anstatt 1.500,-.

	t_2	t_3
	7.800,00	7.800,00
10% Zinsen	./. 600,00	./. 300,00
Tilgung	./. 3.000,00	./. 3.000,00
	4.200,00	4.500,00
8% Zinsen	./. 209,43	-
Tilgung	./. 2.617,85	-
netto in t_2	1.372,72 $\xrightarrow{1,06}$	1.455,08

Endvermögen bei A(2) in t_3 = 5.955,08

wie bei A(1)

Wenn wir die jahrweise Rechnung auf die relevanten Größen reduzieren, dann erhalten wir die folgende Übersicht:

⟵ Zeitpräferenz ⟶
↳ versus Einkommensbeitrag des Zinssatzes bei Aufschub der Entnahme;
der Zinssatz ändert sich problemabhängig mit t

1.016,23 $\xleftarrow{1,10^{-1}}$ 1.117,85 $\xleftarrow{1,08^{-1}}$ 1.207,28 $\xleftarrow{1,06^{-1}}$ 1.279,72

1.016,23 $\xleftarrow{1,10^{-1}}$ 1.117,85 $\xleftarrow{1,08^{-1}}$ 1.207,28

1.016,23 $\xleftarrow{1,10^{-1}}$ 1.117,85

1.016,23 $\longrightarrow$ 1,10 · 1,08 · 1,06 = 1.279,72

Wie das Beispiel der gemischten Finanzierung zeigt, gibt es **den** Kalkulationszinssatz bei der Kapitalwertrechnung nicht mehr. Infolge des unvollkommenen Kapitalmarktes mit $i_H < i_S$ oder/und infolge der Unsicherheit mit $i_{FK} < i_{EK}$ ergibt sich erst mit Vollzug der Rechnung, welcher Zinssatz für die zeitliche Transformation des zusätzlichen Einkommens aus der Investition relevant ist. Der Kalkulationszinssatz ist - wie unser Beispiel zeigt - von Periode zu Periode endogen aus der Entscheidungssituation und ihrer rechnerisch-planerischen Abwicklung heraus als Ergebnis festgelegt. Der auf diesem Wege für t_0 errechnete Verfügungsbetrag mit 1.016,23 weist den im vorigen Abschnitt für die 5. Variante ermittelten Kapitalwert $C_{0(6\%)}$ = 1.074,48 als unzutreffend nach.

C.43 Die Vorteilhaftigkeit bei gemischter Finanzierung

Die Rechnung in diesem Abschnitt lässt unseren Investor zwischen zeitpunktbedingt verschiedenen Beträgen zwecks privater Verwendung entscheiden:
in t_0 sind es 1.016,23 - in t_1 schon 1.117,85 - in t_2 sogar 1.207,28 und in t_3 schließlich 1.279,72,-. Mit den Zuwarten um jeweils eine Periode bringt ihm der positive Zins einen finanzwirtschaftlichen Einkommensbetrag. Dafür muss er die Realisierung des konsumtiven Nutzens aus dem Verwenden des Geldbetrages zum Erwerb von Leistungen um eine Periode aufschieben. Ersichtlich gehört der Zinssatz der Entgeltausgabenseite zu und die Zeitpräferenz für den konsumtiven Nutzen der Leistungserwerbs- und -verwendungsseite. Die Zeitpräferenz der Kapitalmarktteilnehmer – ihre „konsumtive Gier" – bestimmt über das (Nicht-)Angebot von Ersparnissen die Preisbildung/das Niveau des Zinssatzes mit, ist aber auf keinen Fall identisch mit dem Zinssatz oder durch ihn repräsentiert[23] – wie häufig in der Literatur gedankenlos vorgetragen wird.[24]

43.5 Gemischte Finanzierung mit Eigenkapitalkosten, die vom Ertragswert $EW_{0i_{EK}}$ des eingebundenen Eigenkapitals gerechnet werden

Bei der Aufgabenstellung in C.43.1 hat der kritische Leser möglicherweise bemerkt, dass als Alternative die Finanz-Investition „Festgeld" mit dem Ertragssatz $i_H = 0,06$ angeführt wird und auch für die Vorteilhaftigkeitsrechnung eingesetzt wird. Von den Kosten des Eigenkapitals hingegen war keine Rede. Dessen Kostensatz $i_{EK} > i_{FK}$ müsste zumindest über 10% liegen und verweist das Festgeld mit seinen 6% Zinsertrag aus den Schranken.

Das war bereits mit Abschnitt C.30 gegenüber C.20 erfolgt und zusätzlich war gezeigt worden, dass die Eigenkapitalkosten nicht von dem nominalen Einsatzbetrag – in unserem Rechenbeispiel hier 5.000,- – sondern zutreffend von dem Ertragswert/Marktwert dieser Eigenkapitalparte zu rechnen sind infolge ihrer Mitverwendung für die Real-Investition mit dem Anschaffungspreis $A_0 = 19.000,-$.

Wir nehmen an, dass der Eigenkapitalkostenansatz wegen des – nicht ausdrücklich beachteten – Risikos mit $i_{EK} = 0,12 > i_{FK\ (Bank)} = 0,10$ ist. Bei unsicherem und unvoll-

---

[23] Vgl. so zuletzt Kruschwitz (2002) S. 23-27.
[24] Für weitergehendes Interesse vgl. Lehmann, ZfbF 1975, S.40-52.

kommenem Kapitalmarkt mit $i_{EK} > i_{FK}$ und $i_S > i_H$ ist der Vorteil – auch wenn wir ihn nur als reine Rechengröße verstehen – eingebettet in die Finanzierungsbedingungen des Entscheidungsfeldes, wie es mit unserem Beispiel beschrieben wird. Für derart gegebene Bedingungen wird der Ertragswert/Marktwert der eingesetzten Eigenmittel von 5.000,- gesucht. Das hat ein mehrfaches und anpassendes Durchrechnen erfordert, bis $EW_{o(12\%)EK} = 5.280,-$ ermittelt war. Der Betrag des Kapitalwertes $C_{o(12\%)EK} = 280,-$ gibt nun als zeitpunktunabhängige Rechengröße den Vorteil aus der Real-Investition unter den gegebenen Bedingungen an. Dieser Betrag der Unternehmer-Einkunft ist als Rechengröße konstant und unabhängig vom Zeitpunkt, wenn man die Eigenkapitalkosten vom Ertragswert rechnet und die Bedingungen unverändert lässt. Diese Voraussetzung ist bei gemischter Finanzierung nachdrücklich hervorzuheben, denn sie schließt die Folge ein, dass die Vorteilsgröße/der Betrag der Unternehmer-Einkunft vom Zeitpunkt der finanziellen Verfügbarkeit und tatsächlichen Verfügung zugunsten der privaten Verwendung streng zu unterscheiden ist; vgl. bereits C.35.2:

	t_1	t_2	t_3
Perioden-Überschuss	7.800,00	7.800,00	7.800,00
./. Kredittilgung Bank	3.000,00	3.000,00	3.000,00
./. Zinskosten 10%	900,00	600,00	300,00
= Saldo	3.900,00	4.200,00	4.500,00
./. Eigenkapitalkosten 12% vom $EW_{o(12\%)EK} = 5.280,- \rightarrow$	./. 633,60	./. 633,60	
bzw. vom $EW_2 = 4.017,86 \rightarrow$			./. 482,13
./. Zinskosten 8% vom Alt-Darlehen $t_o \rightarrow$	./. 400,00		
bzw. $t_1 = 2.133,60 \rightarrow$		./. 170,68	0
./. Tilgung Alt-Darlehen	./. 2.866,40	./. 2.133,60	0
= amortisierte Eigenmittel (einschließlich des Erfolges von 280,- aus der Investition), in der einfachen Summe gleich dem $EW_{o(12\%)EK}$	0	1.262,12	4.017,87
		5.280,00	
davon Vorteil/Unternehmer-Einkunft gleich dem Betrag des Kapitalwerts $C_{o(12\%)EK}$.		280,00	

Zwei Kontrollrechnungen sollen den Nachvollzug der Zusammenhänge ermöglichen.

1. Der Ertragswert $EW_{o(12\%)EK}$ ergibt sich aus der folgenden **finanzwirtschaftlichen** Abzinsungsrechnung:

$$EW_{o(12\%)EK} = \frac{633{,}60}{1{,}12} + \frac{(633{,}60 + 1.262{,}12)}{(1{,}12)^2} + \frac{(482{,}13 + 4.017{,}87)}{(1{,}12)^3} = 5.280{,}-$$

2. Der so bekannte Ertragswert wird zur Grundlage einer **rein rechnerischen** Ertragswert-Rechnung mit Eigenkapitalkosten und Ertragswert-Abschreibungen:

t_o	t_1	t_2	t_3	
5.280,-	633,60	633,60	482,13	EK-Kosten
Ausgangsbetrag	EK-Kosten	+ 1.262,12	4.017,87	EW-Abschreibung

Die Summe der EK-Kosten beträgt 1.749,33; die Summe der Abschreibungen beläuft sich auf 5.280,-. Darin sind gegenüber dem Einsatzbetrag von 5.000,- weitere 280,- als Vorteil enthalten. Diese rein rechnerische Erfolgsgröße ist der zeitpunkt-unabhängige Betrag des Kapitalwerts $C_{i_{EK}}$, wenn die Eigenkapitalkosten vom (zuvor errechneten!) Ertragswert $EW_{oi_{EK}}$ – und nicht vom Nominalbetrag – gerechnet werden. Der Verbleib der amortisierten Beträge interessiert bei dieser Rechnung nicht, die in t_o die Kosten von dem Kapital rechnet, das durch den Ertragswert/Marktwert der Investition gebunden ist (Kapitalkosten entsprechend der Kapitalnutzung; vgl. A.12).

Verfügbar ist dieser Betrag von 280,- in t_2 oder in t_3, bei Verfügung abgezweigt aus den amortisierten Eigenmitteln d.h. aus 1.262,12 oder 4.017,87. Eine Verfügung hingegen über 280,- bereits in t_o oder in t_1 würde das Gefüge aus den Finanzierungsbedingungen ändern und damit auch den Betrag des Vorteils aus der betrachteten Investitionsmöglichkeit A(2) verfälschen, denn der Zinsaufwand (bzw. –ertrag) der Entnahme-Entscheidung hat nichts mit dem Erfolg der Investition zu tun.

Der Zweck der hier vorgeführten **rechenökonomisch orientierten Investitionsrechnung** besteht gerade in dem Nachweis einer rein rechnerischen Erfolgsgröße – im Beispiel 280,- –, die abgegrenzt ist sowohl gegenüber Erträgen aus der Re-Investition freigesetzter Mittel als auch gegenüber den Kosten „vorfinanzierter" Gewinnausschüttungen bzw. Entnahmen. Der erste Aspekt vermengt die Erträge gebündelter Primär- und Sekundär-Investitionen, der zweite Aspekt saldiert die Finanzierungskosten (bzw. -erträge) privater Entnahme-Wünsche in die Vorteilhaftigkeit des Investitionsobjekts hinein. Die Aufgabe, den (zu erwartenden) Erfolg aus der Investitionsmöglichkeit zu ermitteln, ist zu unterscheiden von der gegebenenfalls anstehenden Frage, wie hoch der Grenzpreis für den Kauf unter Berücksichtigung der persönlichen Entnahme-Präferenzen ist.

So zeigte Abschnitt C.43.4 für die gemischte Finanzierung einen vom Zeitpunkt der Entnahme abhängigen Betrag, der jeweils sowohl den Vorteil der Investition als auch die Zinswirkung der Verfügung angibt. Abschnitt C.43.5 hingegen trennt zwischen dem bedingungs-entsprechenden und zeitpunkt-unabhängigen Vorteilsbetrag (280,-) einerseits und seiner Verfügbarkeit (nur zu t_2 oder t_3) andererseits. C.43.5 verselbständigt das Rechnen gegenüber den finanzwirtschaftlichen Größen. Die rechnerische Durchführung dazu haben wir als die Berechnung der Eigenkapitalkosten vom Ertragswert – bzw. vom Marktwert – des Eigenkapitals behandelt, also aus der Sicht der eigenkapital-bindenden Investitionsmöglichkeit. Aus der Sicht des Eigenkapitalgebers stellen sich die Eigenkapitalkosten als Erträge seiner Eigenkapitalgeberposition dar. Der Ertragswert (Marktwert) als die Bezugsgrundlage des Satzes teilt folglich den auf das Eigenkapital entfallenden Gesamtüberschuss (nach Amortisation) auf eine spezifische Art und Weise zwischen den Eigenkapitalerträgen einerseits und **dem nun und deshalb zeitpunkt-unabhängigen Objekterfolg** (im Beispiel 280,-) andererseits auf.

Dieser Nachweis des rein rechnerischen und zeitpunkt-unabhängigen Objekterfolges betragsgleich mit dem Kapitalwert nach üblichem Verständnis ist also die Folge aus der rechnerischen Vorgehensweise „Eigenkapitalkosten vom Ertragswert des Eigenkapitals, eingebracht in die Amortisationsrechnung über die Anschaffungsausgabe". Kurz: die Kapitalwert-Rechnung muss als Erfolgsermittlungsrechnung zutreffend konzipiert sein, während sie als Vermögensrechnung – mit der Vermögensdifferenz gleich dem Vorteil aus der Investitionsmöglichkeit – der Annahme des vollkommenen Kapitalmarktes mit $i_s = i_H$ bedarf.[25]

Diese Markt-Annahme verhinderte, die Kapitalwert-Rechnung als rechnerische Vorgehensweise zutreffend zu erkennen:
1) Sie wird ausschließlich als Vermögens(änderungs)-Rechnung verstanden und ist ebenso eine objekt-bezogene Erfolgsermittlungs-Rechnung.

---

[25] Vgl. Schmidt/Terberger (1997) S. 137.

2) Sie wird um die Aussage angereichert, dass sie implizit die Ergänzungs-Investitionen infolge freier Mittel einschließe, also eine über $i_s = i_H$ reduzierte Endvermögens-Rechnung sei.

Dieses Verständnis läuft auf die **Erträge der gesamten Kapitalbindung** durch die Primär-Investition zuzüglich der durch die finanzinvestiven Supplement-Investitionen hinaus.

3) Genau im Gegensatz dazu ist die Kapitalwert-Rechnung als ein Rechenverfahren über die **kostende Kapitalbindung** nur durch die Primär-Investition zu kennzeichnen, das den über die Kapitalkosten hinausgehenden Erfolg der Investitionsmöglichkeit ermittelt. Diese rein rechnerische Erfolgsgröße ist betragsmäßig gleich mit dem „Kapitalwert" als Änderung des Vermögens per t_0 unter der Markt-Annahme $i_S = i_H$.

Die Investitions- und Finanzierungsökonomie ist damit als Konzept dargestellt, jedoch zu Lasten der einfachen Rechenbarkeit und der praktischen Anwendung. Folglich gewinnt der Leser Verständnis für den Investitions-Rechner, der sich die Realität zum vollkommenen Kapitalmarkt unter Sicherheit vereinfacht, um auf der Grundlage von $i = i_S = i_H = i_{EK} = i_{FK}$ elegante Investitions-Theorie vorführen zu können, nachdem er die von der Finanzierung herkommenden Probleme ausgeschaltet hat.

C.44 Die Vorteilhaftigkeit einer Investition bei Aufnahme von Beteiligungskapital gegen Gewinnbeteiligung

Investor Jung hat in t_0 eine Investitionsmöglichkeit. Bei einer Nutzungszeit von zwei Jahren erwartet er aus ihr in t_1 2.480,- und in t_2 5.000,- als Periodenüberschüsse. Der Anschaffungspreis beträgt 6.000,- €. Für die Finanzierung gibt es folgende Möglichkeiten:

(1) Jung hat 2.000,- € Eigenmittel verfügbar, die er alternativ zu 5% Zinsertrag anlegen könnte.
(2) Die Sparkasse würde ihm einen Kredit über 4.000,- € zu 12% p.a. Tilgung in zwei Raten geben.
(3) Der Onkel ist bereit, 4.000,- € gegen Tilgung en bloc in t_2 und gegen eine Gewinnbeteiligung in Höhe von 50% zu geben.

Die Aufgaben der Abschnitte C.42 und C.43 enthielten die Rangreihenfolge „Fremdkapital vor Eigenkapital". Die obige Finanzierungs-Alternative (3) fügt nun das Problem der Verteilung des Brutto-Gewinnes auf zwei mit Eigenkapital-Einsatz Beteiligte hinzu.

Wir behandeln die Aufgabe mit den vier Fragen a) bis d) und beginnen mit bereits Bekanntem:

a) Kann man die Vorteilhaftigkeit der Investition mit ihrem Anschaffungspreis von 6.000,- € mittels Abzinsen errechnen? Diese Frage ist zu verneinen als Folge aus der gemischten Finanzierung. Die den Kaufpreis finanzierenden Kapitalparten führen zu einer Rangreihenfolge für die Verteilung des Brutto-Gewinnes und verhindern deshalb die Existenz eines auf die 6.000,- bezogenen einheitlichen Abzinsungssatzes.

b) Lohnt die Investition für den Investor Jung? Diese Frage wird zumindest schon von A(2) gegenüber A(1) bejaht:
Zu A(1): Als Sparanlage sind die 2.000,- per t_2 bei 5% p.a. auf 2.205,- angewachsen. Kapital-Ertrag und Überschuss betragen 205,-.
Zu A(2): Wird die Investition gemischt finanziert, dann sind in t_1 2.480,- an die Sparkasse für Verzinsung und Teil-Tilgung zu zahlen. In t_2 bleiben von dem Einnahmenüberschuss von 5.000,- nach Verzinsung und Tilgung in Höhe von 2.240,- noch 2.760,- für den Investor. Kapital-Ertrag und Überschuss betragen 760,-.
Zu A(3): Der Einnahmeüberschuss von t_1 ergibt per t_2 2.604,-, so dass gesamt 7.604,- zu verteilen sind.
Aber wie?

c) Soll Jung den Kredit von der Sparkasse oder vom Onkel nehmen? Dazu können wir zwei rechnerische Vorgehensweisen unterscheiden:
1) Die Gewinnbeteiligung setzt die Ermittlung des Gewinns voraus. Damit wird der rechnerische Aspekt betont. Die 7.604,- in t_2 werden als Ertrag verstanden, dem noch der zugehörige Aufwand gegenüberzustellen ist. Das sind infolge des Anschaffungspreises von 6.000,- der Abschreibungsaufwand von 6.000,-. Der Gewinn beträgt somit 1.604,- und ist wie vereinbart hälftig mit je 802,- zu verteilen. Das ist für den Investor Jung gegenüber den 760,- bei A(2) etwas günstiger.

2) Betont man hingegen den finanzwirtschaftlichen Aspekt, dann hat der Neffe 2.000,- und der Onkel 4.000,- eingesetzt gegenüber der Brutto-Verteilungsgröße von 7.604,- in t_2. Die Kürzung um beide Einsätze – und nicht nur um die 4.000,- des Onkels! – ergibt den Überschuss mit 1.604,-, der hälftig zu verteilen ist. Jung erhält 2.802,- und der Onkel 4.802,- Geldeinheiten.

d) Ist das Angebot des Onkels ökonomisch fair oder würden Sie als Neffe das anders sehen?

Der Kapitaleinsatz ist ungleich zu lasten des Onkels, während der Überschuss zu gleichen Teilen verteilt wird. Das Angebot ist – so gesehen – also fair. Die Verteilung eines möglichen Verlustes ist nicht geregelt. Die sehr übliche Verteilung nach dem Kapitaleinsatz würde angesichts der hälftigen Gewinnverteilung das Risiko zum Nachteil des Onkels verschieben. Bei A(2) hätte der Neffe das volle Verlustrisiko zu tragen bei einem mit 760,- zudem geringeren erwarteten Gewinn.

Andererseits ist zu bedenken, dass der Neffe den mit der Investition verbundenen Arbeitseinsatz erbringt, ohne dass eine Vorab-Vergütung dafür erwähnt ist.

Das kleine Beispiel bringt also die drei Funktionen des typischen Unternehmers zur Sprache:

(1) Eigenkapital-Einsatz, (2) Risiko-Übernahme und (3) Unternehmer-Arbeitseinsatz.

Mit dem Onkel wird daraus ein „Wirtschaften auf gemeinsame Rechnung". Angesichts der ungleichen Verteilung der drei Funktionen auf die beiden Beteiligten entsteht das Problem, im Voraus die Verteilung von Gewinn und Verlust zu regeln. Diese Aufgabe wird noch schwieriger, wenn die über die (Bilanz-)Verluste hinausgehende – und nicht etwa damit identische – persönliche Haftung hinzukommt. In diese ist der Onkel geraten, wenn man die Vereinbarung zwischen den beiden nicht als typische stille Gesellschaft beurteilt, sondern als Gesellschaft des bürgerlichen Rechtes.

Die Rangreihenfolge „Fremdkapital vor Eigenkapital" – trotz $i_{FK} < i_{EK}$ – auch in der Investitions- und Finanzierungs-Rechnung setzt sich bei einem Wirtschaften auf gemeinsame Rechnung für mehrere Beteiligte in der Frage fort, wie der Brutto-Erfolg zu verteilen ist; dabei muss die Möglichkeit, dass der Jahresabschluss einen Verlust ausweist, symmetrisch berücksichtigt werden.

1. Das Entgelt für die Geschäftsführung hat Vorrang und verringert den Brutto-Erfolg bzw. erhöht den zu verteilenden Verlust.
2. An zweiter Stelle folgt das Eigenkapital mit Satz und Bemessungsgrundlage. Vom Konzept her wäre vom Marktwert des Eigenkapitals zu rechnen, praktisch wird man auf das Bilanz-Eigenkapital abstellen, das für jeden Beteiligten an einer Personengesellschaft geführt wird. Im Hinblick auf den Satz ist zwischen Verzinsung – dem Entgelt für die Stundungsleistung – und Risikoprämie zu unterscheiden, d.h. der Eigenkapitalkostensatz $i_{EK} = i_{FK} + \alpha$ wird seinen Komponenten entsprechend aufgeteilt: das Bilanz-Eigenkapital erhält ein Entgelt, das mit i_{FK} errechnet wurde.[26] Dies verringert ebenfalls den Brutto-Erfolg bzw. erhöht den zu verteilenden Verlust.
3. Das Entgelt für die persönliche Haftung, die bei der Kommanditgesellschaft bereits von der Rechtsstellung der Beteiligten her unterschiedlich ist und bei den persönlich haftenden Gesellschaftern von deren privaten Vermögen abhängt, verringert als „Haftungsprämie" den Brutto-Erfolg bzw. erhöht den zu verteilenden Verlust.

Der Ökonom berücksichtigt mithin vorab und mittels zumindest rechnerischem Entgelt (1) den Arbeitseinsatz, (2) den Kapitaleinsatz mit nur dem risikofreien Satz gleich i_{FK} und (3) die persönliche Haftung.

Der nach (1) bis (3) verbliebene Netto-Erfolg steht als realisierte Risikoprämie dem um (1) bis (3) erhöhten Bilanz-Verlust als dem eingetretenen Risiko im anderen Fall gegenüber. Sowohl die residuale Erfolgsgröße wie anderenfalls der ökonomische Verlust sind auf die Bilanz-Eigenkapitalparten nach deren Beträge auf die Beteiligten zu verteilen; vgl. die Rechnungen im Abschnitt B.24.

Das „Wirtschaften auf gemeinsame Rechnung" ist dem Zivil- und Personengesellschaftsrecht ebenso unbekannt wie funktionale Verteilungsregeln des so erwirtschafteten Brutto-Erfolges.

---

[26] Das negative Bilanz-Eigenkapitalkonto wird analog zu Lasten dieses Gesellschafters mit dem Satz von i_{FK} verzinst gerechnet. Diese „Verzinsung" gehört zur Gewinnverteilung und ist deshalb erfolgsneutral mit Konto „Privatentnahme an Konto Brutto-Erfolg" zu buchen. Das Finanzamt wollte die Verzinsung des negativen Eigenkapitalkontos an Ertrag verbuchen! – vgl. Urteil des BFH vom 4.5.2000 – IV R 16/99 – BStBl. II 2001, S. 171.

C.45 Rückblick

Er ist eine Zusammenfassung in Stichworten:

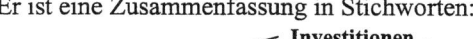

Investitionen

(10) Vorgang der Kapital-Einbindung

Die Investitions-Entscheidung in der Unternehmung U_j: die vorausgehende Rechenaufgabe „lohnt es"?
Inv.-Rechnen zur Ermittlung der Vorteilhaftigkeit einzelner Investitions-Möglichkeiten

(11) Interner Zinsfuß ⟶

(12) Endwert-Rechnung ⟶

(13) Kapitalwert-Methode ⟶

(14) Rechnen bei gemischter Finanzierung ⟶

(15) Rechnen mit dem durchschnittlichen Kapitalkostensatz; vgl. C.50

(20) Zustand der Kapital-Bindung

ein Geldbetrag ist über die Zeit – hier: aktivisch – gebunden

(21) der Kapitalertragssatz: der interne Zinsfuß r als Ertragssatz bzw. die Rendite $r_\varnothing$ aus der Zusammenfassung von Primär- und Ergänzungs-Investitionen

(22) das Endvermögen als das finanzwirtschaftliche Ergebnis aus der Primär- und den Ergänzungs-Investitionen per t_n

(23) die Kapitalkosten vom Ertragswert EW_0 (dann EW_t) der Investitionsmöglichkeit

(24) der Vorteil wird für die eingesetzten Eigenmittel errechnet

(25) der Vorteil wird isoliert von der fallweisen Finanzierung und von den Alternativen der investiven Geldverwendung errechnet

(30) Vorgang der Kapital-Freisetzung

die Freisetzungsrechnung setzt die Periodenüberschüsse/die finanzwirtschaftlichen Deckungsbeiträge zwecks Zerlegung ein; dafür ist maßgebend:

(31) das Rechenverfahren
(32) der Kapitalbindungsbetrag A_0 oder EW_0 (jeweils in Fortrechnung mit A_t bzw. EW_t)
(33) der Zinssatz für die Zerlegung der Periodenüberschüsse in zwei bzw. drei Parten:
 a) die jeweilige Rückgewinnung
  = Amortisation
  = Freisetzung
 b) die Verzinsung
  = Kapital-Einkunft
 c) gegebenenfalls der realisierte Teil (bzw. das Gesamt) der Unternehmer-Einkunft

Verknüpfung mit theoretisch verschieden möglichen Marktverfassungen für die unternehmerischen Investitions- und Finanzierungs-Entscheidungen:

a) bei vollkommenem Kapitalmarkt → C.33 mit $i_S = i_H$; d.h.: keine Transaktionskosten (keine Banken, keine Steuern);

b) bei vollkommenem Kapitalmarkt unter Unsicherheit mit $i_{EK} > i_{FK}$ → C.34 und C.35 sowie die Risikotheorie von Modigliani und Miller (AER 1958) → B.50

c) bei unvollkommenem Kapitalmarkt unter Unsicherheit mit $i_S > i_H$ und $i_{EK} > i_{FK}$ folgt **entweder** gemischte Finanzierung der Investitionsausgabe A_o→ C.42 und C.43:

⇒ eine situative Betrachtung von Investitions- und Finanzierungs-Entscheidung mit zurechenbaren Finanzierungs- bzw. Entfinanzierungsbeträgen, Reihenfolgen bei der Rückzahlung und Rückzahlungsbedingungen

⇒ der Kapitalwert des Investitionsobjekts lässt sich nicht mehr errechnen!

⇒ endogene, periodenverbundene und relevante Kalkulationszinssätze sind erst zugleich mit der Lösung bekannt → C.43.4,

oder

d) unter Abschneiden von allen situativen Gegebenheiten das Rechnen mit dem Durchschnittssatz der Kapitalkosten und entsprechend der Kapitalbindung durch das Investitionsobjekt → C.50.

Die Abschnitte C.42 und C.43 stellen auf die zu einer Investitionsmöglichkeit im Einzelfall gegebenen Finanzierungssituation ab. Wie die Rechenbeispiele zeigen, unterstellen wir damit – anders formuliert – verknüpfte Investitions- und Finanzierungsaktivitäten zumindest im Wege der Zurechnung der Finanzierungsparten. Die Folge ist „gemischte Finanzierung" der Investitionsausgabe, die es verhindert, den Kapitalwert der Investition zu ermitteln. Stattdessen wird die Vorteilhaftigkeit der Investitionsmöglichkeit für die residuale Kapitalparte ermittelt. Wir müssen bei gemischter Finanzierung also eine Rangreihenfolge für die Kapitalzurückzahlung einfügen einschließlich der Zins- und Tilgungsmodalitäten der vorrangigen Kapitalparten. Allerdings erweist sich die ermittelte Vorteilsgröße (C.43.4) als abhängig vom Zeitpunkt der gewünschten Disposition für die private Verwendung. Mit anderen Worten: die gemischte Finanzierung in der fallweisen Entscheidungssituation beendet die Möglichkeit, mit vorgegebenen Kalkulationszinssätzen abzuzinsen. Sie sind erst zugleich mit der Lösung bekannt und können deshalb keine Hilfe sein, sie zu ermitteln. C.43.5 zeigt dann eine Vorteilhaftigkeitsrechnung, die den Eigenkapitalkostensatz auf den Ertragswert des Eigenkapitals bezieht. Dazu muss jedoch zuvor der Kapitalwert schon errechnet worden sein.

C.50 Die Vorteilhaftigkeit einer Investition auf der Grundlage der durchschnittlichen Kapitalkosten

Diese Sicht- und Vorgehensweise stellt darauf ab, dass die Finanzierungs- und Investitionsentscheidungen **unabhängig** voneinander erfolgen, d.h. dass sie sachlich, zeitlich und betragsmäßig auseinanderfallen.

Wie bei einem Rohstofflager mit laufendem Abgang und laufendem Zugang zu unterschiedlichen Einkaufspreisen ein durchschnittlicher oder anders errechneter Verrechnungskostenbetrag für den Lagerabgang festgesetzt wird, so wird auch für die Finanzierung verfahren.

Sowohl die Kostenunterschiede bei Fremdkapitalaufnahmen bzw. bei Eigenkapitalerhöhungen im Zeitablauf als auch die risikobedingten Kapitalkosten-Unterschiede zwischen Eigen- und Fremdkapital (mit $i_{EK} > i_{FK}$) werden zu einem durchschnittlichen Kapitalkostensatz $i_\varnothing$ umgerechnet. Dieser wird für die Investitionsrechnung verwendet, d.h. für die einzelne Investitionsmöglichkeit. Damit schneidet die Ermittlung ihrer Vorteilhaftigkeit bewusst von der fallweisen Finanzierungssituation – wie in C.43 dargestellt - ab. Folglich eng verbunden ist ein zweiter Aspekt dieser Vorgehensweise: die Kapitalkosten werden nachdrücklich als Folge der Kapitalbindung durch die betrachtete Investitionsmöglichkeit verstanden. Folglich wird unterschieden zwischen den partenweisen Kapitalkosten der Unternehmung infolge der Hereinnahme von Eigen- und Fremdkapital – im Sinne von Bereitschaftskosten der erlangten Verfügbarkeit über Geld – einerseits und den Kapitalkosten des einzelnen Investitionsobjekts – im Sinne der **Kosten infolge der Inanspruchnahme**, analog zu den „Nutzkosten" der Kostenrechnung – andererseits.

Das Verwenden eines durchschnittlichen Kapitalkostensatzes (1) trennt für die Investitionsrechnung zwischen Finanzierungs- und Investitionsentscheidungen. Das Berechnen der Kapitalkosten entsprechend der Kapitalbindung durch das Investitionsobjekt (2) isoliert für die Investitionsrechnung von den anderen Investitionsmöglichkeiten. Auf dieser konzeptionellen Grundlage sind die Investitionsmöglichkeiten vergleichbar und die Auswahl-Entscheidung zwischen ökonomischen Alternativen anhand des Kapitalwerts ist zutreffend. Das setzt voraus, dass für die Unternehmung die Knappheit des Kapitals ausschließlich durch die externen Kostensätze des Kapitals repräsentiert wird und keine höhere interne Knappheit einen dem gegenüber höheren – und im voraus unbekannten – Kalkulationszinssatz erfordert.[27]

Die beiden Grundvorstellungen
der fallweisen Entscheidungssituation (C.41) versus
der langfristigen Finanzierungsplanung (C.50) prägen die Durchführung der zugehörigen Investitionsrechnung für anstehende Investitionsmöglichkeiten entscheidend.

Gegenüberstellung:

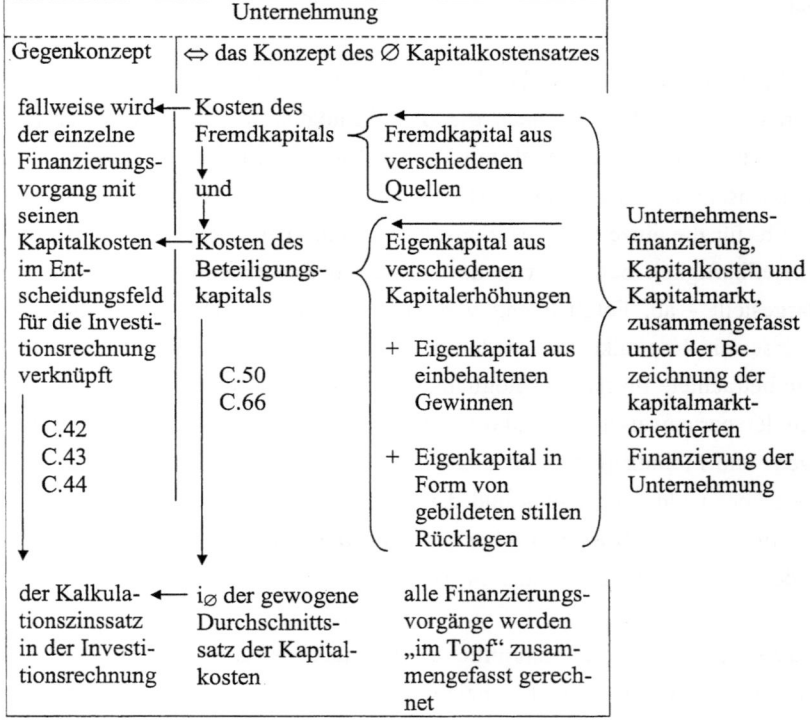

---

[27] Zur Ermittlung des gewogenen Durchschnittssatzes, bezogen auf die Marktwerte der Kapitalparten, vgl. z.B. Swoboda (1992) S. 60 f., S. 172-174.

Hinter dem Hinweis auf die Analogien zur Kostenrechnung verbirgt sich das übereinstimmende Problem, inwieweit das Rechnen für eine fallweise anstehende Entscheidungssituation von dieser oder aber von der langfristigen Unternehmensrechnung und -planung her bestimmt ist. Als das Verhältnis von Investitionsrechnung und Planungsrechnung wurde diese Frage für die Kostenrechnung anderen Orts behandelt.[28] Analog wäre für die Finanzwirtschaft das Verhältnis von langfristiger Finanzierungsplanung und fallweise anstehender Finanzierungsentscheidung in seiner Bedeutung für den Kapitalkostensatz für die Investitionsrechnung zu beurteilen. Das hier nur angedeutete Problem der durchschnittlichen Kapitalkosten als Ausfluss der langfristigen Finanzierungsplanung sollte jedoch als Gegenkonzept zu den vorangegangenen Abschnitten C.42 bis C.44 hervorgehoben werden. Dem Leser soll auf diese Weise verdeutlicht werden, dass die bevorzugte ad-hoc-Argumentation[29] – häufig zu unrecht mit der entscheidungsorientierten Betriebswirtschaftslehre gleichgesetzt – relativiert wird. In der jeweiligen langfristigen Planung/Teilbereich der Unternehmensplanung löst sich der Entscheidungsgehalt/die Entscheidungsrelevanz der einzelnen (hier: Finanzierungs-)Entscheidung mehr oder weniger auf. Das bedeutet zugleich, dass die rechnerische Erfassung der fallweisen (Finanzierungs-)Situation für die Investitionsrechnung anstehender Möglichkeiten an Gewicht verliert gegenüber den rechnerischen Vorgaben aus der langfristigen Finanzierungsplanung, komprimiert zum durchschnittlichen Kapitalkostensatz.

---

[28] Vgl. Lehmann/Moog (1996) S. 39-79, S. 445-472.
[29] Sie ist z.B. die Grundlage der Einzelkosten- und Deckungsbeitragsrechnung von Riebel (1994).

C.60 Zur Problemgeschichte der Finanzwirtschaft und der Investitions- und Finanzierungsrechnung

Eine Problemgeschichte ist eine Literaturgeschichte, die auf einen roten Faden hin (um-)geordnet wurde. Die Anregung dazu verdanke ich Reinhard H. Schmidt, der die Rolle der Informationen und Institutionen in der Finanztheorie verfolgt und damit zwangsläufig zu korrespondierenden Marktverfassungen verbindet.[30]

Analog wird nachfolgend die Problemgeschichte[31] der Investitions- und Finanzierungs**rechnungen** (IFR) konzipiert. Deren jede Phase ist ebenfalls mit einer bestimmten Vorstellung von den Beziehungen zum Kapitalmarkt verbunden. Weitergehend wird man aus der Sicht des Rechnens sagen dürfen, dass sich die deutschsprachige Literatur für eine jede Phase die Marktbeziehungen mehr oder weniger implizit und passend zurecht gelegt hat.

Eine Investitions-Entscheidung setzt eine Vorstellung über die Vorteilhaftigkeit der betrachteten Investitionsmöglichkeit voraus. Daraus ergab sich, dass der Teil C. überwiegend die Probleme der Investitions-Rechnungen bzw. der Investitions- und Finanzierungsrechnungen (IFR) behandelte.

Bei den Verfahren der IFR kann man jeweils „Zähler" und „Nenner" unterscheiden. Der „Zähler" gibt die mit dem Investitionsobjekt verbundenen Zahlungen bzw. Zahlungssalden an:
(1) die Anschaffungsausgabe (A_o),
(2) die Periodenüberschüsse ($PÜ_t$ oder DB_t), die im Zeitablauf aus dem erwerbswirtschaftlichen Einsatz des Investitionsobjekts direkt als Einzahlungen oder mittelbar als Einzahlungssalden resultieren, und schließlich

---

[30] Schmidt (1979) S. 28-30. Schmidt (1983b, S. 469-486) unterscheidet vier Problemphasen:
1. Finanzwirtschaftslehre als Kunstlehre
2. Interdependenz und Simultanplanung
3. Finanztheorie und Kapitalmarktgleichgewicht
4. Finanztheorie und Neoinstitutionalismus.
Auch Krahnen, DBW 1993, beschreibt die Finanzwirtschaftslehre als einen Ablauf in vier Phasen, die als Wechsel der Perspektive zwischen Institutionenlehre und Marktökonomie beschrieben werden.

[31] Zur Geschichte der Finanzwirtschaftslehre vgl. Breuer (1999) mit der Unterteilung in Finanzierungstheorie und Investitionstheorie.

(3) der Erlös aus der Liquidation des Investitionsobjekts.
Diese Zahlungen bilden eine zeitlich-betragsmäßige Struktur, die zwar das Investitionsobjekt auf diese Weise beschreibt, jedoch „unhandlich" ist.

Schwerwiegender sind die Folgen, wenn mehrere Investitionsmöglichkeiten hinsichtlich ihrer Vorteilhaftigkeit verglichen werden sollen, weil entweder die Objekte im substitutiven Verhältnis zu einander stehen und sich deshalb „technisch" gegenseitig ausschließen oder weil die Mittel knapp sind und deshalb zur Auswahl bei additiv möglichen Investitionen zwingen. Das Stichwort „Vergleichbarkeit der Investitionsmöglichkeiten" verbindet sich so dem „Zähler" der Investitionsrechnung zu dem wichtigsten „Zählerproblem".

Der „Nenner" der IFR ist der Diskontierungsfaktor/der Abzinsungsfaktor, der den Kalkulationszinssatz einschließt. Die Erklärungen, warum was mit welchem Satz abzuzinsen ist, verbinden folglich das Stichwort „Abzinsen" mit dem „Nenner" der IFR zum kennzeichnenden „Nennerproblem".

Zur Struktur zusammengefasst:

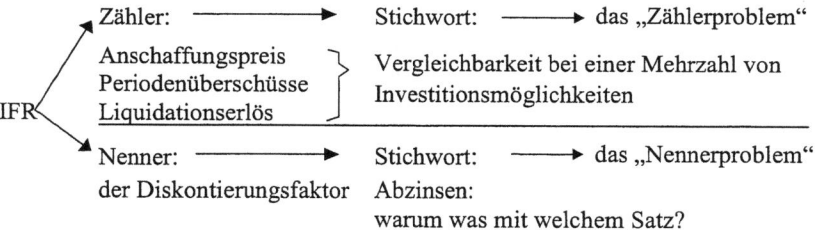

Zähler- und Nennerproblem, d.h. Vergleichbarkeit und Abzinsen lassen sich nicht isoliert von einander abhandeln. Dem stehen die Beziehungen zwischen ihnen entgegen, die wir in acht Phasen gegliedert und in der entsprechenden Abfolge der Abschnitte C.61 bis C.68 behandelt haben.

Die nachfolgende Problemgeschichte zur Investition und Finanzierung sowie zur IFR orientieren wir zwar am Nenner und skizzieren folglich eine „Problemgeschichte des Kalkulationszinssatzes", beachten jedoch jeweils das Problem „Vergleichbarkeit" und die Beziehung zwischen Zähler und Nenner.

C.61 Der Kalkulationszinssatz dient (nur) der Bewertung

Die zeitverschiedenen Zahlungen werden bei Existenz eines positiven Zinssatzes entsprechend ihrer zeitlichen Ferne bewertet = abgewertet = abgezinst. Der Zinssatz hat die Aufgabe, die zeitliche Dimension aus der zeitlich-betragsmäßigen Struktur der Zahlungen – dem Zähler – herauszuziehen und auf diese Weise die Verrechenbarkeit der zeitlich gleichnamig gemachten Zahlungsbeträge herzustellen, vgl. C.32. Der Kalkulationszinssatz – der Nenner – hat nichts mit der Finanzierung der Investition zu tun und repräsentiert deshalb nicht den Kapitalkostensatz. Er vertritt und verwirklicht lediglich und ausschließlich die Funktion der Bewertung der Zahlungen eines Investitionsobjekts wegen ihrer Zeitverschiedenheit. Die hergestellte Verrechenbarkeit lässt den Kapitalwert der Investitionsmöglichkeit ermitteln. Eine Mehrzahl von Investitionsmöglichkeiten lässt die Auswahl-Entscheidung anhand der Kapitalwerte zu. Das Problem der Vergleichbarkeit der Handlungsmöglichkeiten stellt sich bei diesem Verständnis nicht.

C.62 Der Kalkulationszinssatz vertritt die Finanzierung unter der Annahme, dass es nur eine Kategorie der Kapitalfinanzierung gibt

Per Annahme existieren Eigen- bzw. Fremdkapital nicht als rechts- und risikoverschiedene Formen der Kapitalfinanzierung. Diese Situation kennzeichnen wir deshalb kurzerhand mit der Gleichheit der beiden Kosten- (bzw. Ertrags-)Sätze: $i_{EK} = i_{FK} = i_m$.

Die Annahme des vollkommenen Marktes beziehen wir hinzukommend auf das Fehlen von Transaktionskosten. Die häufig dem (un-)vollkommenem Markt gleichfalls zugeordnete Informations(un)vollkommenheit bleibt bei uns davon abgetrennt und eigenständig unter dem Aspekt der Informations(in)effizienz des Marktes. „Fehlende Transaktionskosten" werden zu der Erklärung ausgewertet, dass man zu dem betragsgleichen Soll-Zinssatz i_S Geld direkt vom Kapitalmarkt erhalten könne wie der Ertrags-Zinssatz/der Haben-Zinssatz i_H bei Anlage von Geld auf dem Kapitalmarkt ausmacht; zusammengefasst mit Kurz-Kennzeichnung $i_S = i_H$. Die Aufnahme von Kapital ist lediglich durch den Ertragswert der investiven Verwendung der Mittel begrenzt.

C.62 Der Kalkulationszinssatz vertritt die Finanzierung

Die zweite Problem-Phase – häufig zum „vollkommenen Kapitalmarkt unter Sicherheit" verfremdet[32] – können wir zusammenfassend kennzeichnen:

$$i_m = i_S = i_H = i_{EK} = i_{FK}.$$

In dem einheitlichen Zinssatz i_m fallen die Bewertungsfunktion und die Kapitalkostenfunktion des Kalkulationszinssatzes zusammen. Anders formuliert: man trennt die beiden Funktionen nicht, weil ihr Unterschied ohne ökonomischen Belang wäre.

Wegen der Konstellation $i_S = i_H$ entsteht das Zählerproblem „Vergleichbarkeit" bei einer Mehrzahl von Investitionsmöglichkeiten nicht: der Kapitalwert ist das zutreffende Vorteilhaftigkeitskriterium und unbeeinflusst davon, ob man die Ergänzungs-Investitionen in das Rechenverfahren „Kapitalwert-Ermittlung" einbezogen versteht[33] oder nicht.[34] Die beschriebenen Finanzierungsmöglichkeiten erübrigen auch die Unterscheidung zwischen dem Kapitalwert

(1) als bloßer Rechengröße hinsichtlich der Vorteilhaftigkeit der betrachteten Investitionsmöglichkeit,
(2) als Barwert der zusätzlichen und erst zukünftigen Unternehmer-/Investor-Einkunft aus der Investition,
(3) als bereits in t_0 finanziell verfügbare Einkunft, und
(4) als auch tatsächlich in t_0 für private Zwecke verfügtes Investor-Einkommen; vgl. C.33.

Ebenso ist die Unterscheidung zwischen der Finanzierung der Unternehmung und der Finanzierung der Anschaffungsausgabe für eine Investition ohne ökonomischen Belang.

Zusammengefasst: Die Annahme der Existenz nur einer Kategorie der Kapitalfinanzierung und die Vorgabe des vollkommenen Kapitalmarktes lassen die Probleme der Vergleichbarkeit und der Finanzierung nicht aufkommen wegen des einheitlichen Zinssatzes i_m. Neben der Bewertung der zeitverschiedenen Zahlungen repräsentiert er auch die Kosten des Kapitals, ohne deshalb seitens der Finanzierung der möglichen Investitionen Schwierigkeiten in die Ökonomie oder in das Rechnen einzubringen.

---

[32] Die rechtlich konzipierte Unsicherheit mit $i_{EK} > i_{FK}$ einerseits und die marktwirksame Unvollkommenheit mit $i_s > i_H$ andererseits sind zweierlei.
[33] So die Literatur; vgl. z.B. Schulte (1986) S. 69 f., S. 119; Schneider (1992) S. 77; Franke/Hax (1999) S. 167.
[34] So der Verfasser.

Man könnte umgekehrt formulieren: um eine elegante finanzmathematische Investitionsrechnung durchführen (bzw. vorführen) zu können, wird der ökonomischen Wirklichkeit Gewalt angetan!

Die amerikanische Literatur hat (1958) die Investitions- und Finanzierungstheorie bei Unsicherheit mit der Existenz von Eigen- und Fremdkapital bei vollkommenem Kapitalmarkt[35] begründet. Die deutschsprachige Literatur hingegen hat die Vollkommenheit des Kapitalmarktes abbedungen. Daraus folgte eine undurchsichtige Mischung von Realität und Rechnen, wie die 3. und 4. Problemphase zeigen. Unserer Einteilung folgend, wendet sich die angloamerikanische Literatur dem Nennerproblem „Kalkulationszinssatz" mit $i_{EK} > i_{FK}$ zu und die deutsche Literatur dem Zähler „Vergleichbarkeit" mit $i_S > i_H$.

C.63 Der Habenzinssatz als Kalkulationszinssatz

Diese Überschrift ist lediglich der ungenaue Kern und sie nennt weder die Unvollkommenheit des Kapitalmarktes noch die Vergleichbarkeit der Investitions-Alternativen.

Als erster Schritt ist der Habenzinssatz i_H im Rahmen der 3. Problem-Phase zu erklären. Er bezeichnet einen Ertragssatz im Unternehmensbereich, und zwar hier – unter der Vorgabe reichlich vorhandener Finanzmittel – deren Verwendung für eine Finanzanlage, die i_H realisiert. Ökonomisch handelt es sich um die finanz-investive Grenz-Verwendung von Mitteln im Unternehmen, deren Ertragssatz schon deshalb gering ist.

Diese finanz-investive Grenzverwendungsmöglichkeit würde daher gar nicht relevant werden, wenn man nicht die „Tilgungsrestriktion" als Vorgabe hinzufügen würde. Sie besagt, dass die Möglichkeit nicht besteht, Eigen- oder/und Fremdkapital zurückzuzahlen und dementsprechend künftig Kapitalkosten einzusparen. Behalten wir von C.62 her die Annahme $i_S = i_{EK} = i_{FK}$ bei. Der mit $i_H < i_S$ beschriebene unvollkommene Kapitalmarkt (infolge der Existenz von Transaktionskosten) wird mithin in der 3. Problem-Phase gewissermaßen durchgeschnitten mittels der Annahme, dass Kapital

---

[35] D.h. keine Transaktionskosten und differenzierenden Steuern einerseits und angenommene Informations-Effizienz andererseits.

nicht zurückgezahlt werden kann; vgl. C.20. Die so abbedungene „Ent-Finanzierung" schaltet die Funktionsfähigkeit des (unvollkommenen) Kapitalmarktes und die Relevanz von i_S für die Investitionsrechnung aus. Das Kapital ist bildlich gesprochen in die Unternehmung eingesperrt.

Infolgedessen wird i_H als Ertragssatz der ungünstigsten Geldverwendung zum Opportunitätskostensatz günstigerer Investitionsmöglichkeiten und so zum Kalkulationszinssatz der Investitionsrechnung (= 1. Identifikation).

Diese bereits eigenartige, wenn nicht willkürliche Szenerie wird zum Unsinn fortgesetzt, wenn i_H zum Eigenkapitalkostensatz i_{EK} weitergedeutet wird: $i_H \equiv i_{EK}$ als 2. Identifikation . Diese Spezifikation hat unter der Hand die „Unsicherheit" zugelassen mit typischerweise $i_{EK} > i_{FK}$. Mit den vorausgegangenen Identifikationen folgt zusammengefasst jedoch $i_{EK} \equiv i_H < i_S \equiv i_{FK}$.[36] Umfangreiche Literatur zur Investitionsrechnung stellt auf die 1. Identifikation ab, ohne deren ökonomische Abwegigkeit zu erkennen; die 2. Identifikation sowie die 3. Identifikation mit $i_S \equiv i_{FK}$ sind dann die zwangsläufige Folge der ersten und verquicken ersichtlich i_S als Merkmal des unvollkommenen Kapitalmarktes mit i_{FK} als Merkmal des Marktes bei Unsicherheit.

C.64 Der unvollkommene Kapitalmarkt als Ursache des Zählerproblems „Vergleichbarkeit"

Mit dieser 4. Problem-Phase wird erstmals das Nebeneinander der unterschiedlichen Sätze i_H und i_S angesprochen. Der Ertragssatz i_H wird wie bei C.63 mit der finanzinvestiven Verwendung der sogenannten differentiellen Mittel verbunden: Bei einer Mehrzahl von Investitionsmöglichkeiten gibt es

a) Differenzen bei den Anschaffungspreisen,
b) Unterschiede bei den Periodenüberschüssen, und
c) Differenzen bei den Nutzungsdauern.

Das Postulat der Vergleichbarkeit verlange die Vereinheitlichung durch ausdrücklichen Ausgleich dieser Differenzen mit Hilfe der sogenannten Supplement- oder Ergänzungs-Investitionen. Sie werden mit dem relativ niedrigen Ertragssatz i_H lückenfüllend eingefügt.

---

[36] Vgl. z.B. nur Schulte (1986) S. 43, S. 46-51.

Das auf diese Weise für alle Investitionsmöglichkeiten „gleichnamig" gemachte Rechenfeld fasst folglich (1) Kapitaleinbindung, (2) Kapitalbindung über die Zeit und (3) Kapitalfreisetzung der eigentlich interessierenden Primär-Investition mit den sekundären Finanz-Investitionen zusammen. Folglich wird nicht (mehr) die Vorteilhaftigkeit der betrachteten (Primär-)Investition anhand des Kapitalwerts (per t_o) ermittelt, sondern die Vorteilhaftigkeit mit Hilfe des Endvermögens (per t_n) für das nach a) bis c) festgelegte Investitionsbündel (= für den betrachteten investiven Erwerbsbereich); vgl. C.22.

Der Soll-Zinssatz i_S steht für den Kapitalkostensatz, wobei die Unterscheidung zwischen Eigen- und Fremdkapital entweder unterbleibt oder i_S einseitig mit Fremdkapital verknüpft wird. Dabei geht es ersichtlich nur um vorhandenes oder zusätzlich in Anspruch genommenes Fremdkapital. Die Rückzahlung von Fremdkapital ist gemäß der jeweiligen Tilgungsregel möglich.

Ersichtlich ist die 4. Phase vom Problem „Vergleichbarkeit" her entwickelt, ohne nachvollziehbar von der Unternehmens- und Investitionsobjekt-Finanzierung her fundiert zu sein. Zu den drei üblichen Rechenverfahren (Kapitalwert, Gewinn-Annuität und interner Zinsfuß) entstand seit der Arbeit von M. Heister (1962) eine umfangreiche Literatur. Sie unterschied nicht einmal einerseits die Eigenschaften des jeweiligen Rechenverfahrens von andererseits den Annahmen, die ein Akteur unbewusst vorgibt, wenn er die Auswahl-Entscheidung zwischen mehreren sich ausschließenden Investitionsmöglichkeiten aufgrund der Rechenergebnisse nach dem einen oder dem anderen Verfahren trifft. So streuen die Aussagen z.B. zum Verfahren „interner Zinsfuß" wie folgt:

(1) das Rechenverfahren ermittelt nur den Ertragssatz r der aktivischen Kapitalbindung vorhandener Mittel, bei dem der Kapitalwert der Primär-Investition Null ist;

(2) das Rechenverfahren führt nur zu vergleichbaren Ertragszinssätzen, wenn die Ergänzungs-Investitionen mit ihren Ertragssätzen mitberücksichtigt werden, so dass $r_\emptyset$ für das umfassendere Engagement als Entscheidungskriterium resultiert (vgl. C.23.2);

(3) nicht das Rechenverfahren, sondern der Entscheider unterstellt, dass sich die Ergänzungs-Investitionen ebenfalls mit dem (erst noch gesuchten) internen Zins-

satz r der Primär-Investition rentieren, wenn er die Auswahl-Entscheidung anhand der internen Zinsfüße (r) der Objekte trifft.[37]

Wir sprechen nachfolgend von den **drei Arten (1) bis (3) des Verständnisses der Rechenverfahren** „interner Zinsfuß" bzw. „Ermittlung des Kapitalwerts". Zusammenfassend wäre festzuhalten, dass die mit Hilfe von Ergänzungs-Investitionen zu i_H hergestellte Vergleichbarkeit weder von diesem niedrigen finanzinvestiven Ertragssatz i_H her überzeugt noch von der vorgegebenen Nicht-Zurückzahlbarkeit von Fremd- und Eigenkapital. Die so einsparbaren Kapitalkosten wären immer $i_{S(EK)} > i_{S(FK)} > i_H$.

Die deutsche Literatur feiert das Ergebnis als „Methode des vollständigen Finanzplans".[38] Betonung und Orientierung an den Verfahren der Investitionsrechnung hatten zur Folge, dass mittels Annahmen die Finanzierung und damit die Realökonomie dem Rechnen angepasst und entsprechend geformt (bzw. deformiert) wurde.

Die mit der 4. Problemphase postulierte Vergleichbarkeit erweitert den „Zähler" der IFR um die mit den Ergänzungs-Investitionen verbundenen Zahlungen. Auf den ersten Blick scheint damit das „Zählerproblem" gelöst. Bei genauerem Hinsehen allerdings ist das finanzinvestive Auffüllen der Differenzen mit dem Ertragssatz i_H – also das Verständnis des Rechenverfahrens nach zuvor (2) – eine Verschlimmbesserung gegenüber dem Verständnis nach (1). Dieses **rechnet nur die Kapitalbindung durch die Primär-Investition** als kapitalkostend im Sinne der Kapital-Inanspruchnahme (Abschnitte C.34.1 und C.35.1: der Kapitalwert) bzw. als kapitalertrag-bringend (vgl. C.23: der interne Zinsfuß).

Was bei unterschiedlichen Anschaffungspreisen mit dem differentiell nicht in Anspruch genommenen Kapital bzw. mit den zwischenzeitlich erzielten Periodenüberschüssen geschieht, interessiert bei dem Verständnis der Rechenverfahren nach (1) nicht. Knapp formuliert, steht (1) für das ökonomische Prinzip der Inanspruchnahme von Ressourcen – hier in Form der Bindung von Kapital durch die Primär-Investition. Die „Inanspruchnahme" ist die Grundlage der Kostenrechnung, die mit „Nutzkosten" rechnet, während die Gegenmeinung bereits die Bereitschaft/die Nutzungsmöglichkeit in die Kostenrechnung einbringt, um mit „Bereitschaftskosten" zu rechnen, was das

---

[37] Zu (1) bis (3) vgl. Schulte (1986) S. 93-96, S. 124-130.
[38] Vgl. z.B. Schulte (1986) S. 43, 46, 115; Götze (1998) S. 19-24.

Problem der (unzulässigen?) Schlüsselung von Gemeinkosten nach sich zieht. Nicht die alternativen Prinzipien „Inanspruchnahme" und „Bereitschaft" werden erörtert, sondern deren Ausprägungsformen in der (Kosten-) Rechnung mit Vollkosten- versus Einzelkosten-Rechnung.

Gleicherweise werden für die Investitionsrechnung **nicht** die gegensätzlichen Prinzipien „kostende Kapitalbindung durch das einzelne Investitionsobjekt" **versus** „ertragsmäßige Vergleichbarkeit der Kapitalbindung für die Handlungsmöglichkeiten" diskutiert, sobald die elegante Einheitlichkeit des Kalkulationszinssatzes $i_m (= i_S = i_H = i_{EK} = i_{FK})$ aufgegeben wird. Stattdessen **wird die „Vergleichbarkeit" vorgegeben**, um dann auf der Ebene der (Investitions-)Rechnung die Ergänzungs-Investitionen einzubringen und die Rechenergebnisse zu demonstrieren, die naheliegenderweise von denen abweichen, die auf der Grundlage der „kostenden Inanspruchnahme" im Verständnis zu (1) der Rechenverfahren ermittelt werden.

Die Berücksichtigung der Ergänzungs-Investitionen ersetzt – außerhalb der Annahme des einheitlichen Satzes i_m bei vollkommenem Kapitalmarkt – zwangsläufig die Ermittlung des Kapitalwertes der Primär-Investition durch die Ermittlung des Endvermögens aus dem erwerbswirtschaftlichen Kapitaleinsatz in dem nach a) bis c) bestimmten maximalen Umfang. Es werden Anfangs- und Endvermögen für die Investitionsperiode verglichen analog zum „Betriebsvermögensvergleich" des § 4 Abs. 1 Satz 1 EStG. Die Vermögensdifferenz wird als Vorteil der Investition bezeichnet, obgleich sie das vermischte Ergebnis aus der Sach- und den ergänzenden Finanz-Investitionen ist, das gegebenenfalls auch noch durch zwischenzeitliche Entnahmen bzw. Gewinnausschüttungen beeinflusst worden ist; vgl. C.22.1.

Wird so das Abzinsen zum Aufzinsen umgepolt, dann entfällt das „Nennerproblem" und die IFR reduziert sich zur ausschließlichen „Zählerrechnung" auf das Ende der (längsten) Nutzungsdauer hin.

C.64 Der unvollkommene Kapitalmarkt

Die zwei verschiedenen Sichtweisen/Prinzipien mit (01) und (02) sowie die zwei unterschiedlichen Verfassungen des Kapitalmarkts mit (10) und (20) führen zu der nachfolgenden Übersicht mit den vier Feldern (11) und (12) bzw. (21) und (22).

	(01) **Prinzip „Inanspruchnahme":** das mit der Primär-Investition **gebundene Kapital** (input- oder output-orientiert gerechnet) kostet bzw. bringt den Ertrag	(02) **Prinzip „Vergleichbarkeit":** die Auswahl zwischen Investitionsmöglichkeiten setzt ihre mit Hilfe der Ergänzungs-Investitionen vergleichbar gemachte Kapitalbindung voraus
(10) **Marktverfassung:** vollkommener Kapitalmarkt ($i_S = i_H$) bei nur einer Art der Kapitalfinanzierung ($i_{EK} = i_{FK} =)i_m$	(11) die Inanspruchnahme von Kapital (= die Kapitalbindung) durch die Primär-Investition verbindet sich mit dem Abzinsen zum Rechenverfahren nach Verständnis (1), um den Kapitalwert zu ermitteln	(12) die Ermittlung des Kapitalwerts sei eine vereinfachte Endvermögensrechnung (M. Heister (1962) S. 65); das Verständnis (2) des Rechenverfahrens wird vorgegeben
Blickrichtung des Rechnens	auf t_o zu: das Abzinsen verschluckt rechnerisch die zeitliche Dimension	auf t_n zu: das Aufzinsen füllt die explizierte zeitliche Dimension mit finanzinvestivem Geschehen
	Wegen $i_m = i_S = i_H$ sind die Ergebnisse zu (11) und (12) gleich und verdecken so den Unterschied zwischen den beiden Prinzipien (01) versus (02).[39] Weil diese nicht erkannt werden, entsteht der Streit mit den Auffassungen (1) versus (2), wie die Rechenverfahren zu verstehen seien.	
Vorteilhaftigkeit	Ertragswert (EW_o) > Anschaffungspreis (A_o) = Kapitalwert (C_o) > 0	die Endvermögensdifferenzen zwischen den Alternativen lassen sich zu den Kapitalwerten per t_o zeitlich transformieren durch Abzinsen mit $i_m (=i_S =i_H)$.

---

[39] Vgl. z.B. die Darstellung bei Schmidt/Terberger (1997) S. 135, S. 389. Nicht die Markt-Verschiedenheit von (10) versus (20) macht den relevanten Unterschied, sondern die Prinzipien (01) versus (02)!

(20) **Marktverfassung**: unvollkommener Kapitalmarkt ($i_S>i_H$) bei Unsicherheit ($i_{EK}>i_{FK}$)

(21) Die unterschiedlichen Sätze der Kapitalkosten betreffen vorab die Unternehmung als Bereitschaftskosten/Gemeinkosten. Über die Verbindung oder Zurechnung von Parten zur Finanzierung des Anschaffungspreises werden daraus Nutzkosten, die den Erfolg der Investitionsmöglichkeit beeinflussen. Die Klausel „Tilgung nach Möglichkeit" vereinfacht dieses Problem.

(22) Erst infolge der Satzdifferenzen erlangt die Endvermögensrechnung unter Betonung der Vergleichbarkeit eigenständige Bedeutung als Vorgehensweise in der IFR: die Investitionsmöglichkeit mit dem höchsten Anschaffungspreis einerseits und die mit der längsten Nutzungsdauer andererseits legen einen erwerbswirtschaftlichen Bereich und Zeitraum fest, der für alle Investitionsmöglichkeiten übereinstimmend ausgefüllt wird.

Vorgehen in der Investitions- und Finanzierungs-Rechnung (IFR)

Die fallweise Finanzierungssituation wird in die IFR übernommen: die Vorteilhaftigkeit einer Investitionsmöglichkeit wird anhand ihres umfassenderen Entscheidungsfeldes „Objektzahlungen und Finanzierungszahlungen" ermittelt; das Beispiel C.43.4 zeigt das Vorgehen, die Annahmen und die Probleme. Der „Unternehmergewinn" aus der Investition kann **nur endogen** auch als Entnahme berücksichtigt werden; vgl. dann C.67 und C.68.

Die Endvermögensrechnung umfasst folglich die Zahlungen der Primär-Investition und die der Supplement-Investitionen und verbindet das realinvestive mit dem finanzinvestiven Geschehen zum Endvermögen per t_n; im Ergebnis wird für alle Investitionsmöglichkeiten mit dem gleichen Betrag an gebundenem Kapital bis t_n einschließlich der zwischenzeitlichen Einzahlungen gerechnet, während keine (bzw. nur identische) Kapital- oder Gewinnauszahlungen zugelassen werden. Für die IFR resultiert das von uns so bezeichnete geschlossene Rechenfeld".

Fazit: Erst die zutreffende Rechnung der Beträge der Eigenkapitalkosten vom Ertragswert des Eigenkapitals und eingebracht in die Amortisationsrechnung vom Anschaffungspreis ausgehend beweist, dass der Betrag des Kapitalwerts die rein rechnerische und deshalb zeitpunkt-unabhängige Erfolgsgröße der Investitionsmöglichkeit angibt; vgl. C.35.2 und C.43.5.

C.65 Der unsichere Kapitalmarkt

Die angloamerikanische Literatur begann umgekehrt mit der Finanzierung mittels handelbarer Wertpapiere über Eigen- bzw. Fremdkapitalansprüche. „Finanzierung" in diesem marktbezogenen Sinne meint die Beziehungen, insbesondere Zahlungen zwischen der Unternehmung und den Kapitalgebern/dem Kapitalmarkt (vgl. Abschnitt B.17). Einbezogen sind damit die Rückzahlungen von Eigen- bzw. von Fremdkapital. Für die Investitionsrechnung hat das zur Folge, dass die Kapitalkosten ausschließlich mit der Kapitalbindung durch die (Primär-) Investition verknüpft sind. Die aus den Periodenüberschüssen errechnete Freisetzung des Kapitals **beendet entsprechende kostende Kapitalbindung**. Der Verbleib des je t freigesetzten Kapitalbetrages ist ohne Belang für die Ermittlung der Vorteilhaftigkeit der (Primär-)Investition und wird realökonomisch als „Rückgabe" der Mittel aus der Investition jedenfalls an den allgemeinen Unternehmensbereich oder darüber hinausgehend als Rückzahlung der Mittel an die Kapitalgeber erklärt.[40]

Die Belastung des Investitionsvorhabens mit Kapitalkosten nur entsprechend der Inanspruchnahme/der Bindung von Kapital entspricht dem kostenrechnerischen Denken, wenn es auf Verbrauch/Gebrauch/Nutzung von Faktoren abstellt.

Ebenfalls dem kostenrechnerischen Denken der Verdurchschnittlichung verbunden ist die Theorie von Modigliani/Miller von 1958 – nachfolgend C.66 –, während die deutsche Literatur die simultane Rechentechnik mit der fallweisen Entscheidungssituation verknüpft – danach C.67.

C.66 Der vollkommene Kapitalmarkt bei Unsicherheit

Das Modell von Modigliani und Miller[41] sieht von Marktunvollkommenheiten wie Transaktionskosten und differenzierende Besteuerung ab, um sich auf das Geschäftsrisiko einer Unternehmung einerseits und ihr Kapitalstrukturrisiko andererseits zu spezialisieren; vgl. ausführlich B.50. Für 1958 naheliegend, werden auch die Aspekte der

---

[40] Vgl. Swoboda (1971) S. 15-19 und nachdrücklich S. 27.
[41] Modigliani, Franco/Miller, Merton H., The cost of capital, corporation finance, and the theory of Investment, AER Vol. 48, 1958, S. 261-297, Übersetzung in: H. Hax/H. Laux (Hrsg.), Die Finanzierung der Unternehmung, 1975, S. 86-119.

Informationsökonomie per Annahme ausgeschlossen. Es werden mithin die aus der Unsicherheit der Zukunft resultierenden Risiken des Erwerbswirtschaftens als theoretisch zu erschließender Problembereich akzeptiert, jedoch von den Problemen ihrer Verarbeitung über Erwartungen und Informationen wird abgesehen.

Die von Modigliani und Miller konzipierte Finanzierungstheorie entwickelt vom Kapitalmarkt herkommend drei Aussagen:
(1) Die **Risikoprämien**-Theorie infolge der unterschiedlichen Geschäftsrisiken der Unternehmen unter der Vorgabe ausschließlicher Finanzierung mit Eigenkapital.
(2) Das Größen- und Beziehungsverhältnis zwischen dem Fremdkapitalkostensatz und dem **Eigenkapitalkostensatz** einer verschuldeten Unternehmung. Die Entwicklung des mit der Kapitalstruktur ansteigenden Eigenkapitalkostensatzes korrespondiert mit der Aussage, dass die durchschnittlichen Gesamtkapitalkosten ein konstanter, d.h. von der Kapitalstruktur unabhängiger Satz sind.
(3) Eine notwendige – jedoch häufig in ihrer Bedeutung nicht erkannte – „Ergänzung" beachtet, dass die Kapitalkosten erst das Produkt aus Kostensatz und **Bemessungsgrundlage** sind. Eine „Kostensatz-Theorie" allein ist wertlos. Die Bemessungsgrundlagen für den Fremdkapitalkostensatz bzw. insbesondere für den Eigenkapitalkostensatz bei alternativ verschiedener Kapitalstruktur sind nicht die an die Unternehmung eingezahlten Kapitalbeträge (= Nominalbeträge), sondern die jeweiligen Marktwerte der Fremd- bzw. Eigenkapitalrechte.

Das Gesamtergebnis aus (1) bis (3) ist eine **Eigenkapitalkosten-Betragstheorie**, die sowohl das Geschäftsrisiko als auch das Kapitalstrukturrisiko der jeweiligen Unternehmung (Uj) reflektiert.

Diese Aussage gewinnt ihre Anschaulichkeit aus der Sicht der Aktionäre der Uj: die jeweilige Differenz (i_{EK} - i_{FK}) ist stets (nur) die Risikoprämie für die Eigenkapitalgeber, gleichbedeutend mit Risikokosten für die Unternehmung. Infolgedessen gibt es **keine optimale Kapitalstruktur**. Soweit die Literatur anhand der Kapitalkostensätze für EK und FK das Gegenteil vorträgt, fehlt die Verbindung zur marktbestimmten Bemessungsgrundlage (oben (3)). Die Kapitalkostensumme aus den Produkten aus Satz mal Marktwert ist stets konstant und unabhängig von der Kapitalstruktur und erschöpft ex ante den unsicheren Kapitalertrag[42] Dieser Zusammenhang ist abgesichert

---

[42] Vgl. dazu Lehmann (1998) S. 223-231 bzw. (2003) S. 187-195.

über die Annahme des sowohl vollkommenen als auch informations-effizienten Kapitalmarkts.

Dieser hoch gespannte und intellektuell höchst anspruchsvolle Erklärungswert des Modellzusammenhangs von Modigliani und Miller irritiert, wenn man die Folgerung für die Investitionsrechnungen anfügt, dass stets mit dem durchschnittlichen Kapitalkostensatz zu rechnen sei. Die fallweise anstehenden Investitionsmöglichkeiten mit ihrem jeweiligen Risikobeitrag zum Geschäftsrisiko sind – bzw. wären – dann ebenso ohne Belang wie die fallweisen Finanzierungsmöglichkeiten mit ihrer zugehörigen zumindest befristeten Veränderung der bisherigen Kapitalstruktur.

Die beiden Autoren hatten deshalb 1958 die Annahme hinzugefügt, dass nicht nur das vorhandene produktive Vermögen, d.h. die gegenwärtig noch fassbaren Folgen der Investitions-Entscheidungen der Vergangenheit das Geschäftsrisiko der betrachteten Unternehmung festgelegt haben, sondern auch die bereits für die Gegenwart und Zukunft entschiedenen Investitionspläne. Damit beansprucht ihre Kapitalkostentheorie keinen über die Erklärung hinausgehenden Wert für anstehende Entscheidungen! Der Modellzusammenhang reduziert sich – für die so vorgegebene und durch langfristige Investitionspläne festgelegte „Aktivseite" – auf die Passivseite (zu Marktwerten): **gedanklich** wird Eigen- gegen Fremdkapital substituiert gedacht zu alternativen FK-EK-Konstellationen. Es wird die Kapitalstruktur – analog zum Preis-Absatzmengen-Verhältnis im Cournot-Preisrechnungs-Modell – **alternativ variiert gedacht**. Eine weitergehend tatsächliche Variation/Substitution bereitet keine Probleme wegen des unterstellten vollkommenen Kapitalmarktes: die Annahme der blitzschnellen und kostenlosen Anpassung fängt die Schwierigkeiten eines tatsächlichen Anpassungshandelns auf.

Aus dem aufgezeigten Verhältnis von Vorgabe für die Aktivseite und mechanistischem Vollzug auf der Passivseite wird bei realitätsnäherem Verständnis das Verhältnis von langfristiger Planung, fallweiser Entscheidung und bloßem Vollzug des Planes. Die Frage lautet dann, inwieweit die einzelne Investitionsmöglichkeit und Finanzierungsalternative entweder nur noch der Vollzug des mit dem Plan bereits Entschiedenen ist oder aber neu ist in dem Sinne, dass sie als hinzukommend deshalb nun eigens betrachtet und beurteilt und mit Hilfe der mit ihr verbundenen Änderungen auf ihre Vorteilhaftigkeit hin berechnet werden muss. Anderenfalls handelt es sich nur – unter Detaillierung und Konkretisierung – um die Durchführung einer in der groben/ globalen langfristigen Unternehmensplanung bereits vorweggenommenen Entscheidung.

Anders formuliert: in der langfristigen Unternehmensplanung löst sich der Entscheidungsgehalt/die Entscheidungsrelevanz der einzelnen, fallweisen Investitions- bzw. Finanzierungsmöglichkeit und -entscheidung und damit auch der entscheidungsvorbereitenden Rechnungen mehr oder weniger weitgehend auf; vgl. auch C.50. An diesen Stand knüpfen zum einen die „simultanen Investitions- und Finanzierungsmodelle" an – C.67 – und zum anderen die „fallweisen Entscheidungssituationen" – dann C.68.

C.67 Simultane Investitions- und Finanzierungsmodelle

Hier drängt sich die Rechentechnik in den Vordergrund, so dass die Unsicherheit, die ungenaue und die fehlende Information ersetzt werden durch die unterstellte Kenntnis der detaillierten zukünftigen Daten.[43]

Im simultanen Rechenmodell wird die gemeinte Entscheidungssituation abgebildet mit:

a) mögliche Arten der Geldverwendung:
   1. für Real-Investitionen, für Finanz-Investitionen
   2. für FK-Zinsen und FK-Rückzahlung
   3. für das EK werden (Mindest-)Gewinnausschüttungen angesetzt:
      es fehlt die theoretische Erfassung der EK-Kosten
   4. für Steuern (in Abhängigkeit von 1. bis 3.!)

b) mögliche Einnahmen:
   aus Entgelten,
   aus FK-Aufnahme,
   aus EK-Aufnahme.

In der Regel wird unter Sicherheit gerechnet und nur ausnahmsweise unter Unsicherheit (jedoch ohne Theorie zu $i_{EK} > i_{FK}$).[44]

Die rechnerische Lösung legt die zu treffenden Entscheidungen als ein umfassendes, abgestimmtes Investitions- und Finanzierungsprogramm fest im Sinne des in t_o entschiedenen langfristigen Planes. Je globaler er verstanden wird, um so weniger bedarf er der simultanen Rechentechnik. Diese ist umgekehrt um so nützlicher, je detaillier-

---

[43] Vgl. Albach (1962), Jacob (1964), Haegert (1971), Haberstock (1971); Seelbach: in Bea/Dichtl/Schweitzer, ABWL Bd. 3, 6. Aufl. 1994, S. 253-271, noch heute; als Phase bei Schmidt (1983b) S. 471-476 und bei Breuer (1999) S. 160-162; zusammenfassende Übersicht bei Swoboda, HWR 1993.

[44] Die Annahme grob unvollkommener Kapitalmärkte als Vorgabe für die Simultanplanung ist bei Schmidt (1983b, S. 472) angesprochen.

tere Datenkenntnis man in t_0 zu haben vorgibt. Dem Informationsfluss in der Zeit und die aus ihm folgende Sukzession der Entscheidungen als Abfolge von Anpassungsentscheidungen wird die simultane Rechentechnik naheliegenderweise nicht gerecht[45].

C.68 Die je Zeitpunkt fallweise Investitions- und Finanzierungssituation

Diese Sichtweise ist das Gegenteil zur langfristigen Planung. Sie sieht zum Betrachtungszeitpunkt (t_0) neue Investitionsmöglichkeiten in dem Sinne ihrer bisherigen Nicht-Kenntnis/Nicht-Berücksichtigung. Die Frage der möglichen Finanzierung der Anschaffungsausgaben schließt sich an. Eine Einbindung in die vorausgegangene langfristige Planung und in die Investitions- und Finanzierungs-Entscheidungen, die in der Vergangenheit getroffen wurden, ist bei dieser Sichtweise nicht erkennbar. Isoliert für jeden Zeitpunkt ist die Vorteilhaftigkeit der situationsbezogenen Investitionsmöglichkeiten im Verbund mit ihrer Finanzierung zu ermitteln. Damit wird dem Umstand Rechnung getragen, dass erst der Zeitablauf bislang nicht bekannte/nicht berücksichtigte Investitionsmöglichkeiten auf der Grundlage der unvollkommenen Gütermärkte hervorbringt.

Das resultierende sukzessive Planen, Entscheiden und Durchführen seitens der Unternehmensleitung bindet nicht auch das Geschehen auf dem Kapitalmarkt, konkret: die Aussagen zur Entwicklung des Preises bzw. Kurses der Aktie an der Börse. Ob der Kurs bereits die Kapitalwerte von noch nicht einmal geplanten Investitionen „reflektiert" im Sinne eines „fully anticipated" oder erst im Zeitablauf „fully reflected" oder noch weniger erst jeweils nach Realisierung der Investitionen zum Ausdruck bringt – vgl. B.38 –, liegt auf einer anderen Ebene als die Entscheidungen der Unternehmensleitung, mitbestimmt allerdings die Eigenkapitalkosten schon heute. Dazu wäre ergänzend anzumerken, dass es mit einer Theorie der Eigenkapitalkosten auf informations-ineffizienten Kapitalmärkten noch hapert.

Dem beschriebenen Modell-Vorteil von „Informationsfluss in der Zeit und sukzessivem Entscheiden" steht der Nachteil der Isolierung der jeweiligen Entscheidungssituation gegenüber.

---

[45] Vgl. dazu Lehmann/Moog (1996) S. 462-472.

Die investitions- und finanzierungsrechnerische Durchführung unter dem Stichwort der gemischten Finanzierung – vgl. C.42 und C.43 – bedeutet im ersten Schritt eine Absage an die Ermittlung des Kapitalwertes einer Investitionsmöglichkeit und im zweiten Schritt weitergehend eine Absage an das Errechnen eines Barwertes mit Hilfe eines für alle Perioden gleichen Zinssatzes. Das im Abschnitt C.43 durchgeführte Beispiel zeigte, dass es den Kalkulationszinssatz bei gemischter Finanzierung nicht mehr gibt. Erst mit der Durchführung der Rechnung steht der für jede Periode maßgebende Zinssatz zugleich mit der Lösung fest und gilt zudem nur für den Grenzbereich des Handelns. Mit anderen Worten: der Zinssatz für die zeitliche Transformation des mit Hilfe der Investition erzielten Erfolgs-Überschusses ist von Periode zu Periode endogen aus der Entscheidungssituation (in t_0) und ihrer rechnerisch-planerischen Abwicklung erst zugleich mit dem Ergebnis bekannt und deshalb keine Hilfe mehr für dessen Ermittlung. Die Vorteilsgröße „verfügtes Einkommen" wird als zeitpunkt-abhängig ausgewiesen und bei einer Verteilung der Einkünfte über mehrere Perioden fehlt die Vergleichbarkeit, wenn die Auswahl zwischen sich ausschließenden Investitionsmöglichkeiten zu entscheiden ist. Der in den Abschnitten C.35.2 konzipierte Kapitalwert als reine Rechengröße löst zwar von der Zeitpunkt-Abhängigkeit der Erfolgsgröße ab, nicht jedoch von ihrer Situations-Abhängigkeit in t_0, wie C.43.5 zeigt.

C.69 Marktverfassungen und Institutionen infolge unvollkommener Märkte

Analog zu den Marktverfassungen für Leistungsmärkte[46] lässt sich der Kapitalmarkt mit Hilfe der Leit-Merkmale „Unsicherheit" und „Unvollkommenheit" kennzeichnen.

Unsicherheit		Unvollkommenheit		
„exogene Unsicherheit": Ereignisse außerhalb des Marktes	„endogene Unsicherheit", insbesondere Handeln der Marktteilnehmer	Information, insbesondere Ungewissheit, Asymmetrie	Information, insbesondere Inf.-fluss und Inf.-verarbeitung	Transaktions-Kosten, insbesondere Steuern
	(2)	(3) Informationsökonomie		(1)

---

[46] Vgl. Lehmann (1998) S. 197-217 bzw. (2003) S. 151-178.

Die drei eingetragenen Ziffern stehen für drei Marktverfassungen,[47] die kurz von einander abgegrenzt werden sollen:

(1) Der handlungs-unvollkommene Kapitalmarkt
Bei dieser Konstellation werden die Probleme der Information ausgeschlossen und die Unsicherheit des Erwerbswirtschaftens bleibt im Hintergrund. Die kennzeichnend in das Blickfeld gerückte Existenz von Transaktionskosten wird mit der Relation $i_S > i_H$ kurz bezeichnet: die Kapitalkosten sind für eine Wirtschaftseinheit höher als die am Kapitalmarkt erzielbaren Kapitalerträge. Die Bedeutung dieses „Habensatzes" hängt mit den finanz-investiven Ergänzungsinvestitionen zusammen, die ihrerseits der Endwert-Rechnung verbunden sind, vgl. C.20. Auf die Fehl-Interpretation von i_H als Satz für die Abzinsungsrechnung oder/und als (Opportunitäts-)Eigenkapitalkostensatz hatten wir hingewiesen.

Als schwerwiegender Unterfall zu den Transaktionskosten werden differenzierende/diskriminierende Steuern angesehen. Aus sachökonomisch nicht nachvollziehbaren Gründen beeinflusst die Besteuerung die Kapitalkostensätze unterschiedlich und im Regelfall zum Nachteil des risiko-tragenden Eigenkapitals. Infolgedessen muss das Eigenkapital im Steuerfall mit $\bar{r}_S > \bar{r}$ eine höhere Mindestrendite erwirtschaften. Anders formuliert: steuerbedingt verteuert sich das Eigenkapital.[48] Um eine sachgerechte Berücksichtigung der verwirklichten Risiken erweitert, folgt das Postulat der Finanzierungsneutralität der Besteuerung, vgl. B.69.3.

Die Marktverfassung (1) ist deshalb die verbreitete Grundlage der finanzwirtschaftlichen Steuerwirkungslehre. Dabei hat die Literatur den Schwerpunkt auf den Zusammenhang „der Einfluss der Besteuerung auf die Vorteilhaftigkeit von Investitionsmöglichkeiten" gelegt. Undurchsichtig ist hingegen „der Einfluss der Besteuerung auf die Kosten des Eigenkapitals", weil es hier nicht nur auf den Kostensatz, sondern auch auf seine Bemessungsgrundlage ankommt. Wir benötigen mithin das Eigenkapitalkosten-Konzept bei marktgehandelten Eigenkapitalrechten vorab im Nicht-Steuerfall, wie es von Modigliani und Miller 1958 als Kapitalkostenbetrags-Modell geschaffen wurde.

---

[47] Diese Dreiteilung findet sich bereits bei Swoboda (1991) mit den Abschnitten 3. bis 5.
[48] Vgl. auch Schneider (2002) S. 173.

Anders formuliert: zu behandeln sind Finanzierungs-Entscheidungen und Preisbildung auf dem Kapitalmarkt unter Berücksichtigung der Besteuerung, wofür das Modell von Gordon die zweckdienlichste Grundlage abgibt.

(2) Der vollkommene Kapitalmarkt bei Unsicherheit
Diese Konstellation verbindet das Fehlen von Transaktionskosten und differenzierender Besteuerung mit der in den Mittelpunkt gerückten Unsicherheit einer betriebswirtschaftlichen Betätigung, die mit dem Stichwort „Geschäftsrisiko" belegt wird. Der „vollkommene Kapitalmarkt unter Unsicherheit" ist die Grundlage der Risikotheorie von Modigliani und Miller, vgl. B.50 und C.66. Die risikobedingte Konstellation der Kapitalkostensätze $i_{EK} > i_{FK}$ ist um die Annahme der Informations-Effizienz zu ergänzen, um von der Konstellation (3) zu unterscheiden.

(3) Der informations-ineffiziente Kapitalmarkt
Mit der Informations-Effizienz bzw. der „Nicht-Effizienz des Kapitalmarktes" verbinden sich die folgenden Problembereiche:
a) Die sogenannten Irrelevanz-Thesen zur Kapitalstruktur, zur Eigenkapitalstruktur und zur Ausschüttungspolitik.
b) Das Verhältnis von Antizipation und Reaktion unterschieden für die Unternehmensplanung einerseits und für das Markthandeln und für die Aktien-Preisbildung andererseits, vgl. dazu B.38.
c) Aus der herkömmlichen Finanzierungslehre und Investitionsrechnung ist „Markttheorie aus einzelwirtschaftlicher Sicht" geworden.[49] Wir haben sie in Marktverfassungen unterteilt. Für jede von ihnen stellte sich die Aufgabe, die von ihr geprägte Finanzierungssituation und Kapitalkosten umzusetzen in die Investitions- und Finanzierungs-Rechnung. Infolge dieser aufbereitenden Vorgehensweise werden die rechnerischen Verfahren zur Ermittlung der Vorteilhaftigkeit von Investitionsmöglichkeiten ökonomisch erklärt: es geht um mehr als die Vermittlung bloßer Rechentechniken.

Der gegenwärtige Stand hat die Handlungs-Unvollkommenheit, die Unsicherheit/Risiken und die Informations-Ineffizienz sowohl der Leistungsmärkte als auch der Finanzmärkte akzeptiert, vgl. die abschließende Übersicht. In dieser im weitesten Sinne „unvollkommenen Welt" lassen sich zwei bekannte Bereiche wiederfinden: Marktstruktur und Verhaltensweisen der Beteiligten.

---

[49] Vgl. die Erklärung der dafür gewählten Bezeichnung „Kapitaltheorie" bei Swoboda, HWB 4. Aufl., 2. Band (1975) Sp. 2123.

Die „Marktstruktur" steht für die „Theorie der Unternehmung". Diese erklärt das Entstehen und das Bestehen von Betriebswirtschaften/Unternehmen aus Transaktionskostenvorteilen oder/und aus Informationsvorteilen auf unvollkommenen Märkten. Nimmt man die seit je betonten Produktionskostenvorteile in Betriebswirtschaften und die sich im Zeitablauf realisierenden Unternehmensrisiken hinzu, dann verbinden sich externe und interne Arbeitsteilung, Risiken und Informationsökonomie zur „Theorie der Unternehmung". In dieser Konsequenz war der Aufsatz von Ronald Coase (1938) grundlegend, der allerdings erst in den sechziger Jahren diese „Theorie" anstieß und auslöste.[50]

Für Investition und Finanzierung der Unternehmen folgt daraus die Erklärung der Existenz der Bankbetriebswirtschaften und anderer Finanzintermediäre. Von eigenen Entgelten für sonstige Leistungen abgesehen, alimentieren Banken ihre Existenz aus der Differenz $i_S > i_H$. In vereinfachter Darstellung:

die Bankbetriebswirtschaft	
ausgegebene Kredite bringen den Ertragssatz i_S	hereingenommene Spareinlagen kosten den Zinssatz i_H
	Bruttospanne ($i_S - i_H$)
	./. Existenz- und Betriebskosten des Bankunternehmens
	= Gewinn der Institution

Es liegt nahe, die Betriebswirtschaften, die ihre Existenz „auf Geldgeschäfte" begründen, die – in heute üblicher Formulierung – **Finanzdienstleistungen** erbringen im Sinne von Geschäftsbesorgungen betreffend Geld,[51] als finanzwirtschaftliche Unternehmen zu bezeichnen und den leistungswirtschaftlichen Unternehmen zur Seite zu stellen.

Nun sind nicht nur Betriebswirtschaften (ökonomische) Institutionen. Dieser Begriff im Sinne einer „Einrichtung, die zuständig ist für die Erledigung einer Aufgabe", wird inzwischen über die Unternehmen hinausgehend verwendet. Auch rechtliche und organisatorische Regeln und Regelungen sind Institutionen. So auch die Dauerrechtsver-

---

[50] Vgl. dazu z.B. Spremann (1996) S. 696-671.
[51] Vgl. Lehmann (1998) S. 265-271 bzw. (2003) S. 228-235.

hältnisse über die Finanzierung mit Eigen- bzw. Fremdkapital: sie werden zu „Finanzkontrakten", die zudem handelbar sind.

Aus den Unterfällen der Innenfinanzierung – Abschnitt B.12, Kategorie C – werden so die rechtlichen Regeln, wie der Gewinn ermittelt und damit intertemporal verteilt wird. Und aus der direkten Finanzierung am Kapitalmarkt wird die Frage nach den Voraussetzungen für den direkten Zugang bzw. nach den Möglichkeiten eines Vermittlers der Kapitalfinanzierung bzw. die Frage, sich eines Vermittlers/einer Bank zu bedienen, obgleich der direkte Zugang an den Kapitalmarkt möglich wäre.

Neben der skizzierten Ausweitung der „Marktstruktur" zur Institutionenlehre steht die Ausweitung der „Verhaltensweisen" um die Informationsökonomie. „Nichtstun", „Reaktion" und „Aktion" sind die möglichen Verhaltensweisen vom sichtbaren Handeln her. Die vorgelagerten Phasen der Entscheidungsfindung nicht zuletzt in Abhängigkeit von unsicherer oder/und asymmetrischer Information werden dabei nicht berücksichtigt.
Die um die Informationsprobleme vertieften und differenzierten Verhaltensweisen, und die zur „Institution" verallgemeinerten Marktteilnehmer werden zusammengefasst zur „neo-institutionalistischen Investitions- und Finanzierungstheorie".[52]

Die beiden Autoren betonen, dass der „Marktgegenstand", d.h. die finanzierende Kapitalzahlung an den Kapitalnehmer in den Hintergrund getreten ist gegenüber der Behandlung der Voraussetzungen, der Bedingungen und der Erscheinungsformen dieses Vorgangs. Das lässt sich dahingehend zusammenfassen, dass es auf den Vertragsabschluß ankommt und erst in zweiter Linie auf den Vollzug des Vertrages.[53]

Eine Folge dieser Gewichtsverschiebung heben die Autoren (S. 383) hervor: die Bedingungen der jeweiligen und spezifischen Situation bestimmen die Entscheidungen. Und ihnen vorausgehend – so möchten wir unter Hinweis auf C.42 bis C.44 ergänzen – die entscheidungsbezogenen Rechnungen.

---

[52] Vgl. R.H. Schmidt/E. Terberger, Grundzüge der Investitions- und Finanzierungstheorie, (1997) Teil V (= 383-473).
[53] Vgl. Lehmann (2003) S. 131-145, S. 288-292, S. 337-341.

Märkte-Konstellationen als Grundlage der Investitions- und Finanzierungs-Theorie

⑪+㉑ = die hohe Zeit der Gleichgewichte
⑪→⑬ → Schumpeter

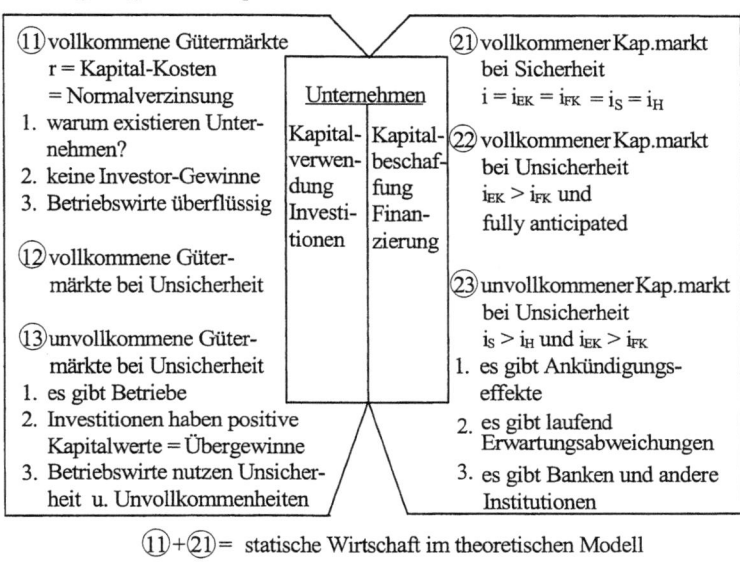

⑪ vollkommene Gütermärkte
r = Kapital-Kosten
= Normalverzinsung
1. warum existieren Unternehmen?
2. keine Investor-Gewinne
3. Betriebswirte überflüssig

⑫ vollkommene Gütermärkte bei Unsicherheit

⑬ unvollkommene Gütermärkte bei Unsicherheit
1. es gibt Betriebe
2. Investitionen haben positive Kapitalwerte = Übergewinne
3. Betriebswirte nutzen Unsicherheit u. Unvollkommenheiten

Unternehmen
Kapitalverwendung Investitionen | Kapitalbeschaffung Finanzierung

㉑ vollkommener Kap.markt bei Sicherheit
$i = i_{EK} = i_{FK} = i_S = i_H$

㉒ vollkommener Kap.markt bei Unsicherheit
$i_{EK} > i_{FK}$ und fully anticipated

㉓ unvollkommener Kap.markt bei Unsicherheit
$i_S > i_H$ und $i_{EK} > i_{FK}$
1. es gibt Ankündigungseffekte
2. es gibt laufend Erwartungsabweichungen
3. es gibt Banken und andere Institutionen

⑪+㉑ = statische Wirtschaft im theoretischen Modell
⑪→⑫+㉑ → unsichere Gütermärkte: Konkurrenten, Geschäftsrisiken, stagnierende Unternehmen
㉑→㉒+⑬ → Modigliani/Miller 1958: die Unsicherheit verteilt nur
⑫→⑬+㉒ → Transaktionskosten auf Gütermärkten und Theorie der Unternehmung, neue Produkte und Verfahren mit positiven Kapitalwerten
㉒→㉓+⑬ → Unvollkommenheiten hinsichtlich Transaktionskosten (spezifisch Steuern) auf dem Kapitalmarkt (= handlungsunvollkommener Kapitalmarkt)
u. ㉒→㉓+⑬ → Unvollkommenheiten hinsichtlich Informationen (Unsicherheit, Asymmetrie und Informationsfluss) auf dem Kapitalmarkt (= informations-ineffizienter Kapitalmarkt)
⑬+㉓ = derzeitige Theorie-Basis für Investition und Finanzierung auf unsicheren und unvollkommenen Märkten.

Literaturverzeichnis

Albach, Horst, Wirtschaftlichkeitsrechnung bei unsicheren Erwartungen, Köln und Opladen 1959

Albach, Horst, Zur Bewertung von Wirtschaftsgütern mit dem Teilwert, Die Wirtschaftsprüfung 1963, S. 624-631

Bay, Wolf, Dividenden, Steuern und Steuerreformen, Wiesbaden 1990

Bamberg, Günter, Auswirkungen progressiver Steuertarife auf die Bereitschaft zur Risikoübernahme, in: „Aktuelle Probleme der Marktwirtschaft in gesamt- und einzelwirtschaftlicher Sicht", Festgabe zum 65. Geburtstag von Louis Perridon, hrsg. von Reinhard Blum und Manfred Steiner, Berlin/München 1984, S. 265-277

Bea, Franz Xaver/Dichtl, Erwin/Schweitzer, Marcell (Hrsg.), Allgemeine Betriebswirtschaftslehre, Bd. 1: Grundfragen, 8. Aufl., Stuttgart/Jena 2000, Bd. 2: Führung, 7. Aufl., Stuttgart/Jena 1997, Bd. 3: Leistungsprozess, 6. Aufl., Stuttgart/Jena 1994

Bergmann, Andreas, Die fremdorganschaftlich verfaßte offene Handelsgesellschaft, Kommanditgesellschaft und BGB-Gesellschaft als Problem des allgemeinen Verbandrechts, Berlin 2002

Bollinger, Iris, Die Entwicklung von Börsenkursen im zeitlichen Umfeld von Kapitalerhöhungen, Berlin 1999

Breuer, Wolfgang, Finanzierungstheorie, Wiesbaden 1998

Breuer, Wolfgang, Geschichte der Finanzwirtschaftslehre, in: 100 Jahre Betriebswirtschaftslehre in Deutschland, hrsg. von Michael Lingenfelder, München 1999, S. 141-168

Breuer, Wolfgang, Investition I: Entscheidungen bei Sicherheit, Wiesbaden 2000, 2. Aufl. 2002

Bülow, Peter, Recht der Kreditsicherheiten, 4. Aufl. Heidelberg 1997

Coase, Ronald H., The Nature of the Firm, in: Economica, Vol. IV, 1937, S. 386-405

Dickertmann, Dietrich/Gelbhaar, Siegfried, Finanzwissenschaft, Herne/Berlin 2000

Drukarczyk, Jochen, Theorie und Politik der Finanzierung, 2. Aufl. München 1993

Drukarczyk, Jochen, Finanzierung, 8. Aufl. Stuttgart 1999

Federmann, Rudolf, Betriebswirtschaftliche Steuerlehre als angewandte Wissenschaftsdisziplin, Wiesbaden 1977

Franke, Günter/Hax, Herbert, Finanzwirtschaft des Unternehmens und Kapitalmarkt, 4. Aufl. Berlin u.a. 1999

Götze, Uwe, Abschnitt "Investition" in Springer's Handbuch der Betriebwirtschaftslehre Band 2, hrsg. von Ralph Berndt, Claudia Fantapié Altobelli, Peter Schuster, Heidelberg 1998, S. 1-50

Gordon, Myron J., and Eli Shapiro, Capital equipment analysis: The required rate of profit, Management Science Vol. 3, 1957, S. 102-110; Übersetzung in Hax/Laux (1975) S. 54-64

Gordon, Myron J., The investment, financing, and valuation of the corporation, Homewood/Illinois, 1962

Gutenberg, Erich, Grundlagen der Betriebswirtschaftslehre, 1. Bd.: Die Produktion, 1. Aufl. 1951, 24. Aufl. Berlin u.a. 1983

Haberstock, Lothar, Zur Integrierung der Ertragsbesteuerung in die simultane Produktions-, Investitions- und Finanzierungsplanung mit Hilfe der linearen Programmierung, Köln u.a. 1971

Hachmeister, Dirk, Der Discounted Cash Flow als Maß der Unternehmenswertsteigerung, Frankfurt 1995

Haegert, Lutz, Der Einfluss der Steuern auf das optimale Investitions- und Finanzierungsprogramm, Wiesbaden 1971

Haegert, Lutz/Lehleiter, Peter, Das Ausschüttungsverhalten deutscher Aktiengesellschaften unter dem Einfluss der Körperschaftsteuerreform, Zeitschrift für betriebswirtschaftliche Forschung 1985, S. 912-923

Hax, Herbert/Laux, Helmut (Hrsg.), Die Finanzierung der Unternehmung, Köln 1975

Heister, Matthias, Rentabilitätsanalyse von Investitionen, Köln und Opladen 1962

Hellauer, Josef, Kalkulation in Handel und Industrie, Wien 1931

Holland, Daniel M., Dividends under the Income Tax, New York, Princeton 1962

Jacob, Herbert, Neuere Entwicklungen in der Investitionsrechnung, Wiesbaden 1964

Jahrmann, F.-Ulrich, Finanzierung, 4. Aufl. Herne/Berlin 1999

Kirchesch, Ralf, Die Berufsfähigkeit der Handelsgesellschaft im Gewerberecht und im Recht der freien Berufe, Berlin 2002

Knoth, Axel, Die Einzelunternehmung in Ökonomie und Recht, Sternenfels 2003

König, Rolf Jürgen, Ausschüttungsverhalten von Aktiengesellschaften, Besteuerung und Kapitalmarktgleichgewicht, Hamburg 1990

König, Rolf Jürgen, Ungelöste Probleme einer investitionsneutralen Besteuerung, ZfbF 1997, S. 42-63

Krahnen, Jan Pieter, Finanzwirtschaftslehre zwischen Markt und Institution, Die Betriebswirtschaft 1993, S. 793-805

Kruschwitz, Lutz, Investitionsrechnung, 8. Aufl. München/Wien 2000

Kruschwitz, Lutz, Finanzierung und Investition, 3. Aufl. München und Wien 2002

Lausberg, Friedrich-Wilhelm, Die Finanzierungsneutralität der Besteuerung. Zur Herleitung der an betriebswirtschaftlichen Faktoren ausgerichteten Forderung nach gleichmäßiger Steuerbelastung der Finanzierungsalternativen, Diss. München 1970

Lehmann, Matthias, Besprechung von Vincenz Timmermann, Lieferantenkredit und Geldpolitik (1971), in: ZfbF, 24. Jg. 1972, S. 555 f.

Lehmann, Matthias, Zwei Probleme der Kapitaltheorie: intertemporale Nutzenfunktionen und Kapitalkosten bei unvollkommenem Kapitalmarkt, in: ZfbF, 27. Jg. 1975, S. 40-59.

Lehmann, Matthias, Eigenfinanzierung und Aktienbewertung. Der Einfluss des Steuersystems, der Ankündigung einer Kapitalerhöhung mit Bezugsrecht und der Ausgabe von Belegschaftsaktien auf Wert und Preis einer Aktie, Wiesbaden 1978

Lehmann, Matthias, "Ergänzungsinvestitionen" in der Kostenrechnung? Zur Kritik von Müller-Hagedorn und Biethahn an der herkömmlichen Bestellmengenformel, in: ZfB, 48. Jg. 1978, S. 305-314.

Lehmann, Matthias, Das "Wirtschaften auf gemeinsame Rechnung", in: Steuer und Studium (Schwerpunkt-Heft "Trier") 1988, S. 332-340

Lehmann, Matthias, Die Betriebsvermögenslehre der Mitunternehmergemeinschaften, in: Steuer und Studium 1990, S. 3-14

Lehmann, Matthias, Das Teilwert-Konzept und das Bilanzieren von Änderungen zwischen Entscheidungszeitpunkt und Bilanzstichtag, in: Der Betrieb 1990, S. 2481-2486

Lehmann, Matthias, Gesamthandskonzept und Erbauseinandersetzung, in: Finanz-Rundschau 1990, S. 265-272

Lehmann, Matthias, Die Haftung des BGB-Gesellschafters für die Steuerschulden der Gesellschaft, in: Der Betrieb 1991, S. 2407-2411

Lehmann, Matthias, Finanzierung. Ein Beispiel für die Zusammenarbeit zwischen Betriebswirtschaftslehre und Recht, in: Aktuelle Fragen der Finanzwirtschaft und der Unternehmensbesteuerung, Festschrift für Erich Loitlsberger, hrsg. von D. Rückle, Wien 1991, S. 399-446

Lehmann, Matthias/Moog, Horst, Betriebswirtschaftliches Rechnungswesen Bd. 1: Real-, wert- und rechenökonomische Grundlagen, Berlin u.a. 1996

Lehmann, Matthias, Der Versicherungsvertrag und die Versicherungs-Treuhand aus ökonomischer und ermittlungsrechtlicher Sicht; in: Lehmann, Matthias/Kirchgesser, Karl/Rückle, Dieter, Versicherungsvertrag, Baden-Baden 1997, S. 19-189

Lehmann, Matthias, Marktorientierte Betriebswirtschaftslehre. Planen und Handeln in der Entgeltwirtschaft, Heidelberg 1998

Lehmann, Matthias, Stichwort „Erfolgsermittlung", in: Handwörterbuch Unternehmensrechnung und Controlling (HWU), hrsg. von H.-U. Küpper und A. Wagenhofer, 4. Aufl. Stuttgart 2002

Lehmann, Matthias/Müller, Ursula, Der Jahresabschluss, Herne/Berlin 2002

Lehmann, Matthias, Absatzwirtschaft. Eine marktorientierte Einführung für Ökonomen und Juristen (= 2. Aufl. der „Marktorientierten Betriebswirtschaftslehre"), Heidelberg 2003

Loitlsberger, Erich, Grundriss der Betriebswirtschaftslehre, 2. Aufl. Wien 1996

Marx, Franz Jürgen, Steuervermeidung mit zivilrechtlichen Vermögenssonderungen. Aktionen der Steuerpflichtigen und Reaktionen von Finanzverwaltung, Rechtsprechung und Gesetzgebung, Heidelberg 1990

Marx, Franz Jürgen, Steuern in der externen Rechnungslegung, Herne/Berlin 1998

Matschke, Manfred Jürgen/Hering, Thomas/Klingelhöfer, Heinz Eckart, Finanzanalyse und Finanzplanung, München, Wien 2002

Miller, Merton H./Modigliani, Franco, Dividend policy, growth, and the valuation of shares, Journal of Business Vol. 34, 1961, S. 411-433; Übersetzung in Hax/Laux (1975) S. 270-300

Modigliani, Franco/Miller, Merton H., The cost of capital, corporation finance, and the theory of investment, The American Economic Review, Vol. 48, 1958, S. 261-297; Übersetzung in Hax/Laux (1975) S. 86-119

Müller, Ursula, Finanzbuchhaltung. Vom Geschäftsvorfall bis zum Jahresabschluss, Herne/Berlin 2001

Neumark, Fritz, Grundsätze gerechter und ökonomisch rationaler Steuerpolitik, Tübingen 1970

Rammert, Stefan, der vereinfachte Bezugsrechtsausschluß – eine ökonomische Analyse, ZfbF 1998, S. 703-724

Riebel, Paul, Die Elastizität des Betriebes, Köln/Opladen 1954

Riebel, Paul, Einzelkosten- und Deckungsbeitragsrechnung (Aufsatzsammlung), 7. Aufl., Wiesbaden 1994

Schäfer, Henry, Unternehmensfinanzen, Heidelberg 1998

Schirmeister, Raimund, Theorie finanzmathematischer Investitionsrechnungen bei unvollkommenem Kapitalmarkt, München 1990

Schmidt, Reinhard H., Die Rolle von Informationen und Institutionen auf Finanzmärkten, (unveröffentlichte) Habilitationsschrift Frankfurt 1979

Schmidt, Reinhard H., Grundzüge der Investitions- und Finanzierungstheorie, Wiesbaden 1983, zitiert mit (1983a)

Schmidt, Reinhard H., Zur Entwicklung der Finanztheorie, in: Paradigmawechsel in der Betriebswirtschaftslehre?, hrsg. von Wolf F. Fischer-Winkelmann, Spardorf 1983, S. 464-500, zitiert mit (1983b)

Schmidt, Reinhard H./Terberger, Eva, Grundzüge der Investitions- und Finanzierungstheorie, 4. Aufl. Wiesbaden 1997

Schneider, Dieter, Investition, Finanzierung und Besteuerung, 7. Aufl. Wiesbaden 1992

Schneider, Dieter, Steuerlast und Steuerwirkung. Einführung in die steuerliche Betriebswirtschaftslehre, München/Wien 2002

Schumacher, Andreas, Erträge aus privaten Kapitalforderungen im Einkommensteuerrecht, Frankfurt 1996

Schulte, Karl-Werner, Wirtschaftlichkeitsrechnung, 4. Aufl. Heidelberg, Wien 1986

Schwark, Eberhard, Der vereinfachte Bezugsrechtsausschluß – Zur Auslegung des § 186 Abs. 3 Satz 4 AktG, in: Festschrift für Carsten Peter Claussen, hrsg. von Klaus-Peter Martens u.a., Köln 1997, S. 357-380

Spremann, Klaus, Wirtschaft, Investition und Finanzierung, 5. Aufl. München/Wien 1996

Stützel, Wolfgang, Entscheidungstheoretische Elementarkategorien, ZfB 1966, S. 769-789

Swoboda, Peter, Investition und Finanzierung, 1. Aufl. Göttingen 1971, 4. Aufl. 1992, 5. Aufl. 1996

Swoboda, Peter/Köhler, Christian, Der Einfluß einer Kapitalgewinnsteuer auf den Aktienkurs und die Dividendenpolitik von Aktiengesellschaften, ZfbF 1971, S. 208-231

Swoboda, Peter/Uhlir, Helmut, Einfluß der Einkommensbesteuerung der Aktionäre auf den Dividendenabschlag – eine empirische Untersuchung, ZfbF 1975, S. 489-499

Swoboda, Peter, Stichwort „Kapitaltheorie", Handwörterbuch der Betriebswirtschaft (HWB), 4. Aufl. Stuttgart 1975, Bd. 2, Sp. 2123-2134

Swoboda, Peter, Der Risikograd als Abgrenzungskriterium von Eigen- versus Fremdkapital in: Information und Produktion, Festschrift für Waldemar Wittmann, hrsg. von Siegmar Stöppler, Stuttgart 1985, S. 343-361

Swoboda, Peter, Betriebliche Finanzierung, 2. Aufl. Heidelberg 1991, 3. Aufl. 1994

Swoboda, Peter, Stichwort „Simultane Investitionsrechnung", in: Handwörterbuch des Rechnungswesens, 3. Aufl. Stuttgart 1993, Sp. 1808 – Sp. 1821

Treisch, Corinna, Entscheidungsneutralität der Besteuerung, in: Steuer und Studium 2000, S. 368-374

Vallée, Franz, Kapitalbindung in kurzfristigen Entscheidungsmodellen, Frankfurt/Main 1995

Volpert, Verena, Kapitalwert und Ertragsteuern, Die Bedeutung der Finanzierungsprämisse für die Investitionsrechnung, Wiesbaden 1989

Wagenhofer, Alfred/Ewert, Ralf, Externe Unternehmensrechnung, Heidelberg 2003

Wagner, Gerd Rainer, Lieferzeitpolitik, 2. Aufl., Wiesbaden 1978

Wagner, Franz W., Neutralität und Gleichmäßigkeit als ökonomische und rechtliche Kriterien steuerlicher Normkritik, Steuer und Wirtschaft 1992, S. 2-13

Wimmer, Helmut, Die Anpassung der externen Rechenschaftslegung von Aktiengesellschaften an die Körperschaftssteuerreform, Frankfurt/Bern 1982

Wittmann, Waldemar, Betriebswirtschaftslehre, Bd. I: Grundlagen, Elemente und Instrumente, 1982 sowie Bd. II: Beschaffung, Produktion, Absatz, Investition und Finanzierung, Tübingen 1985

Wöhe, Günter, Einführung in die Allgemeine Betriebswirtschaftslehre, 20. Aufl., München 2000, 21. Aufl. 2002

Stichwortverzeichnis

Abschreibungen, Finanzierungseffekt 55-60
Abzinsen als Bewertung 281-283, 339 f.
Aktien, Ertragswert 93-107
- im Steuerfall 203-215
- Marktpreis 93-97, 195 f.
- Kurs 93-97, 195 f.
Aktiengesellschaft 85-88
alternativ-substitutive Modell-Grundlage 159 f.
Amortisation 18, 247 f., 252-255, 266, 272-274, 333
- srechnung 291 f., 295-299
Ankündigungseffekt und Antizipation 115-122
Anlageberatung im MM-Modell 179-184
Anlagenwirtschaft 249
Anzahlung 48 f.
Ausschüttungsquote 197
- und Besteuerung 207, 232 f.
Außenfinanzierung 42-51
Besteuerung und Kosten des Eigenkapitals
- Diskriminierung 186 f.
- Besteuerungssysteme 188, 204 f., 217-228
Beteiligungsfinanzierung 42 f., 64
- Personengesellschaften 68-75
- Kapitalgesellschaften 82-84, 108-110, 215-217
Betrachtungsweisen, alternativ versus sukzessiv
- bzw. substitutiv versus additiv 159 f.
Betriebsprozess 26-38
Bewertungsmodell von Gordon 98-107, 203 f.
Bezugsrecht 108-114
Darlehen 140-149
Dauerrechtsverhältnis 29

Dividendenpolitik und Bezugsrecht 110-114
Doppik 296, 301 f., 307
effizienter Markt, siehe: Marktverfassungen
Eigenfinanzierung 65-67, 82-84
Eigenkapital 14, 66, 75, 86-90
Eigenkapitalertrag der Aktie
- Ertragssatz 91 f., 102-104, 161 f., 165-168, 171 f., 185
Eigenkapitalfinanzierung 44-47, 65, 292-302
- Einzelunternehmung 67 f.
- Personengesellschaft 68-81
- Aktiengesellschaft 82-84, 108-110, 215-217
Eigenkapitalkosten der Aktiengesellschaft 185-228
- gerechnet von der Anschaffungsausgabe 292-294
- gerechnet vom Ertragswert 291 f., 294-301, 325-329
- im Steuerfall 203-228
- Kostenbetrag 176-179, 199 f., 350
- Kostensatz 91 f., 161, 164-169, 173, 176-179
Einkommensteuer 182 f., 220-225
End(vermögens)wert-Rechnung 264-271, 303-306
Entgelt 37 f.
Entgeltfinanzierung 42 f., 51
Erfolgsermittlungsrechnungen 255, 270 f., 300-302
Ergänzungs-Investitionen 264-266, 273-276, 302-307
Erträge als (behinderte) Abfolge 192-200
Ertragswert 283-288
- bei gemischter Finanzierung 319-322
Erwartungsabweichungen 144-148

Extra burden infolge von KSt neben
    ESt 206-208
Finanzierung 10-15, 17, 28-31, 40 f.
    - Begriffe 63 f.
    - Merkmale 42
    - Kategorien 42 f.
    - Typen 42-63
Finanzierung, gemischte 315-329
Finanzierungssituation, fallweise 311-313, 353 f.
Finanzwirtschaft 8-12, 18-24
    - und Besteuerung 229-240
finanzwirtschaftliches Handeln 27-34
Fremdfinanzierung 133-156
Fremdkapitalfinanzierung 44-47, 134-156, 289-292
    - mittels Darlehen 140-148
    - mittels Wertpapieren 149-156
Geschäftsrisiken der Unternehmung 162 f., 193-196
Gesellschaftsvermögen 69-72, 86-88
Gewinnbeteiligung 329-332
Gewinn-Einbehaltung 67, 98-107, 198-200
    - und Besteuerung 201-209, 217-228
Gewinnverteilung bei Personengesellschaften 76-81, 331 f.
Gründungsfinanzierung
    - der Aktiengesellschaft 89
    - der Personengesellschaft 71-75
Haben-Zinssatz 260-276, 342 f.
Halbeinkünfteverfahren 182 f., 220-228
Handelbarkeit 29, 135 f.
Handlungsunvollkommenheiten 196-198, 308, 343-348, 355
Haushaltswirtschaft 2-7
Information und Aktienmarkt 95-97, 116-122, 193-196
Innenfinanzierung 42 f., 52-64
interner Zinsfuß 271-276
Investition 40 f., 244-249
Investitionen, Arten 15-17, 242-249
Investitionsbündel 265, 269

Investitions-Entscheidung 250 f.
    - bei vorhandenem Kapital 260-271
Investitions- und Finanzierungs-Rechnung (IFR) 12, 24-26, 40, 252-255, 302-334
    - ihre Typen-Gliederung 255-259
    - ihre Problemgeschichte 338-359
Irrelevanz der Kapitalstruktur 169
Kalkulationszinssatz
    - endogen 322-325
    - als das Nennerproblem 338 f.
Kapitalbindung 8-12, 17, 21, 44-47, 246-248, 270-276, 333, 349
Kapitaleinkünfte 31-34, 239
Kapitalerhöhung bei der AG 108-110
    - Ankündigungseffekt 115-122
Kapitalerträge 18, 37
    - Abfolge 11 f., 188-200, 261-277
Kapitalfinanzierung 30 f., 44-47, 277-307, 340-342
    - siehe Eigen- bzw. Fremd-Kapitalfinanzierung
Kapitalfreisetzung 245-248, 252-255, 266 f., 272-274, 333
    - siehe Amortisationsrechnung
Kapitalkosten 10-12, 284 f.
Kapitalkosten, durchschnittliche 335-337, 350 f.
    - als Bereitschaftskosten 10, 12, 38, 345, 348
    - siehe Eigenkapitalkosten
Kapitalmarkt, vollkommener 277-307
    - vgl. Marktverfassungen
Kapitalrecht 28-34, 45-47, 85, 88
Kapitalstruktur 157-184
    - Risiko 168 f.
    - optimale 176 f., 350
Kapitalverhältnis, das äußere 45-47
Kapitalwert 257, 283-288, 303-307
    - eine Vermögensdifferenz 328 f.
    - eine rein rechnerische Erfolgsgröße 325-329
Kapitalwirtschaft 8-12, 13-17

Stichwortverzeichnis 371

kapitalwirtschaftliche Bilanz 9, 291
- Buchhaltung 296
kostenrechnerisches Denken 347-349
Kreditaufnahme 142-148, 313-315
Kreditsicherungen 137 f.
Leistungs- und Finanzwirtschaft 19
Lieferantenkredit 48 f.
marktbezogenes Handeln 3-7, 27-34
Märkte 4-7
marktorientiertes Wirtschaften 4-7, 27-34
Marktrecht 5
Marktverfassungen 30, 41, 116-118, 158 f., 170, 192, 308-313, 354-359
- handlungs-unvollkommen 196-198, 308, 343-348, 355
- informations-unvollkommen 95-97, 115-123, 193-196, 356-359
- Unsicherheit 349-352, 356
Marktzinssatz 134 f.
Moratorium 51
Nennerproblem der IFR 24, 40, 339
Neutralität der Besteuerung 235-240
offene Rücklagen 62 f.
Opportunitätskosten 153-156, 164, 261, 268, 293 f.
Potentialfaktoren 242-249
Primärmärkte 29-31
Produktionsfaktoren 242-244
Rechenfeld 273, 276, 303, 348
Risiken 193-196
- Aktienkauf 126-132
- Gewinnverteilung 76-81
- Geschäftsrisiken 162 f., 193-196
- Fremdkapitalfinanzierung 136 f.
- variabler Darlehens-Zinssatz 142-148
- fester bzw. variabler Wertpapier-Zinssatz 149-156
- Kapitalstruktur 168 f., 176 f., 193-196
- Besteuerung 235-240

Risikomodell von Modigliani und Miller 162-179, 349-352
Rückgewinnung, Rückzahlung 18, 245-248, 266 f., 272
Rücklagen
- offene 62 f., 67, 83 f.
- stille 60-62, 67, 83 f.
Rückstellung, Finanzierungseffekt 53-55
Schuld und Haftung 86 f., 139 f.
Sekundärmärkte 29-31
Selbstfinanzierung 67
- Ertragswert der Aktie 98-107, 198-200
- und Besteuerung 201-209, 217-228
simultane Rechnung 352 f.
Steueramortisation 187, 228
Steuerwirkungslehre 229-240
stille Rücklagen, Finanzierungseffekt 60-62, 67, 83 f.
Stundungsleistung 37 f., 46 f., 48 f., 51, 293
Subventionsfinanzierung 49-51
Typengliederung der IFR 255-259
Unsicherheit 309-311, 349-352, 356, 359
- und Investitionsrechnung 280 f.
- vgl. auch Risiken
Vergleichbarkeit der Investitionsmöglichkeiten 260-271
- als das Zählerproblem 338 f., 343-348
Verträge 4-7
Wachstum durch Gewinnthesaurierung 93-107, 121 f., 213-215
- im Steuerfall 213-215
Wertpapiere (Fremdkapital) 149-156
Zählerproblem der IFR 24, 40, 261, 339
Zinssatz bei Fremdkapitalfinanzierung
- fester Zinssatz 140 f., 149-154
- variabler Zinssatz 141-148, 154-156

R. Berndt, Universität Tübingen;
C. Fantapie Altobelli, Universität der Bundeswehr Hamburg;
M. Sander, Universität Konstanz

Internationales Marketing-Management

Eine Darstellung des internationalen Marketing-Management mit Schwerpunkt auf internationale Marketing-Planung, -Controlling und -Organisation.

2., akt. u. erw. Aufl. 2003. XXII, 353 S. 174 Abb. Brosch. € **29,95**; sFr 48,–
ISBN 3-540-00209-X

K.-P. Kistner, Universität Bielefeld

Optimierungsmethoden

Einführung in die Unternehmensforschung für Wirtschaftswissenschaftler

Ein Überblick über Optimierungsmethoden und deren wichtigste Algorithmen.

3., vollst. überarb. und erw. Aufl. 2003. XII, 291 S. 57 Abb. Brosch. € **24,95**; sFr 40,–
ISBN 3-7908-0043-0

F. Bodendorf, Universität Erlangen-Nürnberg

Daten- und Wissensmanagement

Ein zusammenfassender Überblick über die modernen Möglichkeiten des Daten- und Wissensmanagements mit der Behandlung von relationalen Datenmodellen, Data-Warehouse-Konzepten, Dokumenten- und Content Management sowie Knowledge Management.

2003. IX, 192 S. 141 Abb. Brosch. ca. € **19,95**; ca. sFr 32,00
ISBN 3-540-00102-6

U. Götze, TU Chemnitz

Kostenrechnung und Kostenmanagement

Schwerpunkte: Grundlagen der Kostenrechnung, Systeme der Deckungsbeitragsrechnung, Plankostenrechnung sowie Prozesskostenrechnung.

3. Aufl. 2003. Etwa 450 S. Brosch. € **24,95**; sFr 40,–
ISBN 3-540-00584-6

Bestellen Sie jetzt bei Ihrer Buchhandlung!
Weitere Infos unter:
www.springer.de/economics-de

Springer

2., überarb. Aufl. 2003. XVI, 385 S.
126 Abb. (Springer-Lehrbuch)
Brosch. € **24,95**; sFr 40,00
ISBN 3-540-44077-1

M. Lehmann, Universität Trier

Absatzwirtschaft
Eine marktorientierte Einführung für Ökonomen und Juristen

Im Zentrum des Buches steht das Prinzip „Leistung gegen Entgelt": Betriebswirtschaftliches Planen, Entscheiden und Handeln wird beschrieben als das Erstellen von Leistungen und ihre Verwendung gegen Entgelt mit dem Zweck der Gewinnerzielung. Schwerpunkt ist damit zum einen die betriebswirtschaftliche Leistungslehre für Sach- und Dienstleistungen. Zum anderen kann die Teilnahme am Markt nur unter Berücksichtigung der gegenseitigen Verträge geklärt werden. Im Mittelpunkt des Anbietermarketings steht daher die Vertragsangebotspolitik, die absatzpolitischen Instrumente werden darauf bezogen geordnet. Das besondere Konzept des Buches besteht darin, dem Leser Grundlinien und Zusammenhänge des wirtschaftenden Handelns aufzuzeigen. Dazu gehört selbstverständlich, daß die Verbindungen zum Rechnungswesen und zum Recht mit in das Ordnungsgefüge einbezogen werden.

Bestellen Sie jetzt bei Ihrer Buchhandlung!
Weitere Infos unter:
www.springer.de/economics-de

MIX
Papier aus verantwortungsvollen Quellen
Paper from responsible sources
FSC® C105338

If you have any concerns about our products,
you can contact us on
ProductSafety@springernature.com

In case Publisher is established outside the EU,
the EU authorized representative is:
**Springer Nature Customer Service Center GmbH
Europaplatz 3, 69115 Heidelberg, Germany**

Printed by Libri Plureos GmbH
in Hamburg, Germany